李仁元

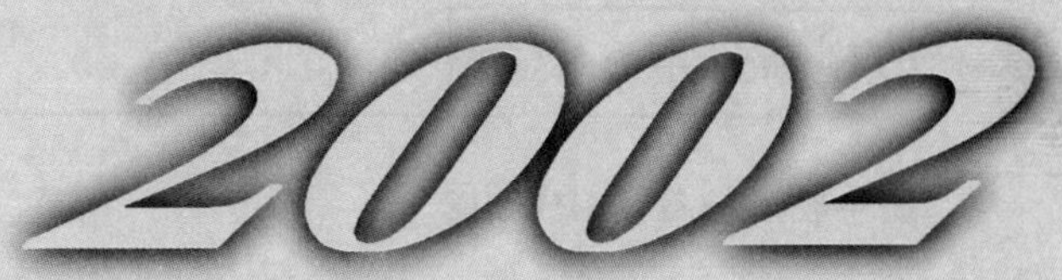

中国农村住户调查年鉴

国家统计局农村社会经济调查总队

(京)新登字041号

图书在版编目(CIP)数据

中国农村住户调查年鉴——2002
/国家统计局农村社会经济调查总队
-北京：中国统计出版社，2002.7
ISBN 7-5037-3745-X

Ⅰ.中…
Ⅱ.国…
Ⅲ.农村家庭收支调查-中国-2002-年鉴
Ⅳ.D422.7-54

中国版本图书馆CIP数据核字(2002)第031523号

中国农村住户调查年鉴——2002

作　　者/ 国家统计局农村社会经济调查总队编
责任编辑/ 张美华
E-mail / cbsebs@stats.gov.cn
封面设计/ 张建民
出版发行/ 中国统计出版社
通信地址/ 北京市西城区月坛南街75号
邮政编码/ 100826
办公地址/ 北京市丰台区西三环南路甲6号
电　　话/（010）63459084　63266600-22500(发行部)
印　　刷/ 科伦克三莱印务（北京）有限公司
经　　销/ 新华书店总经销
开　　本/ 880×1230毫米　1/16
字　　数/ 536千字
印　　张/ 19.625
印　　数/ 1-3000册
版　　别/ 2002年7月第1版
版　　次/ 2002年7月第1次印刷
书　　号/ ISBN 7-5037-3745-X/D·134
定　　价/ 98.00元

编者说明

一、《中国农村住户调查年鉴——2002》是一部全面反映中国农村居民生产、收入、消费和积累的资料性年鉴，收录了1978年改革开放以来中国农村住户调查的主要数据，以及历史重要年份各省（区、市）按纯收入分组和按三个经济地带及西部12省、区分组的主要数据和2001年农村住户调查的主要数据。

二、全书内容分为六个部分，即：1．综述；2．综合资料；3．主要年份分组资料；4．各地区农村居民主要年度收支情况；5．2001年农村住户调查主要情况；6．农村住户调查主要指标解释。

三、为了保持历史资料原貌，按收入分组的资料仍沿用了当时不同历史时期的分组标识，未对不同时期的不同分组组距和组数进行调整。

四、本书所收录的资料来源于国家统计局开展的“农村住户抽样调查”。全国资料均未包括香港、澳门特别行政区和台湾省。

五、本年鉴数据保留两位小数位，部分数据合计由于单位取舍不同而产生的计算误差均未作调整。

六、本年鉴各表中有关对全表的注解均在该表上方，对表中部分指标的注解则在该表下方。凡带续表的资料，对部分指标的注解在最后一张续表的下方。

七、本年鉴的符号使用说明：“…”表示数据不足本表最小单位数；“空格”表示该统计指标数据不详或无该项统计；“#”表示其中的主要项；“*”表示本表下有注解。

目录

第一部分：综　述

第二部分：综合资料

第三部份：主要年份分组资料

第四部份：各地区农村居民主要年度收支情况

第五部分：2001年农村住户调查主要情况

附录：农村住户调查主要指标解释

1 综述

农村居民收入

根据对全国31个省（区、市）6.8万个农户的抽样调查，2001年农民人均纯收入为2,366.4元，比上年同期增加113元，增长5%，扣除价格上涨因素的影响，实际增长4.2%。主要特点是：

·农民增加的纯收入主要是现金

在2001年农民纯收入中，现金纯收入人均为1，748元，比上年同期增加108元，增长6.6%，扣除价格上涨因素的影响，实际增长5.7%，现金纯收入增加额占纯收入增加额的95.6%。现金纯收入占农民纯收入的比重为73.9%，比上年提高1.1个百分点。农民增加的收入主要是现金，原因有两方面：

一是大宗农产品的商品率提高。2001年农户生产的粮食商品率为39.6%，比上年提高0.8个百分点；油料为51.8%，比上年提高3.3个百分点；蔬菜为45.5%，比上年提高1.4个百分点；水果为70.5%，比上年提高1.6个百分点；棉花略有下降，为75.3%，比上年下降1.3个百分点。

二是粮食价格回升。2001年农民出售粮食的综合平均价为1.09元／公斤，与上年相比提高了0.1元／公斤，上涨了10%。

·非农业收入仍是农民收入增长的主要来源

农民从非农业获得的收入为1,066.4元，比上年同期增加62.2元，增长6.2%，保持平稳增长。对农民收入增长的贡献率为55%，仍是今年农民收入增长的主要来源。

农民从非农业获得的收入增加主要靠劳动力外出打工。从非农业收入的来源看，打工收入人均为375.7元，比上年增加41.1元，增长12.3%；在本地非农企业劳动得到的收入为211.1元，比上年增加18.2元，增长9.4%；家庭经营非农产业得到的收入人均为330.8元，比上年同期减少5.8元，

图2　农村居民现金和实物纯收入结构比较

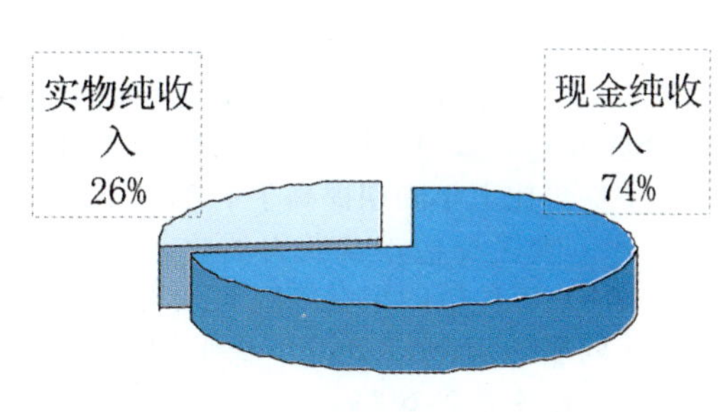

2001年

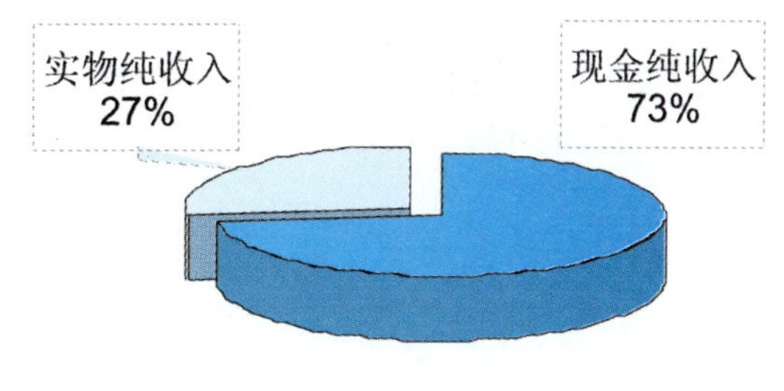

2000年

图1　1978--2001年农村居民收入增长曲线

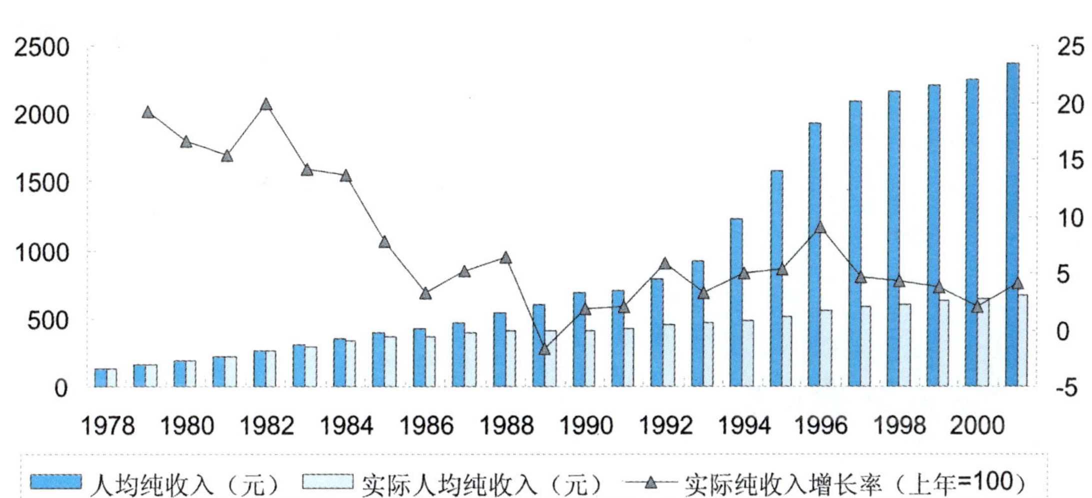

下降1.7%。

·从农业得到的收入扭转了连续三年下降的局面

1998年以来农民从农业获得的收入已连续三年下降，1998年下降2.3%，1999年下降4.5%，2000年下降4.7%；2001年，农民从农业得到的收入人均为1,165.2元，比上年增加40元，增长3.6%，扭转了连续三年下降的局面，对今年农民收入增长的贡献率达到35%。

农业收入70%来自于种植业。2001年农民从种植业得到的收入为811.2元，比上年增加27.5元，增长3.5%。种植业收入增加主要靠粮食价格回升，2001年粮食产量下降2.1%，而农民出售粮食的综合平均价比上年同期提高了10%。由于粮食价格的回升，农民种植粮食获得的收入有较大幅度增长，2001年种植的粮食纯收入人均为498.5元，比上年同期增加22.2元，增长4.7%，对农业收入增长的贡献率达到60%。

畜牧业生产2001年出现产销两旺的局面，但是，由于饲料和仔猪价格的上涨，生产成本大幅度上升，畜牧业生产费用支出人均为264.5元，比上年增加29.9元，增长12.7%。生产成本大幅度上升造成生产效益下降，农民从畜牧业生产中获得的纯收入增加不多。2001年农民从畜牧业生产得到的收入为212元，比上年同期增加4.6元，增长2.2%。

·以农业收入为主的农户的收入有所增加

以农业收入为主的农户的收入自1999年出现大幅度下降以来，收入水平持续低水平徘徊。1998年纯农户的收入为2，034元，1999年为1，930元，2000年为1，933元；以农业收入为主的兼业户1998年的收入为2，031元，1999年为1，947元，2000年为1，980元。2001年这部分农户的收入有所增加，打破了持续徘徊的局面，纯农户的人均纯收入为2，018元，比上年增加85元，增长4.4%；以农业收入为主的兼业户的人均纯收入为2，061元，比上年增加81元，增长4.1%。但是，这部分农户增收依然困难，收入增加的幅度仍低于全国平均水平。

·粮食主产区农民收入增长速度略高于全国平均水平

1997年以来，由于粮食价格持续下跌，粮食主产区农民收入增加困难，增长速度一直低于全国平均水平，有些地区的收入水平甚至出现绝对下降。2001年，粮食主产区农民收入人均为2，259元，比上年增加109元，增长5.2%，略高于全国平均水平，与上年相比，增长速度回升3.2个百分点。

·农村居民内部收入差距缩小

2001年农民人均纯收入的基尼系数为0.3223，比上年缩小0.0313，农村居民内部收入差距水平大致相当于粮食大丰收的1996年。2001年农村居民内部收入差距缩小，一方面是由于我国三分之二的农户是以农业收入为主的农户，这部分农户大都是中低收入户，粮食价格回升使广大中低收入户普遍受益，收入水平明显提高；其次是农村个体私营经济发展速度减缓，使以非农业收入为主的高收入户收入增长速度减缓。从2001年五等

图3　农村居民收入结构变化比较

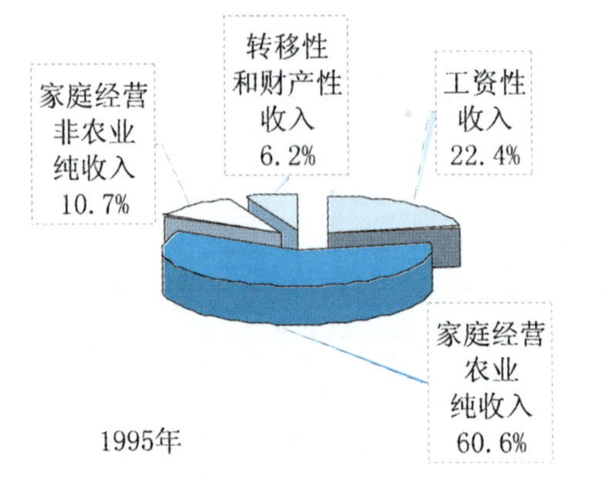

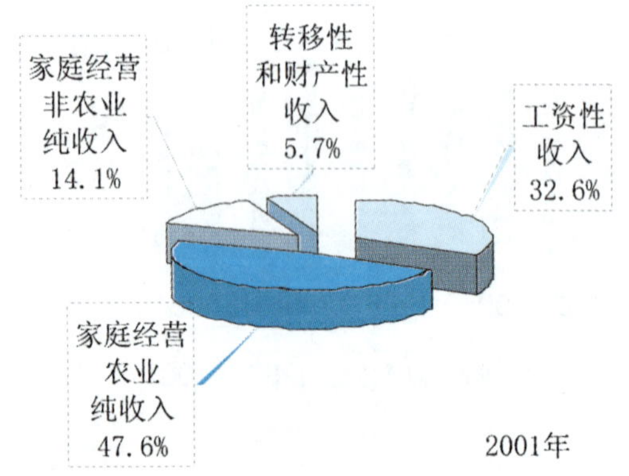

图4　1978--2001年农村居民基尼系数变化

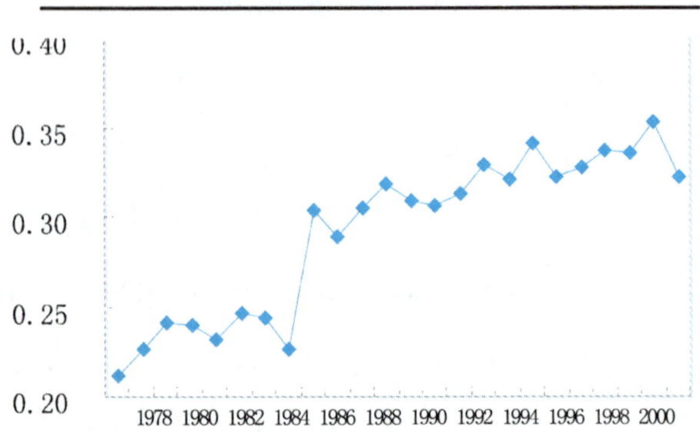

份分组的情况看，低收入户的增收面为73.2%，中低收入户为62.3%，中等收入户为53.6%，中高收入户为44.3%，高收入户为34.8%。

·2001年农民收入增速回升属于恢复性增长

2001年农民收入增长，非农业收入增加仍是主要来源；增速回升主要是由于粮食价格回升，农民从农业获得的收入增加。而农民从农业获得的收入增加是在连续三年大幅度下降的情况下实现的，收入水平还未达到1999年的水平，属于恢复性增长。2001年农民从农业获得的收入为1，165元，与1999年相比还差15元，与农业收入下降前的1997年相比还差103元。因此，2001年农民收入增速回升属于恢复性增长。

农村居民生活消费

2001年农村居民全年生活消费支出1,741元，比上年同期增加71元，扣除价格上涨因素影响，实际增长3.4%。主要特点是：

·恩格尔系数继续下降

2001年农村居民的食品消费支出为831元，比上年增加10元，增长1.2%，食品支出占生活消费总支出的比重（恩格尔系数）为47.7%，比上年下降了1.4个百分点。

图5　1978--2001年农村居民恩格尔系数变化

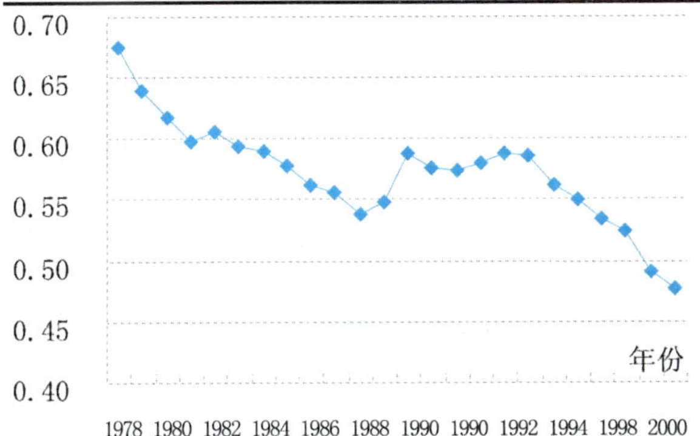

·增加的消费支出主要用于居住和交通通讯

与上年比较，2001年农村居民用于居住和交通通讯的支出增长最多，合计为389元，比上年增加38元，超过消费支出增加总额的一半。其中，居住支出增加21元，增长8.0%；交通通讯支出增加17元，增长18.1%。其他6项支出分别为：食品支出增加10元，增长1.2%；衣着支出增加3元，增长2.8%；家庭设备用品及服务支出增加2元，增长2.0%；医疗保健支出增加9元，增长10.3%；文化教育娱乐用品及服务支出增加6元，增长3.2%；其他商品及服务支出增加4元，增长7.5%。

图6　农村居民消费支出结构变化比较

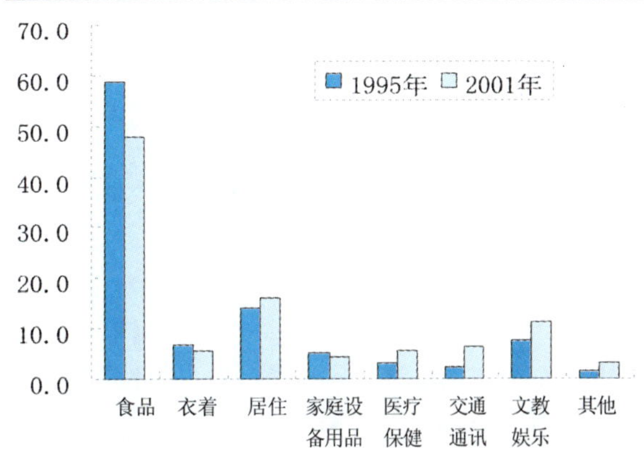

·消费支出中现金支出比重提高

2001年全国农村居民生活消费现金支出为1,364元，比上年增加79元，增长6.2%，占消费总支出的比重为78.3%，比上年提高了1.4个百分点。农村居民实物消费支出人均377元，比上年减少8元；其中主要是自产自用食品支出人均346元，比上年减少10元。

图7　不同收入组农村居民生活消费水平比较

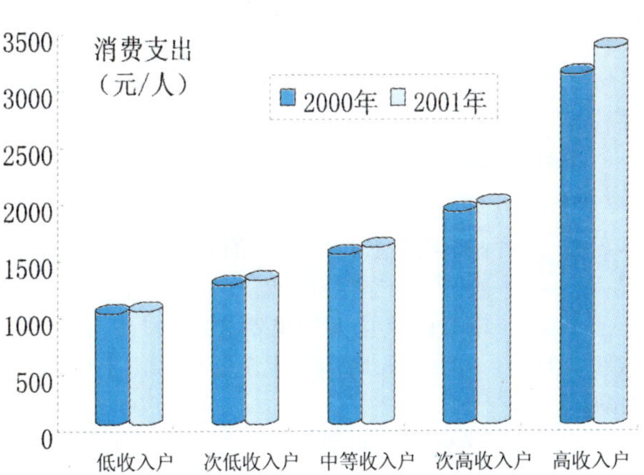

·低收入农户生活消费支出增长缓慢

2001年不同收入水平的农户消费水平均有提高，但低收入农户生活消费支出增长缓慢。按农户收入5等分分组看，低收入组农户人均生活消费支出为992元，增长1.5%；中低收入组农户人均生活消费支出1,274元，增长3.3%；中等收入

图8 东中西部地区农村居民主要年份生活消费支出

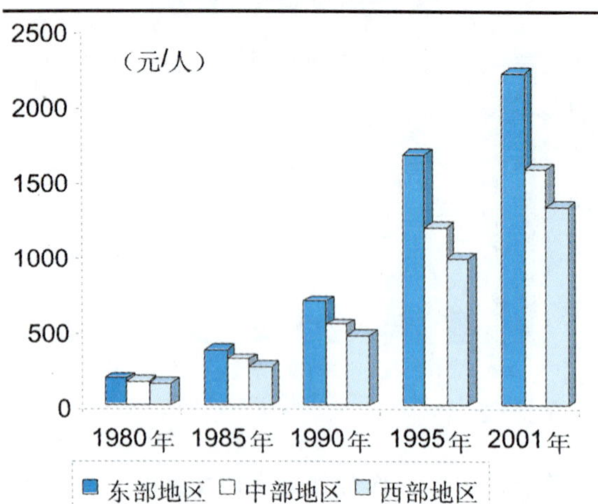

组农户人均生活消费支出1,563元，增长4.1%；中高收入组农户人均生活消费支出1,946元，增长3.7%；高收入组农户人均生活消费支出3,308元，增长7.2%。

·东部地区农户生活消费支出增长较快

从东中西部地区看，2001年东、中、西部地区农村居民人均生活消费支出分别为2,239元、1,574元和1,322元，分别比上年增长5.8%、3.7%和3.9%。东部地区农民消费支出的增长速度明显高于中西部地区。以西部地区农村居民的消费支出为1，东、中、西部地区农村居民生活消费的比率为1.69:1.19:1，生活消费差距有所扩大。

2001年农村居民增加的收入主要用于增加消费支出，增加的消费支出主要用于改善生活，农村居民生活质量继续提高。主要表现在：

·食品营养结构优化

食品营养结构继续优化主要体现在有利于身体健康的食品消费增加，主食消费和动物油消费减少，具体表现为"两减六增"。

两减：粮食的直接人均消费238公斤，比上年减少4.6%；动物油人均消费1.5公斤，比上年减少5.6%。

六增：豆类食品人均消费5.7公斤，比上年增长5.2%；植物油人均消费5.5公斤，增长1.1%；奶及奶制品人均消费1.2公斤，增长12.7%；水产品人均消费4.1公斤，增长5.2%；水果及水果制品人均消费20.3公斤，增长11%；坚果及果仁制品人均消费0.8公斤，增长11%。

·耐用消费品消费有较大幅度增长

2001年农村居民每百户拥有彩色电视机54.4台，比上年增加5.7台，增长11.6%；电冰箱13.6台，增加1.3台，增长10.4%；洗衣机29.9台，增加1.4台，增长4.7%；电风扇129.4台，增加6.8台，增长5.6%；电话机34.1部，增加7.7部，增长29.3%；移动电话8.1部，增加3.7部，增长86.5%；摩托车24.7辆，增加2.8辆，增长12.6%。

·居住条件进一步改善

(1). 住房面积增加，增加的住房主要是钢筋混凝土的楼房。2001年农民人均住房面积为25.7平方米，比上年增加0.9平方米，增长3.7%。在增加的住房面积中，楼房的面积为0.4平方米，占44%，砖瓦房的面积为0.4平方米，占44%；钢筋混凝土结构的面积为0.5平方米，占56%，砖木结构的面积为0.3平方米，占33%。

图9 农村居民年末百户拥有主要耐用消费品（台、辆）

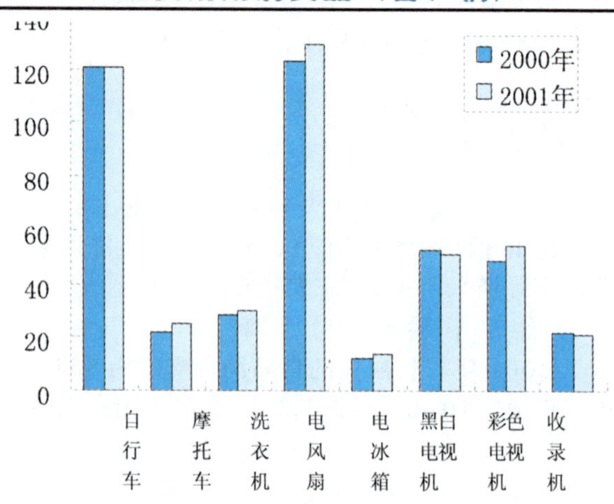

(2). 卫生条件改善。2001年，有87.1%的农户居住的住房带有卫生设备，比上年提高了0.8个百分点；有67%的农户使用安全饮用水，比上年提高2.3个百分点。

(3). 更多农户的住房拥有了取暖设备。2001年，农户居住的住房拥有取暖设备的占44%，比上年提高2.1个百分点。其中：有0.8%的农户使用空调，比上年提高0.2个百分点；有5.8%的农户使用暖气，比上年提高0.6个百分点；有37.4%的农户使用火炕，比上年提高1.3个百分点。

(4). 使用清洁能源的农户增多。2001年，农户生活用电数量平均每户为182度，比上年增加33度，增长22.5%；使用液化气作为燃料的农户占7.8%，比上年提高0.5个百分点，使用煤炭作为燃料的农户占5.8%，比上年下降了0.6个百分点。

农户生产投入

2001年农村居民人均生产投入774元，比上年增加56元，扣除生产资料价格下降因素影响，实

图10　1995--2001年农村居民年末住房面积（平方米／人）

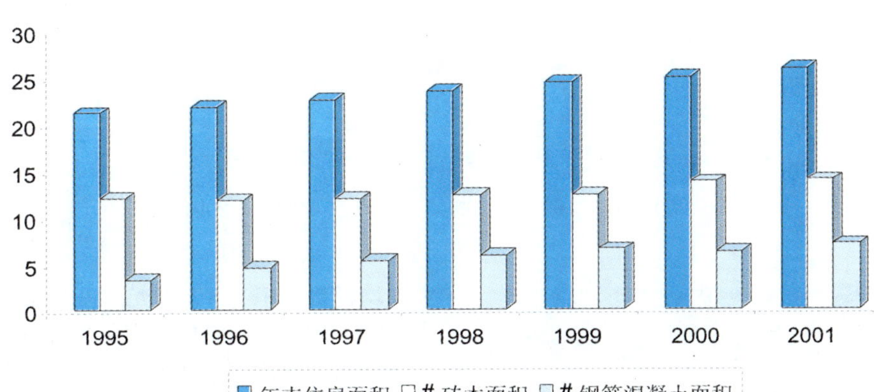

际增长8.8%。主要特点是：

·增加的生产投入主要用于当年的农业生产

农户用于农业生产的费用支出人均为613元，比上年增加41元，增长7.2%，农业支出增加额占当年增加生产投入的73.3%。增加的农业投入主要用于牧业和种植业生产，人均牧业支出为264元，比上年增加30元，增长12.7%；人均种植业支出321元，比上年增加8元，增长2.7%。

·生产性固定资产投入有较大幅度增长

农村居民人均购置生产性固定资产支出78元，增加14元，增长22.3%，比上年增长速度快11.3个百分点。农户生产性固定资产投入主要用于：一是产品畜人均支出8元，比上年增加3元，

图11　2000--2001年农户生产投入变化比较

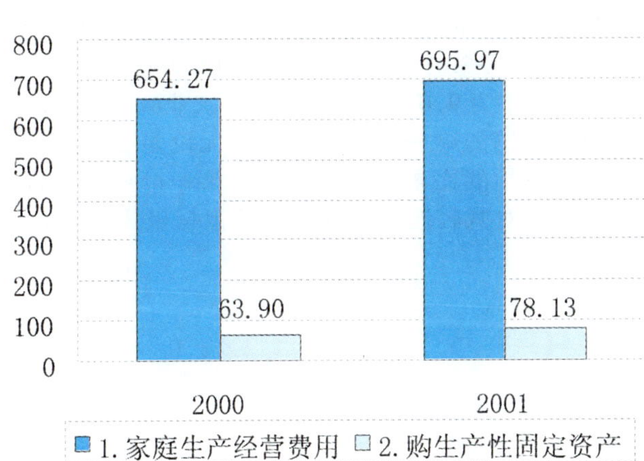

增长83.9%；二是购置农林牧副渔业机械，人均支出22元，比上年增加4元，增长21.8%；三是购置运输机械，人均支出26元，比上年增加4元，增长16.8%。

·农业户投入增加，非农业户投入减少

2001年纯农业户生产投入人均为1,183元，比上年增加125元，增长11.8%；农业兼业户为746元，增加59元，增长8.6%；非农兼业户为527元，增加9元，增长1.7%；非农业户为974元，比上年减少49元，减少4.8%。纯农业户和农业兼业户的生产投入主要用于牧业生产和购置生产性固定资产；非农兼业户二三产业的投入减少；非农业户减少了对农业和第三产业的投入。

·粮食主产区农户加大了农业生产投入

2001年粮食主产区农户人均生产投入796元，比上年增加68元，增长9.3%，比全国平均水平高22元，增加额多12元，增长速度快1.5个百分点。其中，用于牧业和种植业的投入分别为268元和353元，分别比上年增加32元和18元，分别增长13.6%和5.4%，农牧业生产投入共增加50元，占增加的生产费用支出总额的74.3%。

·东部地区农户生产投入力度大于中西部地区

分东中西地带看，东部地区农户生产投入力度较大，人均860元，比上年增加65元，增长8.2%；中部地区人均为749元，增加54元，增长7.9%；西部地区人均为698元，增加36元，增长5.4%。

图 12　　1995--2001 年农民税费支出变化

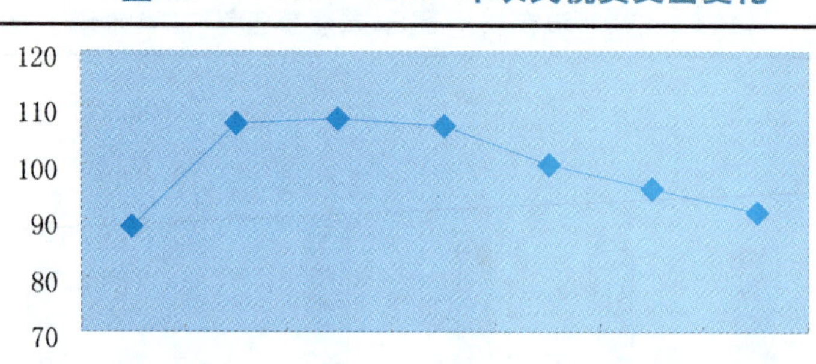

农民"减负"

2001 年农民税费负担人均为 91.2 元，比上年减少 4.3 元，下降 4.5%，税费负担占农民纯收入的比重为 3.9%。从总体上看，农民的税费负担自 1997 年以来持续下降，无论是负担额度，还是占纯收入的比重都明显下降，"减轻农民负担"的政策取得了实效。从调查结果分析，"减负"中有三个问题要引起重视：

一是以农业收入为主的地区和农户负担重。分地区看，中部农业区农民负担过重。2001 年，东部地区农民人均税费负担为 79.2 元，占当年纯收入的比重为 2.4%，比全国平均水平低 12 元和 1.5 个百分点；中部地区农民人均税费负担为 123.4 元，占当年纯收入的比重为 5.7%，比全国平均水平高 32.2 元和 1.8 个百分点；西部地区农民人均税费负担为 63.8 元，占当年纯收入的比重为 3.8%，比全国平均水平低 12 元和 0.1 个百分点。

从不同类型农户看，纯农户税费负担过重。2001 年，纯农户人均税费负担为 135.5 元，占纯收入的比重为 6.7%；以农业收入为主的兼业户人均为 91.1 元，占纯收入的比重为 4.4%；以非农业收入为主的兼业户人均为 66.6 元，占纯收入的比重为 2.3%；非农户人均为 56.5 元，占纯收入的比重为 1.0%。纯农户的税费负担不仅占当年纯收入的比重超过 5%，而且比全国平均水平多 44.3 元，高 48.6%。

二是收入越低负担率越高。按 2001 年农民人均纯收入分组，低收入户人均税费负担为 70.1 元，占当年纯收入的比重为 8.6%；中低收入农户人均税费负担为 82.4 元，占当年纯收入的比重为 5.5%；中等收入农户人均税费负担为 95.8 元，占当年纯收入的比重为 4.6%；中高收入农户人均税费负担为 102.6 元，占当年纯收入的比重为 3.5%；高收入农户人均税费负担为 112.1 元，占当年纯收入的比重为 2.0%。

三是缴纳第一产业生产税增加。从 2001 年农民缴纳各项税费的情况看，缴纳村提留、乡统筹和其他各种收费分别比上年减少 3.5 元、1.9 元和 1.2 元，分别下降 13.7%、9.2% 和 8.8%，而缴纳第一产业生产税比上年增加 2.4 元，增长 7.3%。缴纳第一产业生产税不降反升，对减轻农民负担，特别是减轻以农业收入为主的农户的负担是不利的 。

首先，在农民的税费负担中，缴纳第一产业生产税所占比重最大。在 2001 年农民的税费负担中，缴纳第一产业生产税人均为 34.7 元，占 38%；"村提留"人均为 21.8 元，占 24%；"乡统筹"人均为 18.6 元，占 20%；其他各种收费 12.5 元，占 14%。

其次，从不同经营类型农户的负担情况看，纯农户缴纳第一产业生产税人均为 56.2 元，占税费负担的比重为 41.4%；以农业收入为主的兼业户人均为 35.2 元，占税费负担的比重为 38.7%；以非农业收入为主的兼业户人均为 23.3 元，占税费负担的比重为 35.0%；非农户人均为 5.2 元，占税费负担的比重为 9.0%。纯农户和以农业收入为主的兼业户缴纳的第一产业生产税，无论是金额还是占税费负担的比重都是最高的，第一产业生产税不降反升对减轻这部分农户的负担将极为不利。

综合资料

2—1 农村居民家庭基本情况

年 份	调查户数（户）	常住人口（人/户）	整、半劳动力（人/户）	#整劳动力（人/户）	劳动力负担人口（人/劳动力）
1978	6095	5.74	2.27		2.53
1979	10282	5.66	2.38		2.38
1980	15914	5.54	2.45		2.26
1981	18529	5.50	2.53		2.18
1982	22775	5.46	2.58		2.12
1983	30427	5.43	2.84	2.22	1.91
1984	31375	5.37	2.87	2.26	1.87
1985	66642	5.12	2.95	2.39	1.74
1986	66836	5.07	2.95	2.42	1.72
1987	66912	5.01	2.95	2.42	1.70
1988	67186	4.94	2.95	2.44	1.68
1989	66906	4.86	2.94	2.44	1.65
1990	66960	4.80	2.92	2.45	1.64
1991	67410	4.71	2.83	2.41	1.67
1992	67490	4.67	2.83	2.42	1.65
1993	67570	4.59	2.87	2.44	1.60
1994	67420	4.54	2.89	2.46	1.57
1995	67340	4.48	2.88	2.44	1.56
1996	67610	4.42	2.84	2.40	1.55
1997	67680	4.35	2.79	2.21	1.56
1998	68300	4.30	2.78	2.16	1.55
1999	67430	4.25	2.77	2.11	1.53
2000	68116	4.20	2.76	2.07	1.52
2001	68190	4.15	2.73	2.02	1.52

2—2 农村居民家庭劳动力文化状况

（每百个劳动力中）

单位：%

年 份	不识字或识字很少	小 学	初 中	高 中	中 专	大专及大专以上
1983	35.50	36.13	22.37	5.72	0.22	0.05
1984	33.54	36.73	23.35	6.09	0.22	0.07
1985	27.87	37.13	27.69	6.96	0.29	0.06
1986	26.14	38.02	28.58	6.87	0.33	0.06
1987	24.99	38.40	29.39	6.79	0.37	0.06
1988	24.83	37.47	30.37	6.84	0.41	0.08
1989	22.57	38.67	31.41	6.81	0.45	0.09
1990	20.73	38.86	32.84	6.96	0.51	0.10
1991	16.91	39.54	35.23	7.60	0.59	0.13
1992	16.20	39.05	36.21	7.82	0.60	0.12
1993	15.29	38.21	37.43	8.20	0.70	0.17
1994	14.68	37.19	38.59	8.51	0.82	0.21
1995	13.47	36.62	40.10	8.61	0.96	0.24
1996	11.23	35.52	42.83	8.91	1.20	0.31
1997	10.10	35.11	44.31	8.91	1.24	0.33
1998	9.56	34.48	44.98	9.15	1.46	0.37
1999	8.96	33.66	46.05	9.37	1.57	0.39
2000	8.09	32.22	48.07	9.31	1.83	0.48
2001	7.69	31.14	48.89	9.65	2.02	0.61

2—3 农村居民家庭房屋情况

年份	新建(购)房屋面积(平方米/人)	#砖木结构面积	#钢筋混凝土结构面积	新建房屋价值(元/平方米)	年末住房面积(平方米/人)	#砖木结构面积	#钢筋混凝土结构面积	年末住房价值(元/平方米)
1978					8.10			
1979					8.40			
1980					9.40			17.03
1981	0.84	0.46	0.02	22.08	10.16	4.87	0.07	17.89
1982	0.86	0.52	0.02	25.39	10.73	5.23	0.10	19.21
1983	1.00	0.62	0.06	29.67	11.63	6.17	0.30	21.63
1984	0.82	0.53	0.06	35.31	13.64	6.75	0.18	23.81
1985	1.08	0.70	0.09	40.17	14.70	7.47	0.31	26.76
1986	1.08	0.74	0.11	47.07	15.29	8.15	0.37	29.18
1987	1.05	0.71	0.16	58.39	16.00	8.55	0.55	30.47
1988	0.97	0.61	0.19	71.00	16.58	8.96	0.70	33.44
1989	0.91	0.55	0.21	84.27	17.21	9.33	0.93	37.32
1990	0.82	0.47	0.23	92.32	17.83	9.84	1.22	44.60
1991	0.91	0.53	0.26	101.02	18.49	10.41	1.59	56.55
1992	0.74	0.40	0.23	111.20	18.88	10.74	1.81	60.11
1993	0.66	0.34	0.20	124.55	20.71	11.78	2.26	73.36
1994	0.73	0.36	0.24	152.38	20.22	11.53	2.67	83.16
1995	0.78	0.37	0.33	200.30	21.01	11.91	3.10	101.64
1996	0.96	0.40	0.46	219.52	21.69	11.69	4.44	133.87
1997	0.94	0.36	0.50	221.95	22.45	11.86	5.11	149.70
1998	0.83	0.31	0.45	227.40	23.31	12.16	5.72	152.95
1999	0.83	0.29	0.48	239.49	24.23	12.28	6.35	157.57
2000	0.87	0.36	0.47	260.23	24.82	13.61	6.15	187.41
2001	0.84	0.34	0.45	263.45	25.73	13.82	6.94	196.12

2—4 农村居民家庭经营耕地情况

年份	经营耕地面积(亩/人)	#自留地面积(亩人)	自留地面积占耕地面积比重(%)	经营山地面积(亩人)	养殖水面面积(亩/人)
1978		0.14			
1979		0.15			
1980		0.15		0.04	
1981		0.17		0.17	
1982		0.17		0.13	
1983	1.93	0.19	9.84	0.43	
1984	2.05	0.19	9.27	0.54	
1985	2.07	0.20	9.66	0.52	0.02
1986	2.07	0.19	9.18	0.53	0.01
1987	2.07	0.19	9.18	0.54	0.03
1988	2.06	0.18	8.74	0.49	0.04
1989	2.11	0.18	8.53	0.45	0.02
1990	2.10	0.18	8.57	0.42	0.02
1991	2.18	0.16	7.34	0.33	0.02
1992	2.06	0.16	7.77	0.33	0.02
1993	2.17	0.15	6.91	0.40	0.02
1994	2.18	0.14	6.42	0.43	0.02
1995	2.17	0.16	7.37	0.44	0.02
1996	2.30	0.18	7.83	0.46	0.02
1997	2.07	0.12	5.80	0.43	0.02
1998	2.06	0.13	6.31	0.43	0.02
1999	2.07	0.09	4.35	0.47	0.02
2000	1.98	0.09	4.54	0.28	0.03
2001	1.99	0.08	4.02	0.28	0.03

2—5 农村居民家庭年末拥有主要生产性固定资产数量

单位:平均每百户

年 份	汽 车（辆）	大中型拖拉机(台)	小型和手扶拖拉机(台)	机动脱粒机（台）	胶轮大车（辆）	水 泵（台）	役 畜（头）	产品畜（头）
1983	0.04	0.23	1.43	0.86	4.03	0.87		
1984	0.09	0.32	2.00	1.11	5.83	1.48		
1985	0.25	0.35	2.71	1.91	5.49	1.69	57.15	32.12
1986	0.19	0.43	3.10	1.82	6.52	2.07	59.22	34.80
1987	0.28	0.40	3.75	2.15	7.05	2.48	59.13	31.16
1988	0.35	0.48	4.33	2.24	7.56	3.89	59.77	33.16
1989	0.28	0.47	4.84	2.61	7.68	3.81	58.67	34.63
1990	0.28	0.45	5.30	3.55	7.89	3.86	57.27	30.91
1991	0.24	0.51	6.61	3.85	8.24	4.73	53.93	28.73
1992	0.28	0.55	7.25	4.16	8.67	5.48	52.95	30.07
1993	0.33	0.64	8.40	5.30	9.60	8.54	59.98	53.15
1994	0.40	0.79	8.77	5.15	9.32	7.90	58.79	56.70
1995	0.51	0.77	9.93	6.33	9.29	9.07	55.99	50.72
1996	0.78	0.99	12.46	6.87	8.78	10.97	54.99	56.26
1997	0.82	1.39	14.26	7.41	8.83	12.12	55.58	52.72
1998	1.01	1.22	14.34	8.58	8.52	13.73	48.39	52.20
1999	1.09	1.44	16.28	8.35	7.87	14.02	45.02	54.08
2000	1.32	1.41	16.72	9.59	13.26	17.73	41.75	41.56
2001	1.20	1.50	17.41	9.28	14.52	19.92	39.67	54.65

2－6 农村居民家庭主要农牧渔产品出售量

单位:公斤/人

年份	粮食	棉花	油料	麻类	糖料	烟叶	蔬菜
1980							
1981	20.62	0.52	3.90	0.52	5.62	0.62	19.38
1982	31.23	0.82	5.17	0.37	12.32	1.26	25.12
1983	122.90	4.95	8.50	0.86	31.63	1.48	42.61
1984	141.27	5.49	10.63	1.65	38.53	2.20	53.55
1985	123.49	4.13	14.37	2.80	57.87	2.25	53.76
1986	146.79	3.58	14.21	1.64	62.66	1.74	63.68
1987	148.72	4.24	12.90	1.58	61.84	2.06	58.62
1988	150.36	3.85	10.84	1.48	64.79	2.69	58.62
1989	154.27	3.48	10.70	1.28	58.87	2.78	64.05
1990	180.24	4.31	12.87	1.56	70.64	2.67	65.07
1991	179.44	5.54	13.22	1.32	74.46	3.17	68.70
1992	165.89	4.16	11.27	1.18	86.80	3.58	75.58
1993	159.35	3.26	10.48	0.86	82.87	3.19	77.73
1994	188.53	4.01	10.68	0.50	62.22	2.02	72.68
1995	179.20	4.31	12.02	0.73	56.66	2.21	79.96
1996	203.47	3.90	11.64	0.83	68.65	3.07	97.00
1997	228.01	5.12	11.13	0.57	75.82	4.45	106.22
1998	227.53	5.10	12.39	0.41	81.69	2.33	108.72
1999	243.34	4.43	15.59	0.28	86.30	2.42	111.66
2000	264.74	5.59	18.43	0.47	76.36	2.73	132.07
2001	268.04	7.05	18.31	0.44	62.42	2.42	132.94

年份	水果	猪肉	牛羊肉	牛羊奶	家禽	禽蛋	水产品
1980		8.94	0.32		0.61	1.07	
1981	1.82	8.63	0.39		0.73	1.15	
1982	2.74	9.53	0.50		1.07	1.27	
1983	6.00	13.61	1.03	0.38	1.15	1.68	0.71
1984	6.48	15.05	1.16	0.54	1.21	1.94	0.81
1985	6.78	16.27	1.09	1.02	1.00	2.21	1.74
1986	8.10	16.89	1.00	1.51	1.60	2.25	2.04
1987	10.89	17.29	1.18	1.78	1.62	1.97	2.21
1988	10.56	16.51	1.23	1.84	2.07	2.08	2.64
1989	11.93	16.79	1.17	1.44	1.59	2.01	2.18
1990	13.17	17.84	1.26	1.68	1.45	1.89	2.05
1991	15.74	20.07	1.66	1.91	2.18	2.65	2.92
1992	16.92	21.17	1.58	1.85	2.23	2.90	3.21
1993	19.60	23.80	1.88	1.76	2.41	2.89	3.10
1994	22.64	23.31	2.04	1.81	2.30	3.35	2.97
1995	24.28	24.17	2.11	1.90	2.42	3.54	2.94
1996	29.78	25.73	3.69	2.55	2.45	2.58	3.27
1997	36.21	26.08	4.09	2.76	2.99	3.76	4.50
1998	38.51	23.04	2.71	2.60	2.42	3.57	4.31
1999	43.17	28.41	3.71	3.00	3.41	4.07	6.20
2000	46.43	30.19	4.46	2.67	4.60	6.32	5.82
2001	48.21	30.86	5.07	3.65	5.03	5.96	6.53

2—7 农村居民家庭主要食品消费量

单位:公斤/人

年份	粮食	1.细粮	2.粗粮	食用油	1.植物油	2.动物油	蔬菜	水果及制品
1978	247.83	122.50	125.33	1.97	1.30	0.67	141.50	
1979	256.74	139.43	117.31	2.38	1.52	0.86	131.17	
1980	257.16	162.92	94.24	2.48	1.40	1.08	127.21	
1981	256.14	172.41	83.73	3.12	1.89	1.23	123.99	
1982	259.97	191.84	68.13	3.43	2.07	1.36	132.04	
1983	259.90	196.26	63.64	3.52	2.19	1.33	130.95	3.02
1984	266.52	209.05	57.47	3.97	2.47	1.50	140.03	3.53
1985	257.45	208.83	48.62	4.04	2.60	1.44	131.13	3.40
1986	259.30	212.23	47.07	4.19	2.63	1.56	133.65	4.21
1987	259.38	211.38	48.00	4.69	3.11	1.58	130.42	4.84
1988	259.51	210.70	48.81	4.76	3.28	1.48	130.08	5.03
1989	262.28	213.45	48.83	4.81	3.27	1.54	133.38	5.50
1990	262.08	215.02	47.06	5.17	3.54	1.63	134.00	5.89
1991	255.58	213.82	41.76	5.65	3.85	1.80	126.97	6.79
1992	250.50	210.63	39.87	5.85	4.07	1.78	129.12	7.54
1993	266.02	221.02	45.00	5.66	4.06	1.60	107.43	13.02
1994	260.56	211.98	48.58	5.66	4.11	1.55	107.86	12.58
1995	258.92	210.74	48.18	5.80	4.25	1.55	104.62	13.01
1996	256.19	206.51	49.68	6.07	4.48	1.59	106.26	15.63
1997	250.67	208.89	41.78	6.16	4.73	1.43	107.21	17.77
1998	249.28	208.97	40.31	6.13	4.59	1.54	108.96	19.24
1999	247.45	206.18	41.27	6.17	4.58	1.59	108.89	18.35
2000	249.49	207.10	42.39	7.06	5.45	1.61	111.98	18.31
2001	237.98	199.70	38.28	7.03	5.51	1.52	109.30	20.33

年份	猪牛羊肉	#猪肉	牛羊奶	家禽	蛋及蛋制品	水产品*	食糖	酒类
1978	5.75	5.17		0.25	0.79	0.84	0.73	1.22
1979	6.50	6.07		0.31	0.89	0.69	0.80	1.41
1980	7.74	7.26		0.66	1.20	1.10	1.06	1.89
1981	8.70	8.17		0.70	1.25	1.28	1.09	2.32
1982	9.05	8.36		0.78	1.42	1.32	1.18	2.73
1983	9.96	9.29	0.67	0.82	1.57	1.58	1.26	3.19
1984	10.62	9.93	0.77	0.94	1.84	1.74	1.30	3.48
1985	10.97	10.32	0.75	1.03	2.05	1.64	1.46	4.37
1986	11.79	11.14	1.38	1.14	2.08	1.87	1.59	4.96
1987	11.65	10.98	1.09	1.15	2.25	1.96	1.70	5.48
1988	10.71	10.05	1.08	1.25	2.28	1.91	1.41	5.93
1989	11.00	10.28	0.95	1.28	2.41	2.10	1.54	5.95
1990	11.34	10.54	1.08	1.25	2.41	2.13	1.50	6.14
1991	12.15	11.19	1.34	1.34	2.73	2.21	1.40	6.38
1992	11.83	10.88	1.46	1.49	2.85	2.25	1.54	6.56
1993	11.68	10.86	0.85	1.62	2.88	2.76	1.43	6.53
1994	11.00	10.23	0.67	1.63	3.03	2.96	1.34	6.03
1995	11.29	10.58	0.64	1.83	3.22	3.36	1.28	6.53
1996	12.90	11.85	0.80	1.93	3.35	3.68	1.37	7.11
1997	12.72	11.46	0.95	2.36	4.08	3.75	1.35	7.13
1998	13.20	11.89	0.93	2.33	4.11	3.66	1.40	6.98
1999	13.87	12.70	0.96	2.48	4.28	3.82	1.46	6.98
2000	14.41	13.28	1.06	2.81	4.77	3.92	1.28	7.02
2001	14.50	13.35	1.20	2.87	4.72	4.12	1.43	7.10

注:1993 年以前的水产品消费量为鱼虾消费量。

2—8 农村居民家庭主要建筑材料购买量

单位:平均每户

年 份	水泥(公斤)	木材(立方米)	钢材(公斤)	水泥预制件(件)	玻璃(平方米)	砖瓦(块)
1983	72.35	0.18	4.84	0.36	0.22	
1984	90.94	0.12	5.15	1.36	0.24	
1985	88.20	0.14	5.14	1.28	0.27	672.09
1986	68.17	0.15	3.92	1.00	0.36	1173.46
1987	143.50	0.18	9.22	1.25	1.77	1331.85
1988	164.38	0.17	11.93	1.46	0.39	1278.53
1989	163.72	0.10	10.23	1.26	0.35	1037.68
1990	171.78	0.09	11.15	1.10	0.33	901.16
1991	177.21	0.08	10.77	0.95	0.36	844.08
1992	154.35	0.07	9.89	1.03	0.31	746.38
1993	111.94	0.12	7.29	0.83	0.30	589.87
1994	154.60	0.15	11.46	0.97	0.30	758.16
1995	187.79	0.15	13.91	1.44	0.33	818.15
1996	236.67	0.37	16.70	1.72	0.40	937.16
1997	254.82	0.13	18.88	1.88	0.49	926.74
1998	264.99	0.10	19.33	1.50	0.29	817.60
1999	285.11	0.11	24.89	1.83	0.52	865.44
2000	302.74	0.25	24.01	1.87	0.40	896.50
2001	318.70	0.41	24.40	1.65	0.32	878.29

2—9 农村居民家庭主要生产资料购买量

单位:公斤/户

年份	化肥	饼肥	农药	农用薄膜	生产用燃料
1983	395.60	20.50	6.63	0.95	7.56
1984	392.43	50.35	4.22	0.94	11.17
1985	375.63	17.09	2.92	0.85	73.04
1986	431.93	14.98	3.02	0.93	75.30
1987	464.06	13.12	3.57	1.15	85.75
1988	454.64	10.20	3.21	1.05	107.04
1989	471.99	7.38	3.09	1.16	101.04
1990	494.08	7.58	3.33	1.39	77.14
1991	521.70	8.58	3.92	1.76	75.03
1992	496.96	6.80	3.87	1.93	76.17
1993	490.63	4.10	3.73	0.96	89.44
1994	531.86	3.47	4.39	2.04	87.37
1995	569.50	4.19	5.70	2.51	97.98
1996	590.04	5.25	6.58	3.14	120.49
1997	566.41	4.03	6.58	3.14	110.96
1998	551.84	3.90	6.30	3.31	83.58
1999	547.66	5.21	7.20	2.96	86.72
2000	545.78	7.54	9.80	4.00	90.83
2001	554.27	9.00	10.16	4.05	84.80

注:1999 年以前生产用燃料只包括生产用汽油、生产用柴油和生产用煤。

2—10 农村居民家庭主要耐用物品年末拥有量

单位:辆、台、部/百户

年份	自行车	摩托车	洗衣机	电风扇	电冰箱	空调机	抽油烟机	热水器
1978	30.75							
1979	36.20							
1980	36.87							
1981	44.41							
1982	51.50			2.29				
1983	63.41		0.36	4.42				
1984	74.48		0.97	5.86	0.03			
1985	80.64		1.90	9.66	0.06			
1986	90.31	0.58	3.22	13.63	0.20			
1987	98.52	0.56	4.78	19.76	0.31			
1988	107.49	0.91	6.79	28.09	0.63			
1989	113.43	0.95	8.15	33.96	0.89			
1990	118.33	0.89	9.12	41.36	1.22			
1991	121.64	1.10	10.99	53.30	1.64			
1992	125.66	1.42	12.23	60.08	2.17			
1993	133.39	2.14	13.82	71.79	3.05	0.05	0.27	
1994	136.50	3.19	15.30	80.91	4.00	0.09	0.38	
1995	147.02	4.91	16.90	88.96	5.15	0.18	0.61	
1996	139.12	8.40	20.54	100.46	7.27	0.29	0.89	
1997	141.95	10.89	21.87	105.93	8.49	0.38	2.31	
1998	137.15	13.52	22.81	111.59	9.25	0.58	1.66	
1999	136.85	16.49	24.32	116.07	10.64	0.74	2.33	
2000	120.48	21.94	28.58	122.62	12.31	1.32	2.75	5.13
2001	120.83	24.71	29.94	129.42	13.59	1.70	3.15	5.80

年份	黑白电视机	彩色电视机	收录机	照相机	电话机	移动电话	组合音响
1978							
1979							
1980	0.39						
1981	0.87						
1982	1.68		0.66				
1983	3.99		1.51				
1984	7.24		2.75				
1985	10.94	0.80	4.33				
1986	15.76	1.52	6.60	0.33			
1987	22.04	2.34	9.68	0.50			
1988	28.64	2.80	13.04	0.63			
1989	33.91	3.63	16.23	0.79			
1990	39.72	4.72	17.83	0.70			
1991	47.53	6.44	19.64	0.87			
1992	52.44	8.08	20.95	1.00			
1993	58.30	10.86	24.24	0.99			
1994	61.77	13.52	26.08	1.16			
1995	63.81	16.92	28.25	1.42			
1996	65.06	22.91	31.15	1.94			
1997	65.12	27.32	32.02	2.06			
1998	63.57	32.59	32.36	2.22			
1999	62.35	38.24	31.99	2.69			
2000	52.97	48.74	21.58	3.12	26.38	4.32	7.76
2001	50.74	54.41	20.74	3.23	34.11	8.06	8.67

2—11 农村居民总收入

单位:元/人

年 份	总收入	一、工资性收入	二、家庭经营收入	三、财产性收入	*四、转移性收入
1978	151.79	88.38	54.01		9.40
1979	179.84	100.96	63.67		15.21
1980	216.93	106.38	87.44		23.11
1981	253.97	116.20	115.05		22.72
1982	306.28	142.85	138.97		24.46
1983	412.10	57.53	330.01		24.56
1984	475.65	66.45	382.02		27.18
1985	547.31	72.15	445.25		29.91
1986	593.02	81.58	476.74		34.70
1987	653.58	95.47	530.87		27.24
1988	785.30	117.77	637.47		30.06
1989	874.97	136.46	704.70		33.81
1990	990.38	138.80	815.79		35.79
1991	1046.10	151.92	854.70		39.48
1992	1155.38	184.38	925.71		45.29
1993	1333.82	194.51	1083.58	7.02	48.71
1994	1789.38	262.98	1442.68	28.55	55.17
1995	2337.87	353.70	1877.42	40.98	65.77
1996	2806.73	450.84	2233.72	42.59	79.58
1997	2977.20	514.56	2346.68	23.60	92.36
1998	2995.48	573.56	2286.84	30.36	104.72
1999	2987.44	630.25	2211.57	31.54	114.08
2000	3146.21	702.30	2251.28	45.04	147.59
2001	3306.92	771.90	2325.23	46.97	162.82

注：1992年以前转移性收入包括财产性收入;下表同。

2—12 农村居民总收入构成

单位：%

年份	总收入	一、工资性收入	二、家庭经营收入	三、财产性收入	四、转移性收入
1978	100.00	58.23	35.58		6.19
1979	100.00	56.14	35.40		8.46
1980	100.00	49.04	40.31		10.65
1981	100.00	45.75	45.30		8.95
1982	100.00	46.64	45.37		7.99
1983	100.00	13.96	80.08		5.96
1984	100.00	13.97	80.32		5.71
1985	100.00	13.18	81.35		5.46
1986	100.00	13.76	80.39		5.85
1987	100.00	14.61	81.22		4.17
1988	100.00	15.00	81.18		3.83
1989	100.00	15.60	80.54		3.86
1990	100.00	14.01	82.37		3.61
1991	100.00	14.52	81.70		3.77
1992	100.00	15.96	80.12		3.92
1993	100.00	14.58	81.24	0.53	3.65
1994	100.00	14.70	80.62	1.60	3.08
1995	100.00	15.13	80.30	1.75	2.81
1996	100.00	16.06	79.58	1.52	2.84
1997	100.00	17.28	78.83	0.79	3.10
1998	100.00	19.15	76.34	1.01	3.50
1999	100.00	21.10	74.03	1.06	3.82
2000	100.00	22.32	71.56	1.43	4.69
2001	100.00	23.34	70.31	1.42	4.92

2—13 农村居民家庭经营总收入

单位:元/人

地区	家庭经营总收入	1.农业收入	#种植业收入	2.林业收入	3.牧业收入	4.渔业收入	5.工业收入	6.建筑业收入
1978	54.01	20.44	17.30		30.37			
1979	63.67	20.64	17.42		37.84			
1980	87.44	30.46	25.17		48.41			
1981	115.05	41.09	34.30		58.56			
1982	138.97	46.47	38.46		67.54	0.50		
1983	330.01	234.45	224.25	4.10	71.58	1.60		4.20
1984	382.01	269.72	258.32	5.48	80.19	2.16		4.80
1985	445.25	283.45	268.74	7.39	104.03	5.70	4.25	8.00
1986	476.74	305.63	289.68	6.66	108.63	6.89	5.69	9.06
1987	530.87	334.64	318.07	7.37	122.60	8.10	8.91	10.46
1988	637.47	371.79	353.43	8.61	170.31	11.43	13.05	12.62
1989	704.70	418.78	400.22	8.95	183.64	10.76	13.94	13.84
1990	815.79	531.14	512.75	8.48	185.72	10.23	13.23	12.65
1991	854.70	545.42	525.72	9.76	204.54	11.46	13.27	12.39
1992	925.71	577.33	556.25	11.31	226.23	13.46	14.87	15.45
1993	1083.58	650.98	634.73	15.12	251.34	16.32	16.48	20.69
1994	1442.68	891.57	863.54	15.77	336.35	21.03	20.18	27.64
1995	1877.42	1188.11	1155.52	16.52	420.82	26.86	26.90	38.54
1996	2233.72	1419.58	1376.37	19.10	475.19	31.73	36.76	50.55
1997	2346.67	1407.87	1364.24	21.94	555.41	34.54	41.41	59.86
1998	2286.81	1362.33	1319.06	21.11	511.98	38.68	44.89	58.04
1999	2211.57	1305.21	1261.72	24.58	459.98	42.36	44.16	66.18
2000	2251.28	1231.69	1177.68	27.89	502.82	48.25	79.61	54.10
2001	2325.23	1269.07	1209.70	27.38	541.40	51.86	81.58	52.65

地区	7.交通运输业、邮电业收入	8.批发和零售贸易、餐饮业收入	9.社会服务业收入	10.文教卫生业收入	11.其他收入	第一产业收入	第二产业收入	*第三产业收入
1978					3.20	50.81		3.20
1979					5.20	58.47		5.20
1980					8.57	78.87		8.57
1981	2.34	0.76			12.30	99.65		15.40
1982	2.65	2.52			19.30	114.50		24.47
1983	5.37	2.84	1.37		4.51	311.72	4.20	14.09
1984	8.12	3.86	2.06		5.62	357.55	4.80	19.66
1985	12.58	8.72	3.95		7.19	400.56	12.25	32.44
1986	14.10	9.06	4.55		6.47	427.81	14.75	34.18
1987	15.68	11.06	5.15		6.90	472.71	19.37	38.79
1988	19.67	14.75	6.29		8.95	562.14	25.67	49.66
1989	21.72	15.69	7.34		10.04	622.13	27.78	54.79
1990	21.21	14.81	7.71		10.61	735.57	25.88	54.34
1991	21.47	15.92	8.12		12.35	771.18	25.66	57.86
1992	25.97	18.92	9.49		12.68	828.33	30.32	67.06
1993	31.11	25.45	13.04		43.05	933.76	37.17	112.65
1994	36.83	35.16	17.07		41.08	1264.72	47.82	130.14
1995	47.62	43.73	20.30		48.02	1652.31	65.44	159.67
1996	61.50	56.11	26.09		57.11	1945.60	87.31	200.81
1997	70.06	70.75	29.06		55.78	2019.75	101.27	225.65
1998	72.14	82.25	33.93		61.46	1934.10	102.93	249.78
1999	80.49	87.94	37.49		63.18	1832.13	110.34	269.10
2000	96.63	96.19	32.94	8.29	72.87	1810.65	133.71	306.92
2001	95.77	95.92	35.23	8.87	65.50	1889.71	134.23	301.29

注:1982年以前的家庭经营收入中第三产业为第二和第三业收入合计。

2—14　农村居民家庭经营总收入构成

单位：%

地　　区	家庭经营总收入	1.农　业收　入	#种植业收　入	2.林　业收　入	3.牧　业收　入	4.渔　业收　入	5.工　业收　入	6.建筑业收　入
1978	100.00	37.85	32.03		56.23			
1979	100.00	32.41	27.36		59.42			
1980	100.00	34.84	28.79		55.36			
1981	100.00	35.71	29.81		50.90			
1982	100.00	33.44	27.68		48.60	0.36		
1983	100.00	71.04	67.95	1.24	21.69	0.48		1.27
1984	100.00	70.60	67.62	1.43	20.99	0.57		1.26
1985	100.00	63.66	60.36	1.66	23.36	1.28	0.95	1.80
1986	100.00	64.11	60.76	1.40	22.79	1.45	1.19	1.90
1987	100.00	63.04	59.91	1.39	23.09	1.53	1.68	1.97
1988	100.00	58.32	55.44	1.35	26.72	1.79	2.05	1.98
1989	100.00	59.43	56.79	1.27	26.06	1.53	1.98	1.96
1990	100.00	65.11	62.85	1.04	22.77	1.25	1.62	1.55
1991	100.00	63.81	61.51	1.14	23.93	1.34	1.55	1.45
1992	100.00	62.37	60.09	1.22	24.44	1.45	1.61	1.67
1993	100.00	60.08	58.58	1.40	23.20	1.51	1.52	1.91
1994	100.00	61.80	59.86	1.09	23.31	1.46	1.40	1.92
1995	100.00	63.28	61.55	0.88	22.41	1.43	1.43	2.05
1996	100.00	63.55	61.62	0.86	21.27	1.42	1.65	2.26
1997	100.00	59.99	58.14	0.93	23.67	1.47	1.76	2.55
1998	100.00	59.57	57.68	0.92	22.39	1.69	1.96	2.54
1999	100.00	59.02	57.05	1.11	20.80	1.92	2.00	2.99
2000	100.00	54.71	52.31	1.24	22.33	2.14	3.54	2.40
2001	100.00	54.58	52.02	1.18	23.28	2.23	3.51	2.26

地　　区	7.交通运输业、邮电业收入	8.批发和零售贸易、餐饮业收入	9.社　会服务业收　入	10.文　教卫生业收　入	11.其　他收　入	第一产业收　入	第二产业收　入	第三产业收　入
1978					5.92	94.08		5.92
1979					8.17	91.83		8.17
1980					9.80	90.20		9.80
1981	2.03	0.66			10.69	86.61		13.39
1982	1.91	1.81			13.89	82.39		17.61
1983	1.63	0.86	0.42		1.37	94.46	1.27	4.27
1984	2.13	1.01	0.54		1.47	93.60	1.26	5.15
1985	2.83	1.96	0.89		1.61	89.96	2.75	7.29
1986	2.96	1.90	0.95		1.36	89.74	3.09	7.17
1987	2.95	2.08	0.97		1.30	89.04	3.65	7.31
1988	3.09	2.31	0.99		1.40	88.18	4.03	7.79
1989	3.08	2.23	1.04		1.42	88.28	3.94	7.77
1990	2.60	1.82	0.95		1.30	90.17	3.17	6.66
1991	2.51	1.86	0.95		1.44	90.23	3.00	6.77
1992	2.81	2.04	1.03		1.37	89.48	3.28	7.24
1993	2.87	2.35	1.20		3.97	86.17	3.43	10.40
1994	2.55	2.44	1.18		2.85	87.66	3.31	9.02
1995	2.54	2.33	1.08		2.56	88.01	3.49	8.50
1996	2.75	2.51	1.17		2.56	87.10	3.91	8.99
1997	2.99	3.01	1.24		2.38	86.07	4.32	9.62
1998	3.15	3.60	1.48		2.69	84.58	4.50	10.92
1999	3.64	3.98	1.70		2.86	82.84	4.99	12.17
2000	4.29	4.27	1.46	0.37	3.24	80.43	5.94	13.63
2001	4.12	4.13	1.52	0.38	2.82	81.27	5.77	12.96

2—15 农村居民现金收入

单位:元/人

年 份	现金收入	一、工资性收入	二、家庭经营现金收入	三、财产性收入	四、转移性收入
1978	63.88	25.38	29.71		8.79
1979	84.51	31.28	37.87		15.36
1980	113.12	40.23	57.38		15.51
1981	153.21	52.93	81.53		18.75
1982	184.48	56.20	104.87		23.41
1983	250.38	53.83	172.33		24.22
1984	295.95	59.86	204.05		32.04
1985	357.39	68.89	251.68		36.82
1986	401.82	79.34	281.95		40.53
1987	460.30	93.21	322.27		44.82
1988	586.59	115.41	417.07		54.11
1989	657.68	134.00	464.77		58.91
1990	676.67	136.43	481.19		59.05
1991	736.84	148.88	523.29		64.67
1992	808.16	179.42	552.78		75.96
1993	910.15	192.83	629.56	23.89	63.87
1994	1233.48	261.59	868.96	28.88	74.05
1995	1595.56	352.88	1116.73	38.19	87.76
1996	1927.10	447.43	1322.63	44.70	112.34
1997	2131.21	512.39	1446.86	45.16	126.80
1998	2163.61	573.69	1393.33	54.92	141.67
1999	2206.69	628.43	1380.23	43.46	154.57
2000	2381.60	700.41	1498.81	38.89	143.49
2001	2534.70	769.77	1565.51	41.05	158.37

2—16 农村居民现金收入构成

单位:%

年 份	现金收入	一、工资性收入	二、家庭经营现金收入	三、财产性收入	四、转移性收入
1978	100.00	39.73	46.51		13.76
1979	100.00	37.01	44.81		18.18
1980	100.00	35.56	50.72		13.71
1981	100.00	34.55	53.21		12.24
1982	100.00	30.46	56.85		12.69
1983	100.00	21.50	68.83		9.67
1984	100.00	20.23	68.95		10.83
1985	100.00	19.28	70.42		10.30
1986	100.00	19.75	70.17		10.09
1987	100.00	20.25	70.01		9.74
1988	100.00	19.67	71.10		9.22
1989	100.00	20.37	70.67		8.96
1990	100.00	20.16	71.11		8.73
1991	100.00	20.21	71.02		8.78
1992	100.00	22.20	68.40		9.40
1993	100.00	21.19	69.17	2.62	7.02
1994	100.00	21.21	70.45	2.34	6.00
1995	100.00	22.12	69.99	2.39	5.50
1996	100.00	23.22	68.63	2.32	5.83
1997	100.00	24.04	67.89	2.12	5.95
1998	100.00	26.52	64.40	2.54	6.55
1999	100.00	28.48	62.55	1.97	7.00
2000	100.00	29.41	62.93	1.63	6.02
2001	100.00	30.37	61.76	1.62	6.25

2—17 农村居民家庭经营现金收入

单位:元/人

年份	家庭经营现金收入	1.出售产品收入	#农业收入	##种植业收入	#牧业收入	2.工业加工费	3.建筑业收入	4.交通运输业、邮电业收入
1978	29.71	26.73						
1979	37.87	35.41						
1980	57.38	48.61						
1981	87.03	69.80	26.19	26.19	38.92			
1982	111.49	89.15	39.02	33.37	48.85			
1983	172.33	155.80	98.43	91.50	51.35		4.09	5.27
1984	205.01	181.34	118.31	109.48	57.12		4.63	7.79
1985	251.68	213.56	122.79	111.25	75.22		7.67	12.13
1986	281.95	240.22	144.42	131.80	78.21		8.81	13.67
1987	322.27	272.34	165.45	148.88	122.60	2.09	10.13	15.36
1988	417.07	352.20	192.27	177.55	132.91	4.00	12.35	19.42
1989	464.77	392.61	223.82	209.24	142.42	5.02	13.66	21.23
1990	481.19	408.49	248.63	235.20	137.26	6.93	12.46	20.89
1991	523.29	446.92	269.04	254.41	153.55	7.70	12.26	21.11
1992	552.78	462.67	265.71	250.88	169.48	8.73	15.18	25.34
1993	629.56	486.33	265.59	253.98	187.81	10.21	20.63	31.22
1994	868.96	688.07	394.55	385.01	257.40	13.88	27.64	36.83
1995	1116.73	891.28	522.78	512.11	322.45	17.42	38.57	47.62
1996	1322.67	1029.31	617.08	603.69	356.40	24.10	50.54	61.49
1997	1446.86	1109.34	635.59	624.53	414.58	27.48	59.83	70.03
1998	1393.32	1029.30	602.55	593.99	362.95	29.77	58.04	72.14
1999	1380.24	984.63	583.84	574.32	335.61	32.92	66.18	80.49
2000	1498.81	1066.64	600.61	593.56	383.54	65.46	54.10	96.63
2001	1565.51	1133.33	636.52	628.02	414.79	66.91	52.65	95.77

年份	5.批发和零售贸易、餐饮业收入	6.社会服务业收入	7.文教卫生业收入	8.其他家庭经营收入	第一产业收入	第二产业收入	第三产业收入
1978				2.98	26.73		2.98
1979				2.46	35.41		2.46
1980				8.77	48.61		8.77
1981	0.72			16.51	69.80		17.23
1982	2.49			19.85	89.15		22.34
1983	2.81	1.34		3.02	155.80	4.09	12.44
1984	3.83	2.04		5.38	181.34	4.63	19.04
1985	8.50	3.87		5.95	213.56	7.67	30.45
1986	8.90	4.47		5.88	240.22	8.81	32.92
1987	10.84	5.10		6.41	272.34	12.22	37.71
1988	14.63	6.21		8.26	352.20	16.35	48.52
1989	15.49	7.29		9.47	392.61	18.68	53.48
1990	14.65	7.64		10.13	408.49	19.39	53.31
1991	15.63	7.98		11.69	446.92	19.96	56.41
1992	18.52	9.32		13.02	462.67	23.91	66.2
1993	25.44	12.92		42.81	486.33	30.84	112.39
1994	35.06	17.05		50.43	688.07	41.52	139.37
1995	43.66	20.30		57.88	891.28	55.99	169.46
1996	56.10	26.10		75.03	1029.31	74.64	218.72
1997	70.75	29.06		80.37	1109.34	87.31	250.21
1998	82.25	33.93		87.89	1029.30	87.81	276.21
1999	87.94	37.49		90.59	984.63	99.10	296.51
2000	96.19	32.94	8.29	78.56	1066.64	119.56	312.61
2001	95.92	35.23	8.87	76.83	1133.33	119.56	312.62

注:1982 年以前第三产业为第二、三产业合计。

2—18 农村居民家庭经营现金收入构成

单位：%

年份	家庭经营现金收入	1.出售产品收入	#农业收入	##种植业收入	#牧业收入	2.工业加工费	3.建筑业收入	4.交通运输业、邮电业收入
1978	100.00	89.97						
1979	100.00	93.50						
1980	100.00	84.72						
1981	100.00	80.20	30.09	30.09	44.72			
1982	100.00	79.96	35.00	29.93	43.82			
1983	100.00	90.41	57.12	53.10	29.79		2.37	3.06
1984	100.00	88.45	57.71	53.40	27.86		2.26	3.80
1985	100.00	84.85	48.79	44.20	29.89		3.05	4.82
1986	100.00	85.20	51.22	46.75	27.74		3.12	4.85
1987	100.00	84.51	51.34	46.20	38.04	0.65	3.14	4.77
1988	100.00	84.45	46.10	42.57	31.87	0.96	2.96	4.66
1989	100.00	84.47	48.16	45.02	30.64	1.08	2.94	4.57
1990	100.00	84.89	51.67	48.88	28.53	1.44	2.59	4.34
1991	100.00	85.41	51.41	48.62	29.34	1.47	2.34	4.03
1992	100.00	83.70	48.07	45.39	30.66	1.58	2.75	4.58
1993	100.00	77.25	42.19	40.34	29.83	1.62	3.28	4.96
1994	100.00	79.18	45.40	44.31	29.62	1.60	3.18	4.24
1995	100.00	79.81	46.81	45.86	28.87	1.56	3.45	4.26
1996	100.00	77.82	46.65	45.64	26.95	1.82	3.82	4.65
1997	100.00	76.67	43.93	43.16	28.65	1.90	4.14	4.84
1998	100.00	73.87	43.25	42.63	26.05	2.14	4.17	5.18
1999	100.00	71.34	42.30	41.61	24.32	2.39	4.79	5.83
2000	100.00	71.17	40.07	39.60	25.59	4.37	3.61	6.45
2001	100.00	72.39	40.66	40.12	26.50	4.27	3.36	6.12

年份	5.批发和零售贸易、餐饮业收入	6.社会服务业收入	7.文教卫生业收入	8.其他家庭经营收入	第一产业收入	第二产业收入	第三产业收入
1978				10.03	89.97		10.03
1979				6.50	93.50		6.50
1980				15.28	84.72		15.28
1981	0.83			18.97	80.20		19.80
1982	2.23			17.80	79.96		20.04
1983	1.63	0.78		1.75	90.41	2.37	7.22
1984	1.87	1.00		2.62	88.45	2.26	9.29
1985	3.38	1.54		2.36	84.85	3.05	12.10
1986	3.16	1.59		2.09	85.20	3.12	11.68
1987	3.36	1.58		1.99	84.51	3.79	11.70
1988	3.51	1.49		1.98	84.45	3.92	11.63
1989	3.33	1.57		2.04	84.47	4.02	11.51
1990	3.04	1.59		2.11	84.89	4.03	11.08
1991	2.99	1.52		2.23	85.41	3.81	10.78
1992	3.35	1.69		2.36	83.70	4.33	11.98
1993	4.04	2.05		6.80	77.25	4.90	17.85
1994	4.03	1.96		5.80	79.18	4.78	16.04
1995	3.91	1.82		5.18	79.81	5.01	15.17
1996	4.24	1.97		5.67	77.82	5.64	16.54
1997	4.89	2.01		5.55	76.67	6.03	17.29
1998	5.90	2.44		6.31	73.87	6.30	19.82
1999	6.37	2.72		6.56	71.34	7.18	21.48
2000	6.42	2.20	0.55	5.24	71.17	7.98	20.86
2001	6.13	2.25	0.57	4.91	72.39	7.64	19.97

2—19 按收入来源分的农村居民纯收入

单位:元/人

年　份	纯　收　入	一、工资性收入	二、家庭经营纯收入	三、财产性收入	四、转移性收入
1978	133.57	88.26	35.79		9.52
1979	160.17	100.67	44.00		15.50
1980	191.33	106.38	62.55		22.40
1981	223.44	113.80	84.52		25.12
1982	270.11	142.85	102.80		24.46
1983	309.77	57.53	227.68		24.56
1984	355.33	66.46	261.69		27.18
1985	397.60	72.15	295.98		29.47
1986	423.76	81.58	313.28		28.90
1987	462.55	95.47	345.50		21.58
1988	544.94	117.77	403.17		24.00
1989	601.51	136.46	434.56		30.49
1990	686.31	138.80	518.55		28.96
1991	708.55	151.92	523.59		33.04
1992	783.99	184.38	561.57		38.04
1993	921.62	194.51	678.48	7.02	41.61
1994	1220.98	262.98	881.86	28.55	47.59
1995	1577.74	353.70	1125.79	40.98	57.27
1996	1926.07	450.84	1362.45	42.59	70.19
1997	2090.13	514.56	1472.72	23.60	79.25
1998	2161.98	573.58	1466.00	30.37	92.03
1999	2210.34	630.26	1448.36	31.55	100.17
2000	2253.42	702.30	1427.27	45.04	78.81
2001	2366.40	771.90	1459.63	46.97	87.90

注:1992年以前转移性收入包括财产性收入。

2—20 按收入来源分的农村居民纯收入构成

单位:%

年　份	纯　收　入	一、工资性收入	二、家庭经营纯收入	三、财产性收入	四、转移性收入
1978	100.00	66.08	26.79		7.13
1979	100.00	62.85	27.47		9.68
1980	100.00	55.60	32.69		11.71
1981	100.00	50.93	37.83		11.24
1982	100.00	52.89	38.06		9.06
1983	100.00	18.57	73.50		7.93
1984	100.00	18.70	73.65		7.65
1985	100.00	18.15	74.44		7.41
1986	100.00	19.25	73.93		6.82
1987	100.00	20.64	74.69		4.67
1988	100.00	21.61	73.98		4.40
1989	100.00	22.69	72.24		5.07
1990	100.00	20.22	75.56		4.22
1991	100.00	21.44	73.90		4.66
1992	100.00	23.52	71.63		4.85
1993	100.00	21.11	73.62	0.76	4.51
1994	100.00	21.54	72.23	2.34	3.90
1995	100.00	22.42	71.35	2.60	3.63
1996	100.00	23.41	70.74	2.21	3.64
1997	100.00	24.62	70.46	1.13	3.79
1998	100.00	26.53	67.81	1.40	4.26
1999	100.00	28.51	65.53	1.43	4.53
2000	100.00	31.17	63.34	2.00	3.50
2001	100.00	32.62	61.68	1.99	3.71

2—21 按收入性质分的农村居民纯收入

单位:元/人

年份	纯收入	一、生产性纯收入	1.第一产业纯收入	2.第二产业纯收入	3.第三产业纯收入	二、非生产性纯收入
1978	133.57	122.86	113.47		9.39	10.71
1979	160.17	142.24	128.37		13.87	17.93
1980	191.33	168.93	149.62		19.31	22.40
1981	223.44	194.51	170.58		23.93	28.93
1982	270.11	237.15	203.65		33.50	32.96
1983	309.77	272.91	221.77		51.14	36.86
1984	355.33	315.06	250.36		64.70	40.27
1985	397.60	367.69	298.28	29.47	39.94	29.91
1986	423.76	394.86	315.02	36.39	43.45	28.90
1987	462.55	440.97	345.19	45.56	50.22	21.58
1988	544.94	520.26	395.31	61.69	63.26	24.68
1989	601.51	570.61	428.23	70.60	71.78	30.90
1990	686.31	657.35	510.86	70.68	75.81	28.96
1991	708.55	675.51	516.90	78.77	79.84	33.04
1992	783.99	745.95	543.74	104.42	97.79	38.04
1993	921.62	872.99	589.57	149.46	133.96	48.63
1994	1220.98	1144.83	780.91	210.14	153.78	76.15
1995	1577.74	1479.49	996.51	287.24	195.74	98.25
1996	1926.07	1813.29	1192.61	372.37	248.31	112.78
1997	2090.13	1987.27	1267.69	437.78	281.80	102.86
1998	2161.98	2039.58	1237.44	498.92	303.22	122.40
1999	2210.34	2078.62	1180.02	564.30	334.30	131.72
2000	2253.42	2129.58	1125.34	488.89	515.35	123.84
2001	2366.40	2231.58	1165.17	532.61	533.80	134.82

注:1984年以前第三产业纯收入为第二、三产业纯收入合计。

2—22 按收入性质分的农村居民纯收入构成

单位:%

年份	纯收入	一、生产性纯收入	1.第一产业纯收入	2.第二产业纯收入	3.第三产业纯收入	二、非生产性纯收入
1978	100.00	91.98	84.95		7.03	8.02
1979	100.00	88.81	80.15		8.66	11.19
1980	100.00	88.29	78.20		10.09	11.71
1981	100.00	87.05	76.34		10.71	12.95
1982	100.00	87.80	75.40		12.40	12.20
1983	100.00	88.10	71.59		16.51	11.90
1984	100.00	88.67	70.46		18.21	11.33
1985	100.00	92.48	75.02	7.41	10.05	7.52
1986	100.00	93.18	74.34	8.59	10.25	6.82
1987	100.00	95.33	74.63	9.85	10.86	4.67
1988	100.00	95.47	72.54	11.32	11.61	4.53
1989	100.00	94.86	71.19	11.74	11.93	5.14
1990	100.00	95.78	74.44	10.30	11.05	4.22
1991	100.00	95.34	72.95	11.12	11.27	4.66
1992	100.00	95.15	69.36	13.32	12.47	4.85
1993	100.00	94.72	63.97	16.22	14.54	5.28
1994	100.00	93.76	63.96	17.21	12.59	6.24
1995	100.00	93.77	63.16	18.21	12.41	6.23
1996	100.00	94.14	61.92	19.33	12.89	5.86
1997	100.00	95.08	60.65	20.95	13.48	4.92
1998	100.00	94.34	57.24	23.08	14.03	5.66
1999	100.00	94.04	53.39	25.53	15.12	5.96
2000	100.00	94.50	49.94	21.70	22.87	5.50
2001	100.00	94.30	49.24	22.51	22.56	5.70

2—23 按收入形态分的农村居民纯收入

单位:元/人

年份	纯 收 入	现金纯收入	实物纯收入
1978	133.57	55.99	77.58
1979	160.17	72.02	88.15
1980	191.33	94.37	96.96
1981	223.44	123.36	100.08
1982	270.11	153.56	116.55
1983	309.77	174.64	135.13
1984	355.33	202.36	152.97
1985	397.60	250.89	146.71
1986	423.76	269.86	153.90
1987	462.55	308.03	154.52
1988	544.94	386.44	158.50
1989	601.51	425.99	175.52
1990	686.31	439.72	246.59
1991	708.55	467.58	240.97
1992	783.99	508.48	275.51
1993	921.62	571.20	350.42
1994	1220.98	791.77	429.21
1995	1577.74	987.01	590.73
1996	1926.07	1218.67	707.40
1997	2090.13	1403.67	686.46
1998	2161.98	1455.68	706.30
1999	2210.34	1538.24	672.10
2000	2253.42	1640.84	612.58
2001	2366.40	1748.03	618.37

2—24 按收入形态分的农村居民纯收入构成

单位：%

年份	纯 收 入	现金纯收入	实物纯收入
1978	100.00	41.92	58.08
1979	100.00	44.96	55.04
1980	100.00	49.32	50.68
1981	100.00	55.21	44.79
1982	100.00	56.85	43.15
1983	100.00	56.38	43.62
1984	100.00	56.95	43.05
1985	100.00	63.10	36.90
1986	100.00	63.68	36.32
1987	100.00	66.59	33.41
1988	100.00	70.91	29.09
1989	100.00	70.82	29.18
1990	100.00	64.07	35.93
1991	100.00	65.99	34.01
1992	100.00	64.86	35.14
1993	100.00	61.98	38.02
1994	100.00	64.85	35.15
1995	100.00	62.56	37.44
1996	100.00	63.27	36.73
1997	100.00	67.16	32.84
1998	100.00	67.33	32.67
1999	100.00	69.59	30.41
2000	100.00	72.82	27.18
2001	100.00	73.87	26.13

2—25 农村居民家庭经营纯收入

单位:元/人

地　　区	家庭经营纯收入	1.农业纯收入	#种植业纯收入	2. 林业纯收入	3. 牧业纯收入	4. 渔业纯收入	5. 工业纯收入	6. 建筑业纯收入
1978	35.79	17.87	15.15		15.90			
1979	44.00	18.03	15.29		21.93			
1980	62.55	26.25	21.93		30.06			
1981	84.52	34.11	28.82		37.65			
1982	102.80	38.51	32.08		41.14	0.43		9.95
1983	227.68	173.94	166.56	3.67	33.90	1.15		4.20
1984	261.69	198.40	190.65	4.64	37.37	1.51		4.80
1985	295.98	202.10	191.46	6.16	51.96	3.59	2.18	7.41
1986	313.28	216.22	205.03	5.87	50.76	4.72	3.14	8.81
1987	345.50	220.20	207.80	6.57	68.46	5.56	5.40	10.25
1988	403.17	236.01	222.16	7.75	94.10	7.78	8.02	12.32
1989	434.56	253.94	240.19	8.13	102.23	7.35	8.71	13.50
1990	518.55	344.59	330.11	7.53	96.81	7.11	9.15	12.18
1991	523.59	338.70	323.53	8.48	105.18	8.19	8.56	11.90
1992	561.57	354.52	337.91	9.60	113.88	8.86	9.34	14.81
1993	678.48	448.05	438.48	2.63	96.54	9.16	7.94	18.22
1994	881.86	610.45	590.42	2.90	112.32	10.96	10.83	25.18
1995	1125.79	799.44	775.12	13.52	127.81	15.69	13.63	34.53
1996	1362.45	955.08	924.40	16.13	158.56	17.52	19.84	44.74
1997	1472.72	976.15	943.01	19.37	203.47	20.98	24.48	53.47
1998	1466.00	962.76	927.25	18.67	188.53	22.44	27.32	52.78
1999	1448.36	918.27	882.09	21.58	174.30	24.80	29.95	61.18
2000	1427.27	833.93	783.64	22.44	207.35	26.95	52.67	46.73
2001	1459.63	863.62	809.56	22.10	211.96	28.87	54.57	45.43

地　　区	7. 交通运输业、邮电业收入	8. 批发和零售贸易、餐饮业收入	9. 社会服务业收入	10. 文教卫生业纯收入	13.其他纯收入	第一产业纯收入	第二产业纯收入	第三产业纯收入
1978					2.02	33.77		2.02
1979					4.05	39.95		4.05
1980					6.24	56.31		6.24
1981		0.76			12.00	71.76		12.76
1982		2.52			10.25	80.08	9.95	12.77
1983	5.37	2.84	1.37		1.25	212.65	4.20	10.83
1984	8.12	3.86	2.06		0.94	241.91	4.80	14.98
1985	8.47	6.13	3.27		4.71	263.81	9.59	22.58
1986	8.42	6.94	3.79		4.61	277.57	11.95	23.76
1987	10.38	8.95	4.37		5.36	300.79	15.65	29.06
1988	12.86	12.02	5.25		7.06	345.64	20.34	37.19
1989	13.97	12.91	6.20		7.62	371.65	22.21	40.70
1990	13.45	12.69	6.55		8.49	456.04	21.33	41.18
1991	13.60	12.63	6.70		9.65	460.55	20.46	42.58
1992	16.66	15.62	7.90		10.38	486.86	24.15	50.56
1993	16.52	19.47	11.11		48.84	556.38	26.16	95.94
1994	20.84	27.50	14.29		46.59	736.63	36.01	109.22
1995	27.76	34.26	17.18		41.97	956.46	48.16	121.17
1996	36.00	44.09	21.97		48.52	1147.29	64.58	150.58
1997	46.20	55.25	25.33		48.02	1219.97	77.95	174.80
1998	50.24	62.33	30.02		50.91	1192.40	80.10	193.50
1999	56.73	74.82	34.01		52.72	1138.95	91.13	218.28
2000	63.63	78.54	28.09	6.86	60.08	1090.67	99.40	237.20
2001	63.17	78.84	30.12	7.56	53.38	1126.54	100.01	233.08

2—26 农村居民家庭经营纯收入构成

单位:%

地区	家庭经营纯收入	1.农业纯收入	#种植业纯收入	2. 林业纯收入	3. 牧业纯收入	4. 渔业纯收入	5. 工业纯收入	6. 建筑业纯收入
1978	100.00	49.92	42.33		44.43			
1979	100.00	40.97	34.75		49.83			
1980	100.00	41.97	35.06		48.06			
1981	100.00	40.36	34.10		44.55			
1982	100.00	37.46	31.21		40.02	0.42		9.68
1983	100.00	76.39	73.16	1.61	14.89	0.51		1.84
1984	100.00	75.81	72.85	1.77	14.28	0.58		1.83
1985	100.00	68.28	64.69	2.08	17.55	1.21	0.74	2.50
1986	100.00	69.02	65.45	1.87	16.20	1.51	1.00	2.81
1987	100.00	63.73	60.14	1.90	19.81	1.61	1.56	2.97
1988	100.00	58.54	55.10	1.92	23.34	1.93	1.99	3.06
1989	100.00	58.44	55.27	1.87	23.53	1.69	2.00	3.11
1990	100.00	66.45	63.66	1.45	18.67	1.37	1.76	2.35
1991	100.00	64.69	61.79	1.62	20.09	1.56	1.63	2.27
1992	100.00	63.13	60.17	1.71	20.28	1.58	1.66	2.64
1993	100.00	66.04	64.63	0.39	14.23	1.35	1.17	2.69
1994	100.00	69.22	66.95	0.33	12.74	1.24	1.23	2.86
1995	100.00	71.01	68.85	1.20	11.35	1.39	1.21	3.07
1996	100.00	70.10	67.85	1.18	11.64	1.29	1.46	3.28
1997	100.00	66.28	64.03	1.32	13.82	1.42	1.66	3.63
1998	100.00	65.67	63.25	1.27	12.86	1.53	1.86	3.60
1999	100.00	63.40	60.90	1.49	12.03	1.71	2.07	4.22
2000	100.00	58.43	54.90	1.57	14.53	1.89	3.69	3.27
2001	100.00	59.17	55.46	1.51	14.52	1.98	3.74	3.11

地区	7. 交通运输业、邮电业收入	8. 批发和零售贸易、餐饮业收入	9. 社会服务业收入	10. 文教卫生业纯收入	13.其他纯收入	第一产业纯收入	第二产业纯收入	第三产业纯收入
1978					5.64	94.36		5.64
1979					9.20	90.80		9.20
1980					9.98	90.02		9.98
1981		0.90			14.20	84.90		15.10
1982		2.45			9.97	77.90	9.68	12.42
1983	2.36	1.25	0.60		0.55	93.40	1.84	4.76
1984	3.10	1.48	0.79		0.36	92.44	1.83	5.72
1985	2.86	2.07	1.10		1.59	89.13	3.24	7.63
1986	2.69	2.22	1.21		1.47	88.60	3.81	7.58
1987	3.00	2.59	1.26		1.55	87.06	4.53	8.41
1988	3.19	2.98	1.30		1.75	85.73	5.05	9.22
1989	3.21	2.97	1.43		1.75	85.52	5.11	9.37
1990	2.59	2.45	1.26		1.64	87.95	4.11	7.94
1991	2.60	2.41	1.28		1.84	87.96	3.91	8.13
1992	2.97	2.78	1.41		1.85	86.70	4.30	9.00
1993	2.43	2.87	1.64		7.20	82.00	3.86	14.14
1994	2.36	3.12	1.62		5.28	83.53	4.08	12.39
1995	2.47	3.04	1.53		3.73	84.96	4.28	10.76
1996	2.64	3.24	1.61		3.56	84.21	4.74	11.05
1997	3.14	3.75	1.72		3.26	82.84	5.29	11.87
1998	3.43	4.25	2.05		3.47	81.34	5.46	13.20
1999	3.92	5.17	2.35		3.64	78.64	6.29	15.07
2000	4.46	5.50	1.97	0.48	4.21	76.42	6.96	16.62
2001	4.33	5.40	2.06	0.52	3.66	77.18	6.85	15.97

2—27 农村居民纯收入及指数

年份	纯收入		扣除价格因素影响后的纯收入		指数 1978年=100	以1978年为基年增长率	基尼系数
	(元/人)	比上年增长%	(元/人)	比上年增长%	(%)	(%)	
1978	133.57		133.57		100.0		0.2124
1979	160.17	19.9	159.22	19.2	119.2	19.2	
1980	191.33	19.5	186.76	16.6	139.0	17.9	0.2407
1981	223.44	16.8	220.79	15.4	160.4	17.1	0.2406
1982	270.11	20.9	267.90	19.9	192.3	17.8	0.2317
1983	309.77	14.7	308.47	14.2	219.6	17.0	0.2461
1984	355.33	14.7	351.90	13.6	249.5	16.5	0.2439
1985	397.60	11.9	383.05	7.8	268.9	15.2	0.2267
1986	423.76	6.6	410.32	3.2	277.6	13.6	0.3042
1987	462.55	9.2	445.80	5.2	292.0	12.6	0.2889
1988	544.94	17.8	492.15	6.4	310.7	12.0	0.3053
1989	601.51	10.4	536.22	—1.6	305.7	10.7	0.3185
1990	686.31	14.1	612.34	1.8	311.2	9.9	0.3099
1991	708.55	3.2	700.04	2.0	317.4	9.3	0.3072
1992	783.99	10.6	750.35	5.9	336.2	9.0	0.3134
1993	921.62	17.6	809.08	3.2	346.9	8.6	0.3292
1994	1220.98	32.5	967.98	5.0	364.4	8.4	0.3210
1995	1577.74	29.8	1285.69	5.3	383.7	8.2	0.3415
1996	1926.07	22.1	1719.74	9.0	418.2	8.3	0.3229
1997	2090.13	8.5	2054.73	4.6	437.4	8.2	0.3285
1998	2161.98	3.4	2180.10	4.3	456.2	8.0	0.3369
1999	2210.34	2.2	2244.14	3.8	473.5	7.8	0.3361
2000	2253.42	1.9	2256.76	2.1	483.5	7.5	0.3536
2001	2366.40	5.0	2348.06	4.2	503.8	7.3	0.3223

2—28 农村居民生活消费及生活质量

年份	生活消费支出	扣除价格因素影响后生活消费支出	以1978年为基年增长率	恩格尔系数	摄取热量(千卡/人、日)	摄取脂肪(克/人、日)	摄取蛋白(克/人、日)
	(元/人)	(元/人)	(%)				
1978	116.06	115.25		0.6771			
1979	134.51	131.87	7.0	0.6396			
1980	162.21	153.03	9.9	0.6177	2324.57	32.74	57.80
1981	190.81	186.34	12.8	0.5986	2332.87	34.89	57.31
1982	220.23	216.12	13.4	0.6067	2358.72	34.85	57.90
1983	248.29	244.62	13.4	0.5941	2430.93	37.05	59.45
1984	273.80	266.34	12.7	0.5917	2513.50	39.16	61.52
1985	317.42	295.00	12.5	0.5779	2454.63	39.79	59.62
1986	356.95	336.43	12.6	0.5636	2491.22	41.14	60.73
1987	398.29	375.04	12.5	0.5575	2518.60	42.57	61.02
1988	476.66	405.67	12.1	0.5399	2513.95	41.49	60.87
1989	535.37	448.76	12.0	0.5481	2543.37	42.08	61.73
1990	584.63	559.45	12.9	0.5880	2541.67	43.16	61.54
1991	619.79	605.86	12.6	0.5761	2506.42	45.06	60.39
1992	659.21	629.62	12.0	0.5755	2406.48	36.80	64.52
1993	769.65	676.91	11.7	0.5806	2555.96	41.24	69.40
1994	1016.81	824.00	12.3	0.5886	2455.70	38.79	66.36
1995	1310.36	1115.20	13.4	0.5862	2482.22	39.60	66.92
1996	1572.08	1456.98	14.3	0.5634	2510.41	42.77	67.33
1997	1617.15	1577.71	14.0	0.5505	2509.46	43.41	70.02
1998	1590.33	1606.39	13.4	0.5343	2528.26	44.19	69.15
1999	1577.42	1601.44	12.7	0.5256	2506.60	46.26	68.84
2000	1670.13	1674.25	12.3	0.4913	2605.14	49.56	71.26
2001	1741.09	1729.72	12.5	0.4771	2542.81	49.47	70.07

2—29 农村居民总支出

单位:元/人

年份	总支出	一、家庭经营费用支出	二、购置生产性固定资产支出	三、税费支出	四、生活消费支出	五、财产性和转移性支出
1978	135.82	16.79		0.24	116.06	2.73
1979	159.41	19.39		0.28	134.51	5.23
1980	196.23	25.32		0.28	162.21	8.42
1981	240.20	30.08	6.27	0.45	190.81	12.59
1982	282.13	35.58	11.69	0.59	220.23	14.04
1983	380.47	80.28	18.44	16.32	248.29	17.14
1984	421.70	95.67	16.89	17.49	273.80	17.85
1985	485.51	121.39	18.70	18.43	317.42	9.57
1986	535.82	132.65	16.66	19.87	356.95	9.69
1987	603.99	150.59	20.52	22.69	398.29	11.90
1988	737.26	194.57	25.14	25.91	476.66	14.98
1989	830.74	221.91	23.11	32.64	535.37	17.71
1990	903.47	241.09	20.29	38.66	584.63	18.80
1991	979.64	267.27	26.61	42.69	619.79	23.28
1992	1055.91	292.28	28.78	48.39	659.01	27.45
1993	1211.18	330.03	40.29	46.76	769.65	24.45
1994	1635.53	458.57	46.13	67.79	1016.81	46.23
1995	2138.33	621.71	62.33	88.65	1310.36	55.28
1996	2535.16	709.42	63.79	107.39	1572.08	82.48
1997	2536.79	706.27	59.98	108.02	1617.15	45.37
1998	2457.17	652.48	54.31	106.70	1590.33	53.35
1999	2390.37	599.72	57.63	99.98	1577.42	55.62
2000	2652.42	654.27	63.90	95.52	1670.13	168.60
2001	2779.96	695.97	78.13	91.24	1741.09	173.53

注:1980年家庭经营费用支出包括"开发性生产投资"、"包产支出和赔款",下表同。

2—30 农村居民总支出构成

单位:%

年份	总支出	一、家庭经营费用支出	二、购置生产性固定资产支出	三、税费支出	四、生活消费支出	五、财产性和转移性支出
1978	100.00	12.36		0.18	85.45	2.01
1979	100.00	12.16		0.18	84.38	3.28
1980	100.00	12.90		0.14	82.66	4.29
1981	100.00	12.52	2.61	0.19	79.44	5.24
1982	100.00	12.61	4.14	0.21	78.06	4.98
1983	100.00	21.10	4.85	4.29	65.26	4.50
1984	100.00	22.69	4.01	4.15	64.93	4.23
1985	100.00	25.00	3.85	3.80	65.38	1.97
1986	100.00	24.76	3.11	3.71	66.62	1.81
1987	100.00	24.93	3.40	3.76	65.94	1.97
1988	100.00	26.39	3.41	3.51	64.65	2.03
1989	100.00	26.71	2.78	3.93	64.44	2.13
1990	100.00	26.68	2.25	4.28	64.71	2.08
1991	100.00	27.28	2.72	4.36	63.27	2.38
1992	100.00	27.68	2.73	4.58	62.41	2.60
1993	100.00	27.25	3.33	3.86	63.55	2.02
1994	100.00	28.04	2.82	4.14	62.17	2.83
1995	100.00	29.07	2.91	4.15	61.28	2.59
1996	100.00	27.98	2.52	4.24	62.01	3.25
1997	100.00	27.84	2.36	4.26	63.75	1.79
1998	100.00	26.55	2.21	4.34	64.72	2.17
1999	100.00	25.09	2.41	4.18	65.99	2.33
2000	100.00	24.67	2.41	3.60	62.97	6.36
2001	100.00	25.04	2.81	3.28	62.63	6.24

2－31 农村居民家庭经营费用支出

单位:元/人

地 区	家庭经营费用支出	1.农 业 支 出	#种植业 支 出	2. 林 业 支 出	3. 牧 业 支 出	4. 渔 业 支 出	5. 工 业 支 出	6. 建筑业 支 出
1978	16.79	1.58	1.31		13.05			
1979	19.39	2.99	1.22		14.96			
1980	25.32	5.92	2.66		17.64			
1981	30.08	8.19	5.30		19.63			
1982	35.58	7.82	6.37		25.42	0.07		
1983	80.28	47.47	45.26	0.34	29.56	0.35		
1984	95.67	56.71	53.81	0.67	34.05	0.52		
1985	121.39	59.52	55.95	0.95	48.37	1.90	1.71	0.29
1986	132.65	67.79	63.65	0.79	50.55	2.17	2.13	0.25
1987	150.59	79.66	75.49	0.80	54.14	2.54	3.51	0.21
1988	194.57	96.05	91.54	0.86	76.21	3.65	5.03	0.32
1989	221.91	116.95	112.13	0.83	81.41	3.42	5.24	0.35
1990	241.09	130.40	126.49	0.95	88.91	3.12	4.08	0.47
1991	267.27	142.88	138.35	1.28	99.36	3.27	4.71	0.49
1992	292.28	150.95	146.48	1.71	112.35	4.60	5.53	0.64
1993	330.03	165.34	159.89	2.02	126.11	5.83	6.96	2.01
1994	458.57	229.86	223.32	2.34	183.18	8.23	7.64	2.01
1995	621.71	321.49	314.65	2.48	242.36	9.24	10.98	3.32
1996	709.42	378.21	368.00	2.42	257.81	11.59	13.78	4.73
1997	706.27	348.88	340.41	2.08	284.39	10.96	13.68	5.16
1998	652.48	317.63	311.46	1.94	257.12	12.91	13.96	4.18
1999	599.72	304.05	298.31	2.35	224.48	13.80	11.16	3.93
2000	654.27	315.83	312.88	4.33	234.61	16.92	21.39	5.85
2001	695.97	325.50	321.24	4.24	264.48	18.46	21.99	5.87

地 区	7. 交通运输、邮电业支出	8. 批发和零售贸易、餐饮业支出	9. 社 会 服务业 支 出	10. 文 教 卫生业 支 出	11. 其 他 支 出	第一产业 支 出	第二产业 支 出	第三产业 支 出
1978					2.16	14.63		2.16
1979					1.44	17.95		1.44
1980					1.76	23.56		1.76
1981					2.26	27.82		2.26
1982					2.27	33.31		2.27
1983					2.56	77.72		2.56
1984					3.72	91.95		3.72
1985	3.64	2.27	0.55		2.19	110.74	2.00	8.65
1986	4.66	1.89	0.66		1.76	121.30	2.38	8.97
1987	5.30	2.10	0.63		1.70	137.14	3.72	9.73
1988	6.81	2.73	0.86		2.05	176.77	5.35	12.45
1989	7.66	2.80	0.94		2.31	202.61	5.59	13.71
1990	7.76	2.12	0.94		2.34	223.38	4.55	13.16
1991	7.87	3.29	1.14		2.98	246.79	5.20	15.28
1992	9.31	3.30	1.28		2.61	269.61	6.17	16.50
1993	11.88	4.87	1.57		3.44	299.30	8.97	21.76
1994	13.07	6.25	2.27		3.72	423.61	9.65	25.31
1995	16.43	7.84	2.58		4.99	575.57	14.30	31.84
1996	20.77	9.80	3.36		6.95	650.03	18.51	40.88
1997	19.28	12.52	3.02		6.30	646.31	18.84	41.12
1998	17.41	15.84	3.11		8.38	589.60	18.14	44.74
1999	18.67	10.31	2.73		8.24	544.68	15.09	39.95
2000	26.21	14.02	3.85	1.14	10.12	571.69	27.24	55.34
2001	26.49	13.88	4.15	1.06	9.85	612.68	27.86	55.43

2—32 农村居民家庭经营费用支出构成

单位:%

地区	家庭经营费用支出	1.农业支出	#种植业支出	2.林业支出	3.牧业支出	4.渔业支出	5.工业支出	6.建筑业收入
1978	100.00	9.41	7.80		77.72			
1979	100.00	15.42	6.29		77.15			
1980	100.00	23.38	10.51		69.67			
1981	100.00	27.23	17.62		65.26			
1982	100.00	21.98	17.90		71.44	0.20		
1983	100.00	59.13	56.38	0.42	36.82	0.44		
1984	100.00	59.28	56.25	0.70	35.59	0.54		
1985	100.00	49.03	46.09	0.78	39.85	1.57	1.41	0.24
1986	100.00	51.10	47.98	0.60	38.11	1.64	1.61	0.19
1987	100.00	52.90	50.13	0.53	35.95	1.69	2.33	0.14
1988	100.00	49.37	47.05	0.44	39.17	1.88	2.59	0.16
1989	100.00	52.70	50.53	0.37	36.69	1.54	2.36	0.16
1990	100.00	54.09	52.47	0.39	36.88	1.29	1.69	0.19
1991	100.00	53.46	51.76	0.48	37.18	1.22	1.76	0.18
1992	100.00	51.65	50.12	0.59	38.44	1.57	1.89	0.22
1993	100.00	50.10	48.45	0.61	38.21	1.77	2.11	0.61
1994	100.00	50.13	48.70	0.51	39.95	1.79	1.67	0.44
1995	100.00	51.71	50.61	0.40	38.98	1.49	1.77	0.53
1996	100.00	53.31	51.87	0.34	36.34	1.63	1.94	0.67
1997	100.00	49.40	48.20	0.29	40.27	1.55	1.94	0.73
1998	100.00	48.68	47.73	0.30	39.41	1.98	2.14	0.64
1999	100.00	50.70	49.74	0.39	37.43	2.30	1.86	0.66
2000	100.00	48.27	47.82	0.66	35.86	2.59	3.27	0.89
2001	100.00	46.77	46.16	0.61	38.00	2.65	3.16	0.84

地区	7.交通运输、邮电业支出	8.批发和零售贸易、餐饮业支出	9.社会服务业支出	10.文教卫生业支出	11.其他支出	第一产业支出	第二产业支出	第三产业支出
1978					12.86	87.14		12.86
1979					7.43	92.57		7.43
1980					6.95	93.05		6.95
1981					7.51	92.49		7.51
1982					6.38	93.62		6.38
1983					3.19	96.81		3.19
1984					3.89	96.11		3.89
1985	3.00	1.87	0.45		1.80	91.23	1.65	7.12
1986	3.51	1.42	0.50		1.33	91.44	1.79	6.76
1987	3.52	1.39	0.42		1.13	91.07	2.47	6.46
1988	3.50	1.40	0.44		1.05	90.85	2.75	6.40
1989	3.45	1.26	0.42		1.05	91.30	2.52	6.18
1990	3.22	0.88	0.39		0.97	92.65	1.89	5.46
1991	2.94	1.23	0.43		1.11	92.34	1.95	5.72
1992	3.19	1.13	0.44		0.89	92.24	2.11	5.65
1993	3.60	1.48	0.48		1.04	90.69	2.72	6.59
1994	2.85	1.36	0.50		0.81	92.38	2.10	5.52
1995	2.64	1.26	0.41		0.81	92.58	2.30	5.12
1996	2.93	1.38	0.47		0.98	91.63	2.61	5.76
1997	2.73	1.77	0.43		0.89	91.51	2.67	5.82
1998	2.67	2.43	0.48		1.28	90.36	2.78	6.86
1999	3.11	1.72	0.46		1.37	90.82	2.52	6.66
2000	4.01	2.14	0.59	0.17	1.55	87.38	4.16	8.46
2001	3.81	1.99	0.60	0.15	1.42	88.04	4.00	7.96

2—33 农村居民生活消费支出

单位:元/人

年份	生活消费支出	一、食品支出	二、衣着支出	三、居住支出	四、家庭设备用品及服务支出	五、医疗保健支出	六、交通通讯支出	七、文教娱乐用品及服务支出	八、其他支出
1978	116.06	78.58	14.74	11.95					
1979	134.51	86.03	17.64	16.00					
1980	162.21	100.19	19.99	22.46	4.14	3.42	0.59	8.25	3.17
1981	190.81	114.09	23.83	31.61	4.16	4.22	0.58	10.12	2.20
1982	220.23	133.47	25.04	35.56	9.39	4.69	0.62	7.45	4.01
1983	248.29	147.59	27.99	42.03	14.03	4.40	3.55	5.72	2.98
1984	273.80	162.34	28.89	48.36	14.82	5.04	3.42	8.24	2.69
1985	317.42	183.43	30.77	57.87	16.19	7.67	5.58	12.36	3.55
1986	356.95	201.50	32.99	70.28	19.56	8.74	6.19	14.43	3.26
1987	398.29	222.05	34.19	79.77	21.52	10.65	8.21	18.48	3.42
1988	476.66	257.37	41.11	96.34	29.96	13.38	8.89	25.69	3.92
1989	535.37	293.44	44.49	105.23	32.36	16.44	8.53	30.61	4.27
1990	584.63	343.76	45.44	101.37	30.90	19.02	8.42	31.38	4.34
1991	619.79	357.06	51.05	102.30	35.27	22.31	10.32	36.44	5.04
1992	659.01	379.26	52.51	104.89	36.67	24.15	12.23	43.77	5.53
1993	769.65	446.83	55.33	106.79	44.67	27.17	17.41	58.38	13.07
1994	1016.81	598.47	70.32	142.34	55.46	32.07	24.02	75.11	19.02
1995	1310.36	768.19	89.79	182.21	68.48	42.48	33.76	102.39	23.06
1996	1572.08	885.49	113.77	219.06	84.22	58.26	47.08	132.46	31.74
1997	1617.15	890.28	109.41	233.23	85.41	62.45	53.92	148.18	34.27
1998	1590.33	849.64	98.06	239.62	81.92	68.13	60.68	159.41	32.87
1999	1577.42	829.02	92.04	232.69	82.27	70.02	68.73	168.33	34.32
2000	1670.13	820.52	95.95	258.34	75.45	87.57	93.13	186.71	52.46
2001	1741.09	830.72	98.68	279.06	76.98	96.61	109.98	192.64	56.42

2—34 农村居民生活消费支出构成

单位:%

年份	生活消费支出	一、食品支出	二、衣着支出	三、居住支出	四、家庭设备用品及服务支出	五、医疗保健支出	六、交通通讯支出	七、文教娱乐用品及服务支出	八、其他支出
1978	100.00	67.71	12.70	10.30					
1979	100.00	63.96	13.11	11.90					
1980	100.00	61.77	12.32	13.85	2.55	2.11	0.36	5.09	1.95
1981	100.00	59.79	12.49	16.57	2.18	2.21	0.30	5.30	1.15
1982	100.00	60.60	11.37	16.15	4.26	2.13	0.28	3.38	1.82
1983	100.00	59.44	11.27	16.93	5.65	1.77	1.43	2.30	1.20
1984	100.00	59.29	10.55	17.66	5.41	1.84	1.25	3.01	0.98
1985	100.00	57.79	9.69	18.23	5.10	2.42	1.76	3.89	1.12
1986	100.00	56.45	9.24	19.69	5.48	2.45	1.73	4.04	0.91
1987	100.00	55.75	8.58	20.03	5.40	2.67	2.06	4.64	0.86
1988	100.00	53.99	8.62	20.21	6.29	2.81	1.87	5.39	0.82
1989	100.00	54.81	8.31	19.66	6.04	3.07	1.59	5.72	0.80
1990	100.00	58.80	7.77	17.34	5.29	3.25	1.44	5.37	0.74
1991	100.00	57.61	8.24	16.51	5.69	3.60	1.67	5.88	0.81
1992	100.00	57.55	7.97	15.92	5.56	3.66	1.86	6.64	0.84
1993	100.00	58.06	7.19	13.88	5.80	3.53	2.26	7.59	1.70
1994	100.00	58.86	6.92	14.00	5.45	3.15	2.36	7.39	1.87
1995	100.00	58.62	6.85	13.91	5.23	3.24	2.58	7.81	1.76
1996	100.00	56.33	7.24	13.93	5.36	3.71	2.99	8.43	2.02
1997	100.00	55.05	6.77	14.42	5.28	3.86	3.33	9.16	2.12
1998	100.00	53.43	6.17	15.07	5.15	4.28	3.82	10.02	2.07
1999	100.00	52.56	5.83	14.75	5.22	4.44	4.36	10.67	2.18
2000	100.00	49.13	5.74	15.47	4.52	5.24	5.58	11.18	3.14
2001	100.00	47.71	5.67	16.03	4.42	5.55	6.32	11.06	3.24

2—35 农村居民现金支出

单位:元/人

年份	现金支出	一、家庭经营费用现金支出	二、购买生产性固定资产支出	三、税费支出	四、生活消费现金支出	五、财产性和转移性支出
1978	60.81	7.43		0.23	47.64	5.51
1979	80.01	9.13		0.28	61.76	8.84
1980	107.02	13.81		0.24	83.83	9.14
1981	149.92	22.41	6.14	0.43	108.87	12.07
1982	172.65	20.90	11.50	0.55	126.43	13.27
1983	244.55	50.58	18.23	10.92	148.30	16.52
1984	272.13	61.13	16.65	13.70	163.18	17.47
1985	331.23	79.99	18.94	16.35	194.68	21.27
1986	375.61	86.93	16.95	17.74	228.19	25.80
1987	436.35	100.96	20.66	20.40	263.84	30.49
1988	555.42	137.75	25.57	23.63	330.90	37.57
1989	637.26	160.41	23.57	29.70	378.50	45.08
1990	639.06	162.90	20.46	33.37	374.74	47.59
1991	713.40	188.39	26.70	36.19	404.74	57.38
1992	769.21	206.46	29.75	41.09	431.37	60.54
1993	869.48	241.16	34.52	42.06	490.14	61.60
1994	1156.00	327.82	46.05	59.16	648.19	74.78
1995	1545.81	454.74	62.32	76.96	859.43	92.35
1996	1887.49	523.97	63.79	94.45	1076.22	129.06
1997	1959.75	539.93	59.98	97.81	1126.28	135.75
1998	1930.98	511.66	54.31	98.00	1128.16	138.85
1999	1917.23	470.73	57.63	93.06	1144.61	151.20
2000	2140.37	544.49	63.91	89.81	1284.74	157.42
2001	2284.62	584.80	78.13	86.35	1364.08	171.26

2—36 农村居民现金支出构成

单位:%

年份	现金支出	一、家庭经营费用现金支出	二、购买生产性固定资产支出	三、税费支出	四、生活消费现金支出	五、财产性和转移性支出
1978	100.00	12.22		0.38	78.34	9.06
1979	100.00	11.41		0.35	77.19	11.05
1980	100.00	12.90		0.22	78.33	8.54
1981	100.00	14.95	4.10	0.29	72.62	8.05
1982	100.00	12.11	6.66	0.32	73.23	7.69
1983	100.00	20.68	7.45	4.47	60.64	6.76
1984	100.00	22.46	6.12	5.03	59.96	6.42
1985	100.00	24.15	5.72	4.94	58.77	6.42
1986	100.00	23.14	4.51	4.72	60.75	6.87
1987	100.00	23.14	4.73	4.68	60.47	6.99
1988	100.00	24.80	4.60	4.25	59.58	6.76
1989	100.00	25.17	3.70	4.66	59.39	7.07
1990	100.00	25.49	3.20	5.22	58.64	7.45
1991	100.00	26.41	3.74	5.07	56.73	8.04
1992	100.00	26.84	3.87	5.34	56.08	7.87
1993	100.00	27.74	3.97	4.84	56.37	7.08
1994	100.00	28.36	3.98	5.12	56.07	6.47
1995	100.00	29.42	4.03	4.98	55.60	5.97
1996	100.00	27.76	3.38	5.00	57.02	6.84
1997	100.00	27.55	3.06	4.99	57.47	6.93
1998	100.00	26.50	2.81	5.08	58.42	7.19
1999	100.00	24.55	3.01	4.85	59.70	7.89
2000	100.00	25.44	2.99	4.20	60.02	7.35
2001	100.00	25.60	3.42	3.78	59.71	7.50

2—37 农村居民家庭经营费用现金支出

单位:元/人

地区	家庭经营费用现金支出	1.农业支出	#种植业支出	2.林业支出	3.牧业支出	4.渔业支出	5.工业支出	6.建筑业支出
1978	7.43							
1979	9.13							
1980	14.05							
1981	22.41							
1982	20.90							
1983	50.58	33.93	31.91	0.24	13.90	0.32		
1984	61.13	39.68	36.87	0.62	16.87	0.49		
1985	79.99	43.09	39.66	0.86	24.18	1.72	1.73	0.28
1986	86.93	49.42	45.51	0.67	23.96	2.04	2.04	0.23
1987	100.96	59.10	55.18	0.67	25.93	2.41	3.40	0.19
1988	137.75	72.75	68.67	0.73	44.22	3.49	4.51	0.31
1989	160.41	92.17	87.62	0.67	46.06	3.27	4.97	0.31
1990	162.90	99.46	95.86	0.76	43.18	3.02	3.81	0.42
1991	188.39	112.84	108.57	1.06	52.07	3.14	4.60	0.46
1992	206.46	118.75	114.48	1.04	61.01	4.17	5.33	0.58
1993	241.16	133.11	127.77	1.78	70.71	5.66	6.87	1.97
1994	327.82	182.75	176.87	1.97	101.83	7.85	7.54	1.93
1995	454.74	261.41	254.81	2.12	138.30	8.82	10.60	3.22
1996	523.97	313.69	303.84	2.09	141.59	11.06	13.29	4.51
1997	539.93	298.41	290.04	1.93	172.32	10.42	13.47	5.08
1998	511.66	277.42	271.30	1.83	159.82	12.50	13.35	4.14
1999	470.73	269.07	263.38	2.28	132.81	13.45	11.12	3.88
2000	544.49	286.54	283.94	4.16	155.66	16.53	21.27	5.77
2001	584.80	296.59	292.47	4.01	183.69	18.12	21.91	5.82

地区	7.交通运输、邮电业支出	8.批发和零售贸易、餐饮业支出	9.社会服务业支出	10.文教卫生业支出	10.其他支出	第一产业支出	第二产业支出	第三产业支出
1978								
1979								
1980								
1981								
1982								
1983					2.19	48.39		2.19
1984					3.47	57.66		3.47
1985	3.44	2.17	0.53		1.99	69.85	2.01	8.13
1986	4.48	1.84	0.65		1.60	76.09	2.27	8.57
1987	5.14	2.02	0.62		1.48	88.11	3.59	9.26
1988	6.42	2.68	0.86		1.78	121.19	4.82	11.74
1989	7.42	2.70	0.91		1.93	142.17	5.28	12.96
1990	7.46	2.01	0.90		1.88	146.42	4.23	12.25
1991	7.67	3.09	1.05		2.41	169.11	5.06	14.22
1992	8.86	3.12	1.14		2.46	184.97	5.91	15.58
1993	11.80	4.75	1.52		2.99	211.26	8.84	21.06
1994	12.94	6.07	2.07		2.87	294.40	9.47	23.95
1995	16.26	7.39	2.47		4.15	410.65	13.82	30.27
1996	20.38	9.63	3.28		4.45	468.43	17.80	37.74
1997	19.20	12.37	2.96		3.77	483.08	18.55	38.30
1998	17.37	15.78	3.05		6.40	451.57	17.49	42.60
1999	18.65	10.25	2.72		6.50	417.61	15.00	38.12
2000	26.18	13.92	3.83	1.14	9.49	462.89	27.04	54.56
2001	26.42	13.74	4.14	1.06	9.30	502.41	27.74	54.65

2—38 农村居民家庭经营费用现金支出构成

单位：%

地　　区	家庭经营费用现金支出	1.农　业支　出	#种植业支　出	2. 林　业支　出	3. 牧　业支　出	4. 渔　业支　出	5. 工　业支　出	6. 建筑业支　出
1978	100.00							
1979	100.00							
1980	100.00							
1981	100.00							
1982	100.00							
1983	100.00	67.08	63.09	0.47	27.48	0.63		
1984	100.00	64.91	60.31	1.01	27.60	0.80		
1985	100.00	53.87	49.58	1.08	30.23	2.15	2.16	0.35
1986	100.00	56.85	52.35	0.77	27.56	2.35	2.35	0.26
1987	100.00	58.54	54.66	0.66	25.68	2.39	3.37	0.19
1988	100.00	52.81	49.85	0.53	32.10	2.53	3.27	0.23
1989	100.00	57.46	54.62	0.42	28.71	2.04	3.10	0.19
1990	100.00	61.06	58.85	0.47	26.51	1.85	2.34	0.26
1991	100.00	59.90	57.63	0.56	27.64	1.67	2.44	0.24
1992	100.00	57.52	55.45	0.50	29.55	2.02	2.58	0.28
1993	100.00	55.20	52.98	0.74	29.32	2.35	2.85	0.82
1994	100.00	55.75	53.95	0.60	31.06	2.39	2.30	0.59
1995	100.00	57.49	56.03	0.47	30.41	1.94	2.33	0.71
1996	100.00	59.87	57.99	0.40	27.02	2.11	2.54	0.86
1997	100.00	55.27	53.72	0.36	31.92	1.93	2.49	0.94
1998	100.00	54.22	53.02	0.36	31.24	2.44	2.61	0.81
1999	100.00	57.16	55.95	0.48	28.21	2.86	2.36	0.82
2000	100.00	52.63	52.15	0.76	28.59	3.04	3.91	1.06
2001	100.00	50.72	50.01	0.69	31.41	3.10	3.75	1.00

地　　区	7. 交通运输、邮电业支出	8. 批发和零售贸易、餐饮业支出	9. 社　会服务业支　出	10. 文　教卫生业支　出	10.其　他支　出	第一产业支　出	第二产业支　出	第三产业支　出
1978								
1979								
1980								
1981								
1982								
1983					4.33	95.67		4.33
1984					5.68	94.32		5.68
1985	4.30	2.71	0.66		2.49	87.33	2.51	10.16
1986	5.15	2.12	0.75		1.84	87.53	2.61	9.86
1987	5.09	2.00	0.61		1.47	87.27	3.56	9.17
1988	4.66	1.95	0.62		1.29	87.98	3.50	8.52
1989	4.63	1.68	0.57		1.20	88.63	3.29	8.08
1990	4.58	1.23	0.55		1.15	89.88	2.60	7.52
1991	4.07	1.64	0.56		1.28	89.77	2.69	7.55
1992	4.29	1.51	0.55		1.19	89.59	2.86	7.55
1993	4.89	1.97	0.63		1.24	87.60	3.67	8.73
1994	3.95	1.85	0.63		0.88	89.81	2.89	7.31
1995	3.58	1.63	0.54		0.91	90.30	3.04	6.66
1996	3.89	1.84	0.63		0.85	89.40	3.40	7.20
1997	3.56	2.29	0.55		0.70	89.47	3.44	7.09
1998	3.39	3.08	0.60		1.25	88.26	3.42	8.33
1999	3.96	2.18	0.58		1.38	88.72	3.19	8.10
2000	4.81	2.56	0.70	0.21	1.74	85.01	4.97	10.02
2001	4.52	2.35	0.71	0.18	1.59	85.91	4.74	9.35

2—39 农村居民生活消费现金支出

单位:元/人

年份	生活消费现金支出	一、食品支出	二、衣着支出	三、居住支出	四、家庭设备用品及服务支出	五、医疗保健支出	六、交通通讯支出	七、文教娱乐用品及服务支出	八、其他支出
1978	47.64								
1979	61.76								
1980	83.83	31.36	19.84	14.48	3.18	3.30	0.58	8.01	3.08
1981	108.87	41.95	23.50	20.82	4.08	4.14	0.57	9.92	3.89
1982	126.43	53.88	24.63	25.11	4.86	4.99	0.61	7.35	5.00
1983	148.30	59.82	27.82	30.91	14.04	3.99	3.25	5.68	2.79
1984	163.18	64.67	27.97	36.11	14.58	5.68	4.08	7.10	2.99
1985	194.68	76.56	30.13	42.83	16.06	7.65	5.59	12.34	3.52
1986	228.19	88.94	32.36	54.88	19.44	8.72	6.18	14.41	3.26
1987	263.84	104.27	33.52	63.98	21.41	10.65	8.16	18.44	3.41
1988	330.90	129.63	40.33	79.47	29.76	13.36	8.88	25.60	3.87
1989	378.50	155.37	43.46	87.72	32.16	16.43	8.53	30.59	4.24
1990	374.74	155.85	44.03	81.15	30.74	18.98	8.41	31.33	4.25
1991	404.74	164.40	49.69	81.81	34.83	22.31	10.32	36.31	5.07
1992	431.37	175.73	51.18	82.80	36.22	24.11	12.15	43.71	5.47
1993	490.14	198.02	54.75	78.20	44.35	26.12	17.40	58.25	13.05
1994	648.19	264.01	69.67	109.24	55.09	32.06	24.01	75.09	19.02
1995	859.43	353.22	88.66	147.86	68.08	42.47	33.73	102.35	23.06
1996	1076.22	423.80	112.70	186.24	83.96	58.26	47.07	132.46	31.73
1997	1126.28	435.74	108.31	198.25	85.16	62.45	53.92	148.18	34.27
1998	1128.16	428.90	97.04	199.35	81.77	68.13	60.68	159.41	32.88
1999	1144.61	425.98	91.48	203.60	82.14	70.02	68.73	168.33	34.33
2000	1284.74	464.26	95.18	231.06	74.37	87.57	93.13	186.71	52.46
2001	1364.08	484.47	97.95	249.84	76.17	96.61	109.98	192.64	56.42

2—40 农村居民生活消费现金支出构成

单位:%

年份	生活消费现金支出	一、食品支出	二、衣着支出	三、居住支出	四、家庭设备用品及服务支出	五、医疗保健支出	六、交通通讯支出	七、文教娱乐用品及服务支出	八、其他支出
1978	100.00								
1979	100.00								
1980	100.00	37.41	23.67	17.27	3.79	3.94	0.69	9.56	3.67
1981	100.00	38.53	21.59	19.12	3.75	3.80	0.52	9.11	3.57
1982	100.00	42.62	19.48	19.86	3.84	3.95	0.48	5.81	3.95
1983	100.00	40.34	18.76	20.84	9.47	2.69	2.19	3.83	1.88
1984	100.00	39.63	17.14	22.13	8.93	3.48	2.50	4.35	1.83
1985	100.00	39.32	15.48	22.00	8.25	3.93	2.87	6.34	1.81
1986	100.00	38.98	14.18	24.05	8.52	3.82	2.71	6.31	1.43
1987	100.00	39.52	12.70	24.25	8.11	4.04	3.09	6.99	1.29
1988	100.00	39.17	12.19	24.02	8.99	4.04	2.68	7.74	1.17
1989	100.00	41.05	11.48	23.18	8.50	4.34	2.25	8.08	1.12
1990	100.00	41.59	11.75	21.66	8.20	5.06	2.24	8.36	1.13
1991	100.00	40.62	12.28	20.21	8.61	5.51	2.55	8.97	1.25
1992	100.00	40.74	11.86	19.19	8.40	5.59	2.82	10.13	1.27
1993	100.00	40.40	11.17	15.95	9.05	5.33	3.55	11.88	2.66
1994	100.00	40.73	10.75	16.85	8.50	4.95	3.70	11.58	2.93
1995	100.00	41.10	10.32	17.21	7.92	4.94	3.92	11.91	2.68
1996	100.00	39.38	10.47	17.31	7.80	5.41	4.37	12.31	2.95
1997	100.00	38.69	9.62	17.60	7.56	5.54	4.79	13.16	3.04
1998	100.00	38.02	8.60	17.67	7.25	6.04	5.38	14.13	2.91
1999	100.00	37.22	7.99	17.79	7.18	6.12	6.00	14.71	3.00
2000	100.00	36.14	7.41	17.98	5.79	6.82	7.25	14.53	4.08
2001	100.00	35.52	7.18	18.32	5.58	7.08	8.06	14.12	4.14

2－41 1978－2001年农村居民极端贫困状况

年份	贫困线(元/人)	贫困发生率(%)	贫困规模(万人)
1978	100	30.7	25000
1984	200	15.1	12800
1985	206	14.8	12500
1986	213	15.5	13100
1987	227	14.3	12200
1988	236	11.1	9600
1989	259	11.6	10200
1990	300	9.4	8500
1992	317	8.8	8000
1994	440	7.7	7000
1995	530	7.1	6540
1997	640	5.4	4962
1998	635	4.6	4210
1999	625	3.7	3412
2000	625	3.4	3209
2001	630	3.2	2927

主要年份分组资料

一、按纯收入分组

3－1　1980年农村居民家庭基本情况

项　　目	单　位	60元以下	60－80元	80－100元	100－150元	150－200元
一、分组户数占调查户的比重	%	0.94	2.55	5.72	25.60	24.98
二、常住人口	人/户	5.60	6.26	6.16	5.98	5.65
三、劳动力人数	人/户	2.65	2.80	2.32	2.75	2.61
劳动力负担人口	人/劳动力	2.11	2.24	2.66	2.17	2.16
四、经营耕地面积	亩/人	0.27	0.27	0.23	0.20	0.18
# 自留地面积	亩/人	0.14	0.18	0.16	0.14	0.13
五、年末使用房屋面积	平方米/人	8.81	8.40	9.25	10.24	11.34
六、总收入	元/人	64.82	86.91	108.47	146.86	198.88
# 家庭经营收入	元/人	30.71	40.73	50.33	66.32	85.92
七、纯收入	元/人	52.66	72.68	91.84	126.35	174.00
八、现金收入	元/人	34.22	38.64	47.59	68.40	98.25
九、总支出	元/人	93.56	100.77	113.41	143.26	183.63
# 生产费用支出	元/人	12.04	14.13	16.47	20.20	24.58
生活消费支出	元/人	79.08	84.03	93.96	118.11	151.51
十、现金支出	元/人	41.67	44.50	50.09	68.78	94.33
# 生产费用现金支出	元/人	6.91	7.46	8.61	10.74	13.52
生活消费现金支出	元/人	32.31	33.93	38.28	53.08	73.34
十一、主要食品消费量						
粮食	公斤/人	185.85	203.12	218.78	248.55	273.30
蔬菜	公斤/人	65.23	78.66	91.66	110.52	128.09
食用油	公斤/人	1.03	1.26	1.57	2.09	2.79
猪牛羊肉	公斤/人	2.99	3.44	4.12	5.64	7.47
家禽	公斤/人	0.21	0.26	0.32	0.43	0.61
禽蛋	公斤/人	0.49	0.55	0.56	0.72	1.00
食糖	公斤/人	0.39	0.45	0.53	0.70	0.95
酒	公斤/人	0.49	0.63	0.98	1.37	1.85

3—1 续表

项　　目	单　位	200—250 元	250—300 元	300—500 元	500 元以上
一、分组户数占调查户的比重	%	17.33	9.96	11.30	1.62
二、常住人口	人/户	5.30	5.07	4.67	4.10
三、劳动力人数	人/户	2.64	2.68	2.71	2.64
劳动力负担人口	人/劳动力	2.01	1.89	1.72	1.55
四、经营耕地面积	亩/人	0.18	0.18	0.18	0.18
# 自留地面积	亩/人	0.13	0.14	0.14	0.15
五、年末使用房屋面积	平方米/人	12.51	13.43	15.00	17.15
六、总收入	元/人	254.44	304.98	402.48	641.34
# 家庭经营收入	元/人	106.14	115.42	133.64	147.94
七、纯收入	元/人	223.44	271.88	365.27	600.42
八、现金收入	元/人	134.39	168.10	241.59	408.96
九、总支出	元/人	226.45	265.64	331.75	475.44
# 生产费用支出	元/人	30.70	32.74	36.87	40.61
生活消费支出	元/人	185.14	218.90	273.48	395.20
十、现金支出	元/人	125.21	157.61	212.30	240.08
# 生产费用现金支出	元/人	17.27	18.38	21.02	25.08
生活消费现金支出	元/人	97.15	124.33	169.76	275.66
十一、主要食品消费量					
粮食	公斤/人	299.90	308.96	312.36	327.78
蔬菜	公斤/人	143.10	154.59	163.34	181.35
食用油	公斤/人	3.25	4.05	4.38	5.14
猪牛羊肉	公斤/人	8.90	10.60	12.66	16.15
家禽	公斤/人	0.84	0.97	1.15	1.40
禽蛋	公斤/人	1.28	1.95	2.21	2.78
食糖	公斤/人	1.26	1.49	2.14	3.33
酒	公斤/人	2.23	2.68	3.38	4.83

3－2　1985年农村居民家庭基本情况

项　　　目	单　位	100元以下	100－150元	150－200元	200－300元
一、分组户数占调查户比重	%	0.95	3.35	7.85	25.64
二、常住人口	人/户	5.24	5.47	5.55	5.41
三、劳动力人数	人/户	2.60	2.80	2.93	2.98
劳动力负担人口	人/劳动力	2.02	1.95	1.89	1.82
四、经营耕地面积	亩/人	3.11	2.40	2.07	1.95
# 承包耕地面积	亩/人	2.68	2.11	1.81	1.71
五、年内新建房屋面积	平方米/人	0.76	0.42	0.51	0.66
六、年末使用房屋面积	平方米/人	10.08	10.19	11.11	12.77
# 砖木结构面积	平方米/人	3.13	3.17	3.73	5.15
年末使用房屋价值	元/平方米	20.09	19.06	19.73	21.62
七、年末生产性					
固定资产原值	元/户	921.24	639.85	609.71	638.32
八、总收入	元/人	229.74	232.30	281.85	372.78
九、纯收入	元/人	72.23	133.28	179.79	252.36
十、现金收入	元/人	143.91	123.18	153.84	215.59
十一、总支出	元/人	351.02	270.21	294.80	360.11
# 生产费用支出	元/人	147.43	84.63	86.48	103.81
生活消费支出	元/人	179.15	169.90	191.13	236.17
十二、现金支出	元/人	222.19	148.89	166.87	216.12
# 生产费用现金支出	元/人	103.42	51.29	53.24	66.37
生活消费现金支出	元/人	91.71	80.10	92.78	123.37
十三、主要食品消费量					
粮食	公斤/人	213.14	209.13	222.93	243.94
蔬菜	公斤/人	88.03	87.27	95.25	116.73
食用油	公斤/人	2.63	2.41	2.66	3.28
猪牛羊肉	公斤/人	4.89	5.65	6.81	8.92
家禽	公斤/人	0.29	0.38	0.50	0.69
禽蛋	公斤/人	1.22	0.90	1.04	1.38
食糖	公斤/人	0.50	0.56	0.76	1.03
酒	公斤/人	1.64	1.61	2.15	2.84

3-2 续表 1

项　　目	单　位	300—400 元	400—500 元	500—600 元	600—800 元
一、分组户数占调查户比重	%	24.10	15.94	9.13	7.99
二、常住人口	人/户	2.54	4.97	4.77	4.53
三、劳动力人数	人/户	2.99	2.95	2.94	2.89
劳动力负担人口	人/劳动力	1.75	1.68	1.62	1.57
四、经营耕地面积	亩/人	1.96	2.08	2.17	2.24
# 承包耕地面积	亩/人	1.74	1.85	1.92	1.97
五、年内新建房屋面积	平方米/人	10.04	1.25	1.52	2.00
六、年末使用房屋面积	平方米/人	14.62	16.12	17.31	19.13
# 砖木结构面积	平方米/人	7.18	9.02	10.27	12.41
年末使用房屋价值	元/平方米	24.82	27.98	32.04	35.18
七、年末生产性					
固定资产原值	元/户	711.96	807.10	900.05	919.46
八、总收入	元/人	492.88	614.52	735.57	907.21
九、纯收入	元/人	347.67	444.23	542.39	680.55
十、现金收入	元/人	308.30	412.30	518.85	681.39
十一、总支出	元/人	450.71	541.91	631.64	757.15
# 生产费用支出	元/人	127.35	152.58	174.70	210.62
生活消费支出	元/人	297.26	357.01	419.79	502.27
十二、现金支出	元/人	292.89	375.49	461.94	586.90
# 生产费用现金支出	元/人	86.59	107.75	128.02	60.32
生活消费现金支出	元/人	170.58	222.19	280.31	363.74
十三、主要食品消费量					
粮食	公斤/人	265.58	275.73	279.01	275.24
蔬菜	公斤/人	133.70	146.09	153.13	157.07
食用油	公斤/人	4.08	4.64	5.07	5.38
猪牛羊肉	公斤/人	10.83	12.28	13.87	14.86
家禽	公斤/人	0.99	1.20	1.39	1.69
禽蛋	公斤/人	1.90	2.49	2.89	3.43
食糖	公斤/人	1.36	1.66	1.88	2.30
酒	公斤/人	3.66	4.66	5.60	7.01

3－2 续表 2

项　　目	单　位	800－1000 元	1000－1500 元	1500－2000 元	2000 元以上
一、分组户数占调查户的比重	%	2.85	1.76	0.29	0.15
二、常住人口	人/户	4.25	4.14	4.27	3.72
三、劳动力人数	人/户	2.81	2.84	2.93	2.58
劳动力负担人口	人/劳动力	1.51	1.46	1.46	1.44
四、经营耕地面积	亩/人	2.32	2.25	1.78	1.35
# 承包耕地面积	亩/人	2.07	2.00	1.47	1.07
五、年内新建房屋面积	平方米/人	2.42	3.09	4.38	4.38
六、年末使用房屋面积	平方米/人	20.76	22.78	22.77	27.84
# 砖木结构面积	平方米/人	14.73	17.16	17.24	9.85
年末使用房屋价值	元/平方米	40.52	46.54	56.28	66.52
七、年末生产性					
固定资产原值	元/户	1108.10	1768.32	2245.90	2776.44
八、总收入	元/人	1143.84	1536.90	2276.65	3077.84
九、纯收入	元/人	878.86	1157.21	1686.62	2538.17
十、现金收入	元/人	905.12	1281.10	2035.76	2863.48
十一、总支出	元/人	932.15	1242.16	1845.75	2448.55
# 生产费用支出	元/人	263.68	416.62	669.48	870.23
生活消费支出	元/人	614.79	756.29	1080.91	1461.72
十二、现金支出	元/人	757.79	1068.65	1681.66	2412.89
# 生产费用现金支出	元/人	212.86	358.39	617.56	879.31
生活消费现金支出	元/人	472.65	619.06	940.86	1345.24
十三、主要食品消费量					
粮食	公斤/人	278.34	276.92	263.58	242.44
蔬菜	公斤/人	157.74	158.17	160.84	171.32
食用油	公斤/人	5.64	5.97	6.07	6.00
猪牛羊肉	公斤/人	16.72	18.28	19.22	22.66
家禽	公斤/人	2.02	2.77	3.93	6.97
禽蛋	公斤/人	4.24	4.67	5.29	4.96
食糖	公斤/人	2.69	3.26	3.51	6.33
酒	公斤/人	9.33	10.93	13.46	24.27

3—3　1990年农村居民家庭基本情况

项　　目	单　位	100元以下	100—150元	150—200元	200—300元
一、分组户数占调查户比重	%	0.30	0.49	1.29	6.56
二、常住人口	人/户	3.47	5.02	5.12	5.35
三、整、半劳动力	人/户	2.05	2.66	2.76	3.00
整、半劳动力负担人口	人/劳动力	1.69	1.89	1.86	1.78
四、经营耕地面积	亩/人	3.28	2.36	1.98	1.87
# 承包耕地面积	亩/人	2.99	2.10	1.74	1.64
五、年内新建房屋面积	平方米/人	0.82	0.15	0.16	0.37
六、年末住房面积	平方米/人	13.55	12.53	11.76	12.61
# 砖木结构面积	平方米/人	4.93	4.65	4.00	5.05
七、年末使用房屋价值	元/平方米	36.75	30.09	28.50	28.70
八、年末生产性					
固定资产原值	元/户	1484.12	1416.38	950.84	1051.46
九、总收入	元/人	447.43	378.00	368.17	444.77
十、纯收入	元/人	66.13	133.10	181.22	257.69
十一、现金收入	元/人	263.74	221.08	197.65	241.71
十二、总支出	元/人	744.50	534.62	448.90	498.07
# 生产费用支出	元/人	324.44	190.74	145.56	154.52
生活消费支出	元/人	363.67	295.09	269.21	311.24
十三、现金支出	元/人	520.86	330.29	261.66	290.46
# 生产费用现金支出	元/人	236.46	120.76	87.78	93.05
生活消费现金支出	元/人	220.66	157.20	135.00	158.42
十四、主要食品消费量					
粮食	公斤/人	220.36	217.12	208.91	224.99
蔬菜	公斤/人	105.12	87.07	81.76	91.12
食用油	公斤/人	4.15	3.29	3.00	3.25
猪牛羊肉	公斤/人	1.75	0.99	1.08	1.64
家禽	公斤/人	0.49	0.37	0.43	0.47
禽蛋	公斤/人	1.65	1.30	1.27	1.17
食糖	公斤/人	0.80	0.68	0.74	0.80
酒	公斤/人	3.46	3.01	2.13	2.47

3—3 续表 1

项　　目	单　位	300—400 元	400—500 元	500—600 元	600—800 元
一、分组户数占调查户比重	%	12.04	14.37	13.94	20.80
二、常住人口	人/户	5.25	5.04	4.93	4.79
三、整、半劳动力	人/户	2.99	2.97	2.96	2.92
整、半劳动力负担人口	人/劳动力	1.76	1.70	1.67	1.64
四、经营耕地面积	亩/人	1.71	1.76	1.75	1.84
# 承包耕地面积	亩/人	1.49	1.55	1.54	1.62
五、年内新建房屋面积	平方米/人	0.40	0.50	0.60	0.77
六、年末住房面积	平方米/人	13.89	15.48	16.87	18.56
# 砖木结构面积	平方米/人	6.19	7.55	8.84	10.52
七、年末使用房屋价值	元/平方米	30.32	33.01	44.66	36.75
八、年末生产性					
固定资产原值	元/户	1007.19	1053.47	1125.18	1233.33
九、总收入	元/人	561.29	688.75	814.03	1000.57
十、纯收入	元/人	351.91	450.07	548.15	691.94
十一、现金收入	元/人	313.77	405.24	507.46	662.23
十二、总支出	元/人	573.42	672.06	774.30	910.58
# 生产费用支出	元/人	172.77	199.07	224.97	261.81
生活消费支出	元/人	363.52	429.63	500.93	590.65
十三、现金支出	元/人	342.21	418.95	507.67	628.54
# 生产费用现金支出	元/人	106.83	125.76	149.24	178.72
生活消费现金支出	元/人	188.77	236.74	291.53	367.10
十四、主要食品消费量					
粮食	公斤/人	241.08	259.09	272.82	284.59
蔬菜	公斤/人	106.91	121.11	130.71	144.45
食用油	公斤/人	3.75	4.42	4.87	5.56
猪牛羊肉	公斤/人	1.79	1.59	1.51	1.85
家禽	公斤/人	0.62	0.84	1.03	1.30
禽蛋	公斤/人	1.43	1.78	1.96	2.51
食糖	公斤/人	0.93	1.14	1.32	1.59
酒	公斤/人	3.20	4.02	5.19	6.76

3—3 续表 2

项　　目	单　位	800—1000 元	1000—1500 元	1500—2000 元	2000 元以上
一、分组户数占调查户比重	%	12.49	12.25	3.48	1.99
二、常住人口	人/户	4.55	4.27	4.04	3.78
三、整、半劳动力	人/户	2.86	2.82	2.79	2.72
整、半劳动力负担人口	人/劳动力	1.59	1.51	1.45	1.39
四、经营耕地面积	亩/人	1.98	2.15	2.28	2.28
# 承包耕地面积	亩/人	1.76	1.92	2.04	2.07
五、年内新建房屋面积	平方米/人	1.12	1.51	2.36	3.20
六、年末住房面积	平方米/人	20.33	22.94	27.38	32.83
# 砖木结构面积	平方米/人	12.29	14.84	18.39	23.88
七、年末使用房屋价值	元/平方米	30.09	28.50	28.70	30.32
八、年末生产性					
固定资产原值	元/户	1349.96	1599.58	2019.11	2362.30
九、总收入	元/人	1254.18	1637.08	2293.27	3397.65
十、纯收入	元/人	889.36	1195.78	1714.42	2611.61
十一、现金收入	元/人	886.46	1236.24	1881.58	2952.71
十二、总支出	元/人	1112.26	1381.35	1887.23	2656.42
# 生产费用支出	元/人	318.25	389.83	531.33	745.02
生活消费支出	元/人	723.20	902.50	1240.14	1754.46
十三、现金支出	元/人	820.61	1084.66	1598.83	2362.16
# 生产费用现金支出	元/人	228.64	297.16	444.21	656.33
生活消费现金支出	元/人	485.59	654.16	978.97	1461.34
十四、主要食品消费量					
粮食	公斤/人	291.04	288.07	282.96	287.24
蔬菜	公斤/人	157.29	162.81	164.46	164.55
食用油	公斤/人	6.30	6.96	7.54	7.97
猪牛羊肉	公斤/人	2.05	2.52	1.55	2.97
家禽	公斤/人	1.61	2.09	3.18	4.57
禽蛋	公斤/人	3.03	4.01	4.93	6.38
食糖	公斤/人	1.95	2.22	2.75	3.37
酒	公斤/人	8.14	10.39	13.07	15.86

3—4　1995年农村居民家庭基本情况

项　　目	单　位	100元以下	100—200元	200—300元	300—400元	400—500元
一、分组户数占调查户比重	%	0.21	0.36	0.78	1.47	2.30
二、常住人口	人/户	4.82	5.19	5.21	5.29	5.13
三、整、半劳动力	人/户	2.84	3.08	3.04	3.10	2.99
整、半劳动力负担人口	人/劳动力	1.70	1.69	1.71	1.71	1.72
四、经营耕地面积	亩/人	5.24	3.92	3.25	2.75	2.42
# 承包耕地面积	亩/人	4.42	3.15	2.41	2.33	2.05
五、年内新建房屋面积	平方米/人	0.82	0.29	0.42	0.42	0.22
六、年末住房面积	平方米/人	16.16	17.85	14.22	14.39	15.38
# 砖木结构面积	平方米/人	6.74	4.92	5.49	5.10	6.01
七、年末住房价值	元/平方米	122.85	53.80	64.71	60.35	60.60
八、年末生产性						
固定资产原值	元/户	6695.34	5119.31	3506.17	2885.46	2654.76
九、总收入	元/人	1367.43	939.76	865.00	989.23	954.73
十、纯收入	元/人	—77.21	152.98	258.66	353.39	451.59
十一、现金收入	元/人	1081.58	627.63	537.01	524.39	545.11
十二、总支出	元/人	2743.70	1546.24	1367.59	1226.57	1214.05
# 生产费用支出	元/人	1263.26	68.62	561.46	473.96	430.75
生活消费支出	元/人	1150.96	732.08	702.17	672.89	708.55
十三、现金支出	元/人	2059.01	1087.92	903.31	752.88	713.49
# 生产费用现金支出	元/人	1099.31	540.18	417.98	331.51	286.38
生活消费现金支出	元/人	675.51	416.10	384.69	339.08	353.32
十四、主要食品消费量						
粮食	公斤/人	287.42	218.35	209.43	211.57	214.67
蔬菜	公斤/人	83.28	59.30	58.93	62.48	154.51
食用油	公斤/人	5.35	4.47	4.07	4.27	3.93
猪牛羊肉	公斤/人	7.28	5.62	6.37	7.42	7.86
家禽	公斤/人	0.75	0.51	0.66	0.58	0.62
禽蛋	公斤/人	2.56	1.67	1.51	1.25	1.31
食糖	公斤/人	1.06	0.97	0.90	0.85	0.96
酒	公斤/人	6.23	3.97	3.47	2.99	3.09

3—4 续表 1

项　　目	单　位	500—600 元	600—800 元	800—1000 元	1000—1200 元	1200—1300 元
一、分组户数占调查户比重	%	3.37	9.54	11.63	11.83	5.38
二、常住人口	人/户	5.05	4.91	4.75	4.63	4.54
三、整、半劳动力	人/户	3.02	3.00	2.96	2.92	2.90
整、半劳动力负担人口	人/劳动力	1.67	1.64	1.60	1.59	1.57
四、经营耕地面积	亩/人	1.19	2.18	2.07	2.11	2.03
# 承包耕地面积	亩/人	1.91	1.87	1.85	1.91	1.84
五、年内新建房屋面积	平方米/人	0.42	0.59	0.59	0.60	0.67
六、年末住房面积	平方米/人	16.06	17.21	18.07	19.43	19.80
# 砖木结构面积	平方米/人	6.30	8.07	9.25	10.97	12.05
七、年末住房价值	元/平方米	57.72	62.01	70.40	73.76	83.19
八、年末生产性						
固定资产原值	元/户	2411.36	2440.61	2398.33	2377.51	2434.94
九、总收入	元/人	1064.76	1242.54	1491.25	1739.62	1917.82
十、纯收入	元/人	550.98	704.74	902.15	1097.03	1248.25
十一、现金收入	元/人	604.14	710.56	862.94	1044.33	1165.48
十二、总支出	元/人	1286.62	1399.36	1528.74	1696.34	1809.53
# 生产费用支出	元/人	447.97	468.31	510.68	557.08	582.51
生活消费支出	元/人	745.37	832.34	909.91	1019.75	1106.61
十三、现金支出	元/人	766.87	826.18	954.09	1099.15	1204.19
# 生产费用现金支出	元/人	299.20	308.66	342.87	384.81	414.65
生活消费现金支出	元/人	382.73	424.30	498.48	586.35	651.23
十四、主要食品消费量						
粮食	公斤/人	223.46	228.31	239.81	252.20	262.90
蔬菜	公斤/人	74.48	82.92	92.05	99.44	105.38
食用油	公斤/人	4.15	4.40	4.98	5.36	5.61
猪牛羊肉	公斤/人	8.45	9.41	9.99	10.24	10.22
家禽	公斤/人	0.84	0.84	1.03	1.26	1.47
禽蛋	公斤/人	1.48	1.79	2.14	2.50	2.88
食糖	公斤/人	1.00	0.90	1.00	1.16	1.25
酒	公斤/人	3.55	3.84	4.27	4.99	5.59

3—4 续表 2

项　　目	单　位	1300—1500 元	1500—1700 元	1700—2000 元	2000—2500 元	2500—3000 元
一、分组户数占调查户比重	%	9.74	7.92	9.39	10.29	5.89
二、常住人口	人/户	4.51	4.40	4.31	4.19	4.05
三、整、半劳动力	人/户	2.90	2.84	2.84	2.79	2.76
整、半劳动力负担人口	人/劳动力	1.56	1.55	1.52	1.50	1.47
四、经营耕地面积	亩/人	2.00	2.21	2.11	2.24	2.16
# 承包耕地面积	亩/人	1.80	2.03	1.92	2.05	1.98
五、年内新建房屋面积	平方米/人	0.65	0.76	0.90	0.98	1.25
六、年末住房面积	平方米/人	20.30	22.06	22.22	23.95	26.44
# 砖木结构面积	平方米/人	12.05	13.43	13.83	14.86	16.35
七、年末住房价值	元/平方米	84.44	84.07	104.49	121.54	138.96
八、年末生产性						
固定资产原值	元/户	2530.25	2643.71	2799.74	2966.62	3137.98
九、总收入	元/人	2112.53	2396.31	2691.32	3165.30	3733.04
十、纯收入	元/人	1396.76	1596.02	1839.23	2228.63	2723.07
十一、现金收入	元/人	1334.86	1578.28	1820.15	2244.78	2779.56
十二、总支出	元/人	1947.95	2167.06	2443.58	772.06	835.40
# 生产费用支出	元/人	631.40	707.85	772.80	480.01	510.55
生活消费支出	元/人	1175.29	1301.92	1501.90	1662.18	1937.67
十三、现金支出	元/人	1327.56	1535.31	1747.04	2071.05	2472.02
# 生产费用现金支出	元/人	455.53	524.30	587.61	681.89	766.46
生活消费现金支出	元/人	713.70	831.16	964.26	1168.87	1438.97
十四、主要食品消费量						
粮食	公斤/人	264.19	268.99	272.89	274.86	274.56
蔬菜	公斤/人	110.22	117.33	120.78	125.73	128.47
食用油	公斤/人	5.97	6.12	6.52	6.98	7.39
猪牛羊肉	公斤/人	11.24	11.52	12.24	13.07	14.16
家禽	公斤/人	1.61	1.80	2.28	2.53	3.17
禽蛋	公斤/人	3.12	3.51	4.06	4.72	5.00
食糖	公斤/人	1.25	1.37	1.44	1.62	1.68
酒	公斤/人	5.88	6.53	7.49	8.55	10.49

3—4 续表 3

项　　目	单 位	3000—3500 元	3500—4000 元	4000—4500 元	4500—5000 元	5000 元以上
一、分组户数占调查户比重	%	3.49	1.95	1.34	0.86	2.26
二、常住人口	人/户	3.97	3.83	3.73	3.61	3.52
三、整、半劳动力	人/户	2.75	2.75	2.68	2.65	2.64
整、半劳动力负担人口	人/劳动力	1.44	1.39	1.39	1.36	1.33
四、经营耕地面积	亩/人	2.12	1.99	3.01	2.52	13.52
# 承包耕地面积	亩/人	1.89	1.80	2.88	2.36	2.14
五、年内新建房屋面积	平方米/人	1.34	1.60	1.19	2.07	2.35
六、年末住房面积	平方米/人	27.35	30.07	31.05	34.17	38.82
# 砖木结构面积	平方米/人	16.57	18.13	19.05	20.23	23.70
七、年末住房价值	元/平方米	165.10	185.29	183.34	211.74	219.95
八、年末生产性						
固定资产原值	元/户	3357.98	3571.49	3790.24	3480.29	5712.43
九、总收入	元/人	4277.65	4807.92	5603.63	6269.24	8646.85
十、纯收入	元/人	3223.40	3726.78	4233.57	4740.43	6833.26
十一、现金收入	元/人	3279.24	4145.72	4567.61	5331.19	7487.03
十二、总支出	元/人	875.78	902.96	1167.95	1313.97	1540.17
# 生产费用支出	元/人	508.66	543.04	560.71	556.70	749.14
生活消费支出	元/人	2223.12	2487.94	2867.76	3310.35	4292.22
十三、现金支出	元/人	2846.42	3213.20	3888.37	4531.12	6169.22
# 生产费用现金支出	元/人	825.40	904.65	1147.57	1294.86	1826.44
生活消费现金支出	元/人	1727.63	1996.60	2355.23	2819.10	3794.05
十四、主要食品消费量						
粮食	公斤/人	272.01	280.78	282.47	274.66	274.46
蔬菜	公斤/人	128.01	124.00	126.66	122.86	123.38
食用油	公斤/人	7.56	7.62	8.12	7.65	8.23
猪牛羊肉	公斤/人	15.07	15.74	17.32	18.72	19.93
家禽	公斤/人	3.69	4.35	5.06	5.82	6.70
禽蛋	公斤/人	5.54	5.80	6.25	6.17	6.97
食糖	公斤/人	1.92	2.07	2.05	2.28	2.73
酒	公斤/人	12.17	13.12	15.15	16.41	19.57

3—5 2000年农村居民家庭基本情况

项目	单位	100元以下	100—200元	200—300元	300—400元	400—500元
一、分组户数占调查户比重	%	0.31	0.20	0.43	0.69	1.01
二、常住人口	人/户	4.08	4.67	5.01	4.96	4.83
三、整、半劳动力	人/户	2.70	2.79	2.96	2.99	2.89
整、半劳动力负担人口	人/劳动力	1.51	1.67	1.70	1.66	1.67
四、经营耕地面积	亩/人	3.59	2.89	2.72	2.51	2.54
#自留地面积	亩/人	0.13	0.17	0.15	0.11	0.12
五、年内新建房屋面积	平方米/人	0.74	1.06	0.67	0.36	0.82
六、年末住房面积	平方米/人	22.53	15.81	15.04	15.68	16.39
# 砖木结构面积	平方米/人	11.20	7.17	6.41	7.21	6.82
七、年末住房价值	元/平方米	172.32	135.47	135.11	124.57	123.27
八、年末生产性						
固定资产原值	元/户	15997.34	3918.33	6204.01	4813.93	4453.34
九、总收入	元/人	2356.04	890.60	914.79	970.49	1032.68
十、纯收入	元/人	—561.64	155.33	253.31	352.89	454.42
十一、现金收入	元/人	2153.26	671.72	638.24	677.43	673.09
十二、总支出	元/人	4502.96	1743.13	1460.70	1444.75	1447.72
# 生产费用支出	元/人	2625.15	620.64	526.00	479.91	465.90
生活消费支出	元/人	1605.60	987.20	815.76	850.20	883.38
十三、现金支出	元/人	3964.57	1353.97	1084.32	1080.91	1072.56
# 生产费用现金支出	元/人	2340.43	467.77	409.23	378.11	363.06
生活消费现金支出	元/人	1293.62	724.80	542.64	569.52	585.31
十四、主要食品消费量						
粮食	公斤/人	239.20	207.44	210.69	215.12	216.17
蔬菜	公斤/人	90.50	63.83	50.68	58.19	71.10
食用油	公斤/人	6.70	3.92	4.64	4.74	4.91
猪牛羊肉	公斤/人	13.24	9.48	8.57	8.38	9.35
家禽	公斤/人	2.18	0.63	0.86	0.89	0.91
禽蛋	公斤/人	5.62	2.85	2.15	2.09	2.12
食糖	公斤/人	1.14	0.60	0.75	0.75	0.73
酒	公斤/人	10.15	5.90	4.29	4.25	3.65

3－5 续表 1

项　　目	单　位	500－600 元	600－800 元	800－1000 元	1000－2000 元	1200－1300 元
一、分组户数占调查户比重	%	1.37	4.44	5.72	6.75	3.75
二、常住人口	人/户	4.90	4.84	4.74	4.63	4.53
三、整、半劳动力	人/户	2.91	2.89	2.91	2.88	2.86
整、半劳动力负担人口	人/劳动力	1.68	1.67	1.63	1.61	1.58
四、经营耕地面积	亩/人	2.02	1.99	1.97	1.97	1.91
# 自留地面积	亩/人	0.10	0.10	0.10	0.10	0.09
五、年内新建房屋面积	平方米/人	0.32	0.42	0.55	0.50	0.54
六、年末住房面积	平方米/人	16.83	17.20	18.65	20.06	21.09
# 砖木结构面积	平方米/人	7.02	7.84	8.89	10.22	11.50
七、年末住房价值	元/平方米	120.13	120.99	125.97	130.72	136.27
八、年末生产性						
固定资产原值	元/户	4447.78	4100.49	3748.27	4003.75	3969.41
九、总收入	元/人	1131.45	1251.49	1510.75	1726.14	1894.36
十、纯收入	元/人	552.11	705.18	902.77	1101.55	1249.95
十一、现金收入	元/人	720.31	794.72	991.98	1140.56	1264.39
十二、总支出	元/人	1383.62	1434.34	1581.10	1693.78	1761.18
# 生产费用支出	元/人	466.58	443.01	501.00	496.75	513.99
生活消费支出	元/人	831.92	901.17	982.26	1091.91	1132.76
十三、现金支出	893.54	999.19	1025.79	1157.74	1234.34	1327.46
# 生产费用现金支出	元/人	355.19	332.82	385.25	382.66	401.82
生活消费现金支出	元/人	530.05	573.83	635.24	697.13	755.66
十四、主要食品消费量						
粮食	公斤/人	213.17	222.96	231.60	235.61	240.89
蔬菜	公斤/人	70.66	78.11	84.74	93.04	99.54
食用油	公斤/人	4.75	5.35	5.43	5.86	6.27
猪牛羊肉	公斤/人	10.04	10.85	11.65	12.64	12.77
家禽	公斤/人	0.97	1.06	1.34	1.45	1.73
禽蛋	公斤/人	2.19	2.36	3.11	3.18	3.50
食糖	公斤/人	0.81	0.82	0.99	1.09	1.09
酒	公斤/人	3.68	3.98	4.46	4.89	4.96

3—5 续表 2

项　　目	单　位	1300—1500 元	1500—1700 元	1700—2000 元	2000—2500 元	2500—3000 元
一、分组户数占调查户比重	%	7.42	7.48	10.45	14.53	10.29
二、常住人口	人/户	4.48	4.36	4.25	4.14	4.02
三、整、半劳动力	人/户	2.83	2.79	2.78	2.75	2.72
整、半劳动力负担人口	人/劳动力	1.58	1.56	1.53	1.50	1.47
四、经营耕地面积	亩/人	1.91	1.96	1.91	1.98	2.01
# 自留地面积	亩/人	0.08	0.12	0.09	0.08	0.08
五、年内新建房屋面积	平方米/人	0.67	0.78	0.71	0.90	0.98
六、年末住房面积	平方米/人	21.67	22.88	23.68	25.05	26.71
# 砖木结构面积	平方米/人	11.74	12.79	13.69	14.69	15.69
七、年末住房价值	元/平方米	138.65	147.61	154.22	167.30	178.77
八、年末生产性						
固定资产原值	元/户	3924.64	3928.69	3935.42	4163.67	4607.59
九、总收入	元/人	2073.47	2320.78	2599.13	3068.10	3639.17
十、纯收入	元/人	1400.58	1598.33	1846.39	2236.31	2735.98
十一、现金收入	元/人	1425.50	1632.54	1896.01	2312.67	2833.45
十二、总支出	元/人	1871.68	2029.65	2174.99	2186.53	2685.52
# 生产费用支出	元/人	547.21	587.91	618.64	695.36	759.06
生活消费支出	元/人	1209.46	1315.95	1425.54	1621.86	1843.11
十三、现金支出	元/人	1441.26	1596.97	1753.61	2057.13	2365.64
# 生产费用现金支出	元/人	431.44	470.58	509.05	587.02	653.40
生活消费现金支出	元/人	831.06	925.75	1032.01	1224.43	1436.99
十四、主要食品消费量						
粮食	公斤/人	242.97	247.65	254.59	256.95	264.64
蔬菜	公斤/人	105.77	112.61	115.28	120.63	125.22
食用油	公斤/人	6.40	6.91	7.22	5.35	5.43
猪牛羊肉	公斤/人	13.31	13.78	13.97	14.57	15.85
家禽	公斤/人	2.02	2.17	2.61	2.84	3.40
禽蛋	公斤/人	3.93	4.29	4.72	5.41	6.08
食糖	公斤/人	1.14	1.20	1.30	1.29	1.46
酒	公斤/人	5.42	5.73	6.45	7.03	7.90

3—5 续表 3

项　　目	单 位	3000—3500 元	3500—4000 元	4000—4500 元	4500—5000 元	5000 元以上
一、分组户数占调查户比重	%	7.11	4.76	3.44	2.40	7.45
二、常住人口	人/户	3.85	3.79	3.73	3.61	3.39
三、整、半劳动力	人/户	2.70	2.69	2.66	2.62	2.52
整、半劳动力负担人口	人/劳动力	1.42	1.41	1.40	1.38	1.35
四、经营耕地面积	亩/人	1.94	1.97	1.98	2.07	1.95
# 自留地面积	亩/人	0.08	0.09	0.07	0.11	0.08
五、年内新建房屋面积	平方米/人	1.07	1.02	1.48	1.63	1.99
六、年末住房面积	平方米/人	28.95	30.66	32.79	35.48	41.25
# 砖木结构面积	平方米/人	16.76	17.29	18.04	19.05	21.29
七、年末住房价值	元/平方米	198.14	214.60	224.54	240.49	297.90
八、年末生产性						
固定资产原值	元/户	4326.35	5839.16	5425.91	5947.67	8642.03
九、总收入	元/人	4195.77	4789.88	5311.56	5951.35	9269.53
十、纯收入	元/人	3233.75	3732.55	4234.33	4729.88	7394.58
十一、现金收入	元/人	3362.49	3933.78	4422.39	4983.76	8281.92
十二、总支出	元/人	3126.93	3478.77	3833.29	4120.87	6171.49
# 生产费用支出	元/人	809.94	922.36	952.31	1015.43	1756.44
生活消费支出	元/人	2142.20	2377.72	2690.40	2883.05	4098.63
十三、现金支出	元/人	2751.18	3145.02	3507.00	3805.25	5973.86
# 生产费用现金支出	元/人	701.60	823.95	862.01	921.43	1651.48
生活消费现金支出	元/人	1735.31	1972.82	2270.94	2465.05	3697.27
十四、主要食品消费量						
粮食	公斤/人	261.89	260.95	268.13	266.57	262.79
蔬菜	公斤/人	128.67	132.14	138.13	137.71	140.81
食用油	公斤/人	5.86	6.27	6.40	6.91	7.22
猪牛羊肉	公斤/人	16.70	18.01	18.86	19.62	22.26
家禽	公斤/人	4.08	4.51	5.18	5.01	7.03
禽蛋	公斤/人	6.73	6.63	7.06	7.63	9.06
食糖	公斤/人	1.49	1.47	1.74	1.63	1.93
酒	公斤/人	9.54	9.69	11.23	12.11	13.78

3－6　2001 年农村居民家庭基本情况

项　　目	单　位	100 元以下	100－200 元	200－300 元	300－400	400－500 元
一、分组户数占调查户比重	%	0.48	0.21	0.33	0.60	0.89
二、常住人口	人/户	4.16	4.37	4.74	4.81	5.02
三、整、半劳动力	人/户	2.72	2.85	2.75	2.81	2.88
整、半劳动力负担人口	人/劳动力	1.53	1.54	1.72	1.71	1.74
四、经营耕地面积	亩/人	5.61	3.95	3.12	2.90	2.26
# 自留地面积	亩/人	0.08	0.08	0.08	0.11	0.12
五、年内新建房屋面积	平方米/人	0.46	0.02	0.39	0.48	0.35
六、年末住房面积	平方米/人	18.64	17.62	16.35	15.73	16.33
# 砖木结构面积	平方米/人	9.01	8.83	6.60	6.33	6.95
七、年末住房价值	元/平方米	225.64	167.67	130.36	137.34	127.93
八、年末生产性						
固定资产原值	元/户	16547.11	7835.08	6437.37	5879.34	5449.13
九、总收入	元/人	1769.09	1321.65	1139.08	972.63	1020.97
十、纯收入	元/人	－608.86	153.97	253.08	353.23	454.43
十一、现金收入	元/人	1829.60	974.90	789.19	637.86	631.62
十二、总支出	元/人	3931.10	2180.72	1838.77	1413.12	1358.21
# 生产费用支出	元/人	2124.30	966.46	714.91	508.03	442.64
生活消费支出	元/人	1504.31	1003.89	960.58	772.27	801.81
十三、现金支出	元/人	3452.37	1749.65	1432.31	1025.19	962.02
# 生产费用现金支出	元/人	1957.33	826.43	585.43	398.80	331.88
生活消费现金支出	元/人	1194.86	716.67	687.16	496.73	520.15
十四、主要食品消费量						
粮食	公斤/人	224.95	205.46	198.10	197.67	199.87
蔬菜	公斤/人	85.15	72.08	64.83	60.16	57.45
食用油	公斤/人	5.08	5.98	5.19	4.73	4.65
猪牛羊肉	公斤/人	12.54	9.65	8.09	8.46	8.27
家禽	公斤/人	1.52	0.89	0.81	0.82	0.82
禽蛋	公斤/人	3.89	3.30	2.36	1.89	1.68
食糖	公斤/人	1.22	0.70	0.87	0.69	0.74
酒	公斤/人	10.26	7.40	4.14	3.59	3.56

3-6 续表 1

项　　目	单　位	500-600 元	600-800 元	800-1000 元	1000-1200 元	1200-1300 元
一、分组户数占调查户比重	%	1.36	3.88	5.47	6.30	3.45
二、常住人口	人/户	4.88	4.80	4.70	4.56	4.54
三、整、半劳动力	人/户	2.84	2.85	2.78	2.78	2.79
整、半劳动力负担人口	人/劳动力	1.72	1.68	1.69	1.64	1.63
四、经营耕地面积	亩/人	2.15	2.11	1.96	1.90	1.97
# 自留地面积	亩/人	0.11	0.11	0.10	0.09	0.09
五、年内新建房屋面积	平方米/人	0.41	0.37	0.46	0.59	0.55
六、年末住房面积	平方米/人	16.69	17.76	19.29	20.52	20.89
# 砖木结构面积	平方米/人	6.94	7.77	9.26	10.49	10.44
七、年末住房价值	元/平方米	126.21	126.71	132.95	141.63	147.35
八、年末生产性						
固定资产原值	元/户	3649.45	4231.39	3919.01	4193.88	4138.98
九、总收入	元/人	1110.95	1311.55	1484.61	1762.62	1944.45
十、纯收入	元/人	553.37	706.25	902.53	1101.27	1251.03
十一、现金收入	元/人	689.15	820.59	926.54	1141.04	1297.47
十二、总支出	元/人	1424.85	1521.28	1549.48	1764.59	1866.98
# 生产费用支出	元/人	434.79	484.36	460.32	529.31	552.94
生活消费支出	元/人	879.32	906.48	958.39	1080.11	1149.50
十三、现金支出	元/人	1010.49	1076.83	1083.56	1282.85	1375.82
# 生产费用现金支出	元/人	327.46	372.03	342.02	409.79	434.21
生活消费现金支出	元/人	576.88	578.88	615.95	722.79	783.34
十四、主要食品消费量						
粮食	公斤/人	207.95	217.49	217.21	224.52	228.56
蔬菜	公斤/人	68.71	73.54	83.50	94.79	96.83
食用油	公斤/人	5.09	5.52	5.41	6.01	6.14
猪牛羊肉	公斤/人	9.79	10.97	12.00	12.48	12.52
家禽	公斤/人	0.97	1.10	1.28	1.54	1.76
禽蛋	公斤/人	3.03	2.28	2.53	2.96	3.45
食糖	公斤/人	1.19	0.83	0.93	1.13	1.30
酒	公斤/人	3.81	4.31	4.21	5.14	5.02

3－6 续表 2

项　　目	单　位	1300－1500 元	1500－1700 元	1700－2000 元	2000－2500 元	2500－3000 元
一、分组户数占调查户比重	%	7.25	7.20	10.13	14.52	10.38
二、常住人口	人/户	4.43	4.35	4.22	4.12	4.00
三、整、半劳动力	人/户	2.78	2.80	2.73	2.72	2.70
整、半劳动力负担人口	人/劳动力	1.59	1.55	1.55	1.51	1.48
四、经营耕地面积	亩/人	1.90	1.86	1.92	1.93	1.97
# 自留地面积	亩/人	0.08	0.08	0.08	0.07	0.07
五、年内新建房屋面积	平方米/人	0.66	0.70	0.75	0.84	0.90
六、年末住房面积	平方米/人	22.14	23.28	24.31	25.88	27.31
# 砖木结构面积	平方米/人	11.69	12.86	13.75	14.76	15.62
七、年末住房价值	元/平方米	152.66	164.87	162.96	176.06	191.89
八、年末生产性						
固定资产原值	元/户	4044.63	4033.78	4115.37	4237.31	4737.20
九、总收入	元/人	2119.97	2326.03	2632.59	3124.05	3740.59
十、纯收入	元/人	1399.90	1599.10	1846.62	2237.68	2734.19
十一、现金收入	元/人	1435.25	1616.96	1872.99	2311.04	2867.92
十二、总支出	元/人	1982.50	2101.33	2284.16	2613.03	2981.30
# 生产费用支出	元/人	579.89	583.76	626.90	710.75	831.89
生活消费支出	元/人	1220.23	1319.69	1440.35	1651.78	1868.11
十三、现金支出	元/人	1486.17	1599.69	1768.24	2101.69	2467.97
# 生产费用现金支出	元/人	463.26	469.18	513.60	601.47	722.18
生活消费现金支出	元/人	845.97	938.96	1044.60	1256.83	1471.59
十四、主要食品消费量						
粮食	公斤/人	229.15	235.67	239.18	244.52	247.58
蔬菜	公斤/人	101.91	107.51	114.38	118.10	121.13
食用油	公斤/人	6.57	6.71	7.03	7.22	7.52
猪牛羊肉	公斤/人	13.41	13.82	13.87	14.28	15.60
家禽	公斤/人	2.03	2.19	2.47	2.84	3.35
禽蛋	公斤/人	3.45	3.96	4.40	5.13	5.52
食糖	公斤/人	1.20	1.46	1.44	1.43	1.75
酒	公斤/人	5.37	5.63	5.44	7.03	6.92

3－6 续表 3

项　　目	单　位	3000—3500 元	3500—4000 元	4000—4500 元	4500—5000 元	5000 元以上
一、分组户数占调查户比重	%	7.41	5.07	3.61	2.56	8.90
二、常住人口	人/户	3.87	3.78	3.72	3.60	3.38
三、整、半劳动力	人/户	2.67	2.65	2.65	2.62	2.48
整、半劳动力负担人口	人/劳动力	1.45	1.43	1.40	1.37	1.36
四、经营耕地面积	亩/人	2.03	2.12	2.04	1.94	1.90
# 自留地面积	亩/人	0.07	0.07	0.07	0.07	0.07
五、年内新建房屋面积	平方米/人	1.01	1.37	1.23	1.46	1.70
六、年末住房面积	平方米/人	29.35	31.30	33.39	34.98	41.91
# 砖木结构面积	平方米/人	16.46	17.49	18.04	19.49	21.13
七、年末住房价值	元/平方米	208.62	230.58	241.32	264.41	325.39
八、年末生产性						
固定资产原值	元/户	4872.99	5465.08	5719.11	5997.68	8333.21
九、总收入	元/人	4306.49	4995.08	5480.60	6075.61	9495.82
十、纯收入	元/人	3233.70	3732.85	4228.96	4732.81	7473.80
十一、现金收入	元/人	3389.27	4024.40	4493.31	5043.81	8372.66
十二、总支出	元/人	3306.40	3859.14	4073.13	4487.94	6716.88
# 生产费用支出	元/人	892.14	1067.87	1042.02	1098.66	1770.07
生活消费支出	元/人	2083.28	2422.50	2627.92	2935.09	4271.79
十三、现金支出	元/人	2788.13	3348.71	3561.36	3975.15	6236.73
# 生产费用现金支出	元/人	782.91	959.22	934.55	995.22	1681.29
生活消费现金支出	元/人	1682.66	2030.95	2230.97	2545.06	3891.85
十四、主要食品消费量						
粮食	公斤/人	248.84	252.60	252.29	251.09	260.14
蔬菜	公斤/人	128.97	123.31	128.72	125.94	127.61
食用油	公斤/人	7.99	8.24	8.39	8.71	8.96
猪牛羊肉	公斤/人	16.32	17.22	17.89	18.45	20.53
家禽	公斤/人	3.81	4.30	4.70	5.29	6.55
禽蛋	公斤/人	5.98	6.50	6.68	6.70	8.65
食糖	公斤/人	1.47	1.66	1.70	1.85	2.18
酒	公斤/人	8.82	10.26	10.33	10.50	13.12

二、按三个经济地带及西部12省、区分组

3-7 1980年农村居民家庭基本情况

项　　目	单　位	全　国	东部地区	中部地区	西部地区	西部12省、区
一、调查户数	户	15914	5658	5687	4569	5539
二、常住人口	人/户	5.54	5.50	5.64	5.46	5.57
三、劳动力人数	人/户	2.45	2.52	2.34	2.52	2.52
劳动力负担人口	人/劳动力	2.26	2.18	2.41	2.17	2.21
四、年末使用房屋面积	平方米/人	11.59	11.77	11.00	12.13	11.60
五、年末使用房屋价值	元/平方米	17.03	22.47	15.61	12.11	12.62
六、经营耕地面积	亩/人	0.19	0.14	0.23	0.20	0.23
# 自留地面积	亩/人	0.15	0.10	0.17	0.15	0.14
七、总收入	元/人	216.93	262.86	202.27	199.00	200.43
(一)工资性收入	元/人	106.38	120.01	98.14	88.67	85.98
(二)家庭经营收入	元/人	87.44	101.97	79.33	89.11	93.34
(三)财产性和转移性收入	元/人	23.11	40.89	24.80	21.22	20.51
八、纯收入	元/人	191.33	232.24	180.98	171.63	172.67
(一)工资性收入	元/人	106.38	120.01	98.14	88.67	85.98
(二)家庭经营纯收入	元/人	62.55	71.82	59.22	62.24	66.68
(三)财产性和转移性收入	元/人	22.40	40.41	23.62	20.72	20.01
九、现金收入	元/人	113.12	141.14	102.45	91.70	104.87
(一)工资性现金收入	元/人	40.23	54.82	33.97	26.99	31.47
(二)家庭经营现金收入	元/人	57.38	64.21	50.72	47.56	53.57
(三)财产性和转移性收入	元/人	15.51	22.11	17.76	17.15	19.83
十、总支出	元/人	196.23	221.29	184.62	179.38	184.37
(一)生产费用支出	元/人	25.32	28.51	20.93	26.98	27.83
(二)税费支出	元/人	0.28	0.15	0.31	0.39	0.42
(三)生活消费支出	元/人	162.21	182.00	156.25	145.17	149.38
(四)财产性和转移性支出	元/人	8.42	10.63	7.13	6.84	6.74
十一、现金支出	元/人	107.02	123.07	97.03	88.50	89.40
(一)生产费用现金支出	元/人	13.81	14.28	12.07	14.83	14.84
(二)税费支出	元/人	0.24	0.15	0.22	0.35	0.33
(三)生活消费现金支出	元/人	83.83	97.46	76.92	66.82	67.88
(四)财产性和转移性支出	元/人	9.14	11.18	7.81	6.50	6.35

注:1980年、1985年和1990年农村居民家庭生产费用支出包括"开发性投资",下表同。

3—8 1985年农村居民家庭基本情况

指　　标	单 位	全 国	东部地区	中部地区	西部地区	西部12省、区
一、调查户数	户	66642	25126	24660	16856	20996
二、常住人口	人/户	5.12	4.98	5.12	5.35	5.41
三、整、半劳动力	人/户	2.95	2.93	2.91	3.01	3.03
劳动力负担人口	人/劳动力	1.74	1.70	1.76	1.78	1.79
四、劳动力文化程度						
(每百个劳动力中:)						
不识字或识字很少	%	27.87	22.12	25.42	39.68	35.93
小学	%	37.13	38.92	37.16	34.50	36.11
初中	%	27.69	30.35	29.44	21.33	22.76
高中	%	6.96	8.18	9.39	12.86	4.93
中专	%	0.29	0.34	0.40	0.52	0.24
大专及大专以上	%	0.06	0.09	0.08	0.10	0.03
五、年末生产性						
固定资产原值	元/户	792.53	634.66	897.63	874.11	831.28
六、年内新建房屋面积	平方米/人	1.08	1.22	1.12	0.84	0.81
# 砖木结构面积	平方米/人	0.70	0.92	0.79	0.28	0.29
# 生活用房面积	平方米/人	0.91	1.09	0.92	0.65	0.63
年内新建房屋价值	元/平方米	40.17	51.70	35.94	24.86	26.32
七、年末住房面积	平方米/人	14.71	15.83	14.54	13.37	13.14
# 砖木结构面积	平方米/人	7.47	10.76	7.33	3.10	3.09
年末使用房屋价值	元/平方米	26.76	35.42	24.34	17.81	18.15
八、经营耕地面积	亩/人	2.07	1.49	2.66	2.03	2.31
# 自留地面积	亩/人	0.20	0.13	0.23	0.23	0.25
九、经营山地面积	亩/人	0.52	0.33	0.63	0.62	0.59
十、主要农产品消费量						
粮食	公斤/人	257.44	250.43	278.62	237.51	241.88
蔬菜	公斤/人	131.13	129.11	142.08	118.57	120.21
棉花	公斤/人	0.42	0.51	0.46	0.25	0.26
食用油	公斤/人	4.04	3.91	4.53	3.53	3.57
食糖	公斤/人	1.46	1.97	1.19	1.11	1.11
卷烟	盒/人	23.72	26.04	25.81	17.58	16.93
水果	公斤/人	3.39	3.64	2.64	4.10	3.76
猪肉	公斤/人	10.32	9.86	9.94	11.49	11.66
牛羊肉	公斤/人	0.65	0.33	0.34	1.51	1.34
牛羊奶	公斤/人	0.75	0.05	0.24	2.44	2.16
家禽	公斤/人	1.03	1.44	0.97	0.55	0.76
禽蛋	公斤/人	2.05	2.57	2.10	1.23	1.22
水产品 *	公斤/人	1.64	3.12	1.20	0.17	0.34

注:1990年以前水产品消费量为鱼虾消费量。

3—8 续表 单位:元/人

指　　标	全　国	东部地区	中部地区	西部地区	西部12省、区
一、总收入	547.31	617.30	530.68	437.16	449.23
(一)工资性收入	72.15	112.45	52.33	40.32	39.08
(二)家庭经营收入	445.25	476.15	456.41	373.83	389.11
(三)财产性和转移性收入	29.91	28.70	21.94	23.01	21.04
二、纯收入	397.60	452.16	377.83	313.42	316.18
(一)工资性收入	72.15	112.45	52.33	40.32	39.08
(二)家庭经营纯收入	295.98	310.81	303.55	250.10	257.02
(三)财产性和转移性收入	29.47	28.90	21.95	23.00	20.08
三、现金收入	357.39	445.26	340.77	258.19	263.80
(一)工资性现金收入	68.89	108.75	50.48	40.35	38.38
(二)家庭经营现金收入	251.68	296.41	254.15	184.68	193.58
(三)财产性和转移性现金收入	36.82	40.10	36.14	33.16	31.84
四、总支出	485.51	555.68	481.20	393.36	406.25
(一)家庭经营费用支出	121.39	138.73	118.22	101.43	105.08
(二)购置生产性固定资产支出	18.70	16.76	22.89	15.20	16.16
(三)税费支出	18.43	17.97	24.02	11.23	11.44
(四)生活消费支出	317.42	370.80	306.57	258.45	266.72
(五)财产性和转移性支出	9.57	11.42	9.50	7.05	6.85
五、现金支出	331.23	412.07	319.23	235.43	241.04
(一)家庭经营费用支出	79.99	100.25	75.04	58.47	59.56
(二)购买生产性固定资产支出*	18.94	16.97	23.28	15.25	16.02
(三)税费支出	16.35	14.84	22.29	10.11	10.29
(四)生活消费支出	194.68	256.26	175.46	136.46	139.64
(五)财产性和转移性支出	21.27	23.75	23.16	15.14	15.53

注:1985年购置生产性固定资产支出中包括“开发性生产投资”。

3－9　1990年农村居民家庭基本情况

指　　标	单　位	全　　国	东部地区	中部地区	西部地区	西部12省、区
一、调查户数	户	66960	25520	24510	16930	21070
二、常住人口	人/户	4.80	4.68	4.76	5.04	5.10
三、整、半劳动力	人/户	2.92	2.89	2.88	3.02	3.02
劳动力负担人口	人/劳动力	1.64	1.62	1.65	1.67	1.69
四、劳动力文化程度						
(每百个劳动力中:)						
1.不识字或识字很少	%	20.73	15.61	17.94	32.76	28.63
2.小学	%	38.86	39.34	38.70	39.61	39.67
3.初中	%	32.84	36.13	35.21	25.75	26.34
4.高中	%	6.96	8.07	8.89	4.75	5.00
5.中专	%	0.51	0.69	0.61	0.32	0.32
6.大专及大专以上	%	0.10	0.15	0.10	0.05	0.07
五、年末生产性						
固定资产原值	元/户	1258.06	1124.97	1323.71	1363.62	1405.33
六、年内新建房屋面积	平方米/人	0.82	0.97	0.83	0.60	0.57
# 砖木结构面积	平方米/人	0.47	0.61	0.51	0.23	0.22
# 生活用房面积	平方米/人	0.69	0.89	0.69	0.49	0.47
年内新建房屋价值	元/平方米	92.32	121.42	77.95	54.09	57.39
七、年末住房面积	平方米/人	17.83	19.61	17.59	15.67	15.37
# 砖木结构面积	平方米/人	9.84	13.35	10.33	4.25	4.29
年末使用房屋价值	元/平方米	44.60	62.05	39.50	25.01	25.32
八、经营耕地面积	亩/人	2.10	1.45	2.72	2.16	2.42
# 自留地面积	亩/人	0.18	0.11	0.21	0.22	0.22
九、经营山地面积	亩/人	0.42	0.34	0.45	0.48	0.49
十、主要农产品消费量						
粮食	公斤/人	262.08	250.24	287.19	244.32	244.06
蔬菜	公斤/人	134.00	131.19	147.77	119.11	122.77
棉花	公斤/人	1.47	1.92	1.49	0.74	0.66
食用油	公斤/人	5.17	5.13	5.70	4.51	4.55
食糖	公斤/人	1.50	1.94	1.34	1.10	1.11
卷烟	盒/人	27.98	29.99	29.95	22.49	20.99
水果	公斤/人	5.89	6.98	4.25	6.62	5.98
猪肉	公斤/人	10.54	9.85	9.91	12.36	12.32
牛羊肉	公斤/人	0.80	0.48	0.52	1.65	1.51
牛羊奶	公斤/人	1.08	0.09	0.29	3.55	3.11
家禽	公斤/人	1.25	1.86	1.04	0.73	0.96
禽蛋	公斤/人	2.41	3.01	2.53	1.42	1.42
水产品*	公斤/人	2.13	4.17	1.42	0.24	0.39

注:1990年以前消费水产品数量为消费鱼虾量。

3—9 续表　　单位:元/人

指　　标	全　国	东部地区	中部地区	西部地区	西部 12 省、区
一、总收入	990.38	1176.23	951.77	783.29	810.91
(一)工资性收入	138.80	236.95	85.73	74.03	70.50
(二)家庭经营收入	815.79	892.81	838.14	677.60	708.99
(三)财产性和转移性收入	35.79	46.47	27.90	31.65	31.42
二、纯收入	686.31	847.63	632.88	533.76	552.70
(一)工资性收入	138.80	236.95	85.73	74.03	70.50
(二)家庭经营纯收入	518.55	572.05	525.68	434.04	457.50
(三)财产性和转移性收入	28.96	38.63	21.47	25.69	24.70
三、现金收入	676.67	867.42	625.52	479.86	494.68
(一)工资性现金收入	136.43	232.86	83.61	73.75	70.17
(二)家庭经营现金收入	481.19	566.22	487.17	354.13	373.40
(三)财产性和转移性收入	59.05	68.34	54.74	51.98	51.11
四、总支出	903.47	1038.72	874.01	724.13	742.33
(一)家庭经营费用支出	241.09	261.70	242.66	202.50	210.39
(二)购置生产性固定资产支出	20.29	19.40	20.41	20.84	20.58
(三)税费支出	38.66	37.23	51.21	23.02	23.01
(四)生活消费支出	584.63	696.60	543.23	463.99	475.17
(五)财产性和转移性支出	18.80	23.79	16.50	13.78	13.18
五、现金支出	639.06	810.73	601.09	450.90	461.86
(一)家庭经营费用支出	162.90	198.89	156.87	120.82	126.65
(二)购买生产性固定资产支出	20.46	20.20	20.35	20.92	20.66
(三)税费支出	33.37	30.96	45.08	20.73	20.74
(四)生活消费支出	374.74	503.82	328.01	258.12	263.12
(五)财产性和转移性支出	47.59	56.86	50.78	30.31	30.69

3－10 1995年农村居民家庭基本情况

指　　标	单 位	全　国	东部地区	中部地区	西部地区	西部12省、区
一、调查户数	户	67340	25600	24350	17390	21450
二、常住人口	人/户	4.48	4.38	4.38	4.78	4.80
三、整、半劳动力	人/户	2.88	2.85	2.83	3.30	2.99
劳动力负担人口	人/劳动力	1.56	1.54	1.55	1.45	1.61
四、劳动力文化程度						
(每百个劳动力中:)						
1.不识字或识字很少	%	13.47	9.18	11.05	22.66	20.21
2.小学	%	36.62	35.13	36.27	39.17	39.43
3.初中	%	40.11	43.97	42.47	31.57	33.20
4.高中	%	8.61	9.95	9.21	5.93	6.47
5.中专	%	0.96	1.40	0.78	0.56	0.59
6.大专及大专以上	%	0.24	0.37	0.21	0.11	0.10
五、年末生产性						
固定资产原值	元/户	2774.27	2693.39	2732.72	2951.53	2972.87
六、年内新建房屋面积	平方米/人	0.78	0.87	0.79	0.66	0.67
# 砖木结构面积	平方米/人	0.37	0.35	0.43	0.30	0.32
# 生活用房面积	平方米/人	0.68	0.77	0.69	0.54	0.55
年内新建房屋价值	元/平方米	200.30	255.97	165.69	154.55	158.57
七、年末住房面积	平方米/人	21.01	23.52	20.27	18.59	18.29
# 砖木结构面积	平方米/人	11.91	15.46	12.84	5.92	6.12
年末住房价值	元/平方米	101.64	146.29	81.56	55.18	57.13
八、经营耕地面积	亩/人	2.17	1.42	2.88	2.27	2.54
# 自留地面积	亩/人	0.16	0.10	0.18	0.20	0.21
九、经营山地面积	亩/人	0.44	0.31	0.38	0.69	0.62
十、主要农产品消费量						
粮食	公斤/人	258.92	247.78	282.07	244.24	245.53
蔬菜	公斤/人	104.62	107.09	110.31	94.00	103.01
食用油	公斤/人	5.80	5.67	6.38	5.23	5.09
食糖	公斤/人	1.28	1.52	1.20	1.06	1.06
卷烟	盒/人	24.60	25.02	26.27	21.88	20.94
水果	公斤/人	13.01	15.83	12.50	9.87	9.62
猪肉	公斤/人	10.58	10.23	9.44	12.53	12.40
牛羊肉	公斤/人	0.71	0.48	0.35	1.47	1.27
牛羊奶	公斤/人	0.64	0.20	0.16	1.86	1.55
家禽	公斤/人	1.83	2.91	1.38	0.97	1.25
禽蛋	公斤/人	3.22	4.36	3.34	1.52	1.58
水产品	公斤/人	3.36	6.10	2.73	0.47	0.69

3—10续表

单位:元/人

指　　标	全　国	东部地区	中部地区	西部地区	西部12省、区
一、总收入	2337.87	2944.29	2182.26	1719.00	1789.26
(一)工资性收入	353.70	635.10	219.01	146.69	149.37
(二)家庭经营收入	1877.42	2165.06	1878.38	1487.94	1554.18
(三)财产性收入	40.98	50.90	39.30	29.73	29.56
(四)转移性收入	65.77	93.23	45.57	54.64	56.15
二、纯收入	1577.74	2127.23	1402.69	1060.69	1116.78
(一)工资性收入	353.70	635.10	219.01	146.69	149.37
(二)家庭经营纯收入	1125.79	1358.78	1105.84	836.92	889.55
(三)财产性纯收入	40.98	50.91	39.31	29.72	29.56
(四)转移性纯收入	57.27	82.44	38.53	47.36	48.30
三、现金收入	1595.56	2152.90	1407.24	1084.94	1147.50
(一)工资性现金收入	352.88	633.56	218.54	146.41	149.12
(二)家庭经营现金收入	1116.73	1359.02	1081.60	834.77	891.79
(三)财产性现金收入	38.19	42.96	36.47	33.98	35.00
(四)转移性现金收入	87.76	117.36	70.63	69.78	71.59
四、总支出	2138.33	2571.25	2031.68	1690.83	1745.51
(一)家庭经营费用支出	621.71	677.56	618.02	551.06	564.32
(二)购置生产性固定资产支出	62.33	59.89	65.46	61.60	62.60
(三)税费支出	88.65	87.74	112.91	58.74	59.01
(四)生活消费支出	1310.36	1670.77	1187.19	981.96	1022.95
(五)财产性和转移性支出	55.28	75.29	48.10	37.47	36.63
五、现金支出	1545.81	1969.58	1459.76	1084.24	1144.43
(一)家庭经营费用支出	454.74	522.67	452.19	366.31	385.96
(二)购买生产性固定资产支出	62.32	59.89	65.46	61.60	62.60
(三)税费支出	76.96	66.62	107.05	52.32	52.52
(四)生活消费支出	859.43	1201.18	742.07	548.74	586.90
(五)财产性和转移性现金支出	92.36	119.22	92.99	55.27	56.45

3—11 2000年农村居民家庭基本情况

指 标	单 位	全 国	东部地区	中部地区	西部地区	西部12省、区
一、调查户数	户	68116	25750	24726	17640	21986
二、常住人口	人/户	4.20	4.09	4.11	4.49	4.49
三、整、半劳动力	人/户	2.76	2.74	2.76	2.81	2.83
劳动力负担人口	人/劳动力	1.52	1.49	1.49	1.60	1.59
四、劳动力文化程度						
(每百个劳动力中:)						
1.不识字或识字很少	%	8.09	4.75	5.88	15.91	13.97
2.小学	%	32.22	29.51	30.48	38.47	37.57
3.初中	%	48.07	51.68	51.92	37.62	39.69
4.高中	%	9.31	11.05	9.57	6.47	7.08
5.中专	%	1.83	2.39	1.72	1.19	1.36
6.大专及大专以上	%	0.48	0.63	0.43	0.33	0.33
五、年末生产性						
固定资产原值	元/户	4673.06	5149.15	4219.55	4613.78	4750.36
六、年内新建房屋面积	平方米/人	0.87	1.02	0.81	0.74	0.78
# 砖木结构面积	平方米/人	0.36	0.43	0.33	0.28	0.32
# 生活用房面积	平方米/人					
年内新建房屋价值	元/平方米	260.23	321.60	224.50	198.98	205.65
七、年末住房面积	平方米/人	24.82	27.67	24.17	21.87	21.62
# 砖木结构面积	平方米/人	13.61	16.77	14.52	8.23	8.30
年末住房价值	元/平方米	187.41	249.03	156.39	127.75	128.03
八、经营耕地面积	亩/人	1.98	1.31	2.80	1.83	2.23
# 自留地面积	亩/人	0.09	0.06	0.09	0.13	0.12
九、经营山地面积	亩/人	0.28	0.23	0.29	0.35	0.38
十、主要农产品消费情况						
粮食	公斤/人	249.49	237.09	269.28	240.57	240.55
蔬菜	公斤/人	111.98	108.37	108.03	102.93	103.02
食用油	公斤/人	7.06	7.82	6.96	5.86	5.42
食糖	公斤/人	1.28	1.39	1.23	1.20	1.20
卷烟	盒/人	26.36	24.32	24.71	22.17	21.13
水果	公斤/人	18.31	21.65	17.63	14.74	14.79
猪肉	公斤/人	13.28	12.12	13.82	13.73	12.52
牛羊肉	公斤/人	1.13	0.64	0.69	2.22	1.86
牛羊奶	公斤/人	1.06	0.57	0.72	2.14	2.30
家禽	公斤/人	2.81	3.19	3.53	1.32	1.45
禽蛋	公斤/人	4.77	6.08	5.45	1.88	2.21
水产品	公斤/人	3.92	7.02	3.16	0.77	1.07

3—11 续表 单位:元/人

指　　标	全　国	东部地区	中部地区	西部地区	西部 12 省、区
一、总收入	3146.21	4033.91	2974.98	2375.44	2496.42
(一)工资性收入	702.30	1223.08	554.75	388.77	390.93
(二)家庭经营收入	2251.28	2539.41	2262.83	1853.53	1976.01
(三)财产性收入	45.04	70.19	27.49	34.15	31.23
(四)转移性收入	147.59	201.23	129.61	98.99	98.25
二、纯收入	2253.42	3063.27	2077.07	1592.66	1661.03
(一)工资性收入	702.30	1223.08	554.75	388.77	390.93
(二)家庭经营纯收入	1427.27	1652.11	1439.56	1112.71	1182.43
(三)财产性纯收入	45.04	70.19	27.49	34.15	31.23
(四)转移性纯收入	78.81	117.89	55.27	57.03	56.44
三、现金收入	2381.60	3340.51	2136.97	1610.34	1722.50
(一)工资性现金收入	700.41	1219.31	553.93	388.00	390.31
(二)家庭经营现金收入	1498.81	1861.65	1435.86	1097.38	1210.64
(三)财产性现金收入	38.89	64.21	19.95	29.53	26.18
(四)转移性现金收入	143.49	195.34	127.23	95.43	95.37
四、总支出	2652.42	3198.97	2516.57	2100.36	2211.35
(一)家庭经营费用支出	654.27	725.30	621.13	602.37	643.57
(二)购置生产性固定资产支出	63.90	68.98	62.07	59.53	63.64
(三)税费支出	95.52	77.90	133.71	69.93	79.45
(四)生活消费支出	1670.13	2116.08	1518.04	1272.60	1325.85
(五)财产性支出	19.73	20.43	26.34	10.34	12.12
(六)转移性支出	148.87	190.28	155.28	85.59	86.72
五、现金支出	2140.37	2772.52	1971.08	1517.44	1621.29
(一)家庭经营费用支出	544.49	649.64	511.23	447.41	483.47
(二)购买生产性固定资产支出	63.91	68.98	62.07	59.53	63.64
(三)税费现金支出	89.81	69.61	129.82	65.34	74.40
(四)生活消费现金支出	1284.74	1784.18	1103.21	853.89	907.03
(五)财产性现金支出	9.82	11.31	10.61	6.84	7.07
(六)转移性现金支出	147.60	188.80	154.14	84.43	85.68

3－12　2001年农村居民家庭基本情况

指　　标	单　位	全　国	东部地区	中部地区	西部地区	西部12省、区
一、调查户数	户	68190	25750	24750	17690	22060
二、常住人口	人/户	4.15	4.04	4.08	4.42	4.42
三、整、半劳动力	人/户	2.73	2.72	2.73	2.77	2.81
劳动力负担人口	人/劳动力	1.52	1.49	1.49	1.59	1.57
四、劳动力文化程度						
（每百个劳动力中：）						
1.不识字或识字很少	%	7.69	4.82	5.56	14.74	12.94
2.小学	%	31.14	28.19	29.41	37.73	36.67
3.初中	%	48.89	52.02	53.05	38.66	40.78
4.高中	%	9.65	11.66	9.75	6.65	7.27
5.中专	%	2.02	2.60	1.77	1.54	1.71
6.大专及大专以上	%	0.61	0.71	0.46	0.68	0.63
五、年末生产性						
固定资产原值	元/户	4883.80	5217.93	4615.46	4772.88	4986.15
六、年内新建房屋面积	平方米/人	0.84	0.91	0.91	0.66	0.66
# 砖木结构面积	平方米/人	0.34	0.37	0.36	0.27	0.26
年内新建房屋价值	元/平方米	263.45	332.48	223.43	207.84	203.87
七、年末住房面积	平方米/人	25.73	28.75	25.09	22.55	22.25
# 砖木结构面积	平方米/人	13.82	16.87	14.83	8.46	8.47
年末住房价值	元/平方米	196.12	259.13	166.12	132.18	133.99
八、经营耕地面积	亩/人	1.99	1.33	2.85	1.77	2.18
# 自留地面积	亩/人	0.08	0.07	0.07	0.11	0.10
九、经营山地面积	亩/人	0.28	0.25	0.27	0.32	0.36
十、主要农产品消费情况						
粮食	公斤/人	237.98	230.79	250.34	231.61	230.09
蔬菜	公斤/人	109.30	104.39	123.78	97.15	97.87
食用油	公斤/人	7.03	7.22	7.37	6.33	6.13
食糖	公斤/人	1.43	1.63	1.36	1.27	1.26
卷烟	盒/人	23.28	23.44	24.33	21.69	20.76
水果	公斤/人	20.33	22.15	21.37	16.56	16.19
猪肉	公斤/人	13.35	12.53	12.03	16.13	15.67
牛羊肉	公斤/人	1.15	0.67	0.82	2.24	2.06
牛羊奶	公斤/人	1.20	0.78	0.48	2.66	2.38
家禽	公斤/人	2.87	4.47	2.24	1.55	2.09
禽蛋	公斤/人	4.72	5.91	5.35	2.32	2.29
水产品	公斤/人	4.12	7.30	3.41	0.79	1.12

3－12 续表

单位:元/人

指　　标	全　国	东部地区	中部地区	西部地区	西部 12 省、区
一、总收入	3306.92	4262.24	3115.59	2469.74	2581.71
(一)工资性收入	771.90	1344.31	593.97	427.27	429.67
(二)家庭经营收入	2325.23	2619.27	2352.70	1897.82	2010.67
(三)财产性收入	46.97	73.31	30.25	33.95	30.05
(四)转移性收入	162.82	225.35	138.67	110.70	111.32
二、纯收入	2366.40	3232.75	2163.52	1662.71	1721.19
(一)工资性收入	771.90	1344.31	593.97	427.27	429.67
(二)家庭经营纯收入	1459.63	1683.58	1479.49	1135.48	1195.34
(三)财产性收入	46.97	73.30	30.25	33.95	30.05
(四)转移性收入	87.90	131.56	59.81	66.01	66.13
三、现金收入	2534.70	3560.49	2278.38	1687.05	1796.46
(一)工资性现金收入	769.77	1340.81	591.99	426.80	429.06
(二)家庭经营现金收入	1565.51	1930.37	1531.97	1122.54	1233.15
(三)财产性现金收入	41.05	71.11	18.16	30.55	26.20
(四)转移性现金收入	158.37	218.20	136.26	107.16	108.05
四、总支出	2779.96	3355.51	2646.96	2185.14	2291.10
(一)家庭经营费用支出	695.97	771.98	671.29	626.55	670.60
(二)购置生产性固定资产支出	78.13	77.34	84.29	71.23	77.83
(三)税费支出	91.24	77.11	126.47	63.76	69.55
(四)生活消费支出	1741.09	2210.80	1580.91	1321.94	1367.75
(五)财产性支出	10.82	13.84	11.27	7.50	7.71
(六)转移性支出	162.71	204.44	172.73	94.16	97.66
五、现金支出	2284.62	2940.85	2133.03	1605.79	1715.81
(一)家庭经营费用支出	584.80	692.82	565.33	465.98	512.09
(二)购买生产性固定资产支出	78.13	77.34	84.29	71.23	77.83
(三)税费现金支出	86.35	70.86	123.00	59.67	65.18
(四)生活消费现金支出	1364.08	1883.50	1180.05	909.49	957.44
(五)财产性现金支出	10.80	13.25	11.28	6.90	7.23
(六)转移性现金支出	160.46	203.08	169.08	92.52	96.04

4

各地区农村居民主要年度收支情况

4—1 1980年各地区农村居民总收入

单位:元/人

地　　区	总收入	一、工资性收入	二、家庭副业收入	三、财产性和转移性收入
全国总计	**216.93**	**106.38**	**87.44**	**23.11**
北　　京	316.01	184.45	72.55	59.01
天　　津	293.16	183.11	57.85	52.20
河　　北	193.39	96.92	62.78	33.69
山　　西	164.17	90.97	47.69	25.51
内 蒙 古	202.14	74.98	110.58	16.58
辽　　宁	299.37	122.23	110.35	66.79
吉　　林	263.29	113.23	122.20	27.86
黑 龙 江	225.86	134.66	73.16	18.04
上　　海	430.47	196.05	84.19	150.23
江　　苏	252.48	117.91	92.81	41.76
浙　　江	249.66	125.11	93.16	31.39
安　　徽	220.84	96.44	87.89	36.51
福　　建	194.98	81.80	89.13	24.05
江　　西	202.37	99.59	83.72	19.06
山　　东	225.09	119.01	73.80	32.28
河　　南	184.37	87.51	67.19	29.67
湖　　北	182.81	94.52	66.30	21.99
湖　　南	253.29	104.21	121.98	27.10
广　　东	306.61	118.08	151.40	37.13
广　　西	209.93	74.39	117.26	18.28
四　　川	224.31	100.44	103.62	20.25
贵　　州	189.46	66.60	101.87	20.99
云　　南	170.69	77.11	76.10	17.48
西　　藏				
陕　　西	157.85	69.21	61.99	26.65
甘　　肃	169.17	91.20	56.08	21.89
青　　海				
宁　　夏	186.79	81.84	76.27	28.68
新　　疆	219.21	127.87	65.35	25.99

注:1980年尚未实施全国性联产承包责任制,

4—2 1980年各地区农村居民总收入构成

单位:%

地区	总收入	一、工资性收入	二、家庭副业收入	三、财产性和转移性收入
全国总计	**100.00**	**49.04**	**40.31**	**10.65**
北京	100.00	58.37	22.96	18.67
天津	100.00	62.46	19.73	17.81
河北	100.00	50.12	32.46	17.42
山西	100.00	55.41	29.05	15.54
内蒙古	100.00	37.09	54.70	8.20
辽宁	100.00	40.83	36.86	22.31
吉林	100.00	43.01	46.41	10.58
黑龙江	100.00	59.62	32.39	7.99
上海	100.00	45.54	19.56	34.90
江苏	100.00	46.70	36.76	16.54
浙江	100.00	50.11	37.31	12.57
安徽	100.00	43.67	39.80	16.53
福建	100.00	41.95	45.71	12.33
江西	100.00	49.21	41.37	9.42
山东	100.00	52.87	32.79	14.34
河南	100.00	47.46	36.44	16.09
湖北	100.00	51.70	36.27	12.03
湖南	100.00	41.14	48.16	10.70
广东	100.00	38.51	49.38	12.11
广西	100.00	35.44	55.86	8.71
四川	100.00	44.78	46.19	9.03
贵州	100.00	35.15	53.77	11.08
云南	100.00	45.18	44.58	10.24
西藏				
陕西	100.00	43.85	39.27	16.88
甘肃	100.00	53.91	33.15	12.94
青海				
宁夏	100.00	43.81	40.83	15.35
新疆	100.00	58.33	29.81	11.86

4—3 1980年各地区农村居民家庭副业收入

单位:元/人

地　　区	家庭副业收入	1、农、林业收入	2、牧业收入	3.其他家庭副业收入
全国总计	**87.44**	**30.46**	**48.41**	**8.57**
北　京	72.55	15.94	53.87	2.74
天　津	57.85	21.70	32.36	3.79
河　北	62.78	24.14	31.52	7.12
山　西	47.69	17.64	22.92	7.13
内蒙古	110.58	51.60	52.28	6.70
辽　宁	110.35	44.93	54.45	10.98
吉　林	122.20	58.95	57.63	5.63
黑龙江	73.16	28.65	42.03	2.49
上　海	84.19	23.36	58.35	2.48
江　苏	92.81	29.28	58.16	5.37
浙　江	93.16	30.98	47.33	14.85
安　徽	87.89	33.34	46.08	8.48
福　建	89.13	27.15	49.64	12.34
江　西	83.72	25.83	49.34	8.56
山　东	73.80	21.40	45.37	7.03
河　南	67.19	22.97	34.52	9.70
湖　北	66.30	18.75	41.74	5.81
湖　南	121.98	38.20	74.84	8.95
广　东	151.40	50.23	80.29	20.89
广　西	117.26	42.35	66.04	8.88
四　川	103.62	30.93	64.57	8.12
贵　州	101.87	38.09	47.73	16.05
云　南	76.10	23.68	46.18	6.25
西　藏				
陕　西	61.99	23.68	33.54	4.77
甘　肃	56.08	26.45	22.41	7.22
青　海				
宁　夏	76.27	41.79	21.51	12.97
新　疆	65.35	33.78	25.00	6.57

4－4 1980年各地区农村居民家庭副业收入构成

单位：%

地区	家庭副业收入	1、农、林业收入	2、牧业收入	3. 其他家庭副业收入
全国总计	**100.00**	**34.84**	**55.36**	**9.80**
北京	100.00	21.97	74.25	3.78
天津	100.00	37.51	55.94	6.55
河北	100.00	38.45	50.21	11.34
山西	100.00	36.99	48.06	14.95
内蒙古	100.00	46.66	47.28	6.06
辽宁	100.00	40.71	49.34	9.95
吉林	100.00	48.24	47.16	4.61
黑龙江	100.00	39.15	57.44	3.40
上海	100.00	27.74	69.31	2.95
江苏	100.00	31.55	62.67	5.79
浙江	100.00	33.25	50.81	15.94
安徽	100.00	37.93	52.42	9.65
福建	100.00	30.46	55.70	13.84
江西	100.00	30.85	58.93	10.22
山东	100.00	29.00	61.48	9.53
河南	100.00	34.19	51.37	14.44
湖北	100.00	28.28	62.96	8.76
湖南	100.00	31.31	61.35	7.34
广东	100.00	33.17	53.03	13.80
广西	100.00	36.11	56.32	7.57
四川	100.00	29.85	62.32	7.84
贵州	100.00	37.39	46.85	15.76
云南	100.00	31.11	60.68	8.21
西藏				
陕西	100.00	38.20	54.11	7.69
甘肃	100.00	42.23	59.81	8.51
青海				
宁夏	100.00	54.79	28.21	17.01
新疆	100.00	51.69	38.26	10.05

4—5 1980年各地区农村居民现金收入

单位:元/人

地 区	现金收入	一、工资性收入	二、家庭副业现金收入	三、财产性和转移性收入
全国总计	**113.12**	**40.23**	**57.38**	**15.51**
北 京	202.59	116.60	56.15	29.84
天 津	158.44	78.39	50.69	29.36
河 北	110.08	38.74	44.92	26.42
山 西	86.08	32.83	33.50	19.75
内 蒙 古	99.99	32.80	53.93	13.26
辽 宁	163.88	69.21	54.12	40.55
吉 林	112.00	32.87	59.42	19.71
黑 龙 江	115.29	52.38	50.25	12.66
上 海	274.71	169.11	63.82	41.78
江 苏	153.57	60.92	72.51	20.14
浙 江				
安 徽	113.51	32.84	63.08	17.59
福 建	111.88	38.87	59.26	13.75
江 西	91.98	32.07	47.49	12.42
山 东	141.15	60.61	60.97	19.57
河 南	110.60	31.69	54.89	24.02
湖 北	86.22	29.83	40.73	15.66
湖 南	115.59	27.00	68.33	20.26
广 东	186.03	66.69	95.54	23.80
广 西	101.24	18.18	70.91	12.15
四 川	103.08	28.46	58.40	16.22
贵 州	81.80	18.00	47.39	16.41
云 南	79.35	23.48	41.51	14.36
西 藏				
陕 西	67.11	16.71	29.18	21.22
甘 肃	85.76	34.06	29.46	22.24
青 海				
宁 夏	89.30	24.23	40.88	24.19
新 疆	112.84	66.55	32.51	13.78

4—6 1980年各地区农村居民现金收入构成

单位：%

地 区	现金收入	一、工资性收入	二、家庭副业现金收入	三、财产性和转移性收入
全国总计	**100.00**	**35.56**	**50.72**	**13.71**
北 京	100.00	57.55	27.72	14.73
天 津	100.00	49.48	31.99	18.53
河 北	100.00	35.19	40.81	24.00
山 西	100.00	38.14	38.92	22.94
内 蒙 古	100.00	32.80	53.94	13.26
辽 宁	100.00	42.23	33.02	24.74
吉 林	100.00	29.35	53.05	17.60
黑 龙 江	100.00	45.43	43.59	10.98
上 海	100.00	61.56	23.23	15.21
江 苏	100.00	39.67	47.22	13.11
浙 江				
安 徽	100.00	28.93	55.57	15.50
福 建	100.00	34.74	52.97	12.29
江 西	100.00	34.87	51.63	13.50
山 东	100.00	42.94	43.20	13.86
河 南	100.00	28.65	49.63	21.72
湖 北	100.00	34.60	47.24	18.16
湖 南	100.00	23.36	59.11	17.53
广 东	100.00	35.85	51.36	12.79
广 西	100.00	17.96	70.04	12.00
四 川	100.00	27.61	56.66	15.74
贵 州	100.00	22.00	57.93	20.06
云 南	100.00	29.59	52.31	18.10
西 藏				
陕 西	100.00	24.90	43.48	31.62
甘 肃	100.00	39.72	34.35	25.93
青 海				
宁 夏	100.00	27.13	45.78	27.09
新 疆	100.00	58.98	28.81	12.21

4—7 1980年各地区农村居民家庭副业现金收入

单位:元/人

地区	家庭副业现金收入	一、出售农副产品收入	二、其它家庭副业收入
全国总计	**57.38**	**48.61**	**8.77**
北京	56.15	54.53	1.62
天津	50.69	44.91	5.78
河北	44.92	38.66	6.26
山西	33.50	28.05	5.45
内蒙古	53.93	49.68	4.25
			0.00
辽宁	54.12	45.99	8.13
吉林	59.42	57.08	2.34
黑龙江	50.25	49.12	1.13
			0.00
上海	63.82	61.32	2.50
江苏	72.51	66.54	5.97
浙江			0.00
安徽	63.08	57.89	5.19
福建	59.26	51.49	7.77
江西	47.49	41.66	5.83
山东	60.97	56.16	4.81
河南	54.89	48.80	6.09
湖北	40.73	36.26	4.47
湖南	68.33	61.36	6.97
广东	95.54	78.51	17.03
广西	70.91	64.17	6.74
四川	58.40	53.49	4.91
贵州	47.39	39.70	7.69
云南	41.51	37.62	3.89
西藏			
陕西	29.18	25.87	3.31
甘肃	29.46	23.33	6.13
青海			
宁夏	40.88	31.18	9.70
新疆	32.51	26.56	5.95

4－8 1980年各地区农村居民家庭副业现金收入构成

单位:%

地区	家庭副业现金收入	一、出售农副产品收入	二、其它家庭副业收入
全国总计	**100.00**	**84.72**	**15.28**
北京	100.00	97.11	2.89
天津	100.00	88.60	11.40
河北	100.00	86.06	13.94
山西	100.00	83.73	16.27
内蒙古	100.00	92.12	7.88
辽宁	100.00	84.98	15.02
吉林	100.00	96.06	3.94
黑龙江	100.00	97.75	2.25
上海	100.00	96.08	3.92
江苏	100.00	91.77	8.23
浙江			
安徽	100.00	91.77	8.23
福建	100.00	86.89	13.11
江西	100.00	87.72	12.28
山东	100.00	92.11	7.89
河南	100.00	88.91	11.09
湖北	100.00	89.03	10.97
湖南	100.00	89.80	10.20
广东	100.00	82.18	17.82
广西	100.00	90.49	9.51
四川	100.00	91.59	8.41
贵州	100.00	83.77	16.23
云南	100.00	90.63	9.37
西藏			
陕西	100.00	88.66	11.34
甘肃	100.00	79.19	20.81
青海			
宁夏	100.00	76.27	23.73
新疆	100.00	81.70	18.30

4－9　1980 年各地区农村居民纯收入

单位:元/人

地　　区	纯 收 入	一、工资性收入	二、家庭副业纯收入	三、财产性和转移性收入
全国总计	**191.33**	**106.38**	**62.55**	**22.40**
北　　京	290.46	184.45	47.00	59.01
天　　津	277.92	183.11	42.61	52.20
河　　北	175.78	96.92	45.17	33.69
山　　西	155.78	90.97	39.30	25.51
内 蒙 古	181.32	74.98	90.30	16.04
辽　　宁	273.02	122.23	84.00	66.79
吉　　林	236.30	113.23	95.21	27.86
黑 龙 江	205.38	134.66	52.79	17.93
上　　海	397.35	196.05	51.07	150.23
江　　苏	217.94	117.91	58.29	41.74
浙　　江	219.18	125.11	62.78	31.29
安　　徽	184.82	96.44	59.61	28.77
福　　建	171.74	81.80	66.82	23.12
江　　西	180.94	99.59	62.41	18.94
山　　东	194.33	119.01	43.90	31.42
河　　南	160.78	87.51	45.38	27.89
湖　　北	169.88	94.42	53.51	21.95
湖　　南	219.71	104.21	88.51	26.99
广　　东	274.37	118.08	120.20	36.09
广　　西	173.68	74.39	81.57	17.72
四　　川	187.90	100.44	67.59	19.87
贵　　州	161.46	66.90	75.11	19.45
云　　南	150.12	77.11	55.56	17.45
西　　藏				
陕　　西	142.49	69.21	46.69	26.59
甘　　肃	153.33	91.20	40.30	21.83
青　　海	128.75			
宁　　夏	178.06	81.84	67.61	28.61
新　　疆	198.01	127.87	46.84	23.30

4—10 1980年各地区农村居民纯收入构成

单位：%

地区	纯收入	一、工资性收入	二、家庭副业纯收入	三、财产性和转移性收入
全国总计	**100.00**	**55.60**	**32.69**	**11.71**
北京	100.00	63.50	16.18	20.32
天津	100.00	65.89	15.33	18.78
河北	100.00	55.14	25.70	19.17
山西	100.00	58.40	25.23	16.38
内蒙古	100.00	41.35	49.80	8.85
辽宁	100.00	44.77	30.77	24.46
吉林	100.00	47.92	40.29	11.79
黑龙江	100.00	65.57	25.70	8.73
上海	100.00	49.34	12.85	37.81
江苏	100.00	54.10	26.75	19.15
浙江	100.00	57.08	28.64	14.28
安徽	100.00	52.18	32.25	15.57
福建	100.00	47.63	38.91	13.46
江西	100.00	55.04	34.49	10.47
山东	100.00	61.24	22.59	16.17
河南	100.00	54.43	28.22	17.35
湖北	100.00	55.58	31.50	12.92
湖南	100.00	47.43	40.28	12.28
广东	100.00	43.04	43.81	13.15
广西	100.00	42.83	46.97	10.20
四川	100.00	53.45	35.97	10.57
贵州	100.00	41.43	46.52	12.05
云南	100.00	51.37	37.01	11.62
西藏				
陕西	100.00	48.57	32.77	18.66
甘肃	100.00	59.48	26.28	14.24
青海				
宁夏	100.00	45.96	37.97	16.07
新疆	100.00	64.58	23.66	11.77

4—11 1980年各地区农村居民总支出

单位:元/人

地区	总支出	一、家庭副业生产支出	二、税费支出	三、生活消费支出	四、财产性和转移性支出
全国总计	**196.23**	**25.32**	**0.28**	**162.21**	**8.42**
北京	287.71	25.55		252.67	9.49
天津	250.66	15.24		208.37	27.05
河北	166.02	17.57	0.04	142.01	6.40
山西	148.96	8.35	0.04	134.38	6.19
内蒙古	183.37	20.15	0.67	156.60	5.95
辽宁	276.30	26.32	0.03	228.14	21.81
吉林	253.24	26.16	0.01	216.25	10.82
黑龙江	193.73	20.37	0.10	164.13	9.13
上海	375.15	33.03	0.09	321.83	20.20
江苏	241.50	34.53	0.01	194.71	12.25
浙江	233.64	30.45	0.03	191.88	11.28
安徽	206.24	35.49	0.53	162.94	7.28
福建	186.10	22.87	0.37	157.67	5.19
江西	184.04	20.72	0.71	156.01	6.60
山东	185.10	30.71	0.05	145.91	8.43
河南	164.48	23.50	0.09	135.51	5.38
湖北	172.83	12.52	0.41	152.74	7.16
湖南	236.13	32.91	0.67	192.85	9.70
广东	266.86	31.72	0.52	222.22	12.40
广西	192.81	35.88	0.37	151.11	5.45
四川	202.38	36.02	0.39	159.44	6.53
贵州	174.98	27.23	0.77	139.25	7.73
云南	152.55	20.27	0.30	124.56	7.42
西藏					
陕西	161.63	15.14	0.22	139.83	6.44
甘肃	146.74	15.81	0.03	126.64	4.26
青海					
宁夏	151.95	8.69	0.04	135.45	7.77
新疆	181.35	20.42	0.78	150.62	9.53

4—12　1980年各地区农村居民总支出构成

单位:%

地　区	总支出	一、家庭副业生产支出	二、税费支出	三、生活消费支　出	四、财产性和转移性支出
全国总计	**100.00**	**12.90**	**0.14**	**82.66**	**4.29**
北　京	100.00	8.88		87.82	3.30
天　津	100.00	6.08		83.13	10.79
河　北	100.00	10.58	0.02	85.54	3.85
山　西	100.00	5.61	0.03	90.21	4.16
内蒙古	100.00	10.99	0.37	85.40	3.24
辽　宁	100.00	9.53	0.01	82.57	7.89
吉　林	100.00	10.33	0.00	85.39	4.27
黑龙江	100.00	10.51	0.05	84.72	4.71
上　海	100.00	8.80	0.02	85.79	5.38
江　苏	100.00	14.30	0.00	80.63	5.07
浙　江	100.00	13.03	0.01	82.13	4.83
安　徽	100.00	17.21	0.26	79.01	3.53
福　建	100.00	12.29	0.20	84.72	2.79
江　西	100.00	11.26	0.39	84.77	3.59
山　东	100.00	16.59	0.03	78.83	4.55
河　南	100.00	14.29	0.05	82.39	3.27
湖　北	100.00	7.24	0.24	88.38	4.14
湖　南	100.00	13.94	0.28	81.67	4.11
广　东	100.00	11.89	0.19	83.27	4.65
广　西	100.00	18.61	0.19	78.37	2.83
四　川	100.00	17.80	0.19	78.78	3.23
贵　州	100.00	15.56	0.44	79.58	4.42
云　南	100.00	13.29	0.20	81.65	4.86
西　藏					
陕　西	100.00	9.37	0.14	86.51	3.98
甘　肃	100.00	10.77	0.02	86.30	2.90
青　海					
宁　夏	100.00	5.72	0.03	89.14	5.11
新　疆	100.00	11.26	0.43	83.05	5.26

4—13 1980年各地区农村居民家庭副业生产支出

单位:元/人

地区	家庭副业生产支出	一、农业支出	二、牧业支出	三、其他副业生产支出
全国总计	**25.32**	**5.92**	**17.64**	**1.76**
北京	25.55	1.15	20.29	4.11
天津	15.24	2.83	12.10	0.31
河北	17.57	3.81	12.89	0.87
山西	8.35	2.48	5.02	0.85
内蒙古	20.15	7.18	11.02	1.95
辽宁	26.32	4.10	21.22	1.00
吉林	26.16	4.38	20.32	1.46
黑龙江	20.37	5.13	14.01	1.23
上海	33.03	3.05	28.65	1.33
江苏	34.53	3.59	29.88	1.06
浙江	30.45	7.28	20.61	2.56
安徽	35.49	18.55	13.24	3.70
福建	22.87	7.60	13.44	1.83
江西	20.72	4.88	14.06	1.78
山东	30.71	7.42	22.37	0.92
河南	23.50	7.48	14.08	1.94
湖北	12.52	3.64	8.22	0.66
湖南	32.91	3.88	27.58	1.45
广东	31.72	9.38	19.97	2.37
广西	35.88	4.28	30.58	1.02
四川	36.02	5.52	26.36	4.14
贵州	27.23	9.03	17.02	1.18
云南	20.27	2.60	16.74	0.93
西藏				
陕西	15.14	5.04	9.00	1.10
甘肃	15.81	7.30	8.17	0.34
青海				
宁夏	8.69	4.72	3.53	0.44
新疆	20.42	9.26	8.88	2.28

4—14 1980年各地区农村居民家庭副业生产支出构成

单位:%

地区	家庭副业生产支出	一、农业支出	二、牧业支出	三、其他副业生产支出
全国总计	**100.00**	**23.38**	**69.67**	**6.95**
北京	100.00	4.50	79.41	16.09
天津	100.00	18.57	79.40	2.03
河北	100.00	21.68	73.36	4.95
山西	100.00	29.70	60.12	10.18
内蒙古	100.00	35.63	54.69	9.68
辽宁	100.00	15.58	80.62	3.80
吉林	100.00	16.74	77.68	5.58
黑龙江	100.00	25.18	68.78	6.04
上海	100.00	9.23	86.74	4.03
江苏	100.00	10.40	86.53	3.07
浙江	100.00	23.91	67.68	8.41
安徽	100.00	52.27	37.31	10.43
福建	100.00	33.23	58.77	8.00
江西	100.00	23.55	67.86	8.59
山东	100.00	24.16	72.84	3.00
河南	100.00	31.83	59.91	8.26
湖北	100.00	29.07	65.65	5.27
湖南	100.00	11.79	83.80	4.41
广东	100.00	29.57	62.96	7.47
广西	100.00	11.93	85.23	2.84
四川	100.00	15.32	73.18	11.49
贵州	100.00	33.16	62.50	4.33
云南	100.00	12.83	82.59	4.59
西藏				
陕西	100.00	33.29	59.45	7.27
甘肃	100.00	46.17	51.68	2.15
青海				
宁夏	100.00	54.32	40.62	5.06
新疆	100.00	45.35	43.49	11.17

4—15 1980年各地区农村居民生活消费支出

单位:元/人

地区	生活消费支出	一、食品支出	二、衣着支出	三、居住支出	四、家庭设备用品及服务支出	五、医疗保健支出	六、交通和通讯支出	七、文教娱乐用品及服务支出	八、其他商品及服务支出
全国总计	**162.21**	**100.19**	**19.99**	**22.46**	**4.14**	**3.42**	**0.59**	**8.25**	**3.17**
北京	252.67	135.84	32.65	38.66	8.25	8.48	1.12	19.64	8.03
天津	208.37	118.91	31.67	30.95	4.84	4.98	0.69	11.63	4.70
河北	142.01	79.80	19.88	22.95	3.54	3.63	0.44	8.32	3.45
山西	134.38	80.62	20.95	15.59	3.17	3.24	0.36	7.34	3.11
内蒙古	156.60	102.60	21.74	11.62	3.70	3.81	0.57	8.99	3.57
辽宁	228.14	128.93	30.85	33.03	6.30	6.50	1.01	15.43	6.09
吉林	216.25	140.17	27.71	24.86	4.52	4.57	0.25	9.72	4.45
黑龙江	164.13	95.76	27.57	18.34	4.05	4.16	0.59	9.74	3.92
上海	321.83	170.24	36.68	72.07	7.97	8.13	0.78	18.14	7.82
江苏	194.71	113.19	24.70	33.40	4.09	4.25	0.78	10.36	3.94
浙江	191.88	109.30	22.86	38.25	3.79	3.92	0.67	9.45	3.64
安徽	162.94	87.78	19.14	36.89	3.19	3.36	0.83	8.71	3.04
福建	157.67	99.73	16.31	25.15	2.73	2.88	0.74	7.54	2.59
江西	156.01	97.50	15.82	25.83	2.93	3.05	0.58	7.49	2.81
山东	145.91	80.14	24.00	21.45	3.73	3.82	0.44	8.70	3.63
河南	135.51	78.67	18.66	21.68	2.95	3.04	0.46	7.19	2.86
湖北	152.74	98.56	17.89	20.52	2.69	2.81	0.61	7.08	2.58
湖南	192.85	127.91	20.46	27.29	3.05	3.15	0.51	7.54	2.94
广东	222.22	134.49	19.94	40.24	4.82	5.00	0.91	12.19	4.63
广西	151.11	96.62	14.16	22.62	3.21	3.30	0.44	7.65	3.11
四川	159.44	111.91	17.70	15.13	2.45	2.58	0.64	6.71	2.32
贵州	139.25	96.74	14.73	16.46	1.72	1.86	0.72	5.45	1.57
云南	124.56	87.07	12.49	16.06	1.51	1.59	0.36	4.02	1.46
西藏									
陕西	139.83	83.75	18.19	22.18	2.81	2.90	0.44	6.85	2.71
甘肃	126.64	81.55	17.05	13.82	2.46	2.56	0.50	6.33	2.37
青海									
宁夏	135.45	86.12	19.48	14.67	2.68	2.77	0.47	6.68	2.58
新疆	150.62	90.80	31.44	13.19	2.66	2.76	0.50	6.72	2.55

4—16 1980年各地区农村居民生活消费支出构成

单位：%

地　　区	生活消费支出	一、食品支出	二、衣着支出	三、居住支出	四、家庭设备用品及服务支出	五、医疗保健支出	六、交通和通讯支出	七、文教娱乐用品及服务支出	八、其他商品及服务支出
全国总计	**100.00**	**61.77**	**12.32**	**13.85**	**2.55**	**2.11**	**0.36**	**5.09**	**1.95**
北　京	100.00	53.76	12.92	15.30	3.27	3.36	0.44	7.77	3.18
天　津	100.00	57.07	15.20	14.85	2.32	2.39	0.33	5.58	2.26
河　北	100.00	56.19	14.00	16.16	2.49	2.56	0.31	5.86	2.43
山　西	100.00	59.99	15.59	11.60	2.36	2.41	0.27	5.46	2.31
内蒙古	100.00	65.52	13.88	7.42	2.36	2.43	0.36	5.74	2.28
辽　宁	100.00	56.51	13.52	14.48	2.76	2.85	0.44	6.76	2.67
吉　林	100.00	64.82	12.81	11.50	2.09	2.11	0.12	4.49	2.06
黑龙江	100.00	58.34	16.80	11.17	2.47	2.53	0.36	5.93	2.39
上　海	100.00	52.90	11.40	22.39	2.48	2.53	0.24	5.64	2.43
江　苏	100.00	58.13	12.69	17.15	2.10	2.18	0.40	5.32	2.02
浙　江	100.00	56.96	11.91	19.93	1.98	2.04	0.35	4.92	1.90
安　徽	100.00	53.87	11.75	22.64	1.96	2.06	0.51	5.35	1.87
福　建	100.00	63.25	10.34	15.95	1.73	1.83	0.47	4.78	1.64
江　西	100.00	62.50	10.14	16.56	1.88	1.96	0.37	4.80	1.80
山　东	100.00	54.92	16.45	14.70	2.56	2.62	0.30	5.96	2.49
河　南	100.00	58.05	13.77	16.00	2.18	2.24	0.34	5.31	2.11
湖　北	100.00	64.53	11.71	13.43	1.76	1.84	0.40	4.64	1.69
湖　南	100.00	66.33	10.61	14.15	1.58	1.63	0.26	3.91	1.52
广　东	100.00	60.52	8.97	18.11	2.17	2.25	0.41	5.49	2.08
广　西	100.00	63.94	9.37	14.97	2.12	2.18	0.29	5.06	2.06
四　川	100.00	70.19	11.10	9.49	1.54	1.62	0.40	4.21	1.46
贵　州	100.00	69.47	10.58	11.82	1.24	1.34	0.52	3.91	1.13
云　南	100.00	69.90	10.03	12.89	1.21	1.28	0.29	3.23	1.17
西　藏									
陕　西	100.00	59.89	13.01	15.86	2.01	2.07	0.31	4.90	1.94
甘　肃	100.00	64.40	13.46	10.91	1.94	2.02	0.39	5.00	1.87
青　海									
宁　夏	100.00	63.58	14.38	10.83	1.98	2.05	0.35	4.93	1.90
新　疆	100.00	60.28	20.87	8.76	1.77	1.83	0.33	4.46	1.69

4—17 1980年各地区农村居民现金支出

单位:元/人

地 区	现金支出	一、生产费用支出	二、税费支出	三、生活消费现金支出	四、财产性和转移性支出
全国总计	**107.02**	**13.81**	**0.24**	**83.83**	**9.14**
北 京	203.46	14.16		179.67	9.63
天 津	155.19	6.31		122.31	26.57
河 北	99.39	6.01	0.04	80.79	12.55
山 西	81.22	4.54	0.04	71.27	5.37
内 蒙 古	87.87	11.83	0.07	69.58	6.39
辽 宁	164.15	10.91	0.03	131.97	21.24
吉 林	114.39	12.85	0.01	88.50	13.03
黑 龙 江	105.68	10.47	0.08	84.98	10.15
上 海	273.66	19.88	0.09	233.50	20.19
江 苏	152.19	19.84	0.01	119.94	12.40
浙 江					
安 徽	114.41	20.42	0.15	84.37	9.47
福 建	105.82	16.62	0.37	83.50	5.33
江 西	84.19	8.96	0.66	67.97	6.60
山 东	117.76	12.39	0.04	92.39	12.94
河 南	99.98	16.05	0.10	77.62	6.21
湖 北	87.46	7.32	0.40	71.30	8.44
湖 南	112.96	15.35	0.67	85.76	11.18
广 东	165.75	28.01	0.52	124.30	12.92
广 西	97.42	16.91	0.37	74.58	5.56
四 川	100.57	20.01	0.39	73.84	6.33
贵 州	79.75	14.75	0.51	57.78	6.71
云 南	73.21	10.58	0.30	55.19	7.14
西 藏					
陕 西	78.59	6.63	0.22	65.57	6.17
甘 肃	79.75	9.69	0.03	62.84	7.19
青 海					
宁 夏	78.39	3.89	0.04	66.71	7.75
新 疆	97.31	5.30	0.79	79.53	11.69

4—18 1980年各地区农村居民现金支出构成

单位：%

地区	现金支出	一、生产费用支出	二、税费支出	三、生活消费现金支出	四、财产性和转移性支出
全国总计	**100.00**	**12.90**	**0.22**	**78.33**	**8.54**
北京	100.00	6.96		88.31	4.73
天津	100.00	4.07		78.81	17.12
河北	100.00	6.05	0.04	81.29	12.63
山西	100.00	5.59	0.05	87.75	6.61
内蒙古	100.00	13.46	0.08	79.19	7.27
辽宁	100.00	6.65	0.02	80.40	12.94
吉林	100.00	11.23	0.01	77.37	11.39
黑龙江	100.00	9.91	0.08	80.41	9.60
上海	100.00	7.26	0.03	85.32	7.38
江苏	100.00	13.04	0.01	78.81	8.15
浙江					
安徽	100.00	17.85	0.13	73.74	8.28
福建	100.00	15.71	0.35	78.91	5.04
江西	100.00	10.64	0.78	80.73	7.84
山东	100.00	10.52	0.03	78.46	10.99
河南	100.00	16.05	0.10	77.64	6.21
湖北	100.00	8.37	0.46	81.52	9.65
湖南	100.00	13.59	0.59	75.92	9.90
广东	100.00	16.90	0.31	74.99	7.79
广西	100.00	17.36	0.38	76.56	5.71
四川	100.00	19.90	0.39	73.42	6.29
贵州	100.00	18.50	0.64	72.45	8.41
云南	100.00	14.45	0.41	75.39	9.75
西藏					
陕西	100.00	8.44	0.28	83.43	7.85
甘肃	100.00	12.15	0.04	78.80	9.02
青海					
宁夏	100.00	4.96	0.05	85.10	9.89
新疆	100.00	5.45	0.81	81.73	12.01

4—19 1980年各地区农村居民生活消费现金支出

单位:元/人

地区	生活消费支出	一、食品支出	二、衣着支出	三、居住支出	四、家庭设备用品及服务支出	五、医疗保健支出	六、交通通讯支出	七、文教娱乐用品及服务支出	八、其他商品及服务支出
全国总计	**83.83**	**31.36**	**19.84**	**14.48**	**3.18**	**3.30**	**0.58**	**8.01**	**3.08**
北京	179.67	69.55	32.26	35.86	7.55	7.77	1.12	18.24	7.32
天津	122.31	49.77	30.76	17.39	4.35	4.49	0.69	10.65	4.21
河北	80.79	26.55	19.23	17.02	3.26	3.35	0.44	7.77	3.17
山西	71.27	22.36	20.11	11.94	3.10	3.17	0.36	7.20	3.03
内蒙古	69.58	20.34	21.73	6.43	3.79	3.90	0.57	9.16	3.66
辽宁	131.97	46.30	30.75	20.32	6.15	6.36	1.01	15.14	5.94
吉林	88.52	26.85	27.56	11.46	4.38	4.42	0.19	9.31	4.35
黑龙江	84.98	23.89	27.52	11.62	3.95	4.06	0.59	9.54	3.81
上海	233.50	97.07	35.15	62.21	7.22	7.38	0.78	16.63	7.06
江苏	119.94	47.65	24.44	25.24	3.97	4.11	0.73	9.98	3.82
浙江									
安徽	84.37	29.62	18.62	18.04	2.99	3.15	0.83	8.30	2.82
福建	83.50	37.61	16.30	13.13	2.73	2.88	0.74	7.53	2.58
江西	67.97	22.71	15.53	13.78	2.76	2.87	0.56	7.10	2.66
山东	92.39	32.36	23.46	16.37	3.70	3.79	0.44	8.65	3.62
河南	77.62	24.98	18.44	17.81	2.93	3.02	0.46	7.14	2.84
湖北	71.30	25.67	17.52	12.87	2.58	2.71	0.61	6.87	2.47
湖南	85.76	36.41	20.35	12.29	2.95	3.06	0.51	7.35	2.84
广东	124.30	53.48	19.85	23.76	4.75	4.93	0.91	12.05	4.57
广西	74.58	32.33	14.16	10.39	3.21	3.30	0.44	7.64	3.11
四川	73.84	32.70	17.54	9.09	2.42	2.55	0.64	6.63	2.27
贵州	57.78	24.85	14.38	8.01	1.56	1.71	0.72	5.14	1.41
云南	55.19	26.60	12.36	7.45	1.48	1.56	0.36	3.96	1.42
西藏									
陕西	65.57	19.89	17.84	12.19	2.80	2.89	0.44	6.83	2.69
甘肃	62.84	21.19	16.38	11.68	2.34	2.44	0.50	6.08	2.23
青海									
宁夏	66.71	20.69	19.43	11.79	2.60	2.70	0.47	6.52	2.51
新疆	79.53	24.64	30.21	9.89	2.58	2.68	0.50	6.56	2.47

4—20 1980年各地区农村居民生活消费现金支出构成

单位:%

地　区	生活消费支出	一、食品支出	二、衣着支出	三、居住支出	四、家庭设备用品及服务支出	五、医疗保健支出	六、交通通讯支出	七、文教娱乐用品及服务支出	八、其他商品及服务支出
全国总计	**100.00**	**37.41**	**23.67**	**17.27**	**3.79**	**3.94**	**0.69**	**9.56**	**3.67**
北　京	100.00	38.71	17.96	19.96	4.20	4.32	0.62	10.15	4.07
天　津	100.00	40.69	25.15	14.22	3.56	3.67	0.56	8.71	3.44
河　北	100.00	32.86	23.80	21.07	4.04	4.15	0.54	9.62	3.92
山　西	100.00	31.37	28.22	16.75	4.35	4.45	0.51	10.10	4.25
内蒙古	100.00	29.23	31.23	9.24	5.45	5.61	0.82	13.16	5.26
辽　宁	100.00	35.08	23.30	15.40	4.66	4.82	0.77	11.47	4.50
吉　林	100.00	30.33	31.13	12.95	4.95	4.99	0.21	10.52	4.91
黑龙江	100.00	28.11	32.38	13.67	4.65	4.78	0.69	11.23	4.48
上　海	100.00	41.57	15.05	26.64	3.09	3.16	0.33	7.12	3.02
江　苏	100.00	39.73	20.38	21.04	3.31	3.43	0.61	8.32	3.18
浙　江									
安　徽	100.00	35.11	22.07	21.38	3.54	3.73	0.98	9.84	3.34
福　建	100.00	45.04	19.52	15.72	3.27	3.45	0.89	9.02	3.09
江　西	100.00	33.41	22.85	20.27	4.06	4.22	0.82	10.45	3.91
山　东	100.00	35.03	25.39	17.72	4.00	4.10	0.48	9.36	3.92
河　南	100.00	32.18	23.76	22.95	3.77	3.89	0.59	9.20	3.66
湖　北	100.00	36.00	24.57	18.05	3.62	3.80	0.86	9.64	3.46
湖　南	100.00	42.46	23.73	14.33	3.44	3.57	0.59	8.57	3.31
广　东	100.00	43.02	15.97	19.12	3.82	3.97	0.73	9.69	3.68
广　西	100.00	43.35	18.99	13.93	4.30	4.42	0.59	10.24	4.17
四　川	100.00	44.28	23.75	12.31	3.28	3.45	0.87	8.98	3.07
贵　州	100.00	43.01	24.89	13.86	2.70	2.96	1.25	8.90	2.44
云　南	100.00	48.20	22.40	13.50	2.68	2.83	0.65	7.18	2.57
西　藏									
陕　西	100.00	30.33	27.21	18.59	4.27	4.41	0.67	10.42	4.10
甘　肃	100.00	33.72	26.07	18.59	3.72	3.88	0.80	9.68	3.55
青　海									
宁　夏	100.00	31.01	29.13	17.67	3.90	4.05	0.70	9.77	3.76
新　疆	100.00	30.98	37.99	12.44	3.24	3.37	0.63	8.25	3.11

4—21 1985年各地区农村居民总收入

单位:元/人

地　区	总 收 入	一、工资性收入	二、家庭经营收入	三、财产性和转移性收入
全国总计	**547.31**	**72.15**	**445.25**	**29.91**
北　京	939.70	438.78	459.30	41.62
天　津	721.99	210.17	466.00	45.82
河　北	529.22	88.71	412.49	28.02
山　西	463.69	110.18	330.09	23.42
内蒙古	518.25	36.68	472.26	9.31
辽　宁	685.44	143.22	522.44	19.78
吉　林	645.60	53.18	572.23	20.19
黑龙江	623.94	52.82	559.57	11.55
上　海	1036.24	430.38	553.17	52.69
江　苏	676.59	135.09	502.90	38.60
浙　江	711.13	162.60	523.05	25.48
安　徽	526.63	35.76	460.94	29.93
福　建	542.42	73.73	442.45	26.24
江　西	494.17	52.75	418.67	22.75
山　东	587.93	80.94	489.01	17.98
河　南	455.75	44.55	390.00	21.20
湖　北	565.49	50.36	479.20	35.93
湖　南	553.70	53.89	484.68	15.13
广　东	671.44	77.44	549.35	44.65
广　西	420.28	27.49	379.24	13.55
四　川	455.79	47.23	389.61	18.95
贵　州	394.14	27.25	351.41	15.48
云　南	446.52	36.21	378.36	31.95
西　藏	463.77	20.58	414.41	28.78
陕　西	399.92	38.69	339.35	21.88
甘　肃	358.25	40.10	290.85	27.30
青　海	463.98	58.57	381.44	23.97
宁　夏	438.38	65.00	348.05	25.33
新　疆	594.15	38.26	530.09	25.80

4—22 1985年各地区农村居民总收入构成

单位:%

地　　区	总收入	一、工资性收入	二、家庭经营收入	三、财产性和转移性收入
全国总计	**100.00**	**13.18**	**81.35**	**5.46**
北　　京	100.00	46.69	48.88	4.43
天　　津	100.00	29.11	64.54	6.35
河　　北	100.00	16.76	77.94	5.29
山　　西	100.00	23.76	71.19	5.05
内 蒙 古	100.00	7.08	91.13	1.80
辽　　宁	100.00	20.89	76.22	2.89
吉　　林	100.00	8.24	88.64	3.13
黑 龙 江	100.00	8.47	89.68	1.85
上　　海	100.00	41.53	53.38	5.08
江　　苏	100.00	19.97	74.33	5.71
浙　　江	100.00	22.87	73.55	3.58
安　　徽	100.00	6.79	87.53	5.68
福　　建	100.00	13.59	81.57	4.84
江　　西	100.00	10.67	84.72	4.60
山　　东	100.00	13.77	83.17	3.06
河　　南	100.00	9.78	85.57	4.65
湖　　北	100.00	8.91	84.74	6.35
湖　　南	100.00	9.73	87.53	2.73
广　　东	100.00	11.53	81.82	6.65
广　　西	100.00	6.54	90.24	3.22
四　　川	100.00	10.36	85.48	4.16
贵　　州	100.00	6.91	89.16	3.93
云　　南	100.00	8.11	84.74	7.16
西　　藏	100.00	4.44	89.36	6.21
陕　　西	100.00	9.67	84.85	5.47
甘　　肃	100.00	11.19	81.19	7.62
青　　海	100.00	12.62	82.21	5.17
宁　　夏	100.00	14.83	79.39	5.78
新　　疆	100.00	6.44	89.22	4.34

4—23 1985年各地区农村居民家庭经营收入

单位:元/人

地　区	家庭经营收入	1.农业收入	#种植业收　入	2.林业收入	3.牧业收入	4.渔业收入	5.工业收入	6.建筑业收　入
全国合计	**445.25**	**283.45**	**268.74**	**7.39**	**104.03**	**5.70**	**4.25**	**8.00**
北　京	459.30	231.39	223.20	6.80	126.29	0.93	5.62	13.00
天　津	466.00	287.17	273.48	1.00	114.92	2.35	0.92	13.90
河　北	412.49	298.57	279.24	2.37	67.23	0.97	4.45	8.96
山　西	330.09	209.15	198.89	4.28	45.31	0.01	2.90	4.70
内蒙古	472.26	338.95	332.95	1.65	115.45	0.43	1.17	2.44
辽　宁	522.44	333.44	318.57	2.56	114.99	7.49	7.63	12.34
吉　林	572.23	419.70	409.72	1.86	105.47	1.09	1.19	5.12
黑龙江	559.57	420.48	411.69	0.73	88.21	9.45	1.57	1.94
上　海	553.17	308.87	299.01	0.46	210.90	3.50		5.53
江　苏	502.90	314.67	294.88	5.02	119.84	10.74	6.83	13.35
浙　江	523.05	307.43	272.52	21.65	124.23	12.28	6.40	10.60
安　徽	460.94	324.58	311.71	6.22	83.58	4.22	1.93	5.48
福　建	442.45	244.57	229.44	12.29	122.39	7.55	6.26	7.07
江　西	418.67	253.87	239.74	18.28	111.25	5.52	4.42	5.18
山　东	489.01	336.48	318.35	5.45	91.59	2.45	3.15	9.26
河　南	390.00	300.22	286.14	4.34	51.31	1.09	1.63	7.85
湖　北	479.20	312.96	302.14	7.59	98.19	11.28	7.26	7.11
湖　南	484.68	270.84	251.01	15.34	145.95	8.85	8.36	7.19
广　东	549.35	272.19	251.12	10.81	165.64	35.15	4.67	18.47
广　西	379.24	188.89	174.18	8.60	133.31	4.23	9.39	5.13
四　川	389.61	228.74	219.21	6.56	122.35	1.21	3.46	6.80
贵　州	351.41	204.37	192.18	7.16	102.31	0.97	3.11	4.88
云　南	378.36	212.59	200.85	8.31	117.11	2.02	5.14	7.98
西　藏	414.41	246.05	219.83	11.56	99.79	0.04	0.07	18.83
陕　西	339.35	234.57	223.44	5.01	65.70	0.12	1.20	8.04
甘　肃	290.85	199.06	192.03	4.53	54.14		1.96	8.03
青　海	381.44	202.73	197.28	2.08	125.56	0.06	4.48	3.85
宁　夏	348.05	251.96	244.42	6.51	58.68	1.01	2.38	5.54
新　疆	530.09	387.59	372.99	7.93	92.82	0.15	2.14	4.56

4—23续表 单位:元/人

地　区	7.交通运输业、邮电业收入	8.批发和零售贸易、餐饮业收入	9. 社会服务业收入	10.其他家庭经营收入	第一产业收　入	第二产业收　入	第三产业收　入
全国合计	**12.58**	**8.72**	**3.95**	**7.19**	**400.56**	**12.25**	**32.44**
北　京	56.43	5.13	4.54	9.18	365.40	18.62	75.28
天　津	20.35	12.16	4.77	8.46	405.44	14.82	45.74
河　北	10.17	9.53	3.99	6.25	369.14	13.41	29.94
山　西	42.38	7.41	4.52	9.43	258.75	7.60	63.74
内蒙古	5.22	3.09	2.13	1.74	456.47	3.61	12.18
辽　宁	22.81	9.24	3.57	8.37	458.48	19.97	43.99
吉　林	14.28	6.76	2.62	14.15	528.11	6.31	37.81
黑龙江	16.82	6.61	2.37	11.39	518.87	3.51	37.19
上　海	8.10	4.07	2.74	9.00	523.73	5.53	23.91
江　苏	12.26	6.67	5.47	8.06	450.26	20.18	32.46
浙　江	14.56	10.28	6.05	9.57	465.59	17.00	40.46
安　徽	11.35	13.44	4.09	6.05	418.60	7.41	34.93
福　建	15.81	10.80	6.81	8.91	386.79	13.33	42.33
江　西	6.98	5.24	3.09	4.84	388.92	9.60	20.15
山　东	12.00	13.20	4.92	10.51	435.97	12.41	40.63
河　南	9.42	5.63	2.85	5.67	356.95	9.48	23.57
湖　北	11.88	15.00	4.09	3.84	430.02	14.37	34.81
湖　南	9.37	11.67	3.20	3.91	440.98	15.55	28.15
广　东	12.25	12.21	6.13	11.83	483.79	23.14	42.42
广　西	7.12	9.42	2.71	10.44	335.03	14.52	29.69
四　川	7.65	5.05	3.73	4.06	358.86	10.26	20.49
贵　州	10.03	8.74	3.49	6.36	314.80	7.99	28.62
云　南	6.85	7.96	4.97	5.43	340.03	13.12	25.21
西　藏	24.01	2.33	1.59	10.14	357.44	18.90	38.07
陕　西	12.06	5.70	2.22	4.73	305.40	9.24	24.71
甘　肃	8.05	4.74	2.25	8.09	257.73	9.99	23.13
青　海	19.86	9.60	5.28	7.95	330.42	8.33	42.69
宁　夏	15.17	2.61	2.61	1.58	318.16	7.92	21.97
新　疆	15.85	10.19	4.03	4.83	488.49	6.70	34.90

4—24 1985年各地区农村居民家庭经营收入构成

单位：%

地 区	家庭经营收入	1.农业收入	#种植业收 入	2.林业收入	3.牧业收入	4.渔业收入	5.工业收入	6.建筑业收 入
全国合计	**100.00**	**63.66**	**60.36**	**1.66**	**23.36**	**1.28**	**0.95**	**1.80**
北 京	100.00	50.38	48.60	1.48	27.50	0.20	1.22	2.83
天 津	100.00	61.62	58.69	0.21	24.66	0.50	0.20	2.98
河 北	100.00	72.38	67.70	0.57	16.30	0.24	1.08	2.17
山 西	100.00	63.36	60.25	1.30	13.73	0.00	0.88	1.42
内蒙古	100.00	71.77	70.50	0.35	24.45	0.09	0.25	0.52
辽 宁	100.00	63.82	60.98	0.49	22.01	1.43	1.46	2.36
吉 林	100.00	73.34	71.60	0.33	18.43	0.19	0.21	0.89
黑龙江	100.00	75.14	73.57	0.13	15.76	1.69	0.28	0.35
上 海	100.00	55.84	54.05	0.08	38.13	0.63	0.00	1.00
江 苏	100.00	62.57	58.64	1.00	23.83	2.14	1.36	2.65
浙 江	100.00	58.78	52.10	4.14	23.75	2.35	1.22	2.03
安 徽	100.00	70.42	67.62	1.35	18.13	0.92	0.42	1.19
福 建	100.00	55.28	51.86	2.78	27.66	1.71	1.41	1.60
江 西	100.00	60.64	57.26	4.37	26.57	1.32	1.06	1.24
山 东	100.00	68.81	65.10	1.11	18.73	0.50	0.64	1.89
河 南	100.00	76.98	73.37	1.11	13.16	0.28	0.42	2.01
湖 北	100.00	65.31	63.05	1.58	20.49	2.35	1.52	1.48
湖 南	100.00	55.88	51.79	3.16	30.11	1.83	1.72	1.48
广 东	100.00	49.55	45.71	1.97	30.15	6.40	0.85	3.36
广 西	100.00	49.81	45.93	2.27	35.15	1.12	2.48	1.35
四 川	100.00	58.71	56.26	1.68	31.40	0.31	0.89	1.75
贵 州	100.00	58.16	54.69	2.04	29.11	0.28	0.89	1.39
云 南	100.00	56.19	53.08	2.20	30.95	0.53	1.36	2.11
西 藏	100.00	59.37	53.05	2.79	24.08	0.01	0.02	4.54
陕 西	100.00	69.12	65.84	1.48	19.36	0.04	0.35	2.37
甘 肃	100.00	68.44	66.02	1.56	18.62	0.00	0.67	2.76
青 海	100.00	53.15	51.72	0.55	32.92	0.02	1.17	1.01
宁 夏	100.00	72.39	70.23	1.87	16.86	0.29	0.68	1.59
新 疆	100.00	73.12	70.36	1.50	17.51	0.03	0.40	0.86

4—24 续表 单位:%

地　区	7.交通运输业、邮电业收入	8.批发和零售贸易、餐饮业收入	9. 社会服务业收入	10.其他家庭经营收入	第一产业收　入	第二产业收　入	第三产业收　入
全国合计	**2.83**	**1.96**	**0.89**	**1.61**	**89.96**	**2.75**	**7.29**
北　京	12.29	1.12	0.99	2.00	79.56	4.05	16.39
天　津	4.37	2.61	1.02	1.82	87.00	3.18	9.82
河　北	2.47	2.31	0.97	1.52	89.49	3.25	7.26
山　西	12.84	2.24	1.37	2.86	78.39	2.30	19.31
内蒙古	1.11	0.65	0.45	0.37	96.66	0.76	2.58
辽　宁	4.37	1.77	0.68	1.60	87.76	3.82	8.42
吉　林	2.50	1.18	0.46	2.47	92.29	1.10	6.61
黑龙江	3.01	1.18	0.42	2.04	92.73	0.63	6.65
上　海	1.46	0.74	0.50	1.63	94.68	1.00	4.32
江　苏	2.44	1.33	1.09	1.60	89.53	4.01	6.45
浙　江	2.78	1.97	1.16	1.83	89.01	3.25	7.74
安　徽	2.46	2.92	0.89	1.31	90.81	1.61	7.58
福　建	3.57	2.44	1.54	2.01	87.42	3.01	9.57
江　西	1.67	1.25	0.74	1.16	92.89	2.29	4.81
山　东	2.45	2.70	1.01	2.15	89.15	2.54	8.31
河　南	2.42	1.44	0.73	1.45	91.53	2.43	6.04
湖　北	2.48	3.13	0.85	0.80	89.74	3.00	7.26
湖　南	1.93	2.41	0.66	0.81	90.98	3.21	5.81
广　东	2.23	2.22	1.12	2.15	88.07	4.21	7.72
广　西	1.88	2.48	0.71	2.75	88.34	3.83	7.83
四　川	1.96	1.30	0.96	1.04	92.11	2.63	5.26
贵　州	2.85	2.49	0.99	1.81	89.58	2.27	8.14
云　南	1.81	2.10	1.31	1.44	89.87	3.47	6.66
西　藏	5.79	0.56	0.38	2.45	86.25	4.56	9.19
陕　西	3.55	1.68	0.65	1.39	90.00	2.72	7.28
甘　肃	2.77	1.63	0.77	2.78	88.61	3.43	7.95
青　海	5.21	2.52	1.38	2.08	86.62	2.18	11.19
宁　夏	4.36	0.75	0.75	0.45	91.41	2.28	6.31
新　疆	2.99	1.92	0.76	0.91	92.15	1.26	6.58

4—25 1985年各地区农村居民现金收入

单位:元/人

地　区	现金收入	一、工资性收入	二、家庭经营现金收入	三、财产性和转移性收入
全国总计	**357.39**	**68.89**	**251.68**	**36.82**
北　京	736.03	399.52	281.26	55.25
天　津	562.07	205.26	295.68	61.13
河　北	351.51	85.86	236.54	29.11
山　西	336.42	104.76	187.71	43.95
内蒙古	289.94	35.55	230.81	23.58
辽　宁	486.20	128.46	321.17	36.57
吉　林	454.78	52.66	360.40	41.72
黑龙江	414.77	49.80	321.85	43.12
上　海	859.74	420.93	361.91	76.90
江　苏	483.11	132.95	312.64	37.52
浙　江	555.51	161.73	345.92	47.86
安　徽	339.38	35.55	272.45	31.38
福　建	394.78	73.14	278.61	43.03
江　西	307.03	51.60	231.11	24.32
山　东	405.50	77.82	296.27	31.41
河　南	292.88	43.35	214.04	35.49
湖　北	347.43	46.25	267.16	34.02
湖　南	351.50	53.13	250.18	48.19
广　东	500.36	76.97	366.42	56.97
广　西	282.18	27.48	225.74	28.96
四　川	274.89	46.93	194.65	33.31
贵　州	218.22	26.94	161.36	29.92
云　南	254.13	37.10	182.70	34.33
西　藏	199.02	20.05	147.24	31.73
陕　西	234.87	38.79	159.04	37.04
甘　肃	198.35	39.19	129.75	29.41
青　海	278.91	58.04	182.30	38.57
宁　夏	294.57	64.38	190.14	40.05
新　疆	413.95	40.64	342.75	30.56

4－26 1985年各地区农村居民现金收入构成

单位:%

地　　区	现金收入	一、工资性收入	二、家庭经营现金收入	三、财产性和转移性收入
全国总计	**100.00**	**19.28**	**70.42**	**10.30**
北　　京	100.00	54.28	38.21	7.51
天　　津	100.00	36.52	52.61	10.88
河　　北	100.00	24.43	67.29	8.28
山　　西	100.00	31.14	55.80	13.06
内 蒙 古	100.00	12.26	79.61	8.13
辽　　宁	100.00	26.42	66.06	7.52
吉　　林	100.00	11.58	79.25	9.17
黑 龙 江	100.00	12.01	77.60	10.40
上　　海	100.00	48.96	42.10	8.94
江　　苏	100.00	27.52	64.71	7.77
浙　　江	100.00	29.11	62.27	8.62
安　　徽	100.00	10.47	80.28	9.25
福　　建	100.00	18.53	70.57	10.90
江　　西	100.00	16.81	75.27	7.92
山　　东	100.00	19.19	73.06	7.75
河　　南	100.00	14.80	73.08	12.12
湖　　北	100.00	13.31	76.90	9.79
湖　　南	100.00	15.12	71.17	13.71
广　　东	100.00	15.38	73.23	11.39
广　　西	100.00	9.74	80.00	10.26
四　　川	100.00	17.07	70.81	12.12
贵　　州	100.00	12.35	73.94	13.71
云　　南	100.00	14.60	71.89	13.51
西　　藏	100.00	10.07	73.98	15.94
陕　　西	100.00	16.52	67.71	15.77
甘　　肃	100.00	19.76	65.41	14.83
青　　海	100.00	20.81	65.36	13.83
宁　　夏	100.00	21.86	64.55	13.60
新　　疆	100.00	9.82	82.80	7.38

4—27 1985年各地区农村居民家庭经营现金收入

单位:元/人

地　区	家庭经营现金收入	1.出售产品收入	# 农业产品收入	##种植业收入	## 牧业收入	2.建筑业收入	3.交通运输业、邮电业收入
全国合计	**251.68**	**213.56**	**122.79**	**111.25**	**75.22**	**7.67**	**12.13**
北　京	281.26	208.82	90.08	83.17	102.64	11.27	49.63
天　津	295.68	237.65	125.25	111.98	107.60	13.65	20.35
河　北	236.54	200.17	135.13	116.74	57.01	8.82	9.32
山　西	187.71	125.94	84.91	75.60	34.22	4.48	38.67
内蒙古	230.81	216.94	150.61	146.71	62.95	2.34	5.19
辽　宁	321.17	271.68	178.71	166.15	77.29	9.99	20.78
吉　林	360.40	323.54	246.44	239.04	67.92	5.10	14.28
黑龙江	321.85	284.45	210.02	202.60	63.40	1.59	16.66
上　海	361.91	339.48	140.79	131.80	193.40	5.30	7.84
江　苏	312.64	268.64	146.03	126.32	2.29	12.89	12.24
浙　江	345.92	277.69	142.78	127.91	98.32	10.60	14.56
安　徽	272.45	234.73	154.96	143.21	67.97	5.42	11.25
福　建	278.61	232.45	106.81	96.09	99.46	6.96	15.61
江　西	231.11	207.48	104.87	96.28	79.21	4.99	6.90
山　东	296.27	250.87	160.21	143.03	79.11	8.84	11.47
河　南	214.04	185.44	133.48	119.91	45.04	7.41	9.34
湖　北	267.16	228.45	149.56	141.36	59.41	6.23	11.00
湖　南	250.18	215.80	90.09	74.16	102.37	6.98	9.37
广　东	366.42	308.56	127.90	111.20	135.26	18.32	12.16
广　西	225.74	194.31	74.46	66.17	98.40	5.13	7.12
四　川	194.65	168.60	76.05	68.88	82.49	6.74	7.57
贵　州	161.36	130.04	64.34	55.86	55.16	4.96	10.04
云　南	182.70	150.54	78.50	71.10	58.01	7.92	6.80
西　藏	147.24	93.95	50.82	34.45	34.28	18.69	23.89
陕　西	159.04	127.82	76.29	67.13	44.80	8.05	12.00
甘　肃	129.75	100.61	57.10	50.85	37.77	7.73	7.87
青　海	182.30	139.80	49.49	44.89	82.34	3.85	18.92
宁　夏	190.14	163.02	110.61	103.24	42.59	5.54	15.15
新　疆	342.75	304.92	226.85	213.10	68.26	4.59	15.86

4—27 续表

单位:元/人

地 区	4. 批发和零售贸易、餐饮业收入	5. 社会服务业收入	6. 其他家庭经营收入	第一产业收 入	第二产业收 入	第三产业收 入
全国合计	**8.50**	**3.87**	**5.95**	**213.56**	**7.67**	**30.45**
北 京	3.81	4.32	3.41	208.82	11.27	61.17
天 津	12.05	4.77	7.21	237.65	13.65	44.38
河 北	9.36	3.97	4.90	200.17	8.82	27.55
山 西	7.20	4.48	6.94	125.94	4.48	57.29
内 蒙 古	3.06	2.13	1.15	216.94	2.34	11.53
辽 宁	8.79	3.30	6.63	271.68	9.99	39.50
吉 林	6.76	2.62	8.10	323.54	5.10	31.76
黑 龙 江	6.60	2.32	10.23	284.45	1.59	35.81
上 海	2.68	2.74	3.87	339.48	5.30	17.13
江 苏	6.58	5.44	6.85	268.64	12.89	31.11
浙 江	10.28	6.03	26.76	277.69	10.60	57.63
安 徽	13.29	4.00	3.76	234.73	5.42	32.30
福 建	10.67	6.77	6.15	232.45	6.96	39.20
江 西	5.23	3.02	3.49	207.48	4.99	18.64
山 东	12.96	4.73	7.40	250.87	8.84	36.56
河 南	5.24	2.79	3.82	185.44	7.41	21.19
湖 北	14.69	3.78	3.01	228.45	6.23	32.48
湖 南	11.57	3.19	3.27	215.80	6.98	27.40
广 东	12.21	6.13	9.04	308.56	18.32	39.54
广 西	9.42	2.71	7.05	194.31	5.13	26.30
四 川	4.99	3.73	3.02	168.60	6.74	19.31
贵 州	8.00	3.48	4.84	130.04	4.96	26.36
云 南	7.95	4.97	4.52	150.54	7.92	24.24
西 藏	1.66	1.19	7.86	93.95	18.69	34.60
陕 西	5.77	2.22	3.18	127.82	8.05	23.17
甘 肃	4.70	2.28	6.56	100.61	7.73	21.41
青 海	9.60	5.20	4.93	139.80	3.85	38.65
宁 夏	2.61	2.61	1.21	163.02	5.54	21.58
新 疆	10.09	3.96	3.33	304.92	4.59	33.24

4—28 1985年各地区农村居民家庭经营现金收入构成

单位：%

地　区	家庭经营现金收入	1.出售产品收入	# 农业产品收入	##种植业收 入	##牧业收 入	2.建筑业收 入	3.交通运输业、邮电业收入
全国合计	**100.00**	**84.85**	**48.71**	**44.20**	**29.89**	**3.05**	**4.82**
北　京	100.00	74.24	32.03	29.57	36.49	4.01	17.65
天　津	100.00	80.37	42.36	37.87	36.39	4.62	6.88
河　北	100.00	84.62	57.13	49.35	24.10	3.73	3.94
山　西	100.00	67.09	45.23	40.27	18.23	2.39	20.60
内蒙古	100.00	93.99	65.25	63.56	27.27	1.01	2.25
辽　宁	100.00	84.59	55.64	51.73	24.07	3.11	6.47
吉　林	100.00	89.77	68.38	66.33	18.85	1.42	3.96
黑龙江	100.00	88.38	65.25	62.95	19.70	0.49	5.18
上　海	100.00	93.80	38.90	36.42	53.44	1.46	2.17
江　苏	100.00	85.93	46.71	40.40	0.73	4.12	3.92
浙　江	100.00	80.28	41.28	36.98	28.42	3.06	4.21
安　徽	100.00	86.16	56.88	52.56	24.95	1.99	4.13
福　建	100.00	83.43	38.34	34.49	35.70	2.50	5.60
江　西	100.00	89.78	45.38	41.66	34.27	2.16	2.99
山　东	100.00	84.68	54.07	48.28	26.70	2.98	3.87
河　南	100.00	86.64	62.36	56.02	21.04	3.46	4.36
湖　北	100.00	85.51	55.98	52.91	22.24	2.33	4.12
湖　南	100.00	86.26	36.01	29.64	40.92	2.79	3.75
广　东	100.00	84.21	34.91	30.35	36.91	5.00	3.32
广　西	100.00	86.08	32.98	29.31	43.59	2.27	3.15
四　川	100.00	86.62	39.07	35.39	42.38	3.46	3.89
贵　州	100.00	80.59	39.88	34.62	34.18	3.07	6.22
云　南	100.00	82.40	42.96	38.92	31.75	4.33	3.72
西　藏	100.00	63.81	34.51	23.40	23.28	12.69	16.23
陕　西	100.00	80.37	47.97	42.21	28.17	5.06	7.55
甘　肃	100.00	77.54	44.01	39.19	29.11	5.96	6.07
青　海	100.00	76.69	27.14	24.62	45.16	2.11	10.38
宁　夏	100.00	85.74	58.17	54.30	22.40	2.91	7.97
新　疆	100.00	88.96	66.19	62.17	19.92	1.34	4.63

4—28 续表

单位:%

地　区	4.批发和零售贸易、餐饮业收入	5.社会服务业收入	6.其他家庭经营收入	第一产业收　入	第二产业收　入	第三产业收　入
全国合计	**3.38**	**1.54**	**2.36**	**84.86**	**3.04**	**12.10**
北　京	1.35	1.54	1.21	74.24	4.01	21.75
天　津	4.08	1.61	2.44	80.37	4.62	15.01
河　北	3.96	1.68	2.07	84.62	3.73	11.65
山　西	3.84	2.39	3.70	67.09	2.39	30.52
内蒙古	1.33	0.92	0.50	93.99	1.01	5.00
辽　宁	2.74	1.03	2.06	84.59	3.11	12.30
吉　林	2.05	0.72	3.18	88.38	0.49	11.13
黑龙江						
上　海	0.74	0.76	1.07	93.80	1.46	4.73
江　苏	2.10	1.74	2.19	85.93	4.12	9.95
浙　江	2.97	1.74	7.74	80.28	3.06	16.66
安　徽	4.88	1.47	1.38	86.16	1.99	11.86
福　建	3.83	2.43	2.21	83.43	2.50	14.07
江　西	2.26	1.31	1.51	89.78	2.16	8.07
山　东	4.37	1.60	2.50	84.68	2.98	12.34
河　南	2.45	1.30	1.78	86.64	3.46	9.90
湖　北	5.50	1.41	1.13	85.51	2.33	12.16
湖　南	4.62	1.28	1.31	86.26	2.79	10.95
广　东	3.33	1.67	2.47	84.21	5.00	10.79
广　西	4.17	1.20	3.12	86.08	2.27	11.65
四　川	2.56	1.92	1.55	86.62	3.46	9.92
贵　州	4.96	2.16	3.00	80.59	3.07	16.34
云　南	4.35	2.72	2.47	82.40	4.33	13.27
西　藏	1.13	0.81	5.34	63.81	12.69	23.50
陕　西	3.63	1.40	2.00	80.37	5.06	14.57
甘　肃	3.62	1.76	5.06	77.54	5.96	16.50
青　海	5.27	2.85	2.70	76.69	2.11	21.20
宁　夏	1.37	1.37	0.64	85.74	2.91	11.35
新　疆	2.94	1.16	0.97	88.96	1.34	9.70

4－29　1985年各地区农村居民纯收入

单位:元/人

地　　区	纯收入	一、工资性收入	二、家庭经营纯收入	三、财产性和转移性收入
全　　国	**397.60**	**72.15**	**295.98**	**29.47**
北　　京	775.08	438.78	294.68	41.62
天　　津	564.55	210.17	308.56	45.82
河　　北	385.23	88.71	268.50	28.02
山　　西	358.32	110.18	224.72	23.42
内 蒙 古	360.41	36.68	314.42	9.31
辽　　宁	467.84	143.22	304.84	19.78
吉　　林	413.74	53.18	340.37	20.19
黑 龙 江	397.84	52.82	333.47	11.55
上　　海	805.92	430.38	322.85	52.69
江　　苏	492.60	135.09	318.91	38.60
浙　　江	548.60	162.60	360.52	25.48
安　　徽	369.41	35.76	303.72	29.93
福　　建	396.45	73.73	296.48	26.24
江　　西	377.31	52.75	301.81	22.75
山　　东	408.12	80.94	309.20	17.98
河　　南	329.37	44.55	263.62	21.20
湖　　北	421.24	50.36	334.95	35.93
湖　　南	395.26	53.89	326.24	15.13
广　　东	495.31	77.44	373.22	44.65
广　　西	302.96	27.49	261.92	13.55
四　　川	315.07	47.23	248.89	18.95
贵　　州	287.83	27.25	245.10	15.48
云　　南	338.34	36.21	270.18	31.95
西　　藏	352.97	20.58	303.61	28.78
陕　　西	295.26	38.69	234.69	21.88
甘　　肃	255.22	40.10	187.82	27.30
青　　海	342.95	58.57	260.41	23.97
宁　　夏	321.17	65.00	230.84	25.33
新　　疆	394.30	38.26	330.24	25.80

4—30　1985年各地区农村居民纯收入构成

单位:元/人

地　　区	纯收入	一、工资性收入	二、家庭经营纯收入	三、财产性和转移性收入
全　　国	**100.00**	**18.15**	**74.44**	**7.41**
北　　京	100.00	56.61	38.02	5.37
天　　津	100.00	37.23	54.66	8.12
河　　北	100.00	23.03	69.70	7.27
山　　西	100.00	30.75	62.71	6.54
内 蒙 古	100.00	10.18	87.24	2.58
辽　　宁	100.00	30.61	65.16	4.23
吉　　林	100.00	12.85	82.27	4.88
黑 龙 江	100.00	13.28	83.82	2.90
上　　海	100.00	53.40	40.06	6.54
江　　苏	100.00	27.42	64.74	7.84
浙　　江	100.00	29.64	65.72	4.64
安　　徽	100.00	9.68	82.22	8.10
福　　建	100.00	18.60	74.78	6.62
江　　西	100.00	13.98	79.99	6.03
山　　东	100.00	19.83	75.76	4.41
河　　南	100.00	13.53	80.04	6.44
湖　　北	100.00	11.96	79.52	8.53
湖　　南	100.00	13.63	82.54	3.83
广　　东	100.00	15.63	75.35	9.01
广　　西	100.00	9.07	86.45	4.47
四　　川	100.00	14.99	79.00	6.01
贵　　州	100.00	9.47	85.15	5.38
云　　南	100.00	10.70	79.85	9.44
西　　藏	100.00	5.83	86.02	8.15
陕　　西	100.00	13.10	79.49	7.41
甘　　肃	100.00	15.71	73.59	10.70
青　　海	100.00	17.08	75.93	6.99
宁　　夏	100.00	20.24	71.87	7.89
新　　疆	100.00	9.70	83.75	6.54

4—31 1985年各地区农村居民总支出

单位:元/人

地　　区	总支出	一、家庭经营费用支出	二、购置生产性固定资产支出	三、税费支出	四、生活消费支出	五、财产性和转移性支出
全国总计	**485.51**	**121.39**	**18.70**	**18.43**	**317.42**	**9.57**
北　　京	726.32	143.87	37.99	15.04	510.03	19.39
天　　津	611.78	138.19	16.66	11.43	426.10	19.40
河　　北	461.18	117.88	19.88	16.61	297.72	9.09
山　　西	407.85	77.10	30.80	16.43	272.74	10.78
内 蒙 古	465.54	121.04	26.12	20.75	291.28	6.35
辽　　宁	643.61	174.82	24.80	30.66	401.63	11.70
吉　　林	649.30	174.66	47.70	39.77	364.47	22.70
黑 龙 江	576.53	157.17	47.30	52.08	306.62	13.36
上　　海	1025.61	185.50	4.51	37.23	778.42	19.95
江　　苏	610.51	152.22	10.61	25.39	415.61	6.68
浙　　江	662.17	141.74	17.51	12.23	473.81	16.88
安　　徽	476.02	127.99	19.99	19.80	299.02	9.22
福　　建	514.55	129.05	9.81	10.09	350.57	15.03
江　　西	433.06	93.39	10.20	16.34	303.14	9.99
山　　东	523.15	144.79	18.71	26.72	321.98	10.95
河　　南	403.53	97.13	18.77	19.48	259.64	8.51
湖　　北	493.16	108.49	15.55	28.43	334.64	6.05
湖　　南	519.85	134.53	14.30	16.17	348.45	6.40
广　　东	585.45	151.70	16.34	15.80	388.00	13.61
广　　西	395.29	103.85	13.23	4.78	268.31	5.12
四　　川	421.52	117.61	7.45	15.15	276.26	5.05
贵　　州	366.82	91.26	7.43	6.57	254.58	6.98
云　　南	387.58	89.48	16.90	7.39	267.01	6.80
西　　藏	387.81	73.27	36.68	0.02	269.60	8.24
陕　　西	353.79	86.60	17.73	10.02	233.42	6.02
甘　　肃	325.51	85.84	18.19	6.95	204.61	9.92
青　　海	409.57	85.51	28.67	12.49	274.68	8.22
宁　　夏	401.53	95.73	25.46	9.68	265.19	5.47
新　　疆	513.58	155.40	28.20	27.02	290.38	12.58

4—32 1985年各地区农村居民总支出构成

单位：%

地区	总支出	一、家庭经营费用支出	二、购置生产性固定资产支出	三、税费支出	四、生活消费支出	五、财产性和转移性支出
全国总计	**100.00**	**25.00**	**3.85**	**3.80**	**65.38**	**1.97**
北 京	100.00	19.81	5.23	2.07	70.22	2.67
天 津	100.00	22.59	2.72	1.87	69.65	3.17
河 北	100.00	25.56	4.31	3.60	64.56	1.97
山 西	100.00	18.90	7.55	4.03	66.87	2.64
内 蒙 古	100.00	26.00	5.61	4.46	62.57	1.36
辽 宁	100.00	27.16	3.85	4.76	62.40	1.82
吉 林	100.00	26.90	7.35	6.13	56.13	3.50
黑 龙 江	100.00	27.26	8.20	9.03	53.18	2.32
上 海	100.00	18.09	0.44	3.63	75.90	1.95
江 苏	100.00	24.93	1.74	4.16	68.08	1.09
浙 江	100.00	21.41	2.64	1.85	71.55	2.55
安 徽	100.00	26.89	4.20	4.16	62.82	1.94
福 建	100.00	25.08	1.91	1.96	68.13	2.92
江 西	100.00	21.57	2.36	3.77	70.00	2.31
山 东	100.00	27.68	3.58	5.11	61.55	2.09
河 南	100.00	24.07	4.65	4.83	64.34	2.11
湖 北	100.00	22.00	3.15	5.76	67.86	1.23
湖 南	100.00	25.88	2.75	3.11	67.03	1.23
广 东	100.00	25.91	2.79	2.70	66.27	2.32
广 西	100.00	26.27	3.35	1.21	67.88	1.30
四 川	100.00	27.90	1.77	3.59	65.54	1.20
贵 州	100.00	24.88	2.03	1.79	69.40	1.90
云 南	100.00	23.09	4.36	1.91	68.89	1.75
西 藏	100.00	18.89	9.46	0.01	69.52	2.12
陕 西	100.00	24.48	5.01	2.83	65.98	1.70
甘 肃	100.00	26.37	5.59	2.14	62.86	3.05
青 海	100.00	20.88	7.00	3.05	67.07	2.01
宁 夏	100.00	23.84	6.34	2.41	66.04	1.36
新 疆	100.00	30.26	5.49	5.26	56.54	2.45

4—33 1985年农村居民家庭经营费用支出

单位:元/人

地区	家庭经营费用支出	1. 农业支出	#种植业支出	2. 林业支出	3. 牧业支出	4. 渔业支出	5. 工业支出	6. 建筑业支出
全国	**121.39**	**59.52**	**55.95**	**0.95**	**48.37**	**1.90**	**1.71**	**0.29**
北京	143.87	43.40	41.62	0.20	75.56	0.24	2.67	0.18
天津	138.19	61.71	56.35	0.46	67.85	0.75		0.01
河北	117.88	69.44	62.95	0.74	36.55	0.24	1.87	0.46
山西	77.10	42.41	39.37	0.53	14.57		0.67	0.02
内蒙古	121.04	76.67	76.04	0.56	38.24	0.12	0.74	0.23
辽宁	174.82	84.91	81.34	1.22	69.83	1.54	4.18	0.57
吉林	174.66	103.52	101.02	0.71	56.27	0.55	1.27	0.35
黑龙江	157.17	97.57	95.28	0.35	44.32	3.13	0.91	0.01
上海	185.50	66.12	65.95	0.62	111.08	1.40		0.01
江苏	152.22	70.38	63.23	1.08	65.96	3.21	4.88	0.36
浙江	141.74	62.85	56.80	4.33	59.73	4.59	3.42	0.17
安徽	127.99	77.84	73.56	0.51	37.66	1.15	0.85	0.58
福建	129.05	53.34	50.67	1.22	56.30	3.05	2.34	0.49
江西	93.39	45.96	43.97	1.38	37.58	1.59	1.49	0.11
山东	144.79	71.60	65.90	1.97	55.11	0.95	1.24	0.75
河南	97.13	63.64	58.91	1.03	26.71	0.36	0.41	0.35
湖北	108.49	53.02	51.18	0.73	37.68	4.60	2.29	0.19
湖南	134.53	52.44	48.15	0.45	68.45	2.13	2.43	0.07
广东	151.70	61.86	57.04	0.61	66.10	12.54	1.74	0.24
广西	103.85	37.38	34.76	0.66	55.03	1.00	1.54	0.06
四川	117.61	37.93	35.62	0.42	71.54	0.52	1.63	0.16
贵州	91.26	36.10	33.37	0.44	45.35	0.24	1.00	0.60
云南	89.48	31.06	29.50	0.55	46.99	0.68	3.09	0.36
西藏	73.27	32.45	28.67	0.26	24.19			0.58
陕西	86.60	53.29	50.78	1.03	24.52	0.05	0.33	0.08
甘肃	85.84	52.01	50.18	0.61	25.62	0.02	0.68	0.29
青海	85.51	47.19	46.78	0.27	29.42		1.20	0.14
宁夏	95.73	67.63	65.36	1.02	18.96	0.82	0.98	
新疆	155.40	93.21	89.92	2.53	44.89	0.34	0.74	0.34

4—33续表　　单位:元/人

地区	7.交通运输、邮电业支出	8.批发和零售贸易、餐饮业支出	9. 社会服务业支出	10.其他家庭经营支出	第一产业支出	第二产业支出	第三产业支出
全国	**3.64**	**2.27**	**0.55**	**2.19**	**110.74**	**2.00**	**8.65**
北京	17.39	1.29	0.56	2.38	119.40	2.85	21.62
天津	2.22	2.66	0.30	2.23	130.77	0.01	7.41
河北	2.82	2.91	0.79	2.06	106.97	2.33	8.58
山西	14.99	2.02	0.45	1.44	57.51	0.69	18.90
内蒙古	1.92	0.50	0.39	1.67	115.59	0.97	4.48
辽宁	7.06	1.88	0.57	3.06	157.50	4.75	12.57
吉林	4.69	3.85	0.55	2.90	161.05	1.62	11.99
黑龙江	3.34	2.20	0.21	5.12	145.37	0.92	10.87
上海	1.05	2.28	0.03	2.91	179.22	0.01	6.27
江苏	3.23	0.77	0.55	1.80	140.63	5.24	6.35
浙江	1.99	0.59	0.49	3.58	131.50	3.59	6.65
安徽	3.21	3.83	0.65	1.71	117.16	1.43	9.40
福建	5.01	3.32	1.13	2.85	113.91	2.83	12.31
江西	2.18	0.63	0.13	2.34	86.51	1.60	5.28
山东	3.48	5.75	0.66	3.28	129.63	1.99	13.17
河南	2.38	0.51	0.29	1.45	91.74	0.76	4.63
湖北	3.43	4.62	0.47	1.46	96.03	2.48	9.98
湖南	3.28	4.21	0.27	0.80	123.47	2.50	8.56
广东	2.69	2.99	0.91	2.02	141.11	1.98	8.61
广西	2.33	2.48	0.60	2.77	94.07	1.60	8.18
四川	2.66	1.10	0.71	0.94	110.41	1.79	5.41
贵州	3.25	1.79	0.38	2.11	82.13	1.60	7.53
云南	1.53	2.04	1.15	2.03	79.28	3.45	6.75
西藏	9.01		0.19	6.59	56.90	0.58	15.79
陕西	4.86	0.39	0.42	1.63	78.89	0.41	7.30
甘肃	2.46	0.64	0.11	3.40	78.26	0.97	6.61
青海	5.46	0.22	0.38	1.23	76.88	1.34	7.29
宁夏	5.38	0.10	0.11	0.73	88.43	0.98	6.32
新疆	6.27	3.24	1.18	2.66	140.97	1.08	13.35

4—34 1985年农村居民家庭经营费用支出构成

单位:%

地区	家庭经营费用支出	1.农业支出	#种植业支出	2.林业支出	3.牧业支出	4.渔业支出	5.工业支出	6.建筑业支出
全国	**100.00**	**49.03**	**46.09**	**0.78**	**39.85**	**1.57**	**1.41**	**0.24**
北京	100.00	30.17	28.93	0.14	52.52	0.17	1.86	0.13
天津	100.00	44.66	40.78	0.33	49.10	0.54	0.00	0.01
河北	100.00	58.91	53.40	0.63	31.01	0.20	1.59	0.39
山西	100.00	55.01	51.06	0.69	18.90	0.00	0.87	0.03
内蒙古	100.00	63.34	62.82	0.46	31.59	0.10	0.61	0.19
辽宁	100.00	48.57	46.53	0.70	39.94	0.88	2.39	0.33
吉林	100.00	59.27	57.84	0.41	32.22	0.31	0.73	0.20
黑龙江	100.00	62.08	60.62	0.22	28.20	1.99	0.58	0.01
上海	100.00	35.64	35.55	0.33	59.88	0.75	0.00	0.01
江苏	100.00	46.24	41.54	0.71	43.33	2.11	3.21	0.24
浙江	100.00	44.34	40.07	3.05	42.14	3.24	2.41	0.12
安徽	100.00	60.82	57.47	0.40	29.42	0.90	0.66	0.45
福建	100.00	41.33	39.26	0.95	43.63	2.36	1.81	0.38
江西	100.00	49.21	47.08	1.48	40.24	1.70	1.60	0.12
山东	100.00	49.45	45.51	1.36	38.06	0.66	0.86	0.52
河南	100.00	65.52	60.65	1.06	27.50	0.37	0.42	0.36
湖北	100.00	48.87	47.17	0.67	34.73	4.24	2.11	0.18
湖南	100.00	38.98	35.79	0.33	50.88	1.58	1.81	0.05
广东	100.00	40.78	37.60	0.40	43.57	8.27	1.15	0.16
广西	100.00	35.99	33.47	0.64	52.99	0.96	1.48	0.06
四川	100.00	32.25	30.29	0.36	60.83	0.44	1.39	0.14
贵州	100.00	39.56	36.57	0.48	49.69	0.26	1.10	0.66
云南	100.00	34.71	32.97	0.61	52.51	0.76	3.45	0.40
西藏	100.00	44.29	39.13	0.35	33.01	0.00	0.00	0.79
陕西	100.00	61.54	58.64	1.19	28.31	0.06	0.38	0.09
甘肃	100.00	60.59	58.46	0.71	29.85	0.02	0.79	0.34
青海	100.00	55.19	54.71	0.32	34.41	0.00	1.40	0.16
宁夏	100.00	70.65	68.28	1.07	19.81	0.86	1.02	0.00
新疆	100.00	59.98	57.86	1.63	28.89	0.22	0.48	0.22

4－34续表 单位:%

地　　区	7.交通运输、邮电业支出	8.批发和零售贸易、餐饮业支出	9.社会服务业支出	10.其他家庭经营支出	第一产业支　　出	第二产业支　　出	第三产业支　　出
全　　国	**3.00**	**1.87**	**0.45**	**1.80**	**91.23**	**1.65**	**7.12**
北　　京	12.09	0.90	0.39	1.65	82.99	1.98	15.03
天　　津	1.61	1.92	0.22	1.61	94.63	0.01	5.36
河　　北	2.39	2.47	0.67	1.75	90.74	1.98	7.28
山　　西	19.44	2.62	0.58	1.87	74.59	0.89	24.51
内 蒙 古	1.59	0.41	0.32	1.38	95.50	0.80	3.70
辽　　宁	4.04	1.08	0.33	1.75	90.09	2.72	7.19
吉　　林	2.69	2.20	0.31	1.66	92.21	0.93	6.86
黑 龙 江	2.13	1.40	0.14	3.26	92.49	0.59	6.92
上　　海	0.57	1.23	0.02	1.57	96.61	0.01	3.38
江　　苏	2.12	0.51	0.36	1.18	92.39	3.44	4.17
浙　　江	1.40	0.42	0.35	2.53	92.78	2.53	4.69
安　　徽	2.51	2.99	0.51	1.34	91.54	1.12	7.34
福　　建	3.88	2.57	0.88	2.21	88.27	2.19	9.54
江　　西	2.33	0.67	0.14	2.51	92.63	1.71	5.65
山　　东	2.40	3.97	0.46	2.27	89.53	1.37	9.10
河　　南	2.45	0.53	0.30	1.49	94.45	0.78	4.77
湖　　北	3.16	4.26	0.43	1.35	88.52	2.29	9.20
湖　　南	2.44	3.13	0.20	0.59	91.78	1.86	6.36
广　　东	1.77	1.97	0.60	1.33	93.02	1.31	5.68
广　　西	2.24	2.39	0.58	2.67	90.58	1.54	7.88
四　　川	2.26	0.94	0.60	0.80	93.88	1.52	4.60
贵　　州	3.56	1.96	0.42	2.31	90.00	1.75	8.25
云　　南	1.71	2.28	1.29	2.27	88.60	3.86	7.54
西　　藏	12.30	0.00	0.26	8.99	77.66	0.79	21.55
陕　　西	5.61	0.45	0.48	1.88	91.10	0.47	8.43
甘　　肃	2.87	0.75	0.13	3.96	91.17	1.13	7.70
青　　海	6.39	0.26	0.44	1.44	89.91	1.57	8.53
宁　　夏	5.62	0.10	0.11	0.76	92.37	1.02	6.60
新　　疆	4.03	2.08	0.76	1.71	90.71	0.69	8.59

4—35 1985年各地区村居民生活消费支出

单位:元/人

地区	生活消费支出	一、食品支出	二、衣着支出	三、居住支出	四、家庭设备用品及服务支出	五、医疗保健支出	六、交通和通讯支出	七、文教娱乐用品及服务支出	八、其他商品及服务支出
全国	**317.42**	**183.43**	**30.77**	**57.87**	**16.19**	**7.67**	**5.58**	**12.36**	**3.55**
北京	510.03	240.12	52.46	106.81	44.87	10.48	10.03	40.24	5.02
天津	426.10	202.24	48.63	89.85	31.60	8.84	9.16	30.49	5.29
河北	297.72	149.04	31.88	66.39	17.89	8.34	6.67	14.15	3.36
山西	272.74	148.18	39.54	37.78	16.10	7.37	5.66	14.43	3.68
内蒙古	291.28	183.58	29.56	35.98	13.55	8.59	5.29	11.81	2.92
辽宁	401.63	207.22	43.74	81.20	21.27	8.29	9.37	25.66	4.88
吉林	364.47	199.48	36.95	66.81	18.84	11.07	6.28	21.22	3.82
黑龙江	306.62	176.83	31.94	52.43	15.54	10.03	5.20	12.19	2.46
上海	778.42	341.48	64.77	254.49	52.06	8.11	14.88	35.80	6.83
江苏	415.61	216.96	36.80	101.66	24.16	7.82	8.58	15.11	4.52
浙江	473.81	247.31	41.92	110.46	32.70	9.25	11.74	14.78	5.65
安徽	299.02	174.86	28.54	57.96	13.82	6.48	5.09	8.99	3.28
福建	350.57	218.83	24.43	59.04	15.16	8.95	5.35	13.35	5.46
江西	303.14	185.35	26.38	52.91	11.94	6.99	5.08	11.60	2.89
山东	321.98	168.20	35.73	66.10	21.90	6.70	5.39	14.17	3.79
河南	259.64	145.48	28.55	51.86	12.21	8.06	3.97	7.13	2.38
湖北	334.64	197.95	33.40	55.27	17.11	8.00	5.05	14.30	3.56
湖南	348.45	219.57	32.77	50.96	15.69	7.49	6.63	11.92	3.42
广东	388.00	234.37	19.19	77.15	17.40	11.91	6.83	15.95	5.20
广西	268.31	166.87	19.08	45.78	12.76	6.58	4.82	8.73	3.69
四川	276.26	173.89	27.31	41.39	11.10	6.31	3.51	9.71	3.04
贵州	254.58	177.88	23.73	29.42	7.85	4.09	1.74	6.18	3.69
云南	267.01	177.98	22.88	38.93	9.83	5.58	3.09	6.16	2.56
西藏	269.60	184.33	33.28	34.57	12.94	0.05	0.96	0.99	2.48
陕西	233.42	134.10	25.20	41.84	11.64	7.52	3.95	6.71	2.46
甘肃	204.61	123.57	24.95	25.08	10.71	6.40	4.02	7.48	2.40
青海	274.68	176.16	36.86	30.96	8.59	6.32	4.99	7.47	3.33
宁夏	265.19	156.33	30.43	32.92	15.07	8.12	5.95	14.74	1.63
新疆	290.38	168.09	46.64	33.23	14.64	7.84	5.57	11.19	3.18

4—36 1985年各地区村居民生活消费支出构成

单位:%

地　区	生活消费支出	一、食品支出	二、衣着支出	三、居住支出	四、家庭设备用品及服务支出	五、医疗保健支出	六、交通和通讯支出	七、文教娱乐用品及服务支出	八、其他商品及服务支出
全　国	**100.00**	**57.79**	**9.69**	**18.23**	**5.10**	**2.42**	**1.76**	**3.89**	**1.12**
北　京	100.00	47.08	10.29	20.94	8.80	2.05	1.97	7.89	0.98
天　津	100.00	47.46	11.41	21.09	7.42	2.07	2.15	7.16	1.24
河　北	100.00	50.06	10.71	22.30	6.01	2.80	2.24	4.75	1.13
山　西	100.00	54.33	14.50	13.85	5.90	2.70	2.08	5.29	1.35
内蒙古	100.00	63.03	10.15	12.35	4.65	2.95	1.82	4.05	1.00
辽　宁	100.00	51.59	10.89	20.22	5.30	2.06	2.33	6.39	1.22
吉　林	100.00	54.73	10.14	18.33	5.17	3.04	1.72	5.82	1.05
黑龙江	100.00	57.67	10.42	17.10	5.07	3.27	1.70	3.98	0.80
上　海	100.00	43.87	8.32	32.69	6.69	1.04	1.91	4.60	0.88
江　苏	100.00	52.20	8.85	24.46	5.81	1.88	2.06	3.64	1.09
浙　江	100.00	52.20	8.85	23.31	6.90	1.95	2.48	3.12	1.19
安　徽	100.00	58.48	9.54	19.38	4.62	2.17	1.70	3.01	1.10
福　建	100.00	62.42	6.97	16.84	4.32	2.55	1.53	3.81	1.56
江　西	100.00	61.14	8.70	17.45	3.94	2.31	1.68	3.83	0.95
山　东	100.00	52.24	11.10	20.53	6.80	2.08	1.67	4.40	1.18
河　南	100.00	56.03	11.00	19.97	4.70	3.10	1.53	2.75	0.92
湖　北	100.00	59.15	9.98	16.52	5.11	2.39	1.51	4.27	1.06
湖　南	100.00	63.01	9.40	14.62	4.50	2.15	1.90	3.42	0.98
广　东	100.00	60.40	4.95	19.88	4.48	3.07	1.76	4.11	1.34
广　西	100.00	62.19	7.11	17.06	4.76	2.45	1.80	3.25	1.38
四　川	100.00	62.94	9.89	14.98	4.02	2.28	1.27	3.51	1.10
贵　州	100.00	69.87	9.32	11.56	3.08	1.61	0.68	2.43	1.45
云　南	100.00	66.66	8.57	14.58	3.68	2.09	1.16	2.31	0.96
西　藏	100.00	68.37	12.34	12.82	4.80	0.02	0.36	0.37	0.92
陕　西	100.00	57.45	10.80	17.92	4.99	3.22	1.69	2.87	1.05
甘　肃	100.00	60.39	12.19	12.26	5.23	3.13	1.96	3.66	1.17
青　海	100.00	64.13	13.42	11.27	3.13	2.30	1.82	2.72	1.21
宁　夏	100.00	58.95	11.47	12.41	5.68	3.06	2.24	5.56	0.61
新　疆	100.00	57.89	16.06	11.44	5.04	2.70	1.92	3.85	1.10

4—37 1985年各地区农村居民现金支出

单位:元/人

地区	现金支出	一、家庭经营费用现金支出	二、购买生产性固定资产支出	三、税费支出	四、生活消费现金支出	五、财产性和转移性支出
全国总计	**331.23**	**79.99**	**18.94**	**16.35**	**194.68**	**21.27**
北京	619.88	103.95	37.91	10.68	438.80	28.54
天津	497.80	104.81	16.66	5.64	338.37	32.32
河北	327.54	78.47	19.90	14.26	198.49	16.42
山西	307.20	57.99	31.05	15.56	183.67	18.93
内蒙古	259.09	53.85	26.55	20.09	141.41	17.19
辽宁	471.71	120.56	25.26	23.99	270.37	31.53
吉林	452.56	108.48	50.80	39.11	219.93	34.24
黑龙江	390.04	96.73	47.57	45.49	178.25	22.00
上海	839.99	135.53	3.51	6.48	651.74	42.73
江苏	458.40	108.89	10.67	24.58	286.75	27.51
浙江	511.88	107.33	18.07	12.14	342.77	31.57
安徽	317.49	82.78	20.28	19.62	173.14	21.67
福建	374.13	99.27	10.77	7.93	226.10	30.06
江西	279.01	64.73	10.52	14.04	166.50	23.22
山东	379.48	98.68	18.54	23.82	218.77	19.67
河南	268.08	64.11	18.86	17.66	152.49	14.96
湖北	332.43	74.97	15.76	26.35	189.17	26.36
湖南	336.15	81.36	14.34	15.44	191.99	33.02
广东	437.67	123.09	16.56	10.50	266.35	21.17
广西	265.14	70.71	13.65	4.59	159.30	16.89
四川	258.02	65.40	7.52	14.89	154.32	15.89
贵州	198.14	48.59	7.61	5.75	117.83	18.36
云南	225.04	55.01	17.34	4.12	135.53	13.04
西藏	168.79	35.84	31.20	0.02	97.12	4.61
陕西	223.35	51.85	18.58	9.73	129.81	13.38
甘肃	184.95	44.41	17.82	5.98	101.85	14.89
青海	237.88	42.06	28.64	11.80	140.95	14.43
宁夏	260.41	60.25	26.17	7.41	149.34	17.24
新疆	358.73	108.27	28.50	24.77	179.64	17.55

4—38 1985年各地区农村居民现金支出构成

单位:%

地　　区	现金支出	一、家庭经营费用现金支出	二、购买生产性固定资产支出	三、税费支出	四、生活消费现金支出	五、财产性和转移性支出
全国总计	**100.00**	**24.15**	**5.72**	**4.94**	**58.77**	**6.42**
北　　京	100.00	16.77	6.12	1.72	70.79	4.60
天　　津	100.00	21.05	3.35	1.13	67.97	6.49
河　　北	100.00	23.96	6.08	4.35	60.60	5.01
山　　西	100.00	18.88	10.11	5.07	59.79	6.16
内 蒙 古	100.00	20.78	10.25	7.75	54.58	6.63
辽　　宁	100.00	25.56	5.35	5.09	57.32	6.68
吉　　林	100.00	23.97	11.23	8.64	48.60	7.57
黑 龙 江	100.00	24.80	12.20	11.66	45.70	5.64
上　　海	100.00	16.13	0.42	0.77	77.59	5.09
江　　苏	100.00	23.75	2.33	5.36	62.55	6.00
浙　　江	100.00	20.97	3.53	2.37	66.96	6.17
安　　徽	100.00	26.07	6.39	6.18	54.53	6.83
福　　建	100.00	26.53	2.88	2.12	60.43	8.03
江　　西	100.00	23.20	3.77	5.03	59.68	8.32
山　　东	100.00	26.00	4.89	6.28	57.65	5.18
河　　南	100.00	23.91	7.04	6.59	56.88	5.58
湖　　北	100.05	22.55	4.74	7.93	56.91	7.93
湖　　南	100.00	24.20	4.27	4.59	57.11	9.82
广　　东	100.00	28.12	3.78	2.40	60.86	4.84
广　　西	100.00	26.67	5.15	1.73	60.08	6.37
四　　川	100.00	25.35	2.91	5.77	59.81	6.16
贵　　州	100.00	24.52	3.84	2.90	59.47	9.27
云　　南	100.00	24.44	7.71	1.83	60.22	5.79
西　　藏	100.00	21.23	18.48	0.01	57.54	2.73
陕　　西	100.00	23.21	8.32	4.36	58.12	5.99
甘　　肃	100.00	24.01	9.64	3.23	55.07	8.05
青　　海	100.00	17.68	12.04	4.96	59.25	6.07
宁　　夏	100.00	23.14	10.05	2.85	57.35	6.62
新　　疆	100.00	30.18	7.94	6.90	50.08	4.89

4—39 1985年各地区农村居民经营费用现金支出

单位:元/人

地 区	家庭经营现金支出	1.农业支出	#种植业支出	2.林业支出	3.牧业支出	4.渔业支出	5.工业支出	6.建筑业支出
全国总计	**79.99**	**43.09**	**39.66**	**0.86**	**24.18**	**1.72**	**1.73**	**0.28**
北 京	103.95	34.10	32.46	0.19	49.92	0.17	2.67	0.16
天 津	104.81	48.24	42.90	0.46	48.14	0.75		0.01
河 北	78.47	50.81	44.49	0.70	16.74	0.19	1.77	0.44
山 西	57.99	29.62	26.80	0.46	8.71		0.72	0.03
内蒙古	53.85	33.57	32.99	0.55	14.24	0.12	0.73	0.23
辽 宁	120.56	64.76	61.15	0.87	37.74	1.42	4.15	0.58
吉 林	108.48	65.56	63.08	0.71	28.63	0.55	1.27	0.35
黑龙江	96.73	56.37	54.30	0.29	26.69	3.09	0.79	0.01
上 海	135.53	38.73	38.56	0.58	89.53	1.21		0.01
江 苏	108.89	57.67	50.42	1.05	35.92	2.84	4.86	0.42
浙 江	107.33	54.56	48.78	4.32	31.08	4.36	6.03	0.17
安 徽	82.78	52.80	48.61	0.48	18.59	0.97	0.85	0.48
福 建	99.27	46.82	44.31	1.05	33.66	2.99	2.31	0.49
江 西	64.73	37.55	35.61	1.24	18.36	1.42	1.38	0.08
山 东	98.68	55.28	49.82	1.84	26.69	0.69	1.17	0.73
河 南	62.11	41.97	37.67	0.89	13.76	0.33	0.37	0.33
湖 北	74.79	40.50	38.80	0.66	19.17	2.87	2.00	0.19
湖 南	81.36	41.54	37.67	0.40	26.64	1.99	2.32	0.11
广 东	123.09	55.60	50.78	0.59	44.35	12.17	1.64	0.24
广 西	70.71	32.79	30.23	0.55	26.76	0.98	1.40	0.06
四 川	65.40	29.46	27.18	0.32	28.05	0.52	1.55	0.15
贵 州	48.59	22.65	19.85	0.31	17.85	0.22	0.95	0.48
云 南	55.01	23.30	21.79	0.36	20.96	0.63	2.94	0.36
西 藏	35.86	12.49	10.18	0.24	8.68			0.42
陕 西	51.85	32.61	38.23	0.93	10.70	0.05	0.35	0.01
甘 肃	44.41	28.83	27.11	0.58	8.73	0.02	0.63	0.25
青 海	42.06	19.33	18.99	0.27	14.13		1.20	0.14
宁 夏	60.25	40.70	38.66	1.02	10.58	0.82	0.98	
新 疆	108.27	64.27	61.07	2.36	27.32	0.30	0.51	0.30

4—39 续表 单位:元/人

地区	7.交通运输、邮电业支出	8.批发和零售贸易、餐饮业支出	9.社会服务业支出	10.其他家庭经营支出	第一产业支出	第二产业支出	第三产业支出
全国总计	**3.44**	**2.17**	**0.53**	**1.99**	**69.85**	**2.01**	**8.13**
北京	14.00	0.23	0.49	2.02	84.38	2.83	16.74
天津	2.04	2.66	0.03	2.48	97.59	0.01	7.21
河北	2.23	2.82	0.78	1.99	68.44	2.21	7.82
山西	14.80	2.01	0.42	1.22	38.79	0.75	18.45
内蒙古	1.90	0.47	0.38	1.66	48.48	0.96	4.41
辽宁	6.19	1.77	0.56	2.52	104.79	4.73	11.04
吉林	4.69	3.85	0.55	2.32	95.45	1.62	11.41
黑龙江	2.66	2.17	0.22	4.44	86.44	0.80	9.49
上海	0.99	2.28	0.03	2.17	130.05	0.01	5.47
江苏	3.17	0.77	0.54	1.65	97.48	5.28	6.13
浙江	2.03	0.61	0.42	3.75	94.32	6.20	6.81
安徽	2.82	3.73	0.43	1.63	72.84	1.33	8.61
福建	5.00	3.18	1.13	2.64	84.52	2.80	11.95
江西	1.94	0.61	0.13	2.02	58.57	1.46	4.70
山东	3.16	5.73	0.63	2.76	84.50	1.90	12.28
河南	2.38	0.46	0.29	1.33	56.95	0.70	4.46
湖北	3.27	4.32	0.44	1.37	63.20	2.19	9.40
湖南	3.23	4.09	0.27	0.77	70.57	2.43	8.36
广东	2.69	2.98	0.91	1.92	112.71	1.88	8.50
广西	2.33	2.47	0.60	2.77	61.08	1.46	8.17
四川	2.66	1.10	0.71	0.88	58.35	1.70	5.35
贵州	2.95	0.90	0.37	1.91	41.03	1.43	6.13
云南	1.51	1.98	1.15	1.82	45.25	3.30	6.46
西藏	8.18		0.19	5.66	21.41	0.42	14.03
陕西	4.90	0.35	0.41	1.54	44.29	0.36	7.20
甘肃	2.04	0.59	0.12	2.62	38.16	0.88	5.37
青海	5.20	0.21	0.36	1.22	33.73	1.34	6.99
宁夏	5.19	0.11	0.12	0.73	53.12	0.98	6.15
新疆	6.26	3.28	1.02	2.65	94.25	0.81	13.21

4—40 1985年各地区农村居民经营费用现金支出构成

单位：%

地区	家庭经营现金支出	1.农业支出	#种植业支出	2.林业支出	3.牧业支出	4.渔业支出	5.工业支出	6.建筑业支出
全国总计	**100.00**	**53.87**	**49.58**	**1.08**	**30.23**	**2.15**	**2.16**	**0.35**
北京	100.00	32.80	31.23	0.18	48.02	0.16	2.57	0.15
天津	100.00	46.03	40.93	0.44	45.93	0.72	0.00	0.01
河北	100.00	64.75	56.70	0.89	21.33	0.24	2.26	0.56
山西	100.00	51.08	46.21	0.79	15.02	0.00	1.24	0.05
内蒙古	100.00	62.34	61.26	1.02	26.44	0.22	1.36	0.43
辽宁	100.00	53.72	50.72	0.72	31.30	1.18	3.44	0.48
吉林	100.00	60.44	58.15	0.65	26.39	0.51	1.17	0.32
黑龙江	100.00	58.28	56.14	0.30	27.59	3.19	0.82	0.01
上海	100.00	28.58	28.45	0.43	66.06	0.89	0.00	0.01
江苏	100.00	52.96	46.30	0.96	32.99	2.61	4.46	0.39
浙江	100.00	50.83	45.45	4.02	28.96	4.06	5.62	0.16
安徽	100.00	63.78	58.72	0.58	22.46	1.17	1.03	0.58
福建	100.00	47.16	44.64	1.06	33.91	3.01	2.33	0.49
江西	100.00	58.01	55.01	1.92	28.36	2.19	2.13	0.12
山东	100.00	56.02	50.49	1.86	27.05	0.70	1.19	0.74
河南	100.00	67.57	60.65	1.43	22.15	0.53	0.60	0.53
湖北	100.00	54.15	51.88	0.88	25.63	3.84	2.67	0.25
湖南	100.00	51.06	46.30	0.49	32.74	2.45	2.85	0.14
广东	100.00	45.17	41.25	0.48	36.03	9.89	1.33	0.19
广西	100.00	46.37	42.75	0.78	37.84	1.39	1.98	0.08
四川	100.00	45.05	41.56	0.49	42.89	0.80	2.37	0.23
贵州	100.00	46.61	40.85	0.64	36.74	0.45	1.96	0.99
云南	100.00	42.36	39.61	0.65	38.10	1.15	5.34	0.65
西藏	100.00	34.83	28.39	0.67	24.21	0.00	0.00	1.17
陕西	100.00	62.89	73.73	1.79	20.64	0.10	0.68	0.02
甘肃	100.00	64.92	61.04	1.31	19.66	0.05	1.42	0.56
青海	100.00	45.96	45.15	0.64	33.59	0.00	2.85	0.33
宁夏	100.00	67.55	64.17	1.69	17.56	1.36	1.63	0.00
新疆	100.00	59.36	56.41	2.18	25.23	0.28	0.47	0.28

4—40续表 单位:%

地　　区	7.交通运输、邮电业支出	8.批发和零售贸易、餐饮业支出	9. 社会服务业支出	10.其他家庭经营支出	第一产业支　　出	第二产业支　　出	第三产业支　　出
全国总计	**4.30**	**2.71**	**0.66**	**2.49**	**87.33**	**2.51**	**10.16**
北　　京	13.47	0.22	0.47	1.94	81.17	2.72	16.10
天　　津	1.95	2.54	0.03	2.37	93.11	0.01	6.88
河　　北	2.84	3.59	0.99	2.54	87.22	2.82	9.97
山　　西	25.52	3.47	0.72	2.10	66.89	1.29	31.82
内 蒙 古	3.53	0.87	0.71	3.08	90.03	1.78	8.19
辽　　宁	5.13	1.47	0.46	2.09	86.92	3.92	9.16
吉　　林	4.32	3.55	0.51	2.14	87.99	1.49	10.52
黑 龙 江	2.75	2.24	0.23	4.59	89.36	0.83	9.81
上　　海	0.73	1.68	0.02	1.60	95.96	0.01	4.04
江　　苏	2.91	0.71	0.50	1.52	89.52	4.85	5.63
浙　　江	1.89	0.57	0.39	3.49	87.88	5.78	6.34
安　　徽	3.41	4.51	0.52	1.97	87.99	1.61	10.40
福　　建	5.04	3.20	1.14	2.66	85.14	2.82	12.04
江　　西	3.00	0.94	0.20	3.12	90.48	2.26	7.26
山　　东	3.20	5.81	0.64	2.80	85.63	1.93	12.44
河　　南	3.83	0.74	0.47	2.14	91.69	1.13	7.18
湖　　北	4.37	5.78	0.59	1.83	84.50	2.93	12.57
湖　　南	3.97	5.03	0.33	0.95	86.74	2.99	10.28
广　　东	2.19	2.42	0.74	1.56	91.57	1.53	6.91
广　　西	3.30	3.49	0.85	3.92	86.38	2.06	11.55
四　　川	4.07	1.68	1.09	1.35	89.22	2.60	8.18
贵　　州	6.07	1.85	0.76	3.93	84.44	2.94	12.62
云　　南	2.74	3.60	2.09	3.31	82.26	6.00	11.74
西　　藏	22.81	0.00	0.53	15.78	59.70	1.17	39.12
陕　　西	9.45	0.68	0.79	2.97	85.42	0.69	13.89
甘　　肃	4.59	1.33	0.27	5.90	85.93	1.98	12.09
青　　海	12.36	0.50	0.86	2.90	80.19	3.19	16.62
宁　　夏	8.61	0.18	0.20	1.21	88.17	1.63	10.21
新　　疆	5.78	3.03	0.94	2.45	87.05	0.75	12.20

4—41　1985年各地区农村居民生活消费现金支出

单位:元/人

地　　区	生活消费支出	一、食品支出	二、衣着支出	三、居住支出	四、家庭设备用品及服务支出	五、医疗保健支出	六、交通和通讯支出	七、文教娱乐用品及服务支出	八、其他商品及服务支出
全国总计	**194.68**	**76.56**	**30.13**	**42.83**	**16.06**	**7.65**	**5.59**	**12.34**	**3.52**
北　　京	438.80	176.60	52.42	99.23	44.79	10.47	10.03	40.24	5.02
天　　津	338.37	128.34	48.38	76.30	31.60	8.82	9.16	30.48	5.29
河　　北	198.49	62.13	30.04	55.97	17.88	8.33	6.67	14.14	3.33
山　　西	183.67	63.82	38.94	34.19	15.83	7.35	5.66	14.25	3.63
内 蒙 古	141.41	48.48	29.55	21.26	13.53	8.58	5.28	11.81	2.92
辽　　宁	270.37	99.64	43.44	57.97	21.24	8.12	9.57	25.63	4.76
吉　　林	219.93	77.28	36.95	44.47	18.84	11.07	6.28	21.22	3.82
黑 龙 江	178.25	68.99	31.89	32.04	15.51	10.01	5.20	12.18	2.43
上　　海	651.74	233.21	63.39	238.45	51.75	7.55	14.88	35.76	6.75
江　　苏	286.75	108.00	35.85	83.12	23.76	7.82	8.58	15.10	4.52
浙　　江	342.77	137.03	41.18	91.06	32.21	9.21	11.80	14.71	5.57
安　　徽	173.14	69.34	27.97	38.41	13.63	6.45	5.09	8.98	3.27
福　　建	266.10	150.10	24.41	43.37	15.13	8.95	5.35	13.35	5.44
江　　西	166.50	69.46	26.03	32.80	11.76	6.97	5.08	11.57	2.83
山　　东	218.77	81.21	34.46	51.33	21.78	6.68	5.39	14.16	3.76
河　　南	152.49	51.68	27.47	39.83	12.05	8.05	3.97	7.08	2.36
湖　　北	189.17	70.27	32.16	38.90	16.97	7.99	5.05	14.30	3.53
湖　　南	191.99	77.98	32.54	36.44	15.57	7.49	6.63	11.92	3.42
广　　东	266.35	133.69	19.08	56.31	17.37	11.91	6.83	15.96	5.20
广　　西	159.30	76.11	19.07	27.54	12.76	6.58	4.82	8.73	3.69
四　　川	154.32	66.00	26.73	28.10	11.01	6.29	3.51	9.69	2.99
贵　　州	117.83	50.68	23.70	19.96	7.83	4.06	1.74	6.18	3.68
云　　南	135.53	60.03	22.82	25.50	9.81	5.57	3.09	6.16	2.55
西　　藏	97.12	48.27	26.49	6.48	12.15	0.20	1.11	0.42	2.00
陕　　西	129.81	42.05	24.68	30.84	11.56	7.52	3.95	6.74	2.47
甘　　肃	101.85	30.84	24.77	15.59	10.57	6.36	4.02	7.40	2.30
青　　海	140.95	55.27	36.21	18.80	8.59	6.32	4.99	7.47	3.30
宁　　夏	149.34	46.04	30.36	27.43	15.07	8.12	5.95	14.74	1.63
新　　疆	179.65	65.37	45.58	26.49	14.57	7.96	5.20	11.19	3.29

4—42 1985年各地区农村居民生活消费现金支出构成

单位：%

地区	生活消费支出	一、食品支出	二、衣着支出	三、居住支出	四、家庭设备用品及服务支出	五、医疗保健支出	六、交通和通讯支出	七、文教娱乐用品及服务支出	八、其他商品及服务支出
全国总计	**100.00**	**39.32**	**15.48**	**22.00**	**8.25**	**3.93**	**2.87**	**6.34**	**1.81**
北京	100.00	40.25	11.95	22.61	10.21	2.39	2.29	9.17	1.14
天津	100.00	37.93	14.30	22.55	9.34	2.61	2.71	9.01	1.56
河北	100.00	31.30	15.13	28.20	9.01	4.20	3.36	7.12	1.68
山西	100.00	34.75	21.20	18.61	8.62	4.00	3.08	7.76	1.98
内蒙古	100.00	34.28	20.90	15.03	9.57	6.07	3.73	8.35	2.06
辽宁	100.00	36.85	16.07	21.44	7.86	3.00	3.54	9.48	1.76
吉林	100.00	35.14	16.80	20.22	8.57	5.03	2.86	9.65	1.74
黑龙江	100.00	38.70	17.89	17.97	8.70	5.62	2.92	6.83	1.36
上海	100.00	35.78	9.73	36.59	7.94	1.16	2.28	5.49	1.04
江苏	100.00	37.66	12.50	28.99	8.29	2.73	2.99	5.27	1.58
浙江	100.00	39.98	12.01	26.57	9.40	2.69	3.44	4.29	1.62
安徽	100.00	40.05	16.15	22.18	7.87	3.73	2.94	5.19	1.89
福建	100.00	56.41	9.17	16.30	5.69	3.36	2.01	5.02	2.04
江西	100.00	41.72	15.63	19.70	7.06	4.19	3.05	6.95	1.70
山东	100.00	37.12	15.75	23.46	9.96	3.05	2.46	6.47	1.72
河南	100.00	33.89	18.01	26.12	7.90	5.28	2.60	4.64	1.55
湖北	100.00	37.15	17.00	20.56	8.97	4.22	2.67	7.56	1.87
湖南	100.00	40.62	16.95	18.98	8.11	3.90	3.45	6.21	1.78
广东	100.00	50.19	7.16	21.14	6.52	4.47	2.56	5.99	1.95
广西	100.00	47.78	11.97	17.29	8.01	4.13	3.03	5.48	2.32
四川	100.00	42.77	17.32	18.21	7.13	4.08	2.27	6.28	1.94
贵州	100.00	43.01	20.11	16.94	6.65	3.45	1.48	5.24	3.12
云南	100.00	44.29	16.84	18.82	7.24	4.11	2.28	4.55	1.88
西藏	100.00	49.70	27.28	6.67	12.51	0.21	1.14	0.43	2.06
陕西	100.00	32.39	19.01	23.76	8.91	5.79	3.04	5.19	1.90
甘肃	100.00	30.28	24.32	15.31	10.38	6.24	3.95	7.27	2.26
青海	100.00	39.21	25.69	13.34	6.09	4.48	3.54	5.30	2.34
宁夏	100.00	30.83	20.33	18.37	10.09	5.44	3.98	9.87	1.09
新疆	100.00	36.39	25.37	14.75	8.11	4.43	2.89	6.23	1.83

4—43 1990年各地区农村居民总收入

单位:元/人

地区	总收入	一、工资性收入	二、家庭经营收入	三、财产性和转移性收入
全国总计	**990.38**	**138.80**	**815.79**	**35.79**
北京	1649.17	704.74	857.91	86.52
天津	1371.45	464.14	837.36	69.95
河北	894.82	171.42	691.32	32.08
山西	824.95	165.32	623.56	36.07
内蒙古	947.19	52.31	871.13	23.75
辽宁	1235.94	260.61	951.08	24.25
吉林	1312.79	75.71	1207.33	29.75
黑龙江	1329.57	77.06	1233.74	18.77
上海	2232.05	1065.59	1092.64	73.82
江苏	1273.34	300.55	938.40	34.39
浙江	1445.70	354.09	1029.14	62.47
安徽	837.26	77.13	734.90	25.23
福建	1112.06	156.64	888.15	67.27
江西	940.90	87.22	822.45	31.23
山东	994.36	167.80	794.95	31.61
河南	764.42	79.21	655.23	29.98
湖北	957.01	82.42	849.94	24.65
湖南	975.59	85.11	859.81	30.67
广东	1488.92	235.52	1181.51	71.89
广西	898.53	59.78	803.51	35.24
海南	949.26	60.83	827.17	61.26
四川	846.69	83.62	727.60	35.47
贵州	628.97	46.98	554.64	27.35
云南	774.99	76.97	662.63	35.39
西藏	869.80	45.62	790.55	33.63
陕西	734.96	87.92	613.62	33.42
甘肃	614.67	80.91	508.57	25.19
青海	782.66	81.67	664.15	36.84
宁夏	835.05	80.37	725.44	29.24
新疆	1112.01	54.02	1034.69	23.30

4—44 1990年各地区农村居民总收入构成

单位:%

地　　区	总收入	一、工资性收入	二、家庭经营收入	三、财产性和转移性收入
全国合计	**100.00**	**14.01**	**82.37**	**3.61**
北　　京	100.00	42.73	52.02	5.25
天　　津	100.00	33.84	61.06	5.10
河　　北	100.00	19.16	77.26	3.59
山　　西	100.00	20.04	75.59	4.37
内 蒙 古	100.00	5.52	91.97	2.51
辽　　宁	100.00	21.09	76.95	1.96
吉　　林	100.00	5.77	91.97	2.27
黑 龙 江	100.00	5.80	92.79	1.41
上　　海	100.00	47.74	48.95	3.31
江　　苏	100.00	23.60	73.70	2.70
浙　　江	100.00	24.49	71.19	4.32
安　　徽	100.00	9.21	87.77	3.01
福　　建	100.00	14.09	79.87	6.05
江　　西	100.00	9.27	87.41	3.32
山　　东	100.00	16.88	79.95	3.18
河　　南	100.00	10.36	85.72	3.92
湖　　北	100.00	8.61	88.81	2.58
湖　　南	100.00	8.72	88.13	3.14
广　　东	100.00	15.82	79.35	4.83
广　　西	100.00	6.65	89.42	3.92
海　　南	100.00	6.41	87.14	6.45
四　　川	100.00	9.88	85.93	4.19
贵　　州	100.00	7.47	88.18	4.35
云　　南	100.00	9.93	85.50	4.57
西　　藏	100.00	5.24	90.89	3.87
陕　　西	100.00	11.96	83.49	4.55
甘　　肃	100.00	13.16	82.74	4.10
青　　海	100.00	10.43	84.86	4.71
宁　　夏	100.00	9.62	86.87	3.50
新　　疆	100.00	4.86	93.05	2.10

4—45 1990年各地区农村居民家庭经营总收入

单位:元/人

地　　区	家庭经营收入	1.农业收入	#种植业收　入	2.林业收入	3.牧业收入	4.渔业收入	5.工业收入	6.建筑业收　入
全国合计	**815.79**	**531.14**	**512.75**	**8.48**	**185.72**	**10.23**	**13.23**	**12.65**
北　京	857.91	486.46	482.91	18.31	185.45	3.71	15.96	19.43
天　津	837.36	538.74	525.58	1.83	159.57	6.71	5.34	14.54
河　北	691.32	513.55	490.35	2.93	108.83	2.25	14.72	10.67
山　西	623.56	430.47	422.50	7.01	80.19		10.24	5.56
内蒙古	871.13	677.82	669.77	2.03	164.52	0.77	6.26	1.47
辽　宁	951.08	659.97	647.09	1.18	199.62	9.63	8.12	13.35
吉　林	1207.33	1011.02	1002.22	1.86	153.02	0.51	5.95	3.08
黑龙江	1233.74	998.87	993.42	0.68	146.98	4.76	9.32	2.33
上　海	1092.64	762.30	758.58	11.37	272.82	5.35	0.27	7.69
江　苏	938.40	567.73	547.78	8.72	235.51	18.68	14.30	26.77
浙　江	1029.14	528.30	462.80	8.57	277.94	24.85	33.79	22.25
安　徽	734.90	522.86	511.49	7.07	134.45	8.18	9.62	9.39
福　建	888.15	456.00	434.25	24.00	273.94	16.38	18.94	15.45
江　西	822.45	511.60	490.88	16.32	219.27	13.73	13.41	7.81
山　东	794.95	570.99	549.24	7.16	138.06	0.87	10.52	17.19
河　南	655.23	486.60	468.51	8.65	91.23	1.17	12.03	12.16
湖　北	849.94	593.11	579.13	7.33	175.82	10.91	9.65	6.43
湖　南	859.81	476.52	450.98	13.49	271.74	13.60	19.65	20.43
广　东	1181.51	598.77	570.48	6.56	322.17	68.36	28.82	39.09
广　西	803.51	443.70	420.54	12.23	256.97	10.56	27.13	9.41
海　南	827.17	372.61	358.22	35.16	190.75	105.15	13.88	20.31
四　川	727.60	397.62	384.68	7.92	258.72	4.23	10.83	16.14
贵　州	554.64	320.56	304.20	7.31	176.84	1.50	8.53	5.67
云　南	662.63	392.99	380.03	7.37	203.88	3.06	9.07	5.88
西　藏	790.55	508.52	465.54	16.10	211.52		1.22	10.13
陕　西	613.62	450.79	439.52	7.96	99.85	0.55	9.80	7.14
甘　肃	508.57	379.79	373.28	6.15	79.18	0.06	7.08	6.52
青　海	664.15	387.78	361.87	2.68	205.80	0.46	7.28	4.62
宁　夏	725.44	540.67	534.80	5.42	126.22	0.90	9.27	5.24
新　疆	1034.69	823.13	804.91	14.07	129.30	0.01	2.70	2.89

4—45 续表

单位:元/人

地　　区	7. 交通运输业、邮电业收入	8. 批发和零售贸易、餐饮业收入	9. 社会服务业收入	10. 其他家庭经营收入	第一产业收　　入	第二产业收　　入	第三产业收　　入
全国合计	**21.21**	**14.81**	**7.71**	**10.61**	**735.57**	**25.88**	**54.34**
北　　京	76.19	15.98	17.23	19.20	693.92	35.39	128.60
天　　津	34.13	45.17	13.40	17.93	706.85	19.88	110.63
河　　北	12.55	12.56	6.53	6.73	627.56	25.39	38.37
山　　西	64.72	10.06	6.73	8.59	517.66	15.80	90.10
内 蒙 古	8.87	4.31	2.74	2.34	845.14	7.73	18.26
辽　　宁	33.30	14.07	4.81	7.03	870.40	21.47	59.21
吉　　林	16.13	5.03	2.19	8.54	1166.41	9.03	31.89
黑 龙 江	18.72	6.82	4.57	40.69	1151.29	11.65	70.80
上　　海	10.44	3.84	8.97	9.59	1051.84	7.96	32.84
江　　苏	21.51	17.54	12.43	15.21	830.64	41.07	66.69
浙　　江	55.43	30.62	23.59	23.80	839.66	56.04	133.44
安　　徽	13.28	17.39	5.85	6.81	672.56	19.01	43.33
福　　建	26.10	16.33	14.37	26.64	770.32	34.39	83.44
江　　西	15.06	13.43	6.72	5.11	760.91	21.22	40.32
山　　东	17.58	13.71	6.14	12.73	717.08	27.71	50.16
河　　南	18.82	8.94	5.68	9.96	587.64	24.19	43.40
湖　　北	16.06	20.36	7.36	2.92	787.16	16.08	46.70
湖　　南	11.81	20.28	7.92	4.37	775.35	40.08	44.38
广　　东	37.10	38.14	18.23	24.28	995.85	67.91	117.75
广　　西	15.62	17.76	3.96	6.18	723.45	36.54	43.52
海　　南	35.18	14.09	5.62	34.42	703.67	34.19	89.31
四　　川	11.52	8.74	7.88	4.01	668.48	26.97	32.15
贵　　州	10.27	11.65	5.03	7.28	506.21	14.20	34.23
云　　南	16.70	10.11	5.58	8.00	607.29	14.95	40.39
西　　藏	23.83	11.44	1.31	6.48	736.14	11.35	43.06
陕　　西	16.37	11.12	4.23	5.81	559.15	16.94	37.53
甘　　肃	11.83	7.69	4.23	6.04	465.18	13.60	29.79
青　　海	30.04	11.52	7.88	6.09	596.72	11.90	55.53
宁　　夏	27.07	7.69	1.46	1.50	673.21	14.51	37.72
新　　疆	30.69	18.12	6.83	6.95	966.51	5.59	62.59

4—46 1990年各地区农村居民家庭经营总收入构成

单位：%

地区	家庭经营收入	1.农业收入	#种植业收入	2.林业收入	3.牧业收入	4.渔业收入	5.工业收入	6.建筑业收入
全国合计	**100.00**	**65.11**	**62.85**	**1.04**	**22.77**	**1.25**	**1.62**	**1.55**
北京	100.00	56.70	56.29	2.13	21.62	0.43	1.86	2.26
天津	100.00	64.34	62.77	0.22	19.06	0.80	0.64	1.74
河北	100.00	74.29	70.93	0.42	15.74	0.33	2.13	1.54
山西	100.00	69.03	67.76	1.12	12.86	0.00	1.64	0.89
内蒙古	100.00	77.81	76.89	0.23	18.89	0.09	0.72	0.17
辽宁	100.00	69.39	68.04	0.12	20.99	1.01	0.85	1.40
吉林	100.00	83.74	83.01	0.15	12.67	0.04	0.49	0.26
黑龙江	100.00	80.96	80.52	0.06	11.91	0.39	0.76	0.19
上海	100.00	69.77	69.43	1.04	24.97	0.49	0.02	0.70
江苏	100.00	60.50	58.37	0.93	25.10	1.99	1.52	2.85
浙江	100.00	51.33	44.97	0.83	27.01	2.41	3.28	2.16
安徽	100.00	71.15	69.60	0.96	18.30	1.11	1.31	1.28
福建	100.00	51.34	48.89	2.70	30.84	1.84	2.13	1.74
江西	100.00	62.20	59.69	1.98	26.66	1.67	1.63	0.95
山东	100.00	71.83	69.09	0.90	17.37	0.11	1.32	2.16
河南	100.00	74.26	71.50	1.32	13.92	0.18	1.84	1.86
湖北	100.00	69.78	68.14	0.86	20.69	1.28	1.14	0.76
湖南	100.00	55.42	52.45	1.57	31.60	1.58	2.29	2.38
广东	100.00	50.68	48.28	0.56	27.27	5.79	2.44	3.31
广西	100.00	55.22	52.34	1.52	31.98	1.31	3.38	1.17
海南	100.00	45.05	43.31	4.25	23.06	12.71	1.68	2.46
四川	100.00	54.65	52.87	1.09	35.56	0.58	1.49	2.22
贵州	100.00	57.80	54.85	1.32	31.88	0.27	1.54	1.02
云南	100.00	59.31	57.35	1.11	30.77	0.46	1.37	0.89
西藏	100.00	64.33	58.89	2.04	26.76	0.00	0.15	1.28
陕西	100.00	73.46	71.63	1.30	16.27	0.09	1.60	1.16
甘肃	100.00	74.68	73.40	1.21	15.57	0.01	1.39	1.28
青海	100.00	58.39	54.49	0.40	30.99	0.07	1.10	0.70
宁夏	100.00	74.53	73.72	0.75	17.40	0.12	1.28	0.72
新疆	100.00	79.55	77.79	1.36	12.50	0.00	0.26	0.28

4—46续表 单位:%

地区	7.交通运输业、邮电业收入	8.批发和零售贸易、餐饮业收入	9. 社会服务业收入	10.其他家庭经营收入	第一产业收入	第二产业收入	第三产业收入
全国合计	**2.60**	**1.82**	**0.95**	**1.30**	**90.17**	**3.17**	**6.66**
北京	8.88	1.86	2.01	2.24	80.88	4.13	14.99
天津	4.08	5.39	1.60	2.14	84.41	2.37	13.21
河北	1.82	1.82	0.94	0.97	90.78	3.67	5.55
山西	10.38	1.61	1.08	1.38	83.02	2.53	14.45
内蒙古	1.02	0.49	0.31	0.27	97.02	0.89	2.10
辽宁	3.50	1.48	0.51	0.74	91.52	2.26	6.23
吉林	1.34	0.42	0.18	0.71	96.61	0.75	2.64
黑龙江	1.52	0.55	0.37	3.30	93.32	0.94	5.74
上海	0.96	0.35	0.82	0.88	96.27	0.73	3.01
江苏	2.29	1.87	1.32	1.62	88.52	4.38	7.11
浙江	5.39	2.98	2.29	2.31	81.59	5.45	12.97
安徽	1.81	2.37	0.80	0.93	91.52	2.59	5.90
福建	2.94	1.84	1.62	3.00	86.73	3.87	9.39
江西	1.83	1.63	0.82	0.62	92.52	2.58	4.90
山东	2.21	1.72	0.77	1.60	90.20	3.49	6.31
河南	2.87	1.36	0.87	1.52	89.68	3.69	6.62
湖北	1.89	2.40	0.87	0.34	92.61	1.89	5.49
湖南	1.37	2.36	0.92	0.51	90.18	4.66	5.16
广东	3.14	3.23	1.54	2.05	84.29	5.75	9.97
广西	1.94	2.21	0.49	0.77	90.04	4.55	5.42
海南	4.25	1.70	0.68	4.16	85.07	4.13	10.80
四川	1.58	1.20	1.08	0.55	91.87	3.71	4.42
贵州	1.85	2.10	0.91	1.31	91.27	2.56	6.17
云南	2.52	1.53	0.84	1.21	91.65	2.26	6.10
西藏	3.01	1.45	0.17	0.82	93.12	1.44	5.45
陕西	2.67	1.81	0.69	0.95	91.12	2.76	6.12
甘肃	2.33	1.51	0.83	1.19	91.47	2.67	5.86
青海	4.52	1.73	1.19	0.92	89.85	1.79	8.36
宁夏	3.73	1.06	0.20	0.21	92.80	2.00	5.20
新疆	2.97	1.75	0.66	0.67	93.41	0.54	6.05

4—47 1990年各地区农村居民现金收入

单位:元/人

地　　区	现金收入	一、工资性收入	二、家庭经营现金收入	三、财产性和转移性收入
全国合计	**676.67**	**136.43**	**481.19**	**59.05**
北　　京	1330.58	686.52	547.26	96.80
天　　津	1024.25	460.54	487.00	76.71
河　　北	610.83	166.72	397.69	46.42
山　　西	586.82	163.45	366.13	57.24
内 蒙 古	527.03	51.15	431.82	44.06
辽　　宁	874.76	249.84	579.75	45.17
吉　　林	926.72	75.55	787.54	63.63
黑 龙 江	871.71	69.75	757.34	44.62
上　　海	1740.04	1056.61	555.48	127.95
江　　苏	914.11	298.62	551.72	63.77
浙　　江	1203.60	352.79	754.48	96.33
安　　徽	583.01	76.46	462.57	43.98
福　　建	849.42	156.01	605.91	87.50
江　　西	577.36	85.52	446.79	45.05
山　　东	686.87	158.54	482.61	45.72
河　　南	512.92	78.25	386.20	48.47
湖　　北	618.05	77.60	476.31	64.14
湖　　南	638.52	84.13	475.86	78.53
广　　东	1177.66	235.17	832.22	110.27
广　　西	569.50	59.76	459.55	50.19
海　　南	715.17	59.11	598.41	57.65
四　　川	520.54	83.58	380.36	56.60
贵　　州	356.52	46.42	265.21	44.89
云　　南	479.72	76.88	346.34	56.50
西　　藏	292.94	45.56	213.51	33.87
陕　　西	454.37	87.87	307.73	58.77
甘　　肃	326.88	80.80	212.90	33.18
青　　海	471.07	80.20	333.17	57.70
宁　　夏	560.28	79.64	423.53	57.11
新　　疆	862.12	53.00	750.34	58.78

4—48 1990年各地区农村居民现金收入构成

单位：%

地　　区	现金收入	一、工资性收入	二、家庭经营现金收入	三、财产性和转移性收入
全国合计	**100.00**	**20.16**	**71.11**	**8.73**
北　　京	100.00	51.60	41.13	7.28
天　　津	100.00	44.96	47.55	7.49
河　　北	100.00	27.29	65.11	7.60
山　　西	100.00	27.85	62.39	9.75
内 蒙 古	100.00	9.71	81.93	8.36
辽　　宁	100.00	28.56	66.28	5.16
吉　　林	100.00	8.15	84.98	6.87
黑 龙 江	100.00	8.00	86.88	5.12
上　　海	100.00	60.72	31.92	7.35
江　　苏	100.00	32.67	60.36	6.98
浙　　江	100.00	29.31	62.69	8.00
安　　徽	100.00	13.11	79.34	7.54
福　　建	100.00	18.37	71.33	10.30
江　　西	100.00	14.81	77.38	7.80
山　　东	100.00	23.08	70.26	6.66
河　　南	100.00	15.26	75.29	9.45
湖　　北	100.00	12.56	77.07	10.38
湖　　南	100.00	13.18	74.53	12.30
广　　东	100.00	19.97	70.67	9.36
广　　西	100.00	10.49	80.69	8.81
海　　南	100.00	8.27	83.67	8.06
四　　川	100.00	16.06	73.07	10.87
贵　　州	100.00	13.02	74.39	12.59
云　　南	100.00	16.03	72.20	11.78
西　　藏	100.00	15.55	72.89	11.56
陕　　西	100.00	19.34	67.73	12.93
甘　　肃	100.00	24.72	65.13	10.15
青　　海	100.00	17.03	70.73	12.25
宁　　夏	100.00	14.21	75.59	10.19
新　　疆	100.00	6.15	87.03	6.82

4—49 1990年各地区农村居民家庭经营现金收入

单位：元/人

地区	家庭经营收入	1.出售产品收入	#农业产品收入	##种植业收入	##牧业收入	2.工业加工费收入	3.建筑业收入
全国合计	**481.19**	**408.49**	**248.63**	**235.20**	**137.26**	**6.93**	**12.46**
北京	547.26	404.26	220.95	217.85	152.50	5.31	18.76
天津	487.00	362.56	206.09	193.55	147.53	5.17	14.25
河北	397.69	345.03	245.33	222.58	88.35	6.45	10.61
山西	366.13	266.28	190.40	182.83	63.83	6.77	5.56
内蒙古	431.82	408.77	317.78	313.60	86.46	3.87	1.47
辽宁	579.75	508.75	356.27	345.30	138.94	5.24	11.27
吉林	787.54	748.14	641.63	634.53	102.74	5.44	3.08
黑龙江	757.34	695.74	578.70	574.51	106.04	6.00	2.32
上海	555.48	514.77	297.76	294.04	204.56	0.21	7.69
江苏	551.72	450.46	242.23	222.57	181.67	10.10	26.77
浙江	754.48	534.98	243.96	228.30	243.83	18.53	22.25
安徽	462.57	408.60	281.80	271.76	107.32	3.48	9.18
福建	605.91	503.61	228.93	215.13	225.07	10.95	15.31
江西	446.79	394.90	196.98	183.70	168.37	5.18	7.60
山东	482.61	416.17	285.22	264.11	116.57	4.13	16.55
河南	386.20	326.93	234.15	217.80	78.01	5.44	12.03
湖北	476.31	421.87	303.14	292.09	100.62	5.22	5.36
湖南	475.86	403.66	165.01	145.00	209.77	8.27	20.43
广东	832.22	656.66	308.23	285.75	271.70	21.37	39.09
广西	459.55	400.23	167.50	155.28	193.81	6.95	9.41
海南	598.41	486.91	193.86	185.63	149.03	4.02	20.24
四川	380.36	327.10	135.24	126.75	176.77	5.59	16.14
贵州	265.21	221.67	111.18	99.56	99.17	5.25	5.59
云南	346.34	297.74	160.73	152.65	123.51	4.73	5.66
西藏	213.51	162.34	88.93	58.84	57.82	0.46	10.00
陕西	307.73	258.73	179.96	170.52	67.18	5.96	7.14
甘肃	212.90	173.26	117.91	112.22	47.34	5.00	6.51
青海	333.17	270.00	137.05	111.29	127.20	4.22	4.62
宁夏	423.53	371.58	273.90	268.12	91.28	9.08	5.24
新疆	750.34	684.49	571.59	555.10	103.21	2.32	2.90

4—49 续表

单位：元/人

	7. 交通运输业、邮电业收入	8. 批发和零售贸易、餐饮业收入	9. 社会服务业收入	10. 其他家庭经营收入	第一产业收　入	第二产业收　入	第二产业收　入
全国合计	**20.89**	**14.65**	**7.64**	**10.13**	**408.49**	**19.39**	**53.31**
北　京	69.43	15.90	16.89	16.71	404.26	24.07	118.93
天　津	33.73	45.17	13.40	12.72	362.56	19.42	105.02
河　北	11.42	12.32	6.51	5.35	345.03	17.06	35.60
山　西	64.60	10.06	6.72	6.14	266.28	12.33	87.52
内蒙古	8.72	4.09	2.74	2.16	408.77	5.34	17.71
辽　宁	30.19	14.24	4.50	5.56	508.75	16.51	54.49
吉　林	16.13	5.03	2.19	7.53	748.14	8.52	30.88
黑龙江	18.55	6.73	4.47	23.53	695.74	8.32	53.28
上　海	10.44	3.83	8.97	9.57	514.77	7.90	32.81
江　苏	21.51	17.54	12.42	12.92	450.46	36.87	64.39
浙　江	55.43	30.62	23.59	69.08	534.98	40.78	178.72
安　徽	13.28	17.28	5.80	4.95	408.60	12.66	41.31
福　建	26.06	16.28	14.33	19.37	503.61	26.26	76.04
江　西	15.06	13.18	6.72	4.15	394.90	12.78	39.11
山　东	16.84	13.19	6.00	9.73	416.17	20.68	45.76
河　南	18.76	8.93	5.66	8.45	326.93	17.47	41.80
湖　北	15.35	19.40	6.96	2.15	421.87	10.58	43.86
湖　南	11.81	20.27	7.95	3.47	403.66	28.70	43.50
广　东	37.10	37.50	18.11	22.39	656.66	60.46	115.10
广　西	15.62	17.76	3.96	5.62	400.23	16.36	42.96
海　南	35.18	13.84	5.62	32.60	486.91	24.26	87.24
四　川	11.50	8.71	7.87	3.45	327.10	21.73	31.53
贵　州	10.25	11.63	5.02	5.80	221.67	10.84	32.70
云　南	16.58	9.99	5.58	6.06	297.74	10.39	38.21
西　藏	23.83	11.36	1.31	4.21	162.34	10.46	40.71
陕　西	16.36	11.12	4.22	4.20	258.73	13.10	35.90
甘　肃	11.83	7.68	3.99	4.63	173.26	11.51	28.13
青　海	30.04	11.52	7.88	4.89	270.00	8.84	54.33
宁　夏	27.07	7.60	1.46	1.50	371.58	14.32	37.63
新　疆	30.10	18.04	6.81	5.68	684.49	5.22	60.63

4—50 1990年各地区农村居民家庭经营现金收入构成

单位：%

地 区	家庭经营收入	1.出售产品收入	#农业产品收入	##种植业收入	##牧业收入	2.工业加工费收入	3.建筑业收入
全国合计	**100.00**	**84.89**	**51.67**	**48.88**	**28.52**	**1.44**	**2.59**
北 京	100.00	73.87	40.37	39.81	27.87	0.97	3.43
天 津	100.00	74.45	42.32	39.74	30.29	1.06	2.93
河 北	100.00	86.76	61.69	55.97	22.21	1.62	2.67
山 西	100.00	72.73	52.00	49.94	17.43	1.85	1.52
内蒙古	100.00	94.66	73.59	72.62	20.02	0.90	0.34
辽 宁	100.00	87.75	61.45	59.56	23.96	0.90	1.94
吉 林	100.00	95.00	81.47	80.57	13.05	0.69	0.39
黑龙江	100.00	91.87	76.41	75.86	14.00	0.79	0.31
上 海	100.00	92.67	53.60	52.93	36.83	0.04	1.38
江 苏	100.00	81.65	43.90	40.34	32.93	1.83	4.85
浙 江	100.00	70.91	32.33	30.26	32.32	2.46	2.95
安 徽	100.00	88.33	60.92	58.75	23.20	0.75	1.98
福 建	100.00	83.12	37.78	35.51	37.14	1.81	2.53
江 西	100.00	88.39	44.09	41.12	37.68	1.16	1.70
山 东	100.00	86.23	59.10	54.73	24.15	0.86	3.43
河 南	100.00	84.65	60.63	56.40	20.20	1.41	3.11
湖 北	100.00	88.57	63.64	61.32	21.12	1.10	1.13
湖 南	100.00	84.83	34.68	30.47	44.08	1.74	4.29
广 东	100.00	78.90	37.04	34.34	32.65	2.57	4.70
广 西	100.00	87.09	36.45	33.79	42.17	1.51	2.05
海 南	100.00	81.37	32.40	31.02	24.90	0.67	3.38
四 川	100.00	86.00	35.55	33.32	46.47	1.47	4.24
贵 州	100.00	83.58	41.92	37.54	37.39	1.98	2.11
云 南	100.00	85.97	46.41	44.08	35.66	1.37	1.63
西 藏	100.00	76.03	41.65	27.56	27.08	0.22	4.68
陕 西	100.00	84.08	58.48	55.41	21.83	1.94	2.32
甘 肃	100.00	81.38	55.38	52.71	22.23	2.35	3.06
青 海	100.00	81.04	41.13	33.40	38.18	1.27	1.39
宁 夏	100.00	87.73	64.67	63.31	21.55	2.14	1.24
新 疆	100.00	91.22	76.18	73.98	13.75	0.31	0.39

4—50 续表

单位：%

	4. 交通运输业、邮电业收入	5. 批发和零售贸易、餐饮业收入	6. 社会服务业收入	7. 其他家庭经营收入	第一产业收　入	第二产业收　入	第二产业收　入
全国合计	**4.34**	**3.04**	**1.59**	**2.11**	**84.89**	**4.03**	**11.08**
北　京	12.69	2.91	3.09	3.05	73.87	4.40	21.73
天　津	6.93	9.28	2.75	2.61	74.45	3.99	21.56
河　北	2.87	3.10	1.64	1.35	86.76	4.29	8.95
山　西	17.64	2.75	1.84	1.68	72.73	3.37	23.90
内蒙古	2.02	0.95	0.63	0.50	94.66	1.24	4.10
辽　宁	5.21	2.46	0.78	0.96	87.75	2.85	9.40
吉　林	2.05	0.64	0.28	0.96	95.00	1.08	3.92
黑龙江	2.45	0.89	0.59	3.11	91.87	1.10	7.04
上　海	1.88	0.69	1.61	1.72	92.67	1.42	5.91
江　苏	3.90	3.18	2.25	2.34	81.65	6.68	11.67
浙　江	7.35	4.06	3.13	9.16	70.91	5.41	23.69
安　徽	2.87	3.74	1.25	1.07	88.33	2.74	8.93
福　建	4.30	2.69	2.37	3.20	83.12	4.33	12.55
江　西	3.37	2.95	1.50	0.93	88.39	2.86	8.75
山　东	3.49	2.73	1.24	2.02	86.23	4.29	9.48
河　南	4.86	2.31	1.47	2.19	84.65	4.52	10.82
湖　北	3.22	4.07	1.46	0.45	88.57	2.22	9.21
湖　南	2.48	4.26	1.67	0.73	84.83	6.03	9.14
广　东	4.46	4.51	2.18	2.69	78.90	7.26	13.83
广　西	3.40	3.86	0.86	1.22	87.09	3.56	9.35
海　南	5.88	2.31	0.94	5.45	81.37	4.05	14.58
四　川	3.02	2.29	2.07	0.91	86.00	5.71	8.29
贵　州	3.86	4.39	1.89	2.19	83.58	4.09	12.33
云　南	4.79	2.88	1.61	1.75	85.97	3.00	11.03
西　藏	11.16	5.32	0.61	1.97	76.03	4.90	19.07
陕　西	5.32	3.61	1.37	1.36	84.08	4.26	11.67
甘　肃	5.56	3.61	1.87	2.17	81.38	5.41	13.21
青　海	9.02	3.46	2.37	1.47	81.04	2.65	16.31
宁　夏	6.39	1.79	0.34	0.35	87.73	3.38	8.88
新　疆	4.01	2.40	0.91	0.76	91.22	0.70	8.08

4—51 1990年各地区农村居民纯收入

单位:元/人

地区	纯收入	一、工资性收入	二、家庭经营纯收入	三、财产性和转移性收入
全国	**686.31**	**138.80**	**518.55**	**28.96**
北京	1297.05	704.74	520.86	71.45
天津	1069.04	464.14	545.87	59.03
河北	621.67	171.42	422.89	27.36
山西	603.51	165.32	407.88	30.31
内蒙古	607.15	52.31	542.45	12.39
辽宁	836.17	260.61	557.24	18.32
吉林	803.52	75.71	702.11	25.70
黑龙江	759.86	77.06	670.80	12.00
上海	1907.32	1065.59	781.84	59.89
江苏	959.06	300.55	631.49	27.02
浙江	1099.04	354.09	690.18	54.77
安徽	539.16	77.13	442.00	20.03
福建	764.41	156.64	554.22	53.55
江西	669.90	87.22	557.86	24.82
山东	680.18	167.80	486.02	26.36
河南	526.95	79.21	423.21	24.53
湖北	670.80	82.42	568.76	19.62
湖南	664.24	85.11	557.10	22.03
广东	1043.03	235.52	745.35	62.16
广西	639.45	59.78	552.96	26.71
海南	696.22	60.83	579.75	55.64
四川	557.76	83.62	445.58	28.56
贵州	435.14	46.98	365.29	22.87
云南	540.86	76.97	433.96	29.93
西藏	649.71	45.62	580.72	23.37
陕西	530.80	87.92	414.76	28.12
甘肃	430.98	80.91	329.77	20.30
青海	559.78	81.67	448.75	29.36
宁夏	578.13	80.37	474.32	23.44
新疆	683.47	54.02	612.70	16.75

4—52 1990年各地区农村居民纯收入构成

单位：%

地区	纯收入	一、工资性收入	二、家庭经营纯收入	三、财产性和转移性收入
全国	**100.00**	**20.22**	**75.56**	**4.22**
北京	100.00	54.33	40.16	5.51
天津	100.00	43.42	51.06	5.52
河北	100.00	27.57	68.02	4.40
山西	100.00	27.39	67.58	5.02
内蒙古	100.00	8.62	89.34	2.04
辽宁	100.00	31.17	66.64	2.19
吉林	100.00	9.42	87.38	3.20
黑龙江	100.00	10.14	88.28	1.58
上海	100.00	55.87	40.99	3.14
江苏	100.00	31.34	65.84	2.82
浙江	100.00	32.22	62.80	4.98
安徽	100.00	14.31	81.98	3.72
福建	100.00	20.49	72.50	7.01
江西	100.00	13.02	83.28	3.71
山东	100.00	24.67	71.45	3.88
河南	100.00	15.03	80.31	4.66
湖北	100.00	12.29	84.79	2.92
湖南	100.00	12.81	83.87	3.32
广东	100.00	22.58	71.46	5.96
广西	100.00	9.35	86.47	4.18
海南	100.00	8.74	83.27	7.99
四川	100.00	14.99	79.89	5.12
贵州	100.00	10.80	83.95	5.26
云南	100.00	14.23	80.24	5.53
西藏	100.00	7.02	89.38	3.60
陕西	100.00	16.56	78.14	5.30
甘肃	100.00	18.77	76.52	4.71
青海	100.00	14.59	80.17	5.24
宁夏	100.00	13.90	82.04	4.05
新疆	100.00	7.90	89.65	2.45

4—53 1990年各地区农村居民总支出

单位:元/人

地区	总支出	一、家庭经营费用支出	二、购置生产性固定资产支出	三、税费支出	四、生活消费支出	五、财产性和转移性支出
全国总计	**903.47**	**241.09**	**20.29**	**38.66**	**584.63**	**18.80**
北京	1371.64	276.93	17.26	50.91	980.66	45.88
天津	1062.45	248.87	17.82	28.22	732.87	34.67
河北	775.67	219.12	23.08	32.70	485.70	15.07
山西	730.13	160.53	27.82	34.91	487.65	19.22
内蒙古	827.65	261.82	21.77	40.74	491.88	11.44
辽宁	1090.95	295.94	20.94	78.18	679.11	16.78
吉林	1176.55	368.28	43.40	99.93	632.91	32.03
黑龙江	1168.30	411.01	32.84	117.17	585.78	21.50
上海	1834.34	257.97	5.00	36.16	1505.05	30.16
江苏	1166.74	250.56	13.03	42.80	842.78	17.57
浙江	1337.76	296.23	32.96	20.68	945.97	41.92
安徽	822.37	231.59	16.98	44.99	514.93	13.88
福建	1082.91	300.62	10.92	17.82	707.97	45.58
江西	858.63	224.15	9.68	28.76	577.17	18.87
山东	878.27	237.33	18.14	57.63	547.05	18.12
河南	688.18	174.82	19.43	41.34	437.73	14.86
湖北	902.30	210.48	12.88	58.40	607.58	12.96
湖南	930.23	258.50	17.25	32.19	608.73	13.56
广东	1410.21	373.64	24.87	46.16	932.63	32.91
广西	803.08	226.92	18.07	10.84	536.97	10.28
海南	834.26	208.29	14.56	13.61	565.84	31.96
四川	801.75	239.18	9.18	31.03	509.16	13.20
贵州	607.95	165.59	12.80	11.04	403.28	15.24
云南	730.28	196.60	21.38	14.06	485.47	12.77
西藏	667.95	144.61	22.10	0.45	490.84	9.95
陕西	699.16	167.49	23.89	17.71	477.07	13.00
甘肃	530.08	147.93	16.60	15.68	339.25	10.62
青海	723.45	161.03	40.44	23.55	474.75	23.68
宁夏	766.72	206.52	40.72	22.39	483.69	13.40
新疆	971.46	325.97	57.71	62.07	506.82	18.89

4—54 1990年各地区农村居民总支出构成

单位:%

地区	总支出	一、家庭经营费用支出	二、购置生产性固定资产支出	三、税费支出	四、生活消费支出	五、财产性和转移性支出
全国总计	**100.00**	**26.68**	**2.25**	**4.28**	**64.71**	**2.08**
北京	100.00	20.19	1.26	3.71	71.50	3.34
天津	100.00	23.42	1.68	2.66	68.98	3.26
河北	100.00	28.25	2.98	4.22	62.62	1.94
山西	100.00	21.99	3.81	4.78	66.79	2.63
内蒙古	100.00	31.63	2.63	4.92	59.43	1.38
辽宁	100.00	27.13	1.92	7.17	62.25	1.54
吉林	100.00	31.30	3.69	8.49	53.79	2.72
黑龙江	100.00	35.18	2.81	10.03	50.14	1.84
上海	100.00	14.06	0.27	1.97	82.05	1.64
江苏	100.00	21.48	1.12	3.67	72.23	1.51
浙江	100.00	22.14	2.46	1.55	70.71	3.13
安徽	100.00	28.16	2.06	5.47	62.62	1.69
福建	100.00	27.76	1.01	1.65	65.38	4.21
江西	100.00	26.11	1.13	3.35	67.22	2.20
山东	100.00	27.02	2.07	6.56	62.29	2.06
河南	100.00	25.40	2.82	6.01	63.61	2.16
湖北	100.00	23.33	1.43	6.47	67.34	1.44
湖南	100.00	27.79	1.85	3.46	65.44	1.46
广东	100.00	26.50	1.76	3.27	66.13	2.33
广西	100.00	28.26	2.25	1.35	66.86	1.28
海南	100.00	24.97	1.75	1.63	67.83	3.83
四川	100.00	29.83	1.14	3.87	63.51	1.65
贵州	100.00	27.24	2.11	1.82	66.33	2.51
云南	100.00	26.92	2.93	1.93	66.48	1.75
西藏	100.00	21.65	3.31	0.07	73.48	1.49
陕西	100.00	23.96	3.42	2.53	68.23	1.86
甘肃	100.00	27.91	3.13	2.96	64.00	2.00
青海	100.00	22.26	5.59	3.26	65.62	3.27
宁夏	100.00	26.94	5.31	2.92	63.09	1.75
新疆	100.00	33.55	5.94	6.39	52.17	1.94

4—55 1990年各地区农村居民家庭经营费用支出

单位:元/人

地区	家庭经营费用支出	1.农业支出	#种植业支出	2.林业支出	3.牧业支出	4.渔业支出	5.工业支出	6.建筑业支出
全国总计	**241.09**	**130.40**	**126.49**	**0.95**	**88.91**	**3.12**	**4.08**	**0.47**
北京	276.93	124.34	123.52	2.30	110.82	0.46	5.20	0.25
天津	248.87	122.55	120.02	1.56	93.79	0.72	0.51	
河北	219.12	154.33	145.03	0.36	52.81	0.39	4.06	0.30
山西	160.53	95.33	93.12	0.41	28.56		3.04	0.64
内蒙古	261.82	179.17	176.85	0.22	73.93	0.24	3.13	0.02
辽宁	295.94	180.67	177.89	0.58	94.20	1.69	2.85	0.52
吉林	368.28	272.17	271.31	0.51	80.26	0.23	2.05	0.32
黑龙江	411.01	310.91	309.86	0.51	76.14	1.78	3.32	0.26
上海	257.97	96.48	95.63	3.29	146.07	3.26		0.98
江苏	250.56	121.67	116.31	0.96	108.84	3.33	6.16	0.28
浙江	296.23	123.77	108.72	0.73	127.14	6.64	9.06	0.29
安徽	231.59	153.96	150.99	0.58	59.09	1.75	3.72	0.29
福建	300.62	128.00	125.17	4.05	132.99	6.12	5.34	5.71
江西	224.15	112.86	110.04	0.86	89.12	2.60	4.80	0.23
山东	237.33	157.13	150.65	2.06	66.42	0.34	2.94	0.16
河南	174.82	118.42	112.93	0.79	40.58	0.13	4.94	0.38
湖北	210.48	125.39	123.42	0.94	67.28	1.34	2.46	0.27
湖南	258.50	99.18	94.95	0.61	143.34	2.60	4.54	0.16
广东	373.64	156.15	150.97	0.79	160.86	29.28	6.19	0.59
广西	226.92	82.80	80.02	0.71	121.39	1.66	10.21	0.04
海南	208.29	69.43	68.53	4.45	67.79	40.49	3.81	1.03
四川	239.18	75.87	74.08	0.16	148.66	1.59	3.79	0.20
贵州	165.59	70.85	67.88	0.69	80.75	0.37	2.65	0.78
云南	196.60	75.34	73.62	0.71	103.20	0.80	2.36	0.09
西藏	144.61	72.64	63.76	0.33	53.42			0.39
陕西	167.49	111.38	109.73	1.01	43.57	0.10	2.75	0.66
甘肃	147.93	103.63	103.20	0.46	32.88	0.02	1.76	0.03
青海	161.03	95.19	92.70	0.71	49.22	0.12	1.17	0.04
宁夏	206.52	139.61	138.90	0.04	52.05	1.79	2.53	0.40
新疆	325.97	211.71	207.37	3.96	85.06	0.04	1.41	0.13

4—55 续表　　单位:元/人

地　区	7.交通运输、邮电业支出	8.批发和零售贸易、邮电业支出	9. 社会服务业支出	10.其他家庭经营支出	第一产业支出	第二产业支出	第三产业支出
全国总计	**7.76**	**2.12**	**0.94**	**2.34**	**223.38**	**4.55**	**13.16**
北　京	26.28	1.61	3.38	2.29	237.92	5.45	33.56
天　津	8.60	15.89	1.58	3.67	218.62	0.51	29.74
河　北	3.71	1.19	0.68	1.29	207.89	4.36	6.87
山　西	26.09	1.50	1.07	3.89	124.30	3.68	32.55
内蒙古	2.60	0.24	0.43	1.84	253.56	3.15	5.11
辽　宁	11.07	1.32	0.39	2.65	277.14	3.37	15.43
吉　林	7.48	1.26	0.37	3.63	353.17	2.37	12.74
黑龙江	6.52	0.58	0.69	10.30	389.34	3.58	18.09
上　海	3.50	0.56	0.78	3.05	249.10	0.98	7.89
江　苏	5.41	2.15	0.77	0.99	234.80	6.44	9.32
浙　江	18.14	4.19	2.33	3.94	258.28	9.35	28.60
安　徽	4.68	4.36	1.07	2.09	215.38	4.01	12.20
福　建	10.48	1.23	2.06	4.64	271.16	11.05	18.41
江　西	7.64	3.84	0.75	1.45	205.44	5.03	13.68
山　东	5.32	1.24	0.51	1.21	225.95	3.10	8.28
河　南	5.74	0.45	0.72	2.67	159.92	5.32	9.58
湖　北	7.72	3.17	0.95	0.96	194.95	2.73	12.80
湖　南	3.20	3.14	1.16	0.57	245.73	4.70	8.07
广　东	12.52	2.94	1.31	3.01	347.08	6.78	19.78
广　西	5.72	3.37	0.34	0.68	206.56	10.25	10.11
海　南	13.26	1.99	0.12	5.92	182.16	4.84	21.29
四　川	5.45	1.14	1.34	0.98	226.28	3.99	8.91
贵　州	4.19	2.57	0.76	1.98	152.66	3.43	9.50
云　南	8.42	3.00	0.92	1.76	180.05	2.45	14.10
西　藏	12.04	1.64	0.01	4.14	126.39	0.39	17.83
陕　西	5.86	1.11	0.29	0.76	156.06	3.41	8.02
甘　肃	4.10	0.56	0.35	4.14	136.99	1.79	9.15
青　海	8.08	1.04	2.05	3.41	145.24	1.21	14.58
宁　夏	9.24	0.50	0.18	0.18	193.49	2.93	10.10
新　疆	15.55	2.29	2.02	3.80	300.77	1.54	23.66

4－56 1990年各地区农村居民家庭经营费用支出构成

单位:%

地区	家庭经营费用支出	1.农业支出	#种植业支出	2.林业支出	3.牧业支出	4.渔业支出	5.工业支出	6.建筑业支出
全国总计	**100.00**	**54.09**	**52.47**	**0.39**	**36.88**	**1.29**	**1.69**	**0.19**
北京	100.00	44.90	44.60	0.83	40.02	0.17	1.88	0.09
天津	100.00	49.24	48.23	0.63	37.69	0.29	0.20	0.00
河北	100.00	70.43	66.19	0.16	24.10	0.18	1.85	0.14
山西	100.00	59.38	58.01	0.26	17.79	0.00	1.89	0.40
内蒙古	100.00	68.43	67.55	0.08	28.24	0.09	1.20	0.01
辽宁	100.00	61.05	60.11	0.20	31.83	0.57	0.96	0.18
吉林	100.00	73.90	73.67	0.14	21.79	0.06	0.56	0.09
黑龙江	100.00	75.65	75.39	0.12	18.53	0.43	0.81	0.06
上海	100.00	37.40	37.07	1.28	56.62	1.26	0.00	0.38
江苏	100.00	48.56	46.42	0.38	43.44	1.33	2.46	0.11
浙江	100.00	41.78	36.70	0.25	42.92	2.24	3.06	0.10
安徽	100.00	66.48	65.20	0.25	25.51	0.76	1.61	0.13
福建	100.00	42.58	41.64	1.35	44.24	2.04	1.78	1.90
江西	100.00	50.35	49.09	0.38	39.76	1.16	2.14	0.10
山东	100.00	66.21	63.48	0.87	27.99	0.14	1.24	0.07
河南	100.00	67.74	64.60	0.45	23.21	0.07	2.83	0.22
湖北	100.00	59.57	58.64	0.45	31.97	0.64	1.17	0.13
湖南	100.00	38.37	36.73	0.24	55.45	1.01	1.76	0.06
广东	100.00	41.79	40.41	0.21	43.05	7.84	1.66	0.16
广西	100.00	36.49	35.26	0.31	53.49	0.73	4.50	0.02
海南	100.00	33.33	32.90	2.14	32.55	19.44	1.83	0.49
四川	100.00	31.72	30.97	0.07	62.15	0.66	1.58	0.08
贵州	100.00	42.79	40.99	0.42	48.77	0.22	1.60	0.47
云南	100.00	38.32	37.45	0.36	52.49	0.41	1.20	0.05
西藏	100.00	50.23	44.09	0.23	36.94	0.00	0.00	0.27
陕西	100.00	66.50	65.51	0.60	26.01	0.06	1.64	0.39
甘肃	100.00	70.05	69.76	0.31	22.23	0.01	1.19	0.02
青海	100.00	59.11	57.57	0.44	30.57	0.07	0.73	0.02
宁夏	100.00	67.60	67.26	0.02	25.20	0.87	1.23	0.19
新疆	100.00	64.95	63.62	1.21	26.09	0.01	0.43	0.04

4—56 续表　　单位:%

地　　区	7.交通运输、邮电业支出	8.批发和零售贸易、邮电业支出	9. 社会服务业支出	10.其他家庭经营支出	第一产业支　　出	第二产业支　　出	第三产业支　　出
全国总计	**3.22**	**0.88**	**0.39**	**0.97**	**92.65**	**1.89**	**5.46**
北　　京	9.49	0.58	1.22	0.83	85.91	1.97	12.12
天　　津	3.46	6.38	0.63	1.47	87.85	0.20	11.95
河　　北	1.69	0.54	0.31	0.59	94.87	1.99	3.14
山　　西	16.25	0.93	0.67	2.42	77.43	2.29	20.28
内 蒙 古	0.99	0.09	0.16	0.70	96.85	1.20	1.95
辽　　宁	3.74	0.45	0.13	0.90	93.65	1.14	5.21
吉　　林	2.03	0.34	0.10	0.99	95.90	0.64	3.46
黑 龙 江	1.59	0.14	0.17	2.51	94.73	0.87	4.40
上　　海	1.36	0.22	0.30	1.18	96.56	0.38	3.06
江　　苏	2.16	0.86	0.31	0.40	93.71	2.57	3.72
浙　　江	6.12	1.41	0.79	1.33	87.19	3.16	9.65
安　　徽	2.02	1.88	0.46	0.90	93.00	1.73	5.27
福　　建	3.49	0.41	0.69	1.54	90.20	3.68	6.12
江　　西	3.41	1.71	0.33	0.65	91.65	2.24	6.10
山　　东	2.24	0.52	0.21	0.51	95.20	1.31	3.49
河　　南	3.28	0.26	0.41	1.53	91.48	3.04	5.48
湖　　北	3.67	1.51	0.45	0.46	92.62	1.30	6.08
湖　　南	1.24	1.21	0.45	0.22	95.06	1.82	3.12
广　　东	3.35	0.79	0.35	0.81	92.89	1.81	5.29
广　　西	2.52	1.49	0.15	0.30	91.03	4.52	4.46
海　　南	6.37	0.96	0.06	2.84	87.45	2.32	10.22
四　　川	2.28	0.48	0.56	0.41	94.61	1.67	3.73
贵　　州	2.53	1.55	0.46	1.20	92.19	2.07	5.74
云　　南	4.28	1.53	0.47	0.90	91.58	1.25	7.17
西　　藏	8.33	1.13	0.01	2.86	87.40	0.27	12.33
陕　　西	3.50	0.66	0.17	0.45	93.18	2.04	4.79
甘　　肃	2.77	0.38	0.24	2.80	92.60	1.21	6.19
青　　海	5.02	0.65	1.27	2.12	90.19	0.75	9.05
宁　　夏	4.47	0.24	0.09	0.09	93.69	1.42	4.89
新　　疆	4.77	0.70	0.62	1.17	92.27	0.47	7.26

4—57 1990年各地区农村居民生活消费支出

单位:元/人

地区	生活消费支出	一、食品支出	二、衣着支出	三、居住支出	四、家庭设备用品及服务支出	五、医疗保健支出	六、交通和通讯支出	七、文教娱乐用品及服务支出	八、其他商品及服务支出
全国总计	**584.63**	**343.76**	**45.44**	**101.37**	**30.90**	**19.02**	**8.42**	**31.38**	**4.34**
北京	980.66	496.75	91.85	180.99	79.05	39.27	19.87	65.00	7.88
天津	732.87	396.41	70.16	126.38	56.55	25.09	10.79	45.58	1.91
河北	485.70	253.81	46.91	102.21	30.16	19.13	6.64	24.24	2.60
山西	487.65	257.87	59.78	76.01	30.73	20.14	6.57	32.83	3.72
内蒙古	491.88	302.71	38.03	65.07	23.26	19.27	8.64	33.24	1.66
辽宁	679.11	367.63	68.98	125.96	34.94	24.84	12.47	39.24	5.05
吉林	632.91	385.39	53.97	99.85	26.06	27.47	10.07	26.42	3.68
黑龙江	585.78	331.65	58.74	102.16	24.66	28.71	9.15	28.31	2.40
上海	1505.05	807.71	132.65	285.82	125.61	40.27	23.94	59.27	29.78
江苏	842.78	465.55	57.87	195.02	53.24	22.68	10.02	34.74	3.66
浙江	945.97	503.06	58.97	225.84	61.51	28.41	16.68	41.98	9.52
安徽	514.93	300.14	38.93	99.06	25.76	14.67	6.75	25.65	3.97
福建	707.97	429.20	38.90	121.69	34.82	20.08	13.78	39.15	10.35
江西	577.17	372.80	36.28	85.42	24.64	16.13	6.13	32.27	3.50
山东	547.05	297.11	52.83	105.73	32.84	17.13	6.35	32.72	2.34
河南	437.73	240.92	43.22	80.68	23.86	18.02	5.60	22.29	3.14
湖北	607.58	376.18	42.83	89.99	33.79	17.56	7.67	35.93	3.63
湖南	608.73	390.73	37.29	82.75	28.62	18.29	8.83	39.18	3.04
广东	932.63	538.18	38.35	176.10	50.19	34.13	16.06	66.97	12.65
广西	536.97	349.96	26.18	81.62	21.78	12.52	7.69	31.81	5.41
海南	565.84	362.48	36.46	69.28	20.52	19.70	11.82	40.24	5.34
四川	509.16	329.97	35.64	72.70	22.32	14.27	6.39	24.74	3.13
贵州	403.28	282.84	30.17	43.43	13.76	7.87	3.87	16.92	4.42
云南	485.47	310.40	35.77	76.16	21.77	13.74	5.32	19.44	2.87
西藏	490.84	362.30	42.51	63.65	14.03	1.43	2.65	1.65	2.62
陕西	477.07	278.92	38.08	85.33	23.35	18.18	6.00	23.93	3.28
甘肃	339.25	208.74	30.12	46.03	14.93	13.85	4.49	18.87	2.22
青海	474.75	282.63	60.32	59.78	29.00	18.49	6.69	16.53	1.31
宁夏	483.69	277.43	47.93	67.56	27.56	17.18	12.48	31.77	1.78
新疆	506.82	272.14	76.85	69.42	30.39	16.43	11.35	26.95	3.29

4－58 1990年地区农村居民生活消费支出构成

单位：%

地　区	生活消费支出	一、食品支出	二、衣着支出	三、居住支出	四、家庭设备用品及服务支出	五、医疗保健支出	六、交通和通讯支出	七、文教娱乐用品及服务支出	八、其他商品及服务支出
全国总计	**100.00**	**58.80**	**7.77**	**17.34**	**5.29**	**3.25**	**1.44**	**5.37**	**0.74**
北　京	100.00	50.65	9.37	18.46	8.06	4.00	2.03	6.63	0.80
天　津	100.00	54.09	9.57	17.24	7.72	3.42	1.47	6.22	0.26
河　北	100.00	52.26	9.66	21.04	6.21	3.94	1.37	4.99	0.54
山　西	100.00	52.88	12.26	15.59	6.30	4.13	1.35	6.73	0.76
内蒙古	100.00	61.54	7.73	13.23	4.73	3.92	1.76	6.76	0.34
辽　宁	100.00	54.13	10.16	18.55	5.14	3.66	1.84	5.78	0.74
吉　林	100.00	60.89	8.53	15.78	4.12	4.34	1.59	4.17	0.58
黑龙江	100.00	56.62	10.03	17.44	4.21	4.90	1.56	4.83	0.41
上　海	100.00	53.67	8.81	18.99	8.35	2.68	1.59	3.94	1.98
江　苏	100.00	55.24	6.87	23.14	6.32	2.69	1.19	4.12	0.43
浙　江	100.00	53.18	6.23	23.87	6.50	3.00	1.76	4.44	1.01
安　徽	100.00	58.29	7.56	19.24	5.00	2.85	1.31	4.98	0.77
福　建	100.00	60.62	5.49	17.19	4.92	2.84	1.95	5.53	1.46
江　西	100.00	64.59	6.29	14.80	4.27	2.79	1.06	5.59	0.61
山　东	100.00	54.31	9.66	19.33	6.00	3.13	1.16	5.98	0.43
河　南	100.00	55.04	9.87	18.43	5.45	4.12	1.28	5.09	0.72
湖　北	100.00	61.91	7.05	14.81	5.56	2.89	1.26	5.91	0.60
湖　南	100.00	64.19	6.13	13.59	4.70	3.00	1.45	6.44	0.50
广　东	100.00	57.71	4.11	18.88	5.38	3.66	1.72	7.18	1.36
广　西	100.00	65.17	4.88	15.20	4.06	2.33	1.43	5.92	1.01
海　南	100.00	64.06	6.44	12.24	3.63	3.48	2.09	7.11	0.94
四　川	100.00	64.81	7.00	14.28	4.38	2.80	1.26	4.86	0.61
贵　州	100.00	70.13	7.48	10.77	3.41	1.95	0.96	4.20	1.10
云　南	100.00	63.94	7.37	15.69	4.48	2.83	1.10	4.00	0.59
西　藏	100.00	73.81	8.66	12.97	2.86	0.29	0.54	0.34	0.53
陕　西	100.00	58.47	7.98	17.89	4.89	3.81	1.26	5.02	0.69
甘　肃	100.00	61.53	8.88	13.57	4.40	4.08	1.32	5.56	0.65
青　海	100.00	59.53	12.71	12.59	6.11	3.89	1.41	3.48	0.28
宁　夏	100.00	57.36	9.91	13.97	5.70	3.55	2.58	6.57	0.37
新　疆	100.00	53.70	15.16	13.70	6.00	3.24	2.24	5.32	0.65

4－59　1990年各地区农村居民现金支出

单位:元/人

地　区	现金支出	一、家庭经营费用支出	二、购买生产性固定资产支出	三、税费支出	四、生活消费现金支出	五、财产性和转移性支出
全国总计	**639.06**	**162.90**	**20.46**	**33.37**	**374.74**	**47.59**
北　京	1183.59	210.48	16.85	48.01	844.23	64.02
天　津	846.02	194.04	17.50	10.14	558.68	65.66
河　北	561.19	144.59	23.82	27.52	329.79	35.47
山　西	563.41	119.93	27.68	26.76	346.13	42.91
内蒙古	500.60	135.88	21.75	35.91	271.21	35.85
辽　宁	829.64	197.11	20.91	64.30	481.75	65.57
吉　林	866.94	261.22	43.57	99.47	389.72	72.96
黑龙江	806.61	255.86	32.37	95.58	368.43	54.37
上　海	1568.80	250.95	5.84	36.16	1146.10	129.75
江　苏	895.94	195.65	12.87	42.78	569.65	74.99
浙　江	1132.93	238.72	33.27	20.68	746.59	93.67
安　徽	578.23	150.96	16.98	43.39	323.01	43.89
福　建	848.63	243.42	10.47	14.17	500.82	79.75
江　西	553.20	156.12	9.63	23.95	317.26	46.24
山　东	646.81	158.74	18.76	51.20	379.60	38.51
河　南	488.51	120.06	19.43	37.14	280.70	31.18
湖　北	603.36	134.15	12.81	48.30	343.99	64.11
湖　南	628.10	154.66	17.26	29.90	352.71	73.57
广　东	1089.39	297.40	26.70	22.74	686.43	56.12
广　西	507.05	158.50	18.23	10.42	290.33	29.57
海　南	618.78	165.40	14.73	5.00	399.37	34.28
四　川	502.30	142.46	9.16	30.80	285.05	34.83
贵　州	350.52	92.90	13.09	9.75	199.30	35.48
云　南	447.73	107.06	21.63	6.75	285.28	27.01
西　藏	245.44	40.73	21.77	0.46	173.13	9.35
陕　西	444.89	105.83	23.96	15.90	270.28	28.92
甘　肃	308.67	85.72	16.57	12.43	174.27	19.68
青　海	446.25	86.17	40.59	23.30	256.58	39.61
宁　夏	534.22	136.40	40.72	22.14	297.27	37.69
新　疆	716.73	236.36	57.76	58.19	333.88	30.54

4—60 1990年各地区农村居民现金支出构成

单位：%

地 区	现金支出	一、家庭经营费用支出	二、购买生产性固定资产支出	三、税费支出	四、生活消费现金支出	五、财产性和转移性支出
全国总计	**100.00**	**25.49**	**3.20**	**5.22**	**58.64**	**7.45**
北 京	100.00	17.78	1.42	4.06	71.33	5.41
天 津	100.00	22.94	2.07	1.20	66.04	7.76
河 北	100.00	25.76	4.24	4.90	58.77	6.32
山 西	100.00	21.29	4.91	4.75	61.43	7.62
内蒙古	100.00	27.14	4.34	7.17	54.18	7.16
辽 宁	100.00	23.76	2.52	7.75	58.07	7.90
吉 林	100.00	30.13	5.03	11.47	44.95	8.42
黑龙江	100.00	31.72	4.01	11.85	45.68	6.74
上 海	100.00	16.00	0.37	2.30	73.06	8.27
江 苏	100.00	21.84	1.44	4.77	63.58	8.37
浙 江	100.00	21.07	2.94	1.83	65.90	8.27
安 徽	100.00	26.11	2.94	7.50	55.86	7.59
福 建	100.00	28.68	1.23	1.67	59.02	9.40
江 西	100.00	28.22	1.74	4.33	57.35	8.36
山 东	100.00	24.54	2.90	7.92	58.69	5.95
河 南	100.00	24.58	3.98	7.60	57.46	6.38
湖 北	100.00	22.23	2.12	8.01	57.01	10.63
湖 南	100.00	24.62	2.75	4.76	56.16	11.71
广 东	100.00	27.30	2.45	2.09	63.01	5.15
广 西	100.00	31.26	3.60	2.06	57.26	5.83
海 南	100.00	26.73	2.38	0.81	64.54	5.54
四 川	100.00	28.36	1.82	6.13	56.75	6.93
贵 州	100.00	26.50	3.73	2.78	56.86	10.12
云 南	100.00	23.91	4.83	1.51	63.72	6.03
西 藏	100.00	16.59	8.87	0.19	70.54	3.81
陕 西	100.00	23.79	5.39	3.57	60.75	6.50
甘 肃	100.00	27.77	5.37	4.03	56.46	6.38
青 海	100.00	19.31	9.10	5.22	57.50	8.88
宁 夏	100.00	25.53	7.62	4.14	55.65	7.06
新 疆	100.00	32.98	8.06	8.12	46.58	4.26

4—61　1990年各地区农村居民经营费用现金支出

单位:元/人

地　区	家庭经营现金支出	1.农业支出	#种植业支　出	2.林业支出	3.牧业支出	4.渔业支出	5.工业支出	6.建筑业支　出
全国总计	**162.90**	**99.46**	**95.86**	**0.76**	**43.18**	**3.02**	**3.81**	**0.42**
北　京	210.48	102.45	101.76	0.64	71.11	0.43	5.20	0.16
天　津	194.04	98.98	96.45	1.55	64.89	0.67	0.49	
河　北	144.59	114.08	105.05	0.32	21.43	0.35	2.42	0.12
山　西	119.93	72.88	70.67	0.35	14.89		2.87	0.64
内蒙古	135.88	105.08	103.45	0.15	23.54	0.20	2.50	0.02
辽　宁	197.11	139.59	138.56	0.23	39.51	1.61	2.80	0.52
吉　林	261.22	216.38	215.52	0.51	29.26	0.22	2.05	0.32
黑龙江	255.86	194.27	193.41	0.40	39.53	1.75	2.91	0.25
上　海	250.95	95.08	94.23	3.16	140.59	3.26		0.98
江　苏	195.65	111.18	105.84	0.96	64.49	3.25	6.16	0.28
浙　江	238.72	115.39	100.63	0.47	78.78	6.47	8.99	0.27
安　徽	150.96	106.90	104.13	0.52	26.70	1.67	3.51	0.28
福　建	243.42	112.77	110.13	3.82	93.25	5.91	5.07	5.37
江　西	156.12	95.27	92.45	0.63	39.47	2.39	4.77	0.22
山　东	158.74	121.75	115.73	1.74	25.08	0.32	1.83	0.15
河　南	120.06	88.29	83.64	0.67	16.63	0.10	4.72	0.38
湖　北	134.15	90.21	88.68	0.59	28.96	1.09	2.24	0.08
湖　南	154.66	81.55	77.91	0.58	57.45	2.47	4.42	0.16
广　东	297.40	132.66	127.82	0.37	109.50	28.68	6.07	0.58
广　西	158.50	76.28	73.51	0.71	59.51	1.66	10.20	0.04
海　南	165.40	59.12	58.22	4.21	37.56	40.49	3.71	0.65
四　川	142.46	63.50	61.78	0.14	64.55	1.56	3.75	0.20
贵　州	92.90	47.12	44.27	0.24	33.52	0.32	2.65	0.35
云　南	107.06	52.02	50.38	0.66	38.24	0.61	2.34	0.06
西　藏	40.73	21.23	16.11	0.10	8.08			0.37
陕　西	105.83	77.93	76.67	1.01	15.44	0.10	2.75	0.65
甘　肃	85.72	67.47	67.04	0.44	10.07	0.02	1.68	0.03
青　海	86.17	48.69	46.19	0.68	20.99	0.12	1.17	0.04
宁　夏	136.40	93.93	93.22	0.04	27.61	1.79	2.53	0.40
新　疆	236.36	168.79	164.48	1.90	42.29	0.04	1.40	0.11

4—61 续表 单位:元/人

地区	7.交通运输、邮电业支出	8.批发和零售贸易、邮电业支出	9. 社会服务业支出	10.其他家庭经营支出	第一产业支出	第二产业支出	第三产业支出
全国合计	**7.46**	**2.01**	**0.90**	**1.88**	**146.42**	**4.23**	**12.25**
北京	23.33	1.59	3.29	2.28	174.63	5.36	30.49
天津	8.20	15.89	1.58	1.79	166.09	0.49	27.46
河北	2.84	1.17	0.63	1.23	136.18	2.54	5.87
山西	24.37	1.37	1.07	1.49	88.12	3.51	28.30
内蒙古	2.44	0.22	0.43	1.30	128.97	2.52	4.39
辽宁	10.21	0.76	0.32	1.56	180.94	3.32	12.85
吉林	7.48	1.26	0.37	3.37	246.37	2.37	12.48
黑龙江	6.00	0.56	0.68	9.51	235.95	3.16	16.75
上海	3.50	0.55	0.78	3.05	242.09	0.98	7.88
江苏	5.42	2.15	0.77	0.99	179.88	6.44	9.33
浙江	18.06	4.19	2.33	3.77	201.11	9.26	28.35
安徽	4.50	4.01	1.06	1.81	135.79	3.79	11.38
福建	10.32	1.21	1.69	4.01	215.75	10.44	17.23
江西	7.64	3.81	0.72	1.20	137.76	4.99	13.37
山东	5.17	1.23	0.48	0.99	148.89	1.98	7.87
河南	5.64	0.44	0.66	2.53	105.69	5.10	9.27
湖北	6.72	2.58	0.90	0.78	120.85	2.32	10.98
湖南	3.25	3.08	1.14	0.56	142.05	4.58	8.03
广东	12.48	2.79	1.30	2.97	271.21	6.65	19.54
广西	5.72	3.37	0.34	0.67	138.16	10.24	10.10
海南	12.61	2.00	0.12	4.93	141.38	4.36	19.66
四川	5.45	1.14	1.33	0.84	129.75	3.95	8.76
贵州	3.90	2.55	0.72	1.53	81.20	3.00	8.70
云南	8.28	2.69	0.92	1.24	91.53	2.40	13.13
西藏	9.31	0.36		1.28	29.41	0.37	10.95
陕西	5.84	1.11	0.29	0.71	94.48	3.40	7.95
甘肃	4.03	0.37	0.15	1.46	78.00	1.71	6.01
青海	8.08	1.04	2.06	3.30	70.48	1.21	14.48
宁夏	9.24	0.50	0.18	0.18	123.37	2.93	10.10
新疆	15.55	2.29	2.02	1.97	213.02	1.51	21.83

4—62 1990年各地区农村居民经营费用现金支出构成

单位：%

地 区	家庭经营现金支出	1. 农业支出	# 种植业支出	2. 林业支出	3. 牧业支出	4. 渔业支出	5. 工业支出	6. 建筑业支出
全国总计	**100.00**	**61.06**	**58.85**	**0.47**	**26.51**	**1.85**	**2.34**	**0.26**
北 京	100.00	48.67	48.35	0.30	33.78	0.20	2.47	0.08
天 津	100.00	51.01	49.71	0.80	33.44	0.35	0.25	0.00
河 北	100.00	78.90	72.65	0.22	14.82	0.24	1.67	0.08
山 西	100.00	60.77	58.93	0.29	12.42	0.00	2.39	0.53
内蒙古	100.00	77.33	76.13	0.11	17.32	0.15	1.84	0.01
辽 宁	100.00	70.82	70.30	0.12	20.04	0.82	1.42	0.26
吉 林	100.00	82.83	82.51	0.20	11.20	0.08	0.78	0.12
黑龙江	100.00	75.93	75.59	0.16	15.45	0.68	1.14	0.10
上 海	100.00	37.89	37.55	1.26	56.02	1.30	0.00	0.39
江 苏	100.00	56.83	54.10	0.49	32.96	1.66	3.15	0.14
浙 江	100.00	48.34	42.15	0.20	33.00	2.71	3.77	0.11
安 徽	100.00	70.81	68.98	0.34	17.69	1.11	2.33	0.19
福 建	100.00	46.33	45.24	1.57	38.31	2.43	2.08	2.21
江 西	100.00	61.02	59.22	0.40	25.28	1.53	3.06	0.14
山 东	100.00	76.70	72.91	1.10	15.80	0.20	1.15	0.09
河 南	100.00	73.54	69.67	0.56	13.85	0.08	3.93	0.32
湖 北	100.00	67.25	66.11	0.44	21.59	0.81	1.67	0.06
湖 南	100.00	52.73	50.38	0.38	37.15	1.60	2.86	0.10
广 东	100.00	44.61	42.98	0.12	36.82	9.64	2.04	0.20
广 西	100.00	48.13	46.38	0.45	37.55	1.05	6.44	0.03
海 南	100.00	35.74	35.20	2.55	22.71	24.48	2.24	0.39
四 川	100.00	44.57	43.37	0.10	45.31	1.10	2.63	0.14
贵 州	100.00	50.72	47.65	0.26	36.08	0.34	2.85	0.38
云 南	100.00	48.59	47.06	0.62	35.72	0.57	2.19	0.06
西 藏	100.00	52.12	39.55	0.25	19.84	0.00	0.00	0.91
陕 西	100.00	73.64	72.45	0.95	14.59	0.09	2.60	0.61
甘 肃	100.00	78.71	78.21	0.51	11.75	0.02	1.96	0.03
青 海	100.00	56.50	53.60	0.79	24.36	0.14	1.36	0.05
宁 夏	100.00	68.86	68.34	0.03	20.24	1.31	1.85	0.29
新 疆	100.00	71.41	69.59	0.80	17.89	0.02	0.59	0.05

4—62 续表

单位:%

地　　区	7. 交通运输、邮电业支出	8. 批发和零售贸易、邮电业支出	9. 社会服务业支出	10. 其他家庭经营支出	第一产业支　出	第二产业支　出	第三产业支　出
全国合计	**4.58**	**1.23**	**0.55**	**1.15**	**89.88**	**2.60**	**7.52**
北　　京	11.08	0.76	1.56	1.08	82.97	2.55	14.49
天　　津	4.23	8.19	0.81	0.92	85.60	0.25	14.15
河　　北	1.96	0.81	0.44	0.85	94.18	1.76	4.06
山　　西	20.32	1.14	0.89	1.24	73.48	2.93	23.60
内 蒙 古	1.80	0.16	0.32	0.96	94.91	1.85	3.23
辽　　宁	5.18	0.39	0.16	0.79	91.80	1.68	6.52
吉　　林	2.86	0.48	0.14	1.29	94.32	0.91	4.78
黑 龙 江	2.35	0.22	0.27	3.72	92.22	1.24	5.55
上　　海	1.39	0.22	0.31	1.22	96.47	0.39	3.14
江　　苏	2.77	1.10	0.39	0.51	91.94	3.29	4.77
浙　　江	7.57	1.76	0.98	1.58	84.25	3.88	11.88
安　　徽	2.98	2.66	0.70	1.20	89.95	2.51	7.54
福　　建	4.24	0.50	0.69	1.65	88.63	4.29	7.08
江　　西	4.89	2.44	0.46	0.77	88.24	3.20	8.56
山　　东	3.26	0.77	0.30	0.62	93.79	1.25	4.96
河　　南	4.70	0.37	0.55	2.11	88.03	4.25	7.72
湖　　北	5.01	1.92	0.67	0.58	90.09	1.73	8.18
湖　　南	2.10	1.99	0.74	0.36	91.85	2.96	5.19
广　　东	4.20	0.94	0.44	1.00	91.19	2.24	6.57
广　　西	3.61	2.13	0.21	0.42	87.17	6.46	6.37
海　　南	7.62	1.21	0.07	2.98	85.48	2.64	11.89
四　　川	3.83	0.80	0.93	0.59	91.08	2.77	6.15
贵　　州	4.20	2.74	0.78	1.65	87.41	3.23	9.36
云　　南	7.73	2.51	0.86	1.16	85.49	2.24	12.26
西　　藏	22.86	0.88		3.14	72.21	0.91	26.88
陕　　西	5.52	1.05	0.27	0.67	89.28	3.21	7.51
甘　　肃	4.70	0.43	0.17	1.70	90.99	1.99	7.01
青　　海	9.38	1.21	2.39	3.83	81.79	1.40	16.80
宁　　夏	6.77	0.37	0.13	0.13	90.45	2.15	7.40
新　　疆	6.58	0.97	0.85	0.83	90.13	0.64	9.24

4—63 1990年各地区农村居民生活消费现金支出

单位:元/人

地区	生活消费现金支出	一、食品支出	二、衣着支出	三、居住支出	四、家庭设备用品及服务支出	五、医疗保健支出	六、交通和通讯支出	七、文教娱乐用品及服务支出	八、其他商品及服务支出
全国总计	**374.74**	**155.85**	**44.03**	**81.15**	**30.74**	**18.98**	**8.41**	**31.33**	**4.25**
北京	844.23	367.72	91.81	182.18	78.86	36.80	17.28	64.18	5.40
天津	558.68	241.53	69.47	107.77	56.56	25.10	10.74	45.58	1.93
河北	329.79	116.59	43.20	87.27	30.15	19.11	6.64	24.24	2.59
山西	346.13	122.38	58.90	71.23	30.42	20.13	6.57	32.72	3.78
内蒙古	271.21	94.70	44.02	46.55	23.22	19.27	8.64	33.23	1.58
辽宁	481.75	200.63	68.87	96.42	34.52	24.71	12.45	39.12	5.03
吉林	389.72	164.42	53.97	77.63	26.06	27.47	10.07	26.42	3.68
黑龙江	368.43	148.46	58.65	68.19	24.63	28.63	9.15	28.29	2.43
上海	1146.10	497.29	106.82	274.11	125.61	40.27	23.94	59.27	18.79
江苏	569.65	224.43	51.91	170.05	52.26	22.67	10.01	34.67	3.65
浙江	746.59	324.62	56.61	207.39	61.39	28.41	16.68	41.96	9.53
安徽	323.01	134.44	37.91	74.16	25.63	14.64	6.74	25.55	3.94
福建	500.82	252.08	38.77	92.32	34.65	19.87	13.77	39.08	10.28
江西	317.26	141.53	35.86	57.62	24.54	16.12	6.13	32.26	3.20
山东	379.60	152.01	49.67	86.73	32.72	17.12	6.34	32.69	2.32
河南	280.70	102.13	40.95	64.94	23.83	17.85	5.59	22.27	3.14
湖北	343.99	138.85	41.83	64.83	33.73	17.54	7.67	35.90	3.64
湖南	352.71	152.76	37.17	64.83	28.62	18.29	8.83	39.18	3.03
广东	686.43	321.43	38.20	147.12	50.15	34.04	16.06	66.91	12.52
广西	290.33	134.69	26.18	50.31	21.74	12.52	7.69	31.80	5.40
海南	399.37	216.18	36.45	49.26	20.42	19.67	11.80	40.23	5.36
四川	285.05	126.72	35.32	52.45	22.08	14.27	6.39	24.70	3.12
贵州	199.30	90.10	30.06	32.54	13.70	7.83	3.83	16.85	4.39
云南	285.28	124.59	35.66	62.42	21.25	13.74	5.32	19.42	2.88
西藏	173.13	88.39	42.45	19.91	14.03	1.43	2.65	1.66	2.61
陕西	270.28	87.71	37.04	70.80	23.34	18.18	6.00	23.93	3.28
甘肃	174.27	56.09	30.10	33.89	14.87	13.81	4.44	18.81	2.26
青海	256.58	89.58	54.57	41.35	28.06	18.49	6.69	16.53	1.31
宁夏	297.27	95.68	47.93	62.90	27.55	17.18	12.48	31.86	1.69
新疆	333.88	110.78	74.49	60.35	30.24	16.43	11.35	26.95	3.29

4—64 1990年各地区农村居民生活消费现金支出构成

单位：%

地　　区	生活消费现金支出	一、食品支出	二、衣着支出	三、居住支出	四、家庭设备用品及服务支出	五、医疗保健支出	六、交通和通讯支出	七、文教娱乐用品及服务支出	八、其他商品及服务支出
全国总计	**100.00**	**41.59**	**11.75**	**21.66**	**8.20**	**5.06**	**2.24**	**8.36**	**1.13**
北　京	100.00	43.56	10.87	21.58	9.34	4.36	2.05	7.60	0.64
天　津	100.00	43.23	12.43	19.29	10.12	4.49	1.92	8.16	0.35
河　北	100.00	35.35	13.10	26.46	9.14	5.79	2.01	7.35	0.79
山　西	100.00	35.36	17.02	20.58	8.79	5.82	1.90	9.45	1.09
内蒙古	100.00	34.92	16.23	17.16	8.56	7.11	3.19	12.25	0.58
辽　宁	100.00	41.65	14.30	20.01	7.17	5.13	2.58	8.12	1.04
吉　林	100.00	42.19	13.85	19.92	6.69	7.05	2.58	6.78	0.94
黑龙江	100.00	40.30	15.92	18.51	6.69	7.77	2.48	7.68	0.66
上　海	100.00	43.39	9.32	23.92	10.96	3.51	2.09	5.17	1.64
江　苏	100.00	39.40	9.11	29.85	9.17	3.98	1.76	6.09	0.64
浙　江	100.00	43.48	7.58	27.78	8.22	3.81	2.23	5.62	1.28
安　徽	100.00	41.62	11.74	22.96	7.93	4.53	2.09	7.91	1.22
福　建	100.00	50.33	7.74	18.43	6.92	3.97	2.75	7.80	2.05
江　西	100.00	44.61	11.30	18.16	7.73	5.08	1.93	10.17	1.01
山　东	100.00	40.04	13.08	22.85	8.62	4.51	1.67	8.61	0.61
河　南	100.00	36.38	14.59	23.14	8.49	6.36	1.99	7.93	1.12
湖　北	100.00	40.36	12.16	18.85	9.81	5.10	2.23	10.44	1.06
湖　南	100.00	43.31	10.54	18.38	8.11	5.19	2.50	11.11	0.86
广　东	100.00	46.83	5.57	21.43	7.31	4.96	2.34	9.75	1.82
广　西	100.00	46.39	9.02	17.33	7.49	4.31	2.65	10.95	1.86
海　南	100.00	54.13	9.13	12.33	5.11	4.93	2.95	10.07	1.34
四　川	100.00	44.46	12.39	18.40	7.75	5.01	2.24	8.67	1.09
贵　州	100.00	45.21	15.08	16.33	6.87	3.93	1.92	8.45	2.20
云　南	100.00	43.67	12.50	21.88	7.45	4.82	1.86	6.81	1.01
西　藏	100.00	51.05	24.52	11.50	8.10	0.83	1.53	0.96	1.51
陕　西	100.00	32.45	13.70	26.20	8.64	6.73	2.22	8.85	1.21
甘　肃	100.00	32.19	17.27	19.45	8.53	7.92	2.55	10.79	1.30
青　海	100.00	34.91	21.27	16.12	10.94	7.21	2.61	6.44	0.51
宁　夏	100.00	32.19	16.12	21.16	9.27	5.78	4.20	10.72	0.57
新　疆	100.00	33.18	22.31	18.08	9.06	4.92	3.40	8.07	0.99

4—65 1995年各地区农村居民总收入

单位:元/人

地　　区	总收入	一、工资性收入	二、家庭经营收入	三、财产性收入	四、转移性收入
全国总计	**2337.87**	**353.70**	**1877.42**	**40.98**	**65.77**
北　　京	3923.17	1715.04	1904.11	116.57	187.45
天　　津	3373.65	1012.18	2253.31	55.27	52.89
河　　北	2376.48	441.23	1851.38	40.92	42.95
山　　西	1565.67	367.19	1131.68	22.88	43.92
内 蒙 古	2053.77	98.62	1871.46	54.82	28.87
辽　　宁	2953.47	486.17	2350.57	70.60	46.13
吉　　林	2819.54	165.59	2481.45	145.37	27.13
黑 龙 江	3159.28	130.27	2921.38	80.46	27.17
上　　海	4860.55	2733.99	1776.28	154.82	195.46
江　　苏	3290.90	821.85	2368.01	25.57	75.47
浙　　江	3974.85	1109.76	2691.82	62.45	110.82
安　　徽	2016.35	234.21	1688.53	35.39	58.22
福　　建	2748.88	520.54	1977.91	118.94	131.49
江　　西	2325.37	319.69	1940.62	14.52	50.54
山　　东	2626.96	408.97	2135.17	28.79	54.03
河　　南	1862.87	163.51	1630.97	28.44	39.95
湖　　北	2184.20	192.37	1907.35	33.47	51.01
湖　　南	2235.35	268.00	1892.40	15.10	59.85
广　　东	3536.30	712.25	2579.07	50.05	194.93
广　　西	2101.41	202.10	1802.88	11.44	84.99
海　　南	1935.01	53.57	1716.18	74.31	90.95
四　　川	1864.92	208.58	1558.59	21.35	76.40
贵　　州	1574.38	146.34	1353.19	16.27	58.58
云　　南	1709.47	120.84	1483.52	57.00	48.11
西　　藏	1501.46	79.17	1313.27	46.01	63.01
陕　　西	1440.13	186.04	1192.69	17.28	44.12
甘　　肃	1368.45	91.68	1216.33	18.26	42.18
青　　海	1382.19	96.71	1253.47	2.99	29.02
宁　　夏	1825.05	188.78	1588.16	22.53	25.58
新　　疆	2414.59	64.47	2238.71	65.30	46.11

4—66 1995年各地区农村居民总收入构成

单位：%

地 区	总 收 入	一、工资性收入	二、家庭经营收入	三、财产性收入	四、转移性收入
全国合计	**100.00**	**15.13**	**80.30**	**1.75**	**2.81**
北 京	100.00	43.72	48.53	2.97	4.78
天 津	100.00	30.00	66.79	1.64	1.57
河 北	100.00	18.57	77.90	1.72	1.81
山 西	100.00	23.45	72.28	1.46	2.81
内 蒙 古	100.00	4.80	91.12	2.67	1.41
辽 宁	100.00	16.46	79.59	2.39	1.56
吉 林	100.00	5.87	88.01	5.16	0.96
黑 龙 江	100.00	4.12	92.47	2.55	0.86
上 海	100.00	56.25	36.54	3.19	4.02
江 苏	100.00	24.97	71.96	0.78	2.29
浙 江	100.00	27.92	67.72	1.57	2.79
安 徽	100.00	11.62	83.74	1.76	2.89
福 建	100.00	18.94	71.95	4.33	4.78
江 西	100.00	13.75	83.45	0.62	2.17
山 东	100.00	15.57	81.28	1.10	2.06
河 南	100.00	8.78	87.55	1.53	2.14
湖 北	100.00	8.81	87.32	1.53	2.34
湖 南	100.00	11.99	84.66	0.68	2.68
广 东	100.00	20.14	72.93	1.42	5.51
广 西	100.00	9.62	85.79	0.54	4.04
海 南	100.00	2.77	88.69	3.84	4.70
四 川	100.00	11.18	83.57	1.14	4.10
贵 州	100.00	9.30	85.95	1.03	3.72
云 南	100.00	7.07	86.78	3.33	2.81
西 藏	100.00	5.27	87.47	3.06	4.20
陕 西	100.00	12.92	82.82	1.20	3.06
甘 肃	100.00	6.70	88.88	1.33	3.08
青 海	100.00	7.00	90.69	0.22	2.10
宁 夏	100.00	10.34	87.02	1.23	1.40
新 疆	100.00	2.67	92.72	2.70	1.91

4—67 1995年农村居民家庭经营总收入

单位:元/人

地区	家庭经营收入	1.农业收入	#种植业收入	2.林业收入	3.牧业收入	4.渔业收入	5.工业收入	6.建筑业收入
全国合计	**1877.42**	**1188.11**	**1155.52**	**16.52**	**420.82**	**26.86**	**26.90**	**38.54**
北京	1904.11	1128.67	1127.64	15.05	317.37	45.16	45.53	6.93
天津	2253.31	1558.81	1534.07	2.13	470.62	7.83	32.04	30.22
河北	1851.38	1355.28	1339.17	6.19	263.29	1.71	34.18	21.22
山西	1131.68	768.46	747.56	8.52	155.53	0.35	23.54	23.80
内蒙古	1871.46	1402.08	1386.53	2.85	386.01	0.59	18.64	3.05
辽宁	2350.57	1610.58	1593.77	4.64	520.61	34.11	14.03	18.60
吉林	2481.45	2104.66	2057.34	3.10	281.26	1.68	12.67	13.76
黑龙江	2921.38	2388.62	2370.17	3.91	359.19	23.79	12.63	13.62
上海	1776.28	1227.94	1186.56		373.70	6.84	6.64	14.73
江苏	2368.01	1515.93	1452.51	12.73	485.09	44.58	31.59	99.94
浙江	2691.82	1226.08	1113.85	14.62	581.53	78.24	206.18	92.64
安徽	1688.53	1157.30	1134.04	18.92	348.08	23.44	7.03	24.23
福建	1977.91	1107.45	1039.54	20.70	419.80	45.39	19.46	85.70
江西	1940.62	1100.83	1058.60	25.08	620.02	51.16	15.67	13.98
山东	2135.17	1553.41	1520.01	24.37	389.07	2.60	14.11	35.17
河南	1630.97	1236.83	1218.99	15.60	225.35	4.22	7.45	28.21
湖北	1907.35	1304.07	1279.19	20.56	401.91	35.85	17.90	20.35
湖南	1892.4	974.43	929.22	15.22	618.24	40.89	49.86	59.85
广东	2579.07	1154.87	1111.73	21.60	640.09	170.26	29.52	152.90
广西	1802.88	853.16	814.06	27.52	658.68	27.16	34.91	50.01
海南	1716.18	969.28	942.72	72.85	346.61	53.33	12.82	31.53
四川	1558.59	822.08	799.16	15.18	579.14	12.57	12.40	33.49
贵州	1353.19	783.41	748.28	12.15	410.09	3.69	22.82	16.76
云南	1483.52	832.05	801.83	22.11	416.61	13.95	23.36	20.92
西藏	1313.27	613.65	586.49	44.97	320.34		10.29	20.11
陕西	1192.69	833.77	816.67	8.23	218.35	0.52	21.86	19.57
甘肃	1216.33	841.85	831.01	11.44	205.49		6.85	29.87
青海	1253.47	705.54	664.33	4.45	378.76		7.80	8.78
宁夏	1588.16	1000.23	991.45	8.26	401.93	2.45	23.98	3.85
新疆	2238.71	1630.08	1617.76	35.23	398.35	10.31	5.10	5.92

4—67 续表 单位:元/人

地　区	7.交通运输业、邮电业收入	8.批发和零售贸易、餐饮业收入	9. 社会服务业收入	10.其他家庭经营收入	第一产业收　入	第二产业收　入	第三产业收　入
全国总计	**47.62**	**43.73**	**20.30**	**48.02**	**1652.31**	**65.44**	**159.67**
北　京	243.07	24.91	14.17	63.26	1506.24	52.46	345.41
天　津	31.80	48.04	30.71	41.12	2039.38	62.26	151.67
河　北	51.23	70.76	14.21	33.31	1626.47	55.40	169.51
山　西	79.42	28.63	18.54	24.89	932.86	47.34	151.48
内蒙古	13.42	13.41	5.43	25.98	1791.53	21.69	58.24
辽　宁	42.76	50.92	13.54	40.78	2169.94	32.63	148.00
吉　林	20.15	17.46	3.71	23.00	2390.70	26.43	64.32
黑龙江	46.49	11.43	12.54	49.17	2775.50	26.25	119.63
上　海	44.25	7.61	28.72	65.85	1608.48	21.37	146.43
江　苏	60.29	61.78	26.38	29.70	2058.33	131.53	178.15
浙　江	153.03	146.85	69.86	122.79	1900.47	298.82	492.53
安　徽	25.33	26.95	14.42	42.84	1547.73	31.26	109.54
福　建	80.85	65.35	46.22	86.99	1593.34	105.16	279.41
江　西	30.75	28.29	21.11	33.74	1797.08	29.65	113.89
山　东	24.47	24.98	11.48	55.51	1969.45	49.28	116.44
河　南	36.55	24.36	12.76	39.64	1482.00	35.66	113.31
湖　北	20.57	42.92	15.37	27.85	1762.39	38.25	106.71
湖　南	34.90	47.00	20.29	31.72	1648.78	109.71	133.91
广　东	110.33	138.70	52.89	107.91	1986.82	182.42	409.83
广　西	47.01	51.86	15.01	37.57	1566.51	84.92	151.45
海　南	33.01	20.72	23.57	152.46	1442.07	44.35	229.76
四　川	21.35	19.92	20.86	21.60	1428.97	45.89	83.73
贵　州	17.79	35.68	21.00	29.80	1209.34	39.58	104.27
云　南	55.09	24.83	7.55	67.05	1284.72	44.28	154.52
西　藏	85.22	57.37	13.31	148.01	978.96	30.40	303.91
陕　西	34.26	25.81	7.75	22.57	1060.87	41.43	90.39
甘　肃	21.59	19.41	15.06	64.77	1058.78	36.72	120.83
青　海	46.23	35.53	9.71	56.67	1088.75	16.58	148.14
宁　夏	90.57	44.76	6.63	5.50	1412.87	27.83	147.46
新　疆	38.44	32.20	27.35	55.74	2073.96	11.02	153.73

4—68 1995年农村居民家庭经营总收入构成

单位:%

地　　区	家庭经营收入	1.农业收入	#种植业收　入	2.林业收入	3.牧业收入	4.渔业收入	5.工业收入	6.建筑业收　入
全国合计	**100.00**	**63.28**	**61.55**	**0.88**	**22.41**	**1.43**	**1.43**	**2.05**
北　京	100.00	59.28	59.22	0.79	16.67	2.37	2.39	0.36
天　津	100.00	69.18	68.08	0.09	20.89	0.35	1.42	1.34
河　北	100.00	73.20	72.33	0.33	14.22	0.09	1.85	1.15
山　西	100.00	67.90	66.06	0.75	13.74	0.03	2.08	2.10
内蒙古	100.00	74.92	74.09	0.15	20.63	0.03	1.00	0.16
辽　宁	100.00	68.52	67.80	0.20	22.15	1.45	0.60	0.79
吉　林	100.00	84.82	82.91	0.12	11.33	0.07	0.51	0.55
黑龙江	100.00	81.76	81.13	0.13	12.30	0.81	0.43	0.47
上　海	100.00	69.13	66.80	0.00	21.04	0.39	0.37	0.83
江　苏	100.00	64.02	61.34	0.54	20.49	1.88	1.33	4.22
浙　江	100.00	45.55	41.38	0.54	21.60	2.91	7.66	3.44
安　徽	100.00	68.54	67.16	1.12	20.61	1.39	0.42	1.43
福　建	100.00	55.99	52.56	1.05	21.22	2.29	0.98	4.33
江　西	100.00	56.73	54.55	1.29	31.95	2.64	0.81	0.72
山　东	100.00	72.75	71.19	1.14	18.22	0.12	0.66	1.65
河　南	100.00	75.83	74.74	0.96	13.82	0.26	0.46	1.73
湖　北	100.00	68.37	67.07	1.08	21.07	1.88	0.94	1.07
湖　南	100.00	51.49	49.10	0.80	32.67	2.16	2.63	3.16
广　东	100.00	44.78	43.11	0.84	24.82	6.60	1.14	5.93
广　西	100.00	47.32	45.15	1.53	36.53	1.51	1.94	2.77
海　南	100.00	56.48	54.93	4.24	20.20	3.11	0.75	1.84
四　川	100.00	52.75	51.27	0.97	37.16	0.81	0.80	2.15
贵　州	100.00	57.89	55.30	0.90	30.31	0.27	1.69	1.24
云　南	100.00	56.09	54.05	1.49	28.08	0.94	1.57	1.41
西　藏	100.00	46.73	44.66	3.42	24.39	0.00	0.78	1.53
陕　西	100.00	69.91	68.47	0.69	18.31	0.04	1.83	1.64
甘　肃	100.00	69.21	68.32	0.94	16.89	0.00	0.56	2.46
青　海	100.00	56.29	53.00	0.36	30.22	0.00	0.62	0.70
宁　夏	100.00	62.98	62.43	0.52	25.31	0.15	1.51	0.24
新　疆	100.00	72.81	72.26	1.57	17.79	0.46	0.23	0.26

4—68续表 单位:%

地　区	7.交通运输业、邮电业收入	8.批发和零售贸易、餐饮业收入	9. 社会服务业收入	10.其他家庭经营收入	第一产业收入	第二产业收入	第三产业收入
全国合计	**2.54**	**2.33**	**1.08**	**2.56**	**88.01**	**3.49**	**8.50**
北　京	12.77	1.31	0.74	3.32	79.10	2.76	18.14
天　津	1.41	2.13	1.36	1.82	90.51	2.76	6.73
河　北	2.77	3.82	0.77	1.80	87.85	2.99	9.16
山　西	7.02	2.53	1.64	2.20	82.43	4.18	13.39
内蒙古	0.72	0.72	0.29	1.39	95.73	1.16	3.11
辽　宁	1.82	2.17	0.58	1.73	92.32	1.39	6.30
吉　林	0.81	0.70	0.15	0.93	96.34	1.07	2.59
黑龙江	1.59	0.39	0.43	1.68	95.01	0.90	4.09
上　海	2.49	0.43	1.62	3.71	90.55	1.20	8.24
江　苏	2.55	2.61	1.11	1.25	86.92	5.55	7.52
浙　江	5.69	5.46	2.60	4.56	70.60	11.10	18.30
安　徽	1.50	1.60	0.85	2.54	91.66	1.85	6.49
福　建	4.09	3.30	2.34	4.40	80.56	5.32	14.13
江　西	1.58	1.46	1.09	1.74	92.60	1.53	5.87
山　东	1.15	1.17	0.54	2.60	92.24	2.31	5.45
河　南	2.24	1.49	0.78	2.43	90.87	2.19	6.95
湖　北	1.08	2.25	0.81	1.46	92.40	2.01	5.59
湖　南	1.84	2.48	1.07	1.68	87.13	5.80	7.08
广　东	4.28	5.38	2.05	4.18	77.04	7.07	15.89
广　西	2.61	2.88	0.83	2.08	86.89	4.71	8.40
海　南	1.92	1.21	1.37	8.88	84.03	2.58	13.39
四　川	1.37	1.28	1.34	1.39	91.68	2.94	5.37
贵　州	1.31	2.64	1.55	2.20	89.37	2.92	7.71
云　南	3.71	1.67	0.51	4.52	86.60	2.98	10.42
西　藏	6.49	4.37	1.01	11.27	74.54	2.31	23.14
陕　西	2.87	2.16	0.65	1.89	88.95	3.47	7.58
甘　肃	1.78	1.60	1.24	5.33	87.05	3.02	9.93
青　海	3.69	2.83	0.77	4.52	86.86	1.32	11.82
宁　夏	5.70	2.82	0.42	0.35	88.96	1.75	9.28
新　疆	1.72	1.44	1.22	2.49	92.64	0.49	6.87

4—69 1995年各地区农村居民现金收入

单位:元/人

地 区	现金收入	一、工资性收入	二、家庭经营现金收入	三、财产性收入	四、转移性收入
全国合计	**1595.56**	**352.88**	**1116.73**	**38.19**	**87.76**
北 京	3299.97	1707.81	1303.89	88.37	199.90
天 津	2275.36	1007.81	1181.13	29.19	57.23
河 北	1423.58	440.80	902.05	28.32	52.41
山 西	1088.23	366.34	631.53	21.52	68.84
内蒙古	1196.98	98.50	1004.28	48.52	45.68
辽 宁	1923.23	501.21	1307.62	43.06	71.34
吉 林	1853.88	165.32	1586.13	55.42	47.01
黑龙江	2195.13	130.00	1912.87	99.54	52.72
上 海	4272.37	2719.70	1178.88	120.91	252.88
江 苏	2323.04	814.99	1367.65	33.24	107.16
浙 江	3431.41	1105.97	2095.40	66.91	163.13
安 徽	1367.72	233.87	1041.42	20.93	71.48
福 建	2226.94	526.24	1502.67	37.52	160.49
江 西	1539.90	319.45	1126.44	24.42	69.59
山 东	1608.32	403.99	1097.91	40.74	65.68
河 南	1020.71	162.66	776.75	33.80	47.50
湖 北	1380.29	192.18	1076.16	18.99	92.96
湖 南	1515.28	267.35	1097.35	38.72	111.86
广 东	2891.32	708.89	1892.34	57.54	232.55
广 西	1550.22	201.92	1213.65	33.08	101.57
海 南	1363.26	53.43	1193.23	16.10	100.50
四 川	1129.08	208.32	802.57	18.83	99.36
贵 州	913.74	146.04	663.37	22.70	81.63
云 南	1209.74	120.27	984.20	40.04	65.23
西 藏	772.35	78.97	599.74	33.54	60.10
陕 西	881.10	185.76	571.87	71.00	52.47
甘 肃	674.27	91.49	515.53	15.87	51.38
青 海	733.19	96.48	573.92	21.12	41.67
宁 夏	1279.55	188.71	1019.66	34.80	36.38
新 疆	1876.61	64.41	1700.93	59.19	52.08

4—70 1995年各地区农村居民现金收入构成

单位：%

地　　区	现金收入	一、工资性收入	二、家庭经营现金收入	三、财产性收入	四、转移性收入
全国合计	**100.00**	**22.12**	**69.99**	**2.39**	**5.50**
北　　京	100.00	51.75	39.51	2.68	6.06
天　　津	100.00	44.29	51.91	1.28	2.52
河　　北	100.00	30.96	63.36	1.99	3.68
山　　西	100.00	33.66	58.03	1.98	6.33
内 蒙 古	100.00	8.23	83.90	4.05	3.82
辽　　宁	100.00	26.06	67.99	2.24	3.71
吉　　林	100.00	8.92	85.56	2.99	2.54
黑 龙 江	100.00	5.92	87.14	4.53	2.40
上　　海	100.00	63.66	27.59	2.83	5.92
江　　苏	100.00	35.08	58.87	1.43	4.61
浙　　江	100.00	32.23	61.07	1.95	4.75
安　　徽	100.00	17.10	76.14	1.53	5.23
福　　建	100.00	23.63	67.48	1.68	7.21
江　　西	100.00	20.74	73.15	1.59	4.52
山　　东	100.00	25.12	68.26	2.53	4.08
河　　南	100.00	15.94	76.10	3.31	4.65
湖　　北	100.00	13.92	77.97	1.38	6.73
湖　　南	100.00	17.64	72.42	2.56	7.38
广　　东	100.00	24.52	65.45	1.99	8.04
广　　西	100.00	13.03	78.29	2.13	6.55
海　　南	100.00	3.92	87.53	1.18	7.37
四　　川	100.00	18.45	71.08	1.67	8.80
贵　　州	100.00	15.98	72.60	2.48	8.93
云　　南	100.00	9.94	81.36	3.31	5.39
西　　藏	100.00	10.22	77.65	4.34	7.78
陕　　西	100.00	21.08	64.90	8.06	5.96
甘　　肃	100.00	13.57	76.46	2.35	7.62
青　　海	100.00	13.16	78.28	2.88	5.68
宁　　夏	100.00	14.75	79.69	2.72	2.84
新　　疆	100.00	3.43	90.64	3.15	2.78

4—71 1995年农村居民家庭经营现金收入

单位:元/人

地区	家庭经营现金收入	1.出售产品收入	#农业产品收入	##种植业收入	##牧业收入	2.工业加工费收入	3.建筑业收入
全国合计	**1116.73**	**891.28**	**522.78**	**512.11**	**322.45**	**17.42**	**38.57**
北京	1303.89	919.99	605.96	605.72	245.02	33.96	6.93
天津	1181.13	974.71	506.87	487.79	448.90	32.04	30.22
河北	902.05	680.86	454.55	451.59	211.29	24.94	21.22
山西	631.53	427.80	289.40	288.63	116.60	10.74	23.80
内蒙古	1004.28	924.45	684.58	680.13	228.25	13.39	3.05
辽宁	1307.62	1123.55	707.04	703.29	387.78	15.66	20.10
吉林	1586.13	1488.48	1177.23	1143.25	302.13	12.58	13.76
黑龙江	1912.87	1763.94	1513.68	1510.43	227.54	8.95	13.62
上海	1178.88	989.83	682.08	681.88	301.94	6.64	14.73
江苏	1367.65	1040.74	577.99	548.74	401.66	16.41	99.94
浙江	2095.40	1308.69	602.27	590.22	515.21	119.53	92.64
安徽	1041.42	893.14	589.16	582.86	267.80	6.00	24.23
福建	1502.67	1071.69	583.06	578.31	413.46	18.48	85.70
江西	1126.44	978.23	414.89	395.92	499.18	12.89	13.98
山东	1097.91	931.06	620.76	612.54	293.12	13.14	35.09
河南	776.75	629.51	451.08	440.21	164.62	6.53	28.21
湖北	1076.16	931.09	640.74	634.34	251.35	8.94	20.35
湖南	1097.35	857.40	292.26	276.27	502.69	25.56	59.85
广东	1892.34	1271.06	564.04	557.61	538.21	28.98	152.90
广西	1213.65	1005.40	357.55	338.57	579.75	10.84	50.01
海南	1193.23	933.38	517.64	513.85	270.42	3.86	31.53
四川	802.57	677.13	246.07	235.09	404.86	7.85	33.49
贵州	663.39	528.31	253.12	231.88	253.18	11.90	16.76
云南	984.20	797.69	457.11	439.39	299.10	12.90	20.86
西藏	599.74	324.84	138.62	134.96	118.04	8.91	20.11
陕西	571.87	447.83	286.46	278.92	149.55	14.76	19.57
甘肃	515.53	360.09	255.10	249.83	97.15	6.67	29.87
青海	573.92	410.25	188.11	154.38	218.38	7.15	8.78
宁夏	1019.66	839.14	497.41	495.07	331.50	23.90	3.85
新疆	1700.93	1540.04	1213.88	1208.01	300.15	5.09	5.92

4－71续表　　单位：元/人

地　区	4.交通运输业、邮电业收入	5.批发和零售贸易、餐饮业收入	6.社会服务业收入	7.其他家庭经营收入	第一产业收　入	第二产业收　入	第三产业收　入
全国总计	**47.62**	**43.66**	**20.30**	**57.88**	**891.28**	**55.99**	**169.46**
北　京	243.07	24.91	14.17	60.86	919.99	40.89	343.01
天　津	31.80	48.04	30.71	33.61	974.71	62.26	144.16
河　北	51.23	70.76	14.21	38.83	680.86	46.16	175.03
山　西	79.42	28.63	18.54	42.60	427.80	34.54	169.19
内蒙古	13.42	13.41	5.43	31.13	924.45	16.44	63.39
辽　宁	42.76	50.92	13.44	41.19	1123.55	35.76	148.31
吉　林	20.15	17.46	3.71	29.99	1488.48	26.34	71.31
黑龙江	46.49	11.43	12.54	55.90	1763.94	22.57	126.36
上　海	44.25	7.61	28.72	87.10	989.83	21.37	167.68
江　苏	60.29	61.78	26.38	62.11	1040.74	116.35	210.56
浙　江	153.03	146.85	69.86	204.80	1308.69	212.17	574.54
安　徽	25.33	26.95	14.32	51.45	893.14	30.23	118.05
福　建	80.85	65.35	46.22	134.38	1071.69	104.18	326.80
江　西	30.75	28.29	21.11	41.19	978.23	26.87	121.34
山　东	24.47	24.96	11.48	57.71	931.06	48.23	118.62
河　南	36.55	24.36	12.76	38.83	629.51	34.74	112.50
湖　北	20.57	42.92	15.37	36.92	931.09	29.29	115.78
湖　南	34.90	47.00	20.29	52.35	857.40	85.41	154.54
广　东	110.33	138.70	52.89	137.48	1271.06	181.88	439.40
广　西	47.01	51.86	15.01	33.52	1005.40	60.85	147.40
海　南	33.01	20.72	23.57	147.16	933.38	35.39	224.46
四　川	21.35	19.92	20.86	21.97	677.13	41.34	84.10
贵　州	17.79	35.68	21.08	31.87	528.31	28.66	106.42
云　南	55.09	24.83	7.55	65.28	797.69	33.76	152.75
西　藏	85.22	57.37	13.31	89.98	324.84	29.02	245.88
陕　西	34.26	25.81	7.75	21.89	447.83	34.33	89.71
甘　肃	21.59	19.41	15.06	62.84	360.09	36.54	118.90
青　海	46.23	35.53	9.71	56.27	410.25	15.93	147.74
宁　夏	90.57	44.76	6.63	10.81	839.14	27.75	152.77
新　疆	38.44	29.90	27.35	54.19	1540.04	11.01	149.88

4—72　1995年农村居民家庭经营现金收入构成

单位:%

地　区	家庭经营现金收入	1.出售产品收　入	#农业产品收入	##种植业收　入	##牧　业收　入	2.工业加工费收入	3.建筑业收入
全国合计	**100.00**	**79.81**	**46.81**	**45.86**	**28.87**	**1.56**	**3.45**
北　京	100.00	70.56	46.47	46.45	18.79	2.60	0.53
天　津	100.00	82.52	42.91	41.30	38.01	2.71	2.56
河　北	100.00	75.48	50.39	50.06	23.42	2.76	2.35
山　西	100.00	67.74	45.83	45.70	18.46	1.70	3.77
内蒙古	100.00	92.05	68.17	67.72	22.73	1.33	0.30
辽　宁	100.00	85.92	54.07	53.78	29.66	1.20	1.54
吉　林	100.00	93.84	74.22	72.08	19.05	0.79	0.87
黑龙江	100.00	92.21	79.13	78.96	11.89	0.47	0.71
上　海	100.00	83.96	57.86	57.84	25.61	0.56	1.25
江　苏	100.00	76.10	42.26	40.12	29.37	1.20	7.31
浙　江	100.00	62.46	28.74	28.17	24.59	5.70	4.42
安　徽	100.00	85.76	56.57	55.97	25.71	0.58	2.33
福　建	100.00	71.32	38.80	38.49	27.52	1.23	5.70
江　西	100.00	86.84	36.83	35.15	44.31	1.14	1.24
山　东	100.00	84.80	56.54	55.79	26.70	1.20	3.20
河　南	100.00	81.04	58.07	56.67	21.19	0.84	3.63
湖　北	100.00	86.52	59.54	58.94	23.36	0.83	1.89
湖　南	100.00	78.13	26.63	25.18	45.81	2.33	5.45
广　东	100.00	67.17	29.81	29.47	28.44	1.53	8.08
广　西	100.00	82.84	29.46	27.90	47.77	0.89	4.12
海　南	100.00	78.22	43.38	43.06	22.66	0.32	2.64
四　川	100.00	84.37	30.66	29.29	50.44	0.98	4.17
贵　州	100.00	79.64	38.16	34.95	38.16	1.79	2.53
云　南	100.00	81.05	46.44	44.64	30.39	1.31	2.12
西　藏	100.00	54.16	23.11	22.50	19.68	1.49	3.35
陕　西	100.00	78.31	50.09	48.77	26.15	2.58	3.42
甘　肃	100.00	69.85	49.48	48.46	18.84	1.29	5.79
青　海	100.00	71.48	32.78	26.90	38.05	1.25	1.53
宁　夏	100.00	82.30	48.78	48.55	32.51	2.34	0.38
新　疆	100.00	90.54	71.37	71.02	17.65	0.30	0.35

4—72 续表　　单位:%

地　区	4.交通运输业、邮电业收入	5.批发和零售贸易、餐饮业收入	6.社会服务业收入	7.其他家庭经营收入	第一产业收入	第二产业收入	第三产业收入
全国合计	**4.26**	**3.91**	**1.82**	**5.18**	**79.81**	**5.01**	**15.17**
北　京	18.64	1.91	1.09	4.67	70.56	3.14	26.31
天　津	2.69	4.07	2.60	2.85	82.52	5.27	12.21
河　北	5.68	7.84	1.58	4.30	75.48	5.12	19.40
山　西	12.58	4.53	2.94	6.75	67.74	5.47	26.79
内蒙古	1.34	1.34	0.54	3.10	92.05	1.64	6.31
辽　宁	3.27	3.89	1.03	3.15	85.92	2.73	11.34
吉　林	1.27	1.10	0.23	1.89	93.84	1.66	4.50
黑龙江	2.43	0.60	0.66	2.92	92.21	1.18	6.61
上　海	3.75	0.65	2.44	7.39	83.96	1.81	14.22
江　苏	4.41	4.52	1.93	4.54	76.10	8.51	15.40
浙　江	7.30	7.01	3.33	9.77	62.46	10.13	27.42
安　徽	2.43	2.59	1.38	4.94	85.76	2.90	11.34
福　建	5.38	4.35	3.08	8.94	71.32	6.93	21.75
江　西	2.73	2.51	1.87	3.66	86.84	2.39	10.77
山　东	2.23	2.27	1.05	5.26	84.80	4.39	10.80
河　南	4.71	3.14	1.64	5.00	81.04	4.47	14.48
湖　北	1.91	3.99	1.43	3.43	86.52	2.72	10.76
湖　南	3.18	4.28	1.85	4.77	78.13	7.78	14.08
广　东	5.83	7.33	2.79	7.27	67.17	9.61	23.22
广　西	3.87	4.27	1.24	2.76	82.84	5.01	12.15
海　南	2.77	1.74	1.98	12.33	78.22	2.97	18.81
四　川	2.66	2.48	2.60	2.74	84.37	5.15	10.48
贵　州	2.68	5.38	3.18	4.80	79.64	4.32	16.04
云　南	5.60	2.52	0.77	6.63	81.05	3.43	15.52
西　藏	14.21	9.57	2.22	15.00	54.16	4.84	41.00
陕　西	5.99	4.51	1.36	3.83	78.31	6.00	15.69
甘　肃	4.19	3.77	2.92	12.19	69.85	7.09	23.06
青　海	8.06	6.19	1.69	9.80	71.48	2.78	25.74
宁　夏	8.88	4.39	0.65	1.06	82.30	2.72	14.98
新　疆	2.26	1.76	1.61	3.19	90.54	0.65	8.81

4－73　1995年各地区农村居民纯收入

单位:元/人

地　区	纯收入	一、工资性收入	二、家庭经营纯收入	三、财产性纯收入	四、转移性纯收入
全国合计	**1577.74**	**353.70**	**1125.79**	**40.98**	**57.27**
北　京	3223.65	1715.04	1220.86	116.57	171.18
天　津	2406.38	1012.18	1297.73	55.27	41.20
河　北	1668.73	441.23	1149.75	40.93	36.82
山　西	1208.30	367.19	780.84	22.87	37.40
内蒙古	1208.38	98.62	1035.96	54.83	18.97
辽　宁	1756.50	486.17	1161.58	70.60	38.15
吉　林	1609.60	165.59	1277.47	145.37	21.17
黑龙江	1766.27	130.27	1534.14	80.46	21.40
上　海	4245.61	2733.99	1183.35	154.83	173.44
江　苏	2456.86	821.85	1544.44	25.56	65.01
浙　江	2966.19	1109.76	1696.61	62.45	97.37
安　徽	1302.82	234.21	980.74	35.38	52.49
福　建	2048.59	520.54	1295.96	118.93	113.16
江　西	1537.36	319.69	1161.46	14.52	41.69
山　东	1715.09	408.97	1230.56	28.79	46.77
河　南	1231.97	163.51	1004.19	28.45	35.82
湖　北	1511.22	192.37	1237.87	33.47	47.51
湖　南	1425.16	268.00	1095.89	15.11	46.16
广　东	2699.24	712.25	1756.64	50.05	180.30
广　西	1446.14	202.10	1158.06	11.44	74.54
海　南	1519.71	53.57	1307.86	74.31	83.97
四　川	1158.29	208.58	860.44	21.35	67.92
贵　州	1086.62	146.34	871.37	16.28	52.63
云　南	1010.97	120.84	792.04	57.00	41.09
西　藏	1200.31	79.17	1022.18	46.01	52.95
陕　西	962.89	186.04	723.16	17.28	36.41
甘　肃	880.34	91.68	734.00	18.26	36.40
青　海	1029.77	96.71	908.23	2.98	21.85
宁　夏	998.75	188.78	767.21	22.53	20.23
新　疆	1136.45	64.47	967.59	65.30	39.09

4—74 1995年各地区农村居民纯收入构成

单位:%

地　　区	纯收入	一、工资性收入	二、家庭经营纯收入	三、财产性纯收入	四、转移性纯收入
全国合计	**100.00**	**22.42**	**71.35**	**2.60**	**3.63**
北　　京	100.00	53.20	37.87	3.62	5.31
天　　津	100.00	42.06	53.93	2.30	1.71
河　　北	100.00	26.44	68.90	2.45	2.21
山　　西	100.00	30.39	64.62	1.89	3.10
内 蒙 古	100.00	8.16	85.73	4.54	1.57
辽　　宁	100.00	27.68	66.13	4.02	2.17
吉　　林	100.00	10.29	79.37	9.03	1.32
黑 龙 江	100.00	7.38	86.86	4.56	1.21
上　　海	100.00	64.40	27.87	3.65	4.09
江　　苏	100.00	33.45	62.86	1.04	2.65
浙　　江	100.00	37.41	57.20	2.11	3.28
安　　徽	100.00	17.98	75.28	2.72	4.03
福　　建	100.00	25.41	63.26	5.81	5.52
江　　西	100.00	20.79	75.55	0.94	2.71
山　　东	100.00	23.85	71.75	1.68	2.73
河　　南	100.00	13.27	81.51	2.31	2.91
湖　　北	100.00	12.73	81.91	2.21	3.14
湖　　南	100.00	18.80	76.90	1.06	3.24
广　　东	100.00	26.39	65.08	1.85	6.68
广　　西	100.00	13.98	80.08	0.79	5.15
海　　南	100.00	3.53	86.06	4.89	5.53
四　　川	100.00	18.01	74.29	1.84	5.86
贵　　州	100.00	13.47	80.19	1.50	4.84
云　　南	100.00	11.95	78.34	5.64	4.06
西　　藏	100.00	6.60	85.16	3.83	4.41
陕　　西	100.00	19.32	75.10	1.79	3.78
甘　　肃	100.00	10.41	83.38	2.07	4.13
青　　海	100.00	9.39	88.20	0.29	2.12
宁　　夏	100.00	18.90	76.82	2.26	2.03
新　　疆	100.00	5.67	85.14	5.75	3.44

4—75 1995年各地区农村居民总支出

单位:元/人

地区	总支出	一、家庭经营费用支出	二、购买生产性固定资产支出	三、税费支出	四、生活消费支出	五、财产性和转移性支出
全国合计	**2138.33**	**621.71**	**62.33**	**88.65**	**1310.36**	**55.28**
北京	3103.22	547.12	48.70	64.49	2335.62	107.29
天津	2597.32	825.93	48.79	84.84	1548.40	89.36
河北	1882.72	574.84	68.93	84.24	1104.30	50.41
山西	1298.12	278.86	30.64	45.06	927.99	15.57
内蒙古	2098.09	663.99	101.15	105.25	1180.46	47.24
辽宁	2804.58	982.82	46.84	162.71	1471.93	140.28
吉林	2864.23	975.76	156.47	153.10	1494.62	84.28
黑龙江	3073.72	1001.99	180.86	294.58	1479.84	116.45
上海	4060.53	497.94	41.31	65.72	3387.04	68.52
江苏	2861.57	675.19	51.54	117.73	1938.01	79.10
浙江	3535.75	855.39	169.73	53.94	2378.38	78.31
安徽	1855.83	568.97	66.06	97.10	1070.64	53.06
福建	2659.96	599.24	41.94	51.57	1793.68	173.53
江西	2083.93	678.67	36.22	73.81	1256.08	39.15
山东	2301.31	722.76	56.70	145.98	1338.46	37.41
河南	1604.77	505.63	55.73	80.12	929.39	33.90
湖北	1971.58	510.24	26.40	132.21	1245.10	57.63
湖南	2203.36	669.27	35.71	105.32	1367.30	25.76
广东	3151.31	714.47	25.40	73.81	2255.01	82.62
广西	1889.98	589.84	43.74	29.88	1202.91	23.61
海南	1558.11	332.38	19.17	35.40	1080.46	90.70
四川	1828.15	599.75	33.48	66.35	1092.91	35.66
贵州	1438.61	422.74	28.63	27.87	930.59	28.78
云南	1733.81	609.33	60.60	34.50	981.10	48.28
西藏	1210.96	180.05	114.73	2.59	896.80	16.79
陕西	1423.48	385.49	42.16	57.98	913.73	24.12
甘肃	1469.83	423.30	65.11	30.86	915.25	35.31
青海	1306.43	258.26	69.54	39.16	913.84	25.63
宁夏	1990.62	704.15	141.47	46.00	1063.20	35.80
新疆	2363.45	1035.08	144.33	173.36	941.58	69.10

4—76 1995年各地区农村居民总支出构成

单位：%

地区	总支出	一、家庭经营费用支出	二、购买生产性固定资产支出	三、税费支出	四、生活消费支出	五、财产性和转移性支出
全国合计	**100.00**	**29.07**	**2.91**	**4.15**	**61.28**	**2.59**
北京	100.00	17.63	1.57	2.08	75.26	3.46
天津	100.00	31.80	1.88	3.27	59.62	3.44
河北	100.00	30.53	3.66	4.47	58.65	2.68
山西	100.00	21.48	2.36	3.47	71.49	1.20
内蒙古	100.00	31.65	4.82	5.02	56.26	2.25
辽宁	100.00	35.04	1.67	5.80	52.48	5.00
吉林	100.00	34.07	5.46	5.35	52.18	2.94
黑龙江	100.00	32.60	5.88	9.58	48.14	3.79
上海	100.00	12.26	1.02	1.62	83.41	1.69
江苏	100.00	23.60	1.80	4.11	67.73	2.76
浙江	100.00	24.19	4.80	1.53	67.27	2.21
安徽	100.00	30.66	3.56	5.23	57.69	2.86
福建	100.00	22.53	1.58	1.94	67.43	6.52
江西	100.00	32.57	1.74	3.54	60.27	1.88
山东	100.00	31.41	2.46	6.34	58.16	1.63
河南	100.00	31.51	3.47	4.99	57.91	2.11
湖北	100.00	25.88	1.34	6.71	63.15	2.92
湖南	100.00	30.37	1.62	4.78	62.06	1.17
广东	100.00	22.67	0.81	2.34	71.56	2.62
广西	100.00	31.21	2.31	1.58	63.65	1.25
海南	100.00	21.33	1.23	2.27	69.34	5.82
四川	100.00	32.81	1.83	3.63	59.78	1.95
贵州	100.00	29.39	1.99	1.94	64.69	2.00
云南	100.00	35.14	3.50	1.99	56.59	2.78
西藏	100.00	14.87	9.47	0.21	74.06	1.39
陕西	100.00	27.08	2.96	4.07	64.19	1.69
甘肃	100.00	28.80	4.43	2.10	62.27	2.40
青海	100.00	19.77	5.32	3.00	69.95	1.96
宁夏	100.00	35.37	7.11	2.31	53.41	1.80
新疆	100.00	43.80	6.11	7.34	39.84	2.92

4—77 1995年各地区农村居民家庭经营费用支出

单位：元/人

地　　区	家庭经营费用支出	1. 农业支出	#种植业支　出	2. 林业支出	3. 牧业支出	4. 渔业支出	7. 工业支出	8. 建筑业支　出
全国合计	**621.71**	**321.49**	**314.65**	**2.48**	**242.36**	**9.24**	**10.98**	**3.32**
北　　京	547.12	218.57	217.04	2.69	127.33	29.83	22.80	9.52
天　　津	825.93	417.94	411.03	4.02	360.93	0.73	19.36	5.33
河　　北	574.84	355.14	352.00	1.56	173.07	0.62	11.96	1.18
山　　西	278.86	182.83	180.47	1.82	55.40	0.17	7.82	2.18
内 蒙 古	663.99	448.90	444.51	0.88	194.24	0.05	8.29	0.47
辽　　宁	982.82	534.48	532.47	2.62	388.81	17.98	3.60	1.75
吉　　林	975.76	729.66	699.57	1.70	217.92	0.98	4.55	2.95
黑 龙 江	1001.99	771.51	764.90	1.13	182.65	13.78	2.25	1.70
上　　海	497.94	221.35	219.78	1.96	244.54	4.22	0.42	8.40
江　　苏	675.19	310.42	293.29	1.27	296.71	12.68	12.84	1.66
浙　　江	855.39	273.66	250.91	3.63	326.79	42.53	97.33	11.34
安　　徽	568.97	343.22	339.65	2.07	187.35	8.94	1.83	4.04
福　　建	599.24	253.76	247.80	10.68	249.26	15.73	4.15	16.28
江　　西	678.67	297.70	285.32	2.46	336.36	12.99	9.22	0.82
山　　东	722.76	423.16	415.87	2.99	270.29	0.47	2.54	3.88
河　　南	505.63	328.97	325.28	2.65	137.40	3.38	4.12	1.59
湖　　北	510.24	287.73	284.45	2.08	186.34	6.47	7.40	2.22
湖　　南	669.27	217.95	207.96	0.84	380.49	12.38	27.11	3.47
广　　东	714.47	239.09	235.90	1.72	354.90	50.69	3.88	9.06
广　　西	589.84	201.60	195.74	1.79	334.85	5.89	18.42	1.25
海　　南	332.38	183.63	181.82	14.05	106.89	12.82	1.09	0.57
四　　川	599.75	200.28	195.96	1.01	371.89	3.82	4.01	2.89
贵　　州	422.74	159.04	149.87	1.94	225.16	0.32	6.48	2.14
云　　南	609.33	261.84	254.44	4.32	277.72	6.52	11.00	4.19
西　　藏	180.05	85.78	70.59	0.39	37.51	0.04	0.09	1.71
陕　　西	385.49	230.64	226.61	2.17	124.87	0.12	9.34	1.15
甘　　肃	423.30	301.28	300.47	2.98	85.30	0.03	1.63	1.64
青　　海	258.26	161.40	159.04	0.49	69.01	0.03	1.06	0.15
宁　　夏	704.15	359.58	357.40	0.32	286.68	2.75	7.95	0.04
新　　疆	1035.08	768.21	765.25	3.80	208.43	5.73	3.83	0.98

4—77续表

单位:元/人

地区	7.交通运输、邮电业支出	8.批发和零售贸易、邮电业支出	9.社会服务业支出	10.其他家庭经营支出	第一产业支出	第二产业支出	第三产业支出
全国合计	**16.43**	**7.84**	**2.58**	**4.99**	**575.57**	**14.30**	**31.85**
北京	127.13	1.04	6.61	1.59	378.42	32.33	136.37
天津	10.49	3.49	1.61	2.03	783.62	24.69	17.61
河北	14.44	13.77	1.84	1.26	530.39	13.14	31.31
山西	23.32	1.76	1.67	1.90	240.21	10.00	28.65
内蒙古	3.24	1.35	0.57	6.01	644.07	8.76	11.16
辽宁	20.51	9.75	0.76	2.58	943.89	5.34	33.59
吉林	7.92	5.61	1.39	3.06	950.27	7.51	17.98
黑龙江	17.08	3.30	2.41	6.18	969.07	3.96	28.96
上海	10.86	0.76	4.59	0.85	472.07	8.81	17.05
江苏	16.16	18.56	2.17	2.71	621.09	14.50	39.60
浙江	46.24	29.04	12.23	12.59	646.60	108.68	100.10
安徽	8.24	3.31	1.43	8.54	541.58	5.87	21.52
福建	26.93	10.21	4.83	7.40	529.43	20.44	49.37
江西	10.70	2.84	2.97	2.59	649.51	10.05	19.11
山东	9.31	5.26	1.47	3.40	696.91	6.42	19.44
河南	15.99	5.44	1.60	4.48	472.41	5.71	27.51
湖北	5.51	8.53	1.67	2.30	482.61	9.62	18.01
湖南	11.15	8.77	2.63	4.49	611.66	30.58	27.04
广东	24.74	15.88	5.95	8.58	646.39	12.93	55.15
广西	17.36	5.60	1.98	1.10	544.41	19.67	26.03
海南	5.82	1.60	0.75	5.15	317.40	1.66	13.32
四川	7.60	2.50	2.62	3.13	577.00	6.90	15.85
贵州	5.91	12.27	4.22	5.27	386.46	8.62	27.67
云南	25.97	5.80	2.71	9.27	550.39	15.19	43.74
西藏	44.65	0.69	0.82	8.38	123.71	1.80	54.54
陕西	10.19	5.20	1.07	0.74	357.80	10.50	17.19
甘肃	7.82	1.87	0.85	19.91	389.59	3.26	30.45
青海	17.89	5.08	2.21	0.94	230.94	1.21	26.12
宁夏	39.15	4.39	1.36	1.94	649.32	7.98	46.85
新疆	22.29	12.87	0.67	8.28	986.17	4.81	44.11

4—78 1995年各地区农村居民家庭经营费用支出构成

单位:%

地　区	家庭经营费用支出	1. 农业支出	#种植业支出	2. 林业支出	3. 牧业支出	4. 渔业支出	7. 工业支出	8. 建筑业支出
全国合计	**100.00**	**51.71**	**50.61**	**0.40**	**38.98**	**1.49**	**1.77**	**0.53**
北　京	100.00	39.95	39.67	0.49	23.27	5.45	4.17	1.74
天　津	100.00	50.60	49.77	0.49	43.70	0.09	2.34	0.65
河　北	100.00	61.78	61.23	0.27	30.11	0.11	2.08	0.21
山　西	100.00	65.56	64.72	0.65	19.86	0.06	2.80	0.78
内蒙古	100.00	67.61	66.94	0.13	29.25	0.01	1.25	0.07
辽　宁	100.00	54.38	54.18	0.27	39.56	1.83	0.37	0.18
吉　林	100.00	74.78	71.70	0.17	22.33	0.10	0.47	0.30
黑龙江	100.00	77.00	76.34	0.11	18.23	1.38	0.23	0.17
上　海	100.00	44.45	44.14	0.39	49.11	0.85	0.08	1.69
江　苏	100.00	45.98	43.44	0.19	43.95	1.88	1.90	0.25
浙　江	100.00	31.99	29.33	0.42	38.20	4.97	11.38	1.33
安　徽	100.00	60.32	59.69	0.36	32.93	1.57	0.32	0.71
福　建	100.00	42.35	41.35	1.78	41.60	2.62	0.69	2.72
江　西	100.00	43.86	42.04	0.36	49.56	1.91	1.36	0.12
山　东	100.00	58.55	57.54	0.41	37.40	0.06	0.35	0.54
河　南	100.00	65.06	64.33	0.52	27.17	0.67	0.81	0.31
湖　北	100.00	56.39	55.75	0.41	36.52	1.27	1.45	0.43
湖　南	100.00	32.56	31.07	0.13	56.85	1.85	4.05	0.52
广　东	100.00	33.46	33.02	0.24	49.67	7.09	0.54	1.27
广　西	100.00	34.18	33.19	0.30	56.77	1.00	3.12	0.21
海　南	100.00	55.25	54.70	4.23	32.16	3.86	0.33	0.17
四　川	100.00	33.39	32.67	0.17	62.01	0.64	0.67	0.48
贵　州	100.00	37.62	35.45	0.46	53.26	0.07	1.53	0.51
云　南	100.00	42.97	41.76	0.71	45.58	1.07	1.81	0.69
西　藏	100.00	47.64	39.21	0.21	20.83	0.02	0.05	0.95
陕　西	100.00	59.83	58.78	0.56	32.39	0.03	2.42	0.30
甘　肃	100.00	71.17	70.98	0.70	20.15	0.01	0.38	0.39
青　海	100.00	62.50	61.58	0.19	26.72	0.01	0.41	0.06
宁　夏	100.00	51.07	50.76	0.05	40.71	0.39	1.13	0.01
新　疆	100.00	74.22	73.93	0.37	20.14	0.55	0.37	0.09

4—78 续表 单位：%

地　区	7.交通运输、邮电业支出	8.批发和零售贸易、邮电业支出	9. 社会服务业支出	10.其他家庭经营支出	第一产业支出	第二产业支出	第三产业支出
全国合计	**2.64**	**1.26**	**0.42**	**0.81**	**92.58**	**2.30**	**5.12**
北　京	23.24	0.19	1.21	0.29	69.17	5.91	24.92
天　津	1.27	0.42	0.19	0.25	94.88	2.99	2.13
河　北	2.51	2.40	0.32	0.22	92.27	2.29	5.45
山　西	8.36	0.63	0.60	0.68	86.14	3.59	10.27
内蒙古	0.49	0.20	0.09	0.91	97.00	1.32	1.68
辽　宁	2.09	0.99	0.08	0.26	96.04	0.54	3.42
吉　林	0.81	0.58	0.14	0.31	97.39	0.77	1.84
黑龙江	1.70	0.33	0.24	0.62	96.71	0.40	2.89
上　海	2.18	0.15	0.92	0.17	94.80	1.77	3.43
江　苏	2.39	2.75	0.32	0.40	91.99	2.15	5.86
浙　江	5.41	3.40	1.43	1.47	75.59	12.70	11.70
安　徽	1.45	0.58	0.25	1.50	95.19	1.03	3.78
福　建	4.49	1.70	0.81	1.23	88.35	3.41	8.24
江　西	1.58	0.42	0.44	0.38	95.70	1.48	2.82
山　东	1.29	0.73	0.20	0.47	96.42	0.89	2.69
河　南	3.16	1.08	0.32	0.89	93.43	1.13	5.44
湖　北	1.08	1.67	0.33	0.45	94.59	1.89	3.53
湖　南	1.67	1.31	0.39	0.67	91.39	4.57	4.04
广　东	3.46	2.22	0.83	1.20	90.47	1.81	7.72
广　西	2.94	0.95	0.33	0.19	92.30	3.33	4.41
海　南	1.75	0.48	0.23	1.55	95.49	0.50	4.01
四　川	1.27	0.42	0.44	0.52	96.21	1.15	2.64
贵　州	1.40	2.90	1.00	1.25	91.42	2.04	6.55
云　南	4.26	0.95	0.44	1.52	90.33	2.49	7.18
西　藏	24.80	0.38	0.46	4.65	68.71	1.00	30.29
陕　西	2.64	1.35	0.28	0.19	92.82	2.72	4.46
甘　肃	1.85	0.44	0.20	4.70	92.04	0.77	7.19
青　海	6.93	1.97	0.86	0.37	89.42	0.47	10.11
宁　夏	5.56	0.62	0.19	0.28	92.21	1.13	6.65
新　疆	2.15	1.24	0.06	0.80	95.27	0.46	4.26

4—79 1995年各地区农村居民生活消费支出

单位:元/人

地区	生活消费支出	一、食品支出	二、衣着支出	三、居住支出	四、家庭设备用品及服务支出	五、医疗保健支出	六、交通和通讯支出	七、文教娱乐用品及服务支出	八、其他商品及服务支出
全国总计	**1310.36**	**768.19**	**89.79**	**182.21**	**68.48**	**42.48**	**33.76**	**102.39**	**23.06**
北京	2335.62	1183.39	229.50	224.96	196.24	107.27	91.65	246.33	56.28
天津	1548.40	911.43	129.53	212.46	66.45	62.10	37.29	97.84	31.30
河北	1104.30	627.43	89.62	165.41	58.15	40.93	33.47	73.04	16.25
山西	927.99	586.03	103.02	77.62	42.95	31.09	14.05	62.80	10.43
内蒙古	1180.46	704.70	86.16	157.02	50.01	48.49	22.39	97.45	14.23
辽宁	1471.93	887.11	138.38	169.88	60.12	48.57	35.58	107.23	25.06
吉林	1494.62	841.85	134.03	189.80	64.91	57.83	33.11	138.33	34.76
黑龙江	1479.84	813.40	139.64	228.97	56.44	74.84	34.15	113.71	18.69
上海	3387.04	1491.40	252.31	761.06	284.37	72.56	159.03	256.04	110.27
江苏	1938.01	1061.42	126.78	344.62	132.95	49.07	52.31	139.18	31.68
浙江	2378.38	1197.97	157.06	442.30	147.83	103.20	76.50	163.91	89.61
安徽	1070.64	625.42	70.56	165.63	57.23	34.07	21.29	79.45	16.99
福建	1793.68	1093.45	99.17	212.46	83.05	44.39	70.61	148.72	41.83
江西	1256.08	774.61	70.27	167.60	57.87	39.48	32.30	93.48	20.47
山东	1338.46	748.68	102.03	208.63	73.68	40.25	43.05	106.08	16.06
河南	929.39	544.26	77.07	131.94	43.76	34.43	17.37	63.53	17.03
湖北	1245.10	753.91	81.11	147.08	55.29	34.90	30.54	128.28	13.99
湖南	1367.30	823.91	73.51	192.42	68.79	35.78	26.29	128.84	17.76
广东	2255.01	1228.00	91.31	345.65	140.54	67.51	82.08	245.16	54.76
广西	1202.91	760.26	49.17	139.49	51.98	29.04	27.33	127.69	17.95
海南	1080.46	737.21	48.06	92.23	49.15	24.58	16.98	92.54	19.71
四川	1092.91	718.31	63.52	127.27	50.72	29.35	18.38	75.36	10.00
贵州	930.59	661.85	55.64	78.67	42.61	16.28	13.97	49.27	12.30
云南	981.10	602.92	60.77	133.94	54.29	32.04	21.49	58.07	17.58
西藏	896.80	667.08	92.72	44.98	61.61	6.41	8.49	6.37	9.14
陕西	913.73	542.02	61.82	136.91	41.59	41.30	15.11	65.14	9.84
甘肃	915.25	649.29	45.50	93.39	30.90	29.18	13.54	45.92	7.53
青海	913.84	593.90	85.49	88.76	34.29	34.70	22.49	33.74	20.47
宁夏	1063.20	617.67	84.43	144.86	59.76	41.50	28.39	72.44	14.15
新疆	941.58	471.54	119.90	121.22	56.26	47.96	35.69	64.90	24.11

4—80 1995年各地区农村居民生活消费支出构成

单位:%

地　区	生活消费支出	一、食品支出	二、衣着支出	三、居住支出	四、家庭设备用品及服务支出	五、医疗保健支出	六、交通和通讯支出	七、文教娱乐用品及服务支出	八、其他商品及服务支出
全国合计	**100.00**	**58.62**	**6.85**	**13.91**	**5.23**	**3.24**	**2.58**	**7.81**	**1.76**
北　京	100.00	50.67	9.83	9.63	8.40	4.59	3.92	10.55	2.41
天　津	100.00	58.86	8.37	13.72	4.29	4.01	2.41	6.32	2.02
河　北	100.00	56.82	8.12	14.98	5.27	3.71	3.03	6.61	1.47
山　西	100.00	63.15	11.10	8.36	4.63	3.35	1.51	6.77	1.12
内蒙古	100.00	59.70	7.30	13.30	4.24	4.11	1.90	8.26	1.21
辽　宁	100.00	60.27	9.40	11.54	4.08	3.30	2.42	7.28	1.70
吉　林	100.00	56.33	8.97	12.70	4.34	3.87	2.22	9.26	2.33
黑龙江	100.00	54.97	9.44	15.47	3.81	5.06	2.31	7.68	1.26
上　海	100.00	44.03	7.45	22.47	8.40	2.14	4.70	7.56	3.26
江　苏	100.00	54.77	6.54	17.78	6.86	2.53	2.70	7.18	1.63
浙　江	100.00	50.37	6.60	18.60	6.22	4.34	3.22	6.89	3.77
安　徽	100.00	58.42	6.59	15.47	5.35	3.18	1.99	7.42	1.59
福　建	100.00	60.96	5.53	11.84	4.63	2.47	3.94	8.29	2.33
江　西	100.00	61.67	5.59	13.34	4.61	3.14	2.57	7.44	1.63
山　东	100.00	55.94	7.62	15.59	5.50	3.01	3.22	7.93	1.20
河　南	100.00	58.56	8.29	14.20	4.71	3.70	1.87	6.84	1.83
湖　北	100.00	60.55	6.51	11.81	4.44	2.80	2.45	10.30	1.12
湖　南	100.00	60.26	5.38	14.07	5.03	2.62	1.92	9.42	1.30
广　东	100.00	54.46	4.05	15.33	6.23	2.99	3.64	10.87	2.43
广　西	100.00	63.20	4.09	11.60	4.32	2.41	2.27	10.62	1.49
海　南	100.00	68.23	4.45	8.54	4.55	2.27	1.57	8.56	1.82
四　川	100.00	65.72	5.81	11.65	4.64	2.69	1.68	6.90	0.91
贵　州	100.00	71.12	5.98	8.45	4.58	1.75	1.50	5.29	1.32
云　南	100.00	61.45	6.19	13.65	5.53	3.27	2.19	5.92	1.79
西　藏	100.00	74.38	10.34	5.02	6.87	0.71	0.95	0.71	1.02
陕　西	100.00	59.32	6.77	14.98	4.55	4.52	1.65	7.13	1.08
甘　肃	100.00	70.94	4.97	10.20	3.38	3.19	1.48	5.02	0.82
青　海	100.00	64.99	9.36	9.71	3.75	3.80	2.46	3.69	2.24
宁　夏	100.00	58.10	7.94	13.62	5.62	3.90	2.67	6.81	1.33
新　疆	100.00	50.08	12.73	12.87	5.98	5.09	3.79	6.89	2.56

4—81 1995年各地区农村居民现金支出

单位:元/人

地　　区	现金支出	一、家庭经营费用现金支出	二、购买生产性固定资产支出	三、税费支出	四、生活消费支出	五、财产性和转移性支出
全国总计	**1545.81**	**454.74**	**62.33**	**76.96**	**859.43**	**92.35**
北　　京	2917.34	543.66	48.70	63.38	2073.57	188.03
天　　津	2041.11	732.25	48.79	47.19	1097.98	114.90
河　　北	1263.84	387.48	68.93	65.77	689.98	51.68
山　　西	896.33	206.68	30.64	42.22	563.98	52.81
内 蒙 古	1404.23	434.44	101.15	104.16	689.16	75.32
辽　　宁	1935.67	638.28	46.84	149.25	942.60	158.70
吉　　林	2310.63	779.63	156.47	150.32	1092.91	131.30
黑 龙 江	2561.74	861.78	180.86	294.55	1058.01	166.54
上　　海	3891.34	496.28	41.31	65.72	2933.53	354.50
江　　苏	2108.32	528.33	51.54	83.87	1285.75	158.83
浙　　江	3201.29	782.30	169.73	46.58	1986.80	215.88
安　　徽	1321.74	399.34	66.06	94.05	682.54	79.75
福　　建	2100.26	525.10	41.94	39.45	1310.99	182.78
江　　西	1470.16	504.44	36.22	59.77	776.12	93.61
山　　东	1514.63	422.82	56.70	117.75	851.91	65.45
河　　南	1042.95	336.90	55.73	68.85	533.78	47.69
湖　　北	1341.21	376.25	26.40	129.89	700.18	108.49
湖　　南	1593.00	462.85	35.71	97.74	875.11	121.59
广　　东	2609.02	630.21	25.40	38.04	1790.33	125.04
广　　西	1389.54	490.34	43.74	19.25	784.17	52.04
海　　南	976.64	239.28	19.17	7.48	654.58	56.13
四　　川	1111.88	352.88	33.48	57.10	605.14	63.28
贵　　州	815.88	237.60	28.63	24.10	456.35	69.20
云　　南	1144.16	375.96	60.60	17.20	630.02	60.38
西　　藏	652.01	108.56	114.73	2.59	413.38	12.75
陕　　西	922.73	255.10	42.16	57.98	527.65	39.84
甘　　肃	720.22	248.46	65.11	23.54	355.03	28.08
青　　海	779.79	165.60	69.54	38.76	458.69	47.20
宁　　夏	1394.02	472.02	141.47	44.57	662.21	73.75
新　　疆	2009.15	940.40	144.33	172.55	682.13	69.74

4—82 1995年各地区农村居民现金支出构成

单位:%

地 区	现金支出	一、家庭经营费用现金支出	二、购买生产性固定资产支出	三、税费支出	四、生活消费支出	五、财产性和转移性支出
全国合计	**100.00**	**29.42**	**4.03**	**4.98**	**55.60**	**5.97**
北 京	100.00	18.64	1.67	2.17	71.08	6.45
天 津	100.00	35.88	2.39	2.31	53.79	5.63
河 北	100.00	30.66	5.45	5.20	54.59	4.09
山 西	100.00	23.06	3.42	4.71	62.92	5.89
内蒙古	100.00	30.94	7.20	7.42	49.08	5.36
辽 宁	100.00	32.97	2.42	7.71	48.70	8.20
吉 林	100.00	33.74	6.77	6.51	47.30	5.68
黑龙江	100.00	33.64	7.06	11.50	41.30	6.50
上 海	100.00	12.75	1.06	1.69	75.39	9.11
江 苏	100.00	25.06	2.44	3.98	60.98	7.53
浙 江	100.00	24.44	5.30	1.46	62.06	6.74
安 徽	100.00	30.21	5.00	7.12	51.64	6.03
福 建	100.00	25.00	2.00	1.88	62.42	8.70
江 西	100.00	34.31	2.46	4.07	52.79	6.37
山 东	100.00	27.92	3.74	7.77	56.25	4.32
河 南	100.00	32.30	5.34	6.60	51.18	4.57
湖 北	100.00	28.05	1.97	9.68	52.21	8.09
湖 南	100.00	29.06	2.24	6.14	54.93	7.63
广 东	100.00	24.16	0.97	1.46	68.62	4.79
广 西	100.00	35.29	3.15	1.39	56.43	3.75
海 南	100.00	24.50	1.96	0.77	67.02	5.75
四 川	100.00	31.74	3.01	5.14	54.42	5.69
贵 州	100.00	29.12	3.51	2.95	55.93	8.48
云 南	100.00	32.86	5.30	1.50	55.06	5.28
西 藏	100.00	16.65	17.60	0.40	63.40	1.96
陕 西	100.00	27.65	4.57	6.28	57.18	4.32
甘 肃	100.00	34.50	9.04	3.27	49.29	3.90
青 海	100.00	21.24	8.92	4.97	58.82	6.05
宁 夏	100.00	33.86	10.15	3.20	47.50	5.29
新 疆	100.00	46.81	7.18	8.59	33.95	3.47

4—83 1995年各地区农村居民家庭经营费用现金支出

单位:元/人

地区	家庭经营费用现金支出	1. 农业支出	#种植业支出	2. 林业支出	3. 牧业支出	4. 渔业支出	5. 工业支出	6. 建筑业支出
全国合计	**454.74**	**261.41**	**254.81**	**2.12**	**138.30**	**8.82**	**10.60**	**3.22**
北京	543.66	216.92	215.39	2.69	125.53	29.83	22.80	9.52
天津	732.25	363.35	358.03	3.58	322.30	0.73	19.36	5.33
河北	387.48	262.28	259.13	1.48	81.39	0.62	10.67	1.18
山西	206.68	138.96	136.59	1.82	27.10	0.17	7.82	2.18
内蒙古	434.44	351.71	347.31	0.82	64.15	0.05	6.08	0.47
辽宁	638.28	383.31	381.30	0.50	199.50	17.97	3.38	1.20
吉林	779.63	650.36	620.27	1.70	101.34	0.74	4.55	2.95
黑龙江	861.78	689.92	685.06	1.12	125.29	12.60	2.24	1.70
上海	496.28	220.25	218.68	1.96	244.08	4.22	0.42	8.40
江苏	528.33	283.17	266.23	1.27	179.92	11.88	12.84	1.66
浙江	782.30	267.91	245.18	3.60	261.91	42.28	97.33	11.34
安徽	399.34	262.58	259.10	1.90	102.09	8.82	1.76	4.03
福建	525.10	231.15	225.20	10.60	197.86	15.73	4.15	16.28
江西	504.44	268.61	256.23	1.73	193.07	12.20	9.22	0.82
山东	422.82	278.46	271.42	2.92	121.45	0.41	2.23	3.35
河南	336.90	237.50	234.39	2.17	62.56	3.22	3.69	1.59
湖北	376.25	237.89	234.62	1.42	105.31	6.33	7.31	2.11
湖南	462.85	194.88	184.93	0.84	198.83	12.07	26.20	3.47
广东	630.21	220.12	216.96	1.57	294.76	46.61	3.87	8.68
广西	490.34	194.58	188.78	1.78	242.39	5.89	18.42	1.25
海南	239.28	163.30	161.49	8.01	41.46	12.82	1.09	0.57
四川	352.88	154.41	150.17	0.84	174.00	3.25	3.89	2.82
贵州	237.60	115.47	107.76	1.61	87.25	0.31	6.36	2.12
云南	375.96	184.18	176.95	3.56	129.44	5.65	10.63	4.17
西藏	108.56	46.20	31.02	0.39	5.80	0.04	0.09	1.71
陕西	255.10	180.98	177.82	2.17	47.41	0.12	6.16	1.15
甘肃	248.46	186.01	185.52	1.24	30.64	0.03	1.55	0.70
青海	165.60	103.62	101.25	0.49	34.28	0.03	1.06	0.15
宁夏	472.02	253.76	251.57	0.32	160.50	2.62	7.95	0.04
新疆	940.40	723.34	720.38	3.69	158.97	5.73	3.83	0.98

4—83 续表 单位:元/人

地区	7.交通运输、邮电业支出	8.批发和零售贸易、邮电业支出	9. 社会服务业支出	10.其他家庭经营支出	第一产业支出	第二产业支出	第三产业支出
全国合计	**16.26**	**7.39**	**2.47**	**4.15**	**410.65**	**13.82**	**30.27**
北京	127.13	1.04	6.61	1.59	237.92	5.45	136.37
天津	10.47	3.49	1.61	2.03	218.62	0.51	17.60
河北	14.24	13.37	1.66	0.58	207.89	4.36	29.85
山西	23.32	1.76	1.67	1.90	124.30	3.68	28.65
内蒙古	3.24	1.35	0.57	6.01	253.56	3.15	11.16
辽宁	19.71	9.67	0.74	2.30	277.14	3.37	32.42
吉林	7.92	5.61	1.39	3.06	353.17	2.37	17.98
黑龙江	17.08	3.30	2.36	6.18	389.34	3.58	28.90
上海	10.86	0.76	4.49	0.85	249.10	0.98	16.96
江苏	16.16	16.77	2.17	2.50	234.80	6.44	37.59
浙江	46.10	28.29	12.23	11.30	258.28	9.35	97.93
安徽	8.23	3.27	1.35	5.31	215.38	4.01	18.17
福建	26.92	10.21	4.83	7.36	271.16	11.05	49.33
江西	10.70	2.84	2.97	2.27	205.44	5.03	18.79
山东	8.73	3.30	0.88	1.09	225.95	3.10	13.99
河南	15.79	4.31	1.60	4.47	159.92	5.32	26.17
湖北	5.48	7.82	1.54	1.05	194.95	2.73	15.89
湖南	10.76	8.76	2.60	4.46	245.73	4.70	26.57
广东	24.58	15.87	5.95	8.20	347.08	6.78	54.59
广西	17.36	5.60	1.98	1.10	206.56	10.25	26.03
海南	5.82	1.60	0.75	3.84	182.16	4.84	12.02
四川	7.54	1.86	2.09	2.17	226.28	3.99	13.65
贵州	5.54	11.66	4.04	3.23	152.66	3.43	24.48
云南	25.29	5.60	2.62	4.82	180.05	2.45	38.33
西藏	44.44	0.69	0.82	8.38	126.39	0.39	54.33
陕西	10.19	5.12	1.07	0.73	156.06	3.41	17.11
甘肃	7.39	1.30	0.69	18.93	136.99	1.79	28.30
青海	17.76	5.08	2.19	0.94	145.24	1.21	25.97
宁夏	39.15	4.39	1.36	1.94	193.49	2.93	46.85
新疆	22.29	12.87	0.67	8.02	300.77	1.54	43.85

4－84　1995年各地区农村居民家庭经营费用现金支出构成

单位:%

地　区	家庭经营费用现金支出	1. 农业支出	#种植业支　出	2. 林业支出	3. 牧业支出	4. 渔业支出	5. 工业支出	6. 建筑业支　出
全国合计	**100.00**	**57.49**	**56.03**	**0.47**	**30.41**	**1.94**	**2.33**	**0.71**
北　京	100.00	39.90	39.62	0.50	23.09	5.49	4.19	1.75
天　津	100.00	49.62	48.89	0.49	44.02	0.10	2.64	0.73
河　北	100.00	67.69	66.88	0.38	21.01	0.16	2.75	0.30
山　西	100.00	67.23	66.09	0.88	13.11	0.08	3.78	1.05
内蒙古	100.00	80.96	79.95	0.19	14.77	0.01	1.40	0.11
辽　宁	100.00	60.05	59.74	0.08	31.26	2.82	0.53	0.19
吉　林	100.00	83.42	79.56	0.22	13.00	0.10	0.58	0.38
黑龙江	100.00	80.06	79.49	0.13	14.54	1.46	0.26	0.20
上　海	100.00	44.38	44.06	0.39	49.18	0.85	0.08	1.69
江　苏	100.00	53.60	50.39	0.24	34.05	2.25	2.43	0.31
浙　江	100.00	34.25	31.34	0.46	33.48	5.40	12.44	1.45
安　徽	100.00	65.75	64.88	0.48	25.57	2.21	0.44	1.01
福　建	100.00	44.02	42.89	2.02	37.68	3.00	0.79	3.10
江　西	100.00	53.25	50.80	0.34	38.27	2.42	1.83	0.16
山　东	100.00	65.86	64.19	0.69	28.72	0.10	0.53	0.79
河　南	100.00	70.50	69.57	0.64	18.57	0.96	1.10	0.47
湖　北	100.00	63.23	62.36	0.38	27.99	1.68	1.94	0.56
湖　南	100.00	42.10	39.95	0.18	42.96	2.61	5.66	0.75
广　东	100.00	34.93	34.43	0.25	46.77	7.40	0.61	1.38
广　西	100.00	39.68	38.50	0.36	49.43	1.20	3.76	0.25
海　南	100.00	68.25	67.49	3.35	17.33	5.36	0.46	0.24
四　川	100.00	43.76	42.55	0.24	49.31	0.92	1.10	0.80
贵　州	100.00	48.60	45.35	0.68	36.72	0.13	2.68	0.89
云　南	100.00	48.99	47.07	0.95	34.43	1.50	2.83	1.11
西　藏	100.00	42.56	28.57	0.35	5.35	0.04	0.08	1.58
陕　西	100.00	70.95	69.71	0.85	18.58	0.05	2.41	0.45
甘　肃	100.00	74.86	74.67	0.50	12.33	0.01	0.62	0.28
青　海	100.00	62.57	61.14	0.29	20.70	0.02	0.64	0.09
宁　夏	100.00	53.76	53.30	0.07	34.00	0.55	1.68	0.01
新　疆	100.00	76.92	76.60	0.39	16.90	0.61	0.41	0.10

4—84续表 单位:%

地　　区	7.交通运输、邮电业支出	8.批发和零售贸易、邮电业支出	9. 社会服务业支出	10.其他家庭经营支出	第一产业支　出	第二产业支　出	第三产业支　出
全国合计	**3.58**	**1.63**	**0.54**	**0.91**	**90.30**	**3.04**	**6.66**
北　　京	23.38	0.19	1.22	0.29	43.76	1.00	25.08
天　　津	1.43	0.48	0.22	0.28	29.86	0.07	2.40
河　　北	3.68	3.45	0.43	0.15	53.65	1.13	7.70
山　　西	11.28	0.85	0.81	0.92	60.14	1.78	13.86
内 蒙 古	0.74	0.31	0.13	1.38	58.36	0.73	2.57
辽　　宁	3.09	1.51	0.12	0.36	43.42	0.53	5.08
吉　　林	1.02	0.72	0.18	0.39	45.30	0.30	2.31
黑 龙 江	1.98	0.38	0.27	0.72	45.18	0.42	3.35
上　　海	2.19	0.15	0.90	0.17	50.19	0.20	3.42
江　　苏	3.06	3.17	0.41	0.47	44.44	1.22	7.12
浙　　江	5.89	3.62	1.56	1.44	33.02	1.20	12.52
安　　徽	2.06	0.82	0.34	1.33	53.93	1.00	4.55
福　　建	5.13	1.94	0.92	1.40	51.64	2.10	9.39
江　　西	2.12	0.56	0.59	0.45	40.73	1.00	3.72
山　　东	2.06	0.78	0.21	0.26	53.44	0.73	3.31
河　　南	4.69	1.28	0.47	1.33	47.47	1.58	7.77
湖　　北	1.46	2.08	0.41	0.28	51.81	0.73	4.22
湖　　南	2.32	1.89	0.56	0.96	53.09	1.02	5.74
广　　东	3.90	2.52	0.94	1.30	55.07	1.08	8.66
广　　西	3.54	1.14	0.40	0.22	42.13	2.09	5.31
海　　南	2.43	0.67	0.31	1.61	76.13	2.02	5.02
四　　川	2.14	0.53	0.59	0.61	64.12	1.13	3.87
贵　　州	2.33	4.91	1.70	1.36	64.25	1.44	10.30
云　　南	6.73	1.49	0.70	1.28	47.89	0.65	10.20
西　　藏	40.94	0.63	0.76	7.72	116.42	0.36	50.04
陕　　西	4.00	2.01	0.42	0.29	61.18	1.34	6.71
甘　　肃	2.97	0.52	0.28	7.62	55.14	0.72	11.39
青　　海	10.72	3.07	1.32	0.57	87.71	0.73	15.68
宁　　夏	8.29	0.93	0.29	0.41	40.99	0.62	9.92
新　　疆	2.37	1.37	0.07	0.85	31.98	0.16	4.66

4—85 1995年各地区农村居民生活消费现金支出

单位:元/人

地区	生活消费现金支出	一、食品支出	二、衣着支出	三、居住支出	四、家庭设备用品及服务支出	五、医疗保健支出	六、交通和通讯支出	七、文教娱乐用品及服务支出	八、其他商品及服务支出
全国合计	**859.43**	**353.22**	**88.66**	**147.86**	**68.08**	**42.47**	**33.73**	**102.35**	**23.06**
北京	2073.57	922.39	229.17	224.85	195.63	107.27	91.65	246.33	56.28
天津	1097.98	486.38	129.38	187.35	66.34	62.10	37.29	97.84	31.30
河北	689.98	252.59	87.74	127.80	58.15	40.93	33.47	73.04	16.27
山西	563.98	228.80	102.53	71.54	42.74	31.09	14.05	62.80	10.43
内蒙古	689.16	232.90	85.74	137.94	50.01	48.49	22.39	97.45	14.23
辽宁	942.60	407.89	138.04	120.70	59.53	48.57	35.58	107.28	25.01
吉林	1092.91	482.44	134.02	147.58	64.83	57.83	33.11	138.33	34.77
黑龙江	1058.01	464.25	139.64	156.30	56.44	74.84	34.15	113.71	18.69
上海	2933.53	1065.06	232.88	754.06	283.63	72.56	159.03	256.04	110.27
江苏	1285.75	478.81	123.42	282.44	128.83	49.07	52.31	139.18	31.68
浙江	1986.80	821.18	156.95	427.79	147.67	103.20	76.50	163.91	89.62
安徽	682.54	285.09	69.87	118.54	57.23	34.07	21.29	79.45	17.00
福建	1310.99	652.75	99.01	170.79	82.90	44.39	70.61	148.72	41.83
江西	776.12	324.41	69.92	138.31	57.76	39.48	32.30	93.48	20.46
山东	851.91	330.19	99.55	144.72	73.64	40.09	42.44	105.23	16.05
河南	533.78	190.37	75.17	93.28	42.60	34.43	17.37	63.53	17.04
湖北	700.18	258.71	79.46	99.01	55.29	34.90	30.54	128.28	13.99
湖南	875.11	346.51	73.00	178.16	68.77	35.78	26.29	128.84	17.75
广东	1790.33	794.04	89.73	317.26	139.78	67.51	82.08	245.16	54.77
广西	784.18	369.14	49.17	112.22	51.65	29.04	27.33	127.69	17.93
海南	654.58	357.38	48.06	46.19	49.14	24.58	16.98	92.54	19.70
四川	605.14	266.46	63.10	91.94	50.54	29.35	18.38	75.36	10.01
贵州	456.35	198.09	55.60	68.24	42.60	16.28	13.97	49.27	12.29
云南	630.02	271.33	59.89	115.42	54.19	32.04	21.49	58.07	17.58
西藏	413.38	204.03	92.08	25.87	61.00	6.41	8.49	6.37	9.14
陕西	527.65	185.45	60.97	108.25	41.59	41.30	15.11	65.14	9.84
甘肃	355.03	129.71	45.29	53.08	30.77	29.18	13.54	45.92	7.54
青海	458.69	173.93	84.69	54.41	34.27	34.70	22.49	33.74	20.47
宁夏	662.21	225.27	84.32	136.36	59.76	41.50	28.39	72.44	14.15
新疆	682.13	233.37	116.85	103.49	55.78	47.96	35.67	64.90	24.10

4—86 1995年各地区农村居民生活消费现金支出构成

单位:%

地　　区	生活消费现金支出	一、食品支出	二、衣着支出	三、居住支出	四、家庭设备用品及服务支出	五、医疗保健支出	六、交通和通讯支出	七、文教娱乐用品及服务支出	八、其他商品及服务支出
全国合计	**100.00**	**41.10**	**10.32**	**17.21**	**7.92**	**4.94**	**3.92**	**11.91**	**2.68**
北　　京	100.00	44.48	11.05	10.84	9.43	5.17	4.42	11.88	2.71
天　　津	100.00	44.30	11.78	17.06	6.04	5.66	3.40	8.91	2.85
河　　北	100.00	36.61	12.72	18.52	8.43	5.93	4.85	10.59	2.36
山　　西	100.00	40.57	18.18	12.68	7.58	5.51	2.49	11.13	1.85
内 蒙 古	100.00	33.79	12.44	20.02	7.26	7.04	3.25	14.14	2.06
辽　　宁	100.00	43.27	14.64	12.81	6.32	5.15	3.77	11.38	2.65
吉　　林	100.00	44.14	12.26	13.50	5.93	5.29	3.03	12.66	3.18
黑 龙 江	100.00	43.88	13.20	14.77	5.33	7.07	3.23	10.75	1.77
上　　海	100.00	36.31	7.94	25.70	9.67	2.47	5.42	8.73	3.76
江　　苏	100.00	37.24	9.60	21.97	10.02	3.82	4.07	10.83	2.46
浙　　江	100.00	41.33	7.90	21.53	7.43	5.19	3.85	8.25	4.51
安　　徽	100.00	41.77	10.24	17.37	8.38	4.99	3.12	11.64	2.49
福　　建	100.00	49.79	7.55	13.03	6.32	3.39	5.39	11.34	3.19
江　　西	100.00	41.80	9.01	17.82	7.44	5.09	4.16	12.05	2.64
山　　东	100.00	38.76	11.69	16.99	8.64	4.71	4.98	12.35	1.88
河　　南	100.00	35.66	14.08	17.48	7.98	6.45	3.25	11.90	3.19
湖　　北	100.00	36.95	11.35	14.14	7.90	4.98	4.36	18.32	2.00
湖　　南	100.00	39.60	8.34	20.36	7.86	4.09	3.00	14.72	2.03
广　　东	100.00	44.35	5.01	17.72	7.81	3.77	4.58	13.69	3.06
广　　西	100.00	47.07	6.27	14.31	6.59	3.70	3.48	16.28	2.29
海　　南	100.00	54.60	7.34	7.06	7.51	3.75	2.59	14.14	3.01
四　　川	100.00	44.03	10.43	15.19	8.35	4.85	3.04	12.45	1.65
贵　　州	100.00	43.41	12.18	14.95	9.34	3.57	3.06	10.80	2.69
云　　南	100.00	43.07	9.51	18.32	8.60	5.09	3.41	9.22	2.79
西　　藏	100.00	49.35	22.28	6.26	14.76	1.55	2.05	1.54	2.21
陕　　西	100.00	35.15	11.56	20.51	7.88	7.83	2.86	12.35	1.87
甘　　肃	100.00	36.54	12.76	14.95	8.67	8.22	3.81	12.93	2.12
青　　海	100.00	37.92	18.46	11.86	7.47	7.56	4.90	7.36	4.46
宁　　夏	100.00	34.02	12.73	20.59	9.02	6.27	4.29	10.94	2.14
新　　疆	100.00	34.21	17.13	15.17	8.18	7.03	5.23	9.51	3.53

4—87 2000年各地区农村居民总收入

单位:元/人

地区	总收入	一、工资性收入	二、家庭经营收入	三、财产性收入	四、转移性收入
全国合计	**3146.21**	**702.30**	**2251.28**	**45.04**	**147.59**
北京	5515.65	2819.06	2238.93	158.28	299.38
天津	4649.13	1638.28	2825.51	42.88	142.45
河北	3307.55	949.25	2217.08	62.66	78.55
山西	2423.85	726.05	1579.20	19.70	98.89
内蒙古	3440.31	287.63	3049.45	35.18	68.04
辽宁	3704.29	882.96	2577.87	58.19	185.27
吉林	3259.07	343.86	2775.00	31.26	108.94
黑龙江	3712.61	337.97	3194.96	60.62	119.05
上海	6399.54	4309.89	1547.51	142.83	399.31
江苏	4542.03	1663.11	2636.14	48.09	194.70
浙江	5325.17	2000.51	2844.91	181.01	298.75
安徽	2585.56	547.83	1910.31	24.70	102.71
福建	4103.55	1069.01	2556.71	76.97	400.85
江西	2833.80	744.47	1959.45	18.80	111.07
山东	3880.98	850.56	2809.40	57.80	163.23
河南	2726.08	473.68	2134.32	29.15	88.93
湖北	3008.13	547.69	2277.46	19.55	163.43
湖南	3195.13	789.74	2130.06	20.74	254.59
广东	4590.47	1362.16	2869.36	73.67	285.28
广西	2649.18	483.75	2042.38	7.47	115.58
海南	2840.75	151.38	2520.64	38.15	130.58
重庆	2594.95	623.32	1793.41	8.54	169.69
四川	2829.93	606.93	2059.16	29.96	133.88
贵州	1947.47	274.90	1556.42	6.97	109.17
云南	2246.94	263.58	1844.73	47.94	90.70
西藏	1732.32	227.63	1325.22	106.54	72.93
陕西	2032.79	445.97	1457.09	47.03	82.70
甘肃	1958.00	355.03	1524.92	16.13	61.92
青海	2000.32	312.30	1597.03	24.70	66.28
宁夏	2819.79	484.02	2169.98	80.77	85.01
新疆	3129.35	104.58	2926.75	40.43	57.60

4—88 2000年各地区农村居民总收入构成

单位：%

地　　区	总收入	一、工资性收入	二、家庭经营收入	三、财产性收入	四、转移性收入
全国合计	**100.00**	**22.32**	**71.56**	**1.43**	**4.69**
北　京	100.00	51.11	40.59	2.87	5.43
天　津	100.00	35.24	60.78	0.92	3.06
河　北	100.00	28.70	67.03	1.89	2.38
山　西	100.00	29.95	65.15	0.81	4.08
内蒙古	100.00	8.36	88.64	1.02	1.98
辽　宁	100.00	23.84	69.59	1.57	5.00
吉　林	100.00	10.55	85.15	0.96	3.34
黑龙江	100.00	9.10	86.06	1.63	3.21
上　海	100.00	67.35	24.18	2.23	6.24
江　苏	100.00	36.62	58.04	1.06	4.29
浙　江	100.00	37.57	53.42	3.40	5.61
安　徽	100.00	21.19	73.88	0.96	3.97
福　建	100.00	26.05	62.30	1.88	9.77
江　西	100.00	26.27	69.15	0.66	3.92
山　东	100.00	21.92	72.39	1.49	4.21
河　南	100.00	17.38	78.29	1.07	3.26
湖　北	100.00	18.21	75.71	0.65	5.43
湖　南	100.00	24.72	66.67	0.65	7.97
广　东	100.00	29.67	62.51	1.60	6.21
广　西	100.00	18.26	77.09	0.28	4.36
海　南	100.00	5.33	88.73	1.34	4.60
重　庆	100.00	24.02	69.11	0.33	6.54
四　川	100.00	21.45	72.76	1.06	4.73
贵　州	100.00	14.12	79.92	0.36	5.61
云　南	100.00	11.73	82.10	2.13	4.04
西　藏	100.00	13.14	76.50	6.15	4.21
陕　西	100.00	21.94	71.68	2.31	4.07
甘　肃	100.00	18.13	77.88	0.82	3.16
青　海	100.00	15.61	79.84	1.24	3.31
宁　夏	100.00	17.17	76.96	2.86	3.01
新　疆	100.00	3.34	93.53	1.29	1.84

4—89 2000年各地区农村居民家庭经营总收入

单位:元/人

地　　区	家庭经营收入	1.农业收入	#种植业收　入	2.林业收入	3.牧业收入	4.渔业收入	5.工业收入	6.建筑业收　入
全国合计	**2251.28**	**1231.69**	**1177.68**	**27.89**	**502.82**	**48.25**	**79.61**	**54.10**
北　　京	2238.93	911.13	887.81	32.76	258.74	73.68	93.34	101.25
天　　津	2825.51	1334.03	1277.90	1.97	724.36	49.90	98.58	23.35
河　　北	2217.08	1214.79	1201.93	8.15	361.30	11.46	131.80	22.55
山　　西	1579.20	889.40	880.86	14.50	215.78	0.00	31.61	38.42
内 蒙 古	3049.45	1667.19	1535.06	15.46	1182.10	0.03	28.98	6.07
辽　　宁	2577.87	1463.17	1379.21	7.87	641.37	76.61	65.88	27.55
吉　　林	2775.00	2192.49	2071.13	7.17	421.45	2.81	19.19	6.17
黑 龙 江	3194.96	2658.46	2497.66	0.85	371.64	3.05	18.35	12.54
上　　海	1547.51	996.79	991.27	0.46	234.67	35.28	38.71	12.90
江　　苏	2636.14	1214.77	1178.25	33.27	532.88	135.12	206.38	89.39
浙　　江	2844.91	972.37	947.94	33.19	500.15	64.95	413.97	155.57
安　　徽	1910.31	1160.45	1098.59	22.25	403.91	23.53	42.65	50.83
福　　建	2556.71	1052.95	1018.34	75.13	439.96	136.51	120.33	173.53
江　　西	1959.45	1084.87	1008.67	27.66	483.08	55.45	46.61	41.64
山　　东	2809.40	1662.23	1620.99	46.29	536.64	15.07	115.21	47.19
河　　南	2134.32	1309.66	1254.11	25.01	412.26	20.30	65.57	30.28
湖　　北	2277.46	1357.03	1311.12	37.60	478.69	85.42	61.02	42.51
湖　　南	2130.06	933.71	912.20	18.95	616.79	49.20	92.95	129.35
广　　东	2869.36	1217.78	1155.49	44.37	564.02	292.46	68.85	149.75
广　　西	2042.38	943.57	918.21	49.94	701.66	49.59	57.66	47.53
海　　南	2520.64	1241.79	1177.73	199.79	446.58	195.28	30.45	19.70
重　　庆	1793.41	832.53	803.30	13.67	685.38	30.02	31.73	17.68
四　　川	2059.16	992.62	927.75	22.47	736.34	16.64	48.23	43.05
贵　　州	1556.42	877.75	797.27	18.81	462.44	2.74	29.31	25.74
云　　南	1844.73	1048.66	970.81	42.22	488.68	5.41	65.17	11.16
西　　藏	1325.22	517.17	486.68	9.12	271.57		34.42	143.41
陕　　西	1457.09	842.23	782.81	10.28	252.06	1.28	52.75	30.01
甘　　肃	1524.92	945.06	890.39	11.00	229.64	0.04	32.37	56.52
青　　海	1597.03	610.47	579.99	6.13	730.00	20.28	16.05	11.94
宁　　夏	2169.98	1097.59	1034.50	6.86	581.36	35.47	51.67	14.59
新　　疆	2926.75	2260.63	2223.62	31.53	434.32		10.60	7.01

4—89 续表 单位:元/人

	7. 交通运输、邮电业收入	8. 批发和零售贸易、邮电业收入	9. 社会服务业收入	10. 文教卫生业收入	11. 其他家庭经营收入	第一产业收入	第二产业收入	第三产业收入
全国合计	**96.63**	**96.19**	**32.94**	**8.29**	**72.87**	**1810.65**	**133.71**	**306.92**
北京	385.01	234.74	59.91	33.91	54.46	1276.30	194.59	768.03
天津	207.01	229.31	33.99	25.47	97.56	2110.25	121.93	593.34
河北	148.60	197.38	33.36	17.97	69.72	1595.70	154.36	467.02
山西	159.47	67.37	31.67	4.95	126.01	1119.68	70.04	389.48
内蒙古	27.97	41.02	11.77	7.42	61.43	2864.78	35.05	149.62
辽宁	82.59	103.65	27.62	9.49	72.09	2189.02	93.43	295.43
吉林	31.28	15.98	5.03	1.52	71.92	2623.92	25.36	125.73
黑龙江	40.86	17.06	9.28	8.89	53.98	3034.00	30.89	130.07
上海	96.14	38.04	28.65	0.26	65.62	1267.19	51.61	228.71
江苏	134.89	145.59	51.72	5.81	86.33	1916.04	295.77	424.33
浙江	216.20	232.35	142.69	11.93	101.55	1570.66	569.54	704.72
安徽	52.80	56.32	32.27	6.00	59.31	1610.13	93.48	206.70
福建	141.05	173.87	73.69	22.84	146.84	1704.55	293.86	558.30
江西	57.05	65.73	39.97	6.91	50.47	1651.07	88.25	220.13
山东	120.71	123.00	39.24	4.49	99.32	2260.24	162.40	386.76
河南	67.06	79.54	26.76	9.42	88.45	1767.23	95.85	271.23
湖北	65.90	72.01	20.31	5.31	51.67	1958.73	103.53	215.20
湖南	93.19	119.61	36.89	4.30	35.11	1618.65	222.30	289.11
广东	160.17	187.17	60.05	19.17	105.57	2118.63	218.59	532.13
广西	43.91	94.10	17.92	6.44	30.06	1744.75	105.20	192.43
海南	83.05	69.06	37.76	5.59	191.60	2083.45	50.14	387.05
重庆	82.96	29.75	20.47	7.19	42.02	1561.60	49.41	182.40
四川	71.73	64.67	27.60	6.85	28.96	1768.07	91.28	199.81
贵州	40.62	42.53	10.93	3.58	41.98	1361.74	55.05	139.63
云南	43.98	37.93	5.88	1.40	94.22	1584.98	76.33	183.42
西藏	167.65	47.40	14.91	2.86	116.73	797.85	177.83	349.54
陕西	119.15	87.45	16.12	6.84	38.91	1105.85	82.76	268.48
甘肃	70.24	54.78	18.08	10.04	97.15	1185.75	88.89	250.28
青海	103.69	28.23	3.66	12.25	54.34	1366.87	27.98	202.18
宁夏	191.80	123.51	25.48	3.71	37.95	1721.28	66.26	382.45
新疆	45.18	29.03	19.38		89.07	2726.48	17.61	182.65

4—90 2000年农村居民家庭经营总收入构成

单位:%

地 区	家庭经营收入	1. 农业收入	#种植业收 入	2. 林业收入	3. 牧业收入	4. 渔业收入	5. 工业收入	6. 建筑业收 入
全国合计	**100.00**	**54.71**	**52.31**	**1.24**	**22.33**	**2.14**	**3.54**	**2.40**
北 京	100.00	40.69	39.65	1.46	11.56	3.29	4.17	4.52
天 津	100.00	47.21	45.23	0.07	25.64	1.77	3.49	0.83
河 北	100.00	54.79	54.21	0.37	16.30	0.52	5.94	1.02
山 西	100.00	56.32	55.78	0.92	13.66	0.00	2.00	2.43
内 蒙 古	100.00	54.67	50.34	0.51	38.76	0.00	0.95	0.20
辽 宁	100.00	56.76	53.50	0.31	24.88	2.97	2.56	1.07
吉 林	100.00	79.01	74.64	0.26	15.19	0.10	0.69	0.22
黑 龙 江	100.00	83.21	78.18	0.03	11.63	0.10	0.57	0.39
上 海	100.00	64.41	64.06	0.03	15.16	2.28	2.50	0.83
江 苏	100.00	46.08	44.70	1.26	20.21	5.13	7.83	3.39
浙 江	100.00	34.18	33.32	1.17	17.58	2.28	14.55	5.47
安 徽	100.00	60.75	57.51	1.16	21.14	1.23	2.23	2.66
福 建	100.00	41.18	39.83	2.94	17.21	5.34	4.71	6.79
江 西	100.00	55.37	51.48	1.41	24.65	2.83	2.38	2.13
山 东	100.00	59.17	57.70	1.65	19.10	0.54	4.10	1.68
河 南	100.00	61.36	58.76	1.17	19.32	0.95	3.07	1.42
湖 北	100.00	59.59	57.57	1.65	21.02	3.75	2.68	1.87
湖 南	100.00	43.84	42.83	0.89	28.96	2.31	4.36	6.07
广 东	100.00	42.44	40.27	1.55	19.66	10.19	2.40	5.22
广 西	100.00	46.20	44.96	2.45	34.35	2.43	2.82	2.33
海 南	100.00	49.26	46.72	7.93	17.72	7.75	1.21	0.78
重 庆	100.00	46.42	44.79	0.76	38.22	1.67	1.77	0.99
四 川	100.00	48.20	45.05	1.09	35.76	0.81	2.34	2.09
贵 州	100.00	56.40	51.22	1.21	29.71	0.18	1.88	1.65
云 南	100.00	56.85	52.63	2.29	26.49	0.29	3.53	0.60
西 藏	100.00	39.02	36.72	0.69	20.49	0.00	2.60	10.82
陕 西	100.00	57.80	53.72	0.71	17.30	0.09	3.62	2.06
甘 肃	100.00	61.97	58.39	0.72	15.06	0.00	2.12	3.71
青 海	100.00	38.22	36.32	0.38	45.71	1.27	1.00	0.75
宁 夏	100.00	50.58	47.67	0.32	26.79	1.63	2.38	0.67
新 疆	100.00	77.24	75.98	1.08	14.84	0.00	0.36	0.24

4—90 续表 单位:%

地　区	7.交通运输、邮电业收入	8.批发和零售贸易、邮电业收入	9.社会服务业收入	10.文教卫生业收入	11.其他家庭经营收入	第一产业收入	第二产业收入	第三产业收入
全国合计	**4.29**	**4.27**	**1.46**	**0.37**	**3.24**	**80.43**	**5.94**	**13.63**
北　京	17.20	10.48	2.68	1.51	2.43	57.01	8.69	34.30
天　津	7.33	8.12	1.20	0.90	3.45	74.69	4.32	21.00
河　北	6.70	8.90	1.50	0.81	3.14	71.97	6.96	21.06
山　西	10.10	4.27	2.01	0.31	7.98	70.90	4.44	24.66
内蒙古	0.92	1.35	0.39	0.24	2.01	93.94	1.15	4.91
辽　宁	3.20	4.02	1.07	0.37	2.80	84.92	3.62	11.46
吉　林	1.13	0.58	0.18	0.05	2.59	94.56	0.91	4.53
黑龙江	1.28	0.53	0.29	0.28	1.69	94.96	0.97	4.07
上　海	6.21	2.46	1.85	0.02	4.24	81.89	3.34	14.78
江　苏	5.12	5.52	1.96	0.22	3.27	72.68	11.22	16.10
浙　江	7.60	8.17	5.02	0.42	3.57	55.21	20.02	24.77
安　徽	2.76	2.95	1.69	0.31	3.10	84.29	4.89	10.82
福　建	5.52	6.80	2.88	0.89	5.74	66.67	11.49	21.84
江　西	2.91	3.35	2.04	0.35	2.58	84.26	4.50	11.23
山　东	4.30	4.38	1.40	0.16	3.54	80.45	5.78	13.77
河　南	3.14	3.73	1.25	0.44	4.14	82.80	4.49	12.71
湖　北	2.89	3.16	0.89	0.23	2.27	86.00	4.55	9.45
湖　南	4.37	5.62	1.73	0.20	1.65	75.99	10.44	13.57
广　东	5.58	6.52	2.09	0.67	3.68	73.84	7.62	18.55
广　西	2.15	4.61	0.88	0.32	1.47	85.43	5.15	9.42
海　南	3.29	2.74	1.50	0.22	7.60	82.66	1.99	15.36
重　庆	4.63	1.66	1.14	0.40	2.34	87.07	2.76	10.17
四　川	3.48	3.14	1.34	0.33	1.41	85.86	4.43	9.70
贵　州	2.61	2.73	0.70	0.23	2.70	87.49	3.54	8.97
云　南	2.38	2.06	0.32	0.08	5.11	85.92	4.14	9.94
西　藏	12.65	3.58	1.12	0.22	8.81	60.21	13.42	26.38
陕　西	8.18	6.00	1.11	0.47	2.67	75.89	5.68	18.43
甘　肃	4.61	3.59	1.19	0.66	6.37	77.76	5.83	16.41
青　海	6.49	1.77	0.23	0.77	3.40	85.59	1.75	12.66
宁　夏	8.84	5.69	1.17	0.17	1.75	79.32	3.05	17.62
新　疆	1.54	0.99	0.66	0.00	3.04	93.16	0.60	6.24

4—91 2000年各地区农村居民现金收入

单位:元/人

地区	现金收入	一、工资性收入	二、家庭经营现金收入	三、财产性收入	四、转移性收入
全国总计	**2381.60**	**700.41**	**1498.79**	**38.89**	**143.49**
北京	5092.56	2809.43	1844.58	152.42	286.13
天津	3938.48	1636.51	2118.52	41.34	142.10
河北	2607.23	949.15	1522.80	57.29	77.98
山西	1836.31	725.50	996.24	17.35	97.23
内蒙古	2448.89	287.63	2073.94	19.45	67.87
辽宁	3050.75	881.26	1956.58	33.56	179.36
吉林	2296.07	343.74	1829.45	15.09	107.79
黑龙江	2654.57	337.27	2175.02	24.56	117.71
上海	5914.94	4305.23	1073.31	141.78	394.62
江苏	3673.63	1648.20	1793.84	47.26	184.33
浙江	4863.37	1991.91	2410.69	167.48	293.29
安徽	1901.60	547.20	1230.52	23.15	100.74
福建	3617.21	1066.16	2098.56	63.53	388.96
江西	2004.94	744.31	1134.53	18.42	107.68
山东	3090.67	848.68	2029.57	54.04	158.36
河南	1854.40	473.42	1267.99	27.74	85.26
湖北	2098.22	543.70	1388.62	8.80	157.11
湖南	2440.74	789.54	1377.78	20.50	252.92
广东	3759.51	1360.80	2051.18	73.67	273.86
广西	1975.68	483.75	1369.00	7.42	115.51
海南	2208.68	151.16	1904.20	27.63	125.69
重庆	1627.80	623.28	827.74	8.36	168.43
四川	1841.69	606.26	1078.53	29.95	126.95
贵州	1136.38	273.55	748.51	6.97	107.35
云南	1430.02	263.18	1038.20	41.66	86.98
西藏	1174.80	225.59	842.80	39.31	67.10
陕西	1558.95	445.61	987.97	43.46	81.91
甘肃	1309.03	353.05	879.57	16.13	60.28
青海	1365.72	310.97	974.13	24.70	55.91
宁夏	2169.24	483.99	1535.14	73.04	77.08
新疆	2444.30	104.46	2245.31	37.87	56.67

4—92 2000年各地区农村居民现金收入构成

单位:%

地区	现金收入	一、工资性收入	二、家庭经营现金收入	三、财产性收入	四、转移性收入
全国合计	**100.00**	**29.41**	**62.93**	**1.63**	**6.02**
北京	100.00	55.17	36.22	2.99	5.62
天津	100.00	41.55	53.79	1.05	3.61
河北	100.00	36.40	58.41	2.20	2.99
山西	100.00	39.51	54.25	0.94	5.29
内蒙古	100.00	11.75	84.69	0.79	2.77
辽宁	100.00	28.89	64.13	1.10	5.88
吉林	100.00	14.97	79.68	0.66	4.69
黑龙江	100.00	12.71	81.94	0.93	4.43
上海	100.00	72.79	18.15	2.40	6.67
江苏	100.00	44.87	48.83	1.29	5.02
浙江	100.00	40.96	49.57	3.44	6.03
安徽	100.00	28.78	64.71	1.22	5.30
福建	100.00	29.47	58.02	1.76	10.75
江西	100.00	37.12	56.59	0.92	5.37
山东	100.00	27.46	65.67	1.75	5.12
河南	100.00	25.53	68.38	1.50	4.60
湖北	100.00	25.91	66.18	0.42	7.49
湖南	100.00	32.35	56.45	0.84	10.36
广东	100.00	36.20	54.56	1.96	7.28
广西	100.00	24.49	69.29	0.38	5.85
海南	100.00	6.84	86.21	1.25	5.69
重庆	100.00	38.29	50.85	0.51	10.35
四川	100.00	32.92	58.56	1.63	6.89
贵州	100.00	24.07	65.87	0.61	9.45
云南	100.00	18.40	72.60	2.91	6.08
西藏	100.00	19.20	71.74	3.35	5.71
陕西	100.00	28.58	63.37	2.79	5.25
甘肃	100.00	26.97	67.19	1.23	4.60
青海	100.00	22.77	71.33	1.81	4.09
宁夏	100.00	22.31	70.77	3.37	3.55
新疆	100.00	4.27	91.86	1.55	2.32

4－93　2000年农村居民家庭经营现金收入

单位:元/人

地　　区	家庭经营现金收入	1.出售产品收入	#农业产品收入	##种植业收入	##牧　业收入	2.工业加工费收入	3.建筑业收入
全国合计	**1498.81**	**1066.64**	**600.61**	**593.56**	**383.54**	**65.46**	**54.10**
北　　京	1844.58	836.92	481.71	481.01	250.22	93.29	101.25
天　　津	2118.52	1328.49	661.25	660.88	632.24	97.94	23.35
河　　北	1522.80	898.05	561.83	557.62	309.82	124.45	22.55
山　　西	996.24	541.41	335.84	332.26	188.08	27.71	38.42
内 蒙 古	2073.94	1881.84	1012.72	992.54	848.44	26.40	6.07
辽　　宁	1956.58	1559.84	945.84	929.86	514.36	48.31	27.55
吉　　林	1829.45	1674.85	1362.50	1338.90	297.73	16.64	6.17
黑 龙 江	2175.02	2022.03	1717.00	1706.88	288.52	16.56	12.54
上　　海	1073.31	789.72	581.85	580.09	170.35	37.41	12.90
江　　苏	1793.84	1153.59	508.86	505.79	416.07	137.86	89.39
浙　　江	2410.69	1204.47	569.47	563.22	463.58	352.16	155.57
安　　徽	1230.52	931.47	568.32	565.29	308.13	35.59	50.83
福　　建	2098.56	1209.97	616.56	608.53	447.09	110.79	173.53
江　　西	1134.53	837.43	369.17	363.40	394.65	34.90	41.64
山　　东	2029.57	1481.57	910.14	904.27	490.33	100.68	47.19
河　　南	1267.99	907.91	545.96	541.92	316.14	60.65	30.28
湖　　北	1388.62	1089.73	685.41	679.52	298.89	43.83	42.51
湖　　南	1377.78	898.93	319.74	314.14	490.92	58.29	129.35
广　　东	2051.18	1268.31	527.30	522.78	446.23	66.54	149.75
广　　西	1369.00	1101.88	406.08	398.04	580.72	31.11	47.53
海　　南	1904.20	1475.12	766.21	759.50	339.94	29.65	19.70
重　　庆	827.74	617.07	157.71	154.99	398.03	23.71	17.68
四　　川	1078.53	805.97	263.34	253.71	496.32	29.65	43.05
贵　　州	748.51	568.41	254.83	249.68	280.85	19.83	25.74
云　　南	1038.20	796.31	455.31	445.16	290.57	59.81	11.16
西　　藏	842.80	355.92	186.95	169.70	110.89	34.33	143.41
陕　　西	987.97	623.10	410.07	399.93	198.14	50.57	30.01
甘　　肃	879.57	525.73	389.79	387.16	124.48	30.02	56.52
青　　海	974.13	737.45	254.39	240.62	469.97	15.83	11.94
宁　　夏	1535.14	1080.95	551.98	543.45	482.88	51.14	14.59
新　　疆	2245.31	2021.34	1647.29	1641.06	344.60	10.60	7.01

4－93 续表

单位:元/人

地　　区	4. 交通运输业、邮电业收入	5. 批发和零售贸易、餐饮业收入	6. 社会服务业收入	7. 文教卫生业收入	8. 其他家庭经营收入	第一产业收　入	第二产业收　入	第三产业收　入
全国合计	**96.63**	**96.19**	**32.94**	**8.29**	**78.56**	**1066.64**	**119.56**	**312.61**
北　京	385.01	234.74	59.91	33.91	99.55	836.92	194.54	813.12
天　津	207.01	229.31	33.99	25.47	172.97	1328.49	121.29	668.75
河　北	148.60	197.38	33.36	17.97	80.46	898.05	147.00	477.76
山　西	159.47	67.37	31.67	4.95	125.23	541.41	66.13	388.70
内蒙古	27.97	41.02	11.77	7.42	71.43	1881.84	32.47	159.62
辽　宁	82.59	103.65	27.62	9.49	97.54	1559.84	75.86	320.88
吉　林	31.28	15.98	5.03	1.52	77.98	1674.85	22.81	131.79
黑龙江	40.86	17.06	9.28	8.89	47.82	2022.03	29.09	123.91
上　海	96.14	38.04	28.65	0.26	70.19	789.72	50.32	233.28
江　苏	134.89	145.59	51.72	5.81	75.01	1153.59	227.24	413.01
浙　江	216.20	232.35	142.69	11.93	95.32	1204.47	507.73	698.49
安　徽	52.80	56.32	32.27	6.00	65.25	931.47	86.42	212.64
福　建	141.05	173.87	73.69	22.84	192.82	1209.97	284.32	604.28
江　西	57.05	65.73	39.97	6.91	50.89	837.43	76.54	220.55
山　东	120.71	123.00	39.24	4.49	112.69	1481.57	147.87	400.13
河　南	67.06	79.54	26.76	9.42	86.37	907.91	90.92	269.15
湖　北	65.90	72.01	20.31	5.31	49.01	1089.73	86.34	212.54
湖　南	93.19	119.61	36.89	4.30	37.22	898.93	187.64	291.21
广　东	160.17	187.17	60.05	19.17	140.03	1268.31	216.29	566.59
广　西	43.91	94.10	17.92	6.44	26.10	1101.88	78.64	188.47
海　南	83.05	69.06	37.76	5.59	184.29	1475.12	49.35	379.74
重　庆	82.96	29.75	20.47	7.19	28.91	617.07	41.39	169.28
四　川	71.73	64.67	27.60	6.85	29.00	805.97	72.70	199.85
贵　州	40.62	42.53	10.93	3.58	36.88	568.41	45.57	134.54
云　南	43.98	37.93	5.88	1.40	81.72	796.31	70.97	170.92
西　藏	167.65	47.40	14.91	2.86	76.34	355.92	177.74	309.15
陕　西	119.15	87.45	16.12	6.84	54.73	623.10	80.58	284.30
甘　肃	70.24	54.78	18.08	10.04	114.17	525.73	86.54	267.30
青　海	103.69	28.23	3.66	12.25	61.08	737.45	27.76	208.92
宁　夏	191.80	123.51	25.48	3.71	43.97	1080.95	65.72	388.46
新　疆	45.18	29.03	19.38	0.00	112.78	2021.34	17.61	206.36

4—94 2000年农村居民家庭经营现金收入构成

单位：%

地区	家庭经营现金收入	1. 出售产品收入	#农业产品收入	##种植业收入	#牧业收入	2. 工业加工费收入	3. 建筑业收入
全国合计	**100.00**	**71.17**	**40.07**	**39.60**	**25.59**	**4.37**	**3.61**
北京	100.00	45.37	26.11	26.08	13.57	5.06	5.49
天津	100.00	62.71	31.21	31.20	29.84	4.62	1.10
河北	100.00	58.97	36.89	36.62	20.35	8.17	1.48
山西	100.00	54.35	33.71	33.35	18.88	2.78	3.86
内蒙古	100.00	90.74	48.83	47.86	40.91	1.27	0.29
辽宁	100.00	79.72	48.34	47.53	26.29	2.47	1.41
吉林	100.00	91.55	74.48	73.19	16.27	0.91	0.34
黑龙江	100.00	92.97	78.94	78.48	13.27	0.76	0.58
上海	100.00	73.58	54.21	54.05	15.87	3.49	1.20
江苏	100.00	64.31	28.37	28.20	23.19	7.69	4.98
浙江	100.00	49.96	23.62	23.36	19.23	14.61	6.45
安徽	100.00	75.70	46.19	45.94	25.04	2.89	4.13
福建	100.00	57.66	29.38	29.00	21.30	5.28	8.27
江西	100.00	73.81	32.54	32.03	34.79	3.08	3.67
山东	100.00	73.00	44.84	44.55	24.16	4.96	2.33
河南	100.00	71.60	43.06	42.74	24.93	4.78	2.39
湖北	100.00	78.48	49.36	48.94	21.52	3.16	3.06
湖南	100.00	65.24	23.21	22.80	35.63	4.23	9.39
广东	100.00	61.83	25.71	25.49	21.76	3.24	7.30
广西	100.00	80.49	29.66	29.08	42.42	2.27	3.47
海南	100.00	77.47	40.24	39.89	17.85	1.56	1.03
重庆	100.00	74.55	19.05	18.72	48.09	2.86	2.14
四川	100.00	74.73	24.42	23.52	46.02	2.75	3.99
贵州	100.00	75.94	34.04	33.36	37.52	2.65	3.44
云南	100.00	76.70	43.86	42.88	27.99	5.76	1.07
西藏	100.00	42.23	22.18	20.14	13.16	4.07	17.02
陕西	100.00	63.07	41.51	40.48	20.06	5.12	3.04
甘肃	100.00	59.77	44.32	44.02	14.15	3.41	6.43
青海	100.00	75.70	26.11	24.70	48.25	1.62	1.23
宁夏	100.00	70.41	35.96	35.40	31.46	3.33	0.95
新疆	100.00	90.02	73.37	73.09	15.35	0.47	0.31

4—94 续表　　　　单位：%

地　　区	4.交通运输业、邮电业收入	5.批发和零售贸易、餐饮业收入	6.社会服务业收入	7.文教卫生业收入	8.其他家庭经营收入	第一产业收　　入	第二产业收　　入	第三产业收　　入
全国合计	**6.45**	**6.42**	**2.20**	**0.55**	**5.24**	**71.17**	**7.98**	**20.86**
北　　京	20.87	12.73	3.25	1.84	5.40	45.37	10.55	44.08
天　　津	9.77	10.82	1.60	1.20	8.16	62.71	5.73	31.57
河　　北	9.76	12.96	2.19	1.18	5.28	58.97	9.65	31.37
山　　西	16.01	6.76	3.18	0.50	12.57	54.35	6.64	39.02
内 蒙 古	1.35	1.98	0.57					
				0.36	3.44	90.74	1.57	7.70
辽　　宁	4.22	5.30	1.41	0.48	4.99	79.72	3.88	16.40
吉　　林	1.71	0.87	0.27	0.08	4.26	91.55	1.25	7.20
黑 龙 江	1.88	0.78	0.43	0.41	2.20	92.97	1.34	5.70
上　　海	8.96	3.54	2.67	0.02	6.54	73.58	4.69	21.73
江　　苏	7.52	8.12	2.88	0.32	4.18	64.31	12.67	23.02
浙　　江	8.97	9.64	5.92	0.49	3.95	49.96	21.06	28.97
安　　徽	4.29	4.58	2.62	0.49	5.30	75.70	7.02	17.28
福　　建	6.72	8.29	3.51	1.09	9.19	57.66	13.55	28.79
江　　西	5.03	5.79	3.52	0.61	4.49	73.81	6.75	19.44
山　　东	5.95	6.06	1.93	0.22	5.55	73.00	7.29	19.72
河　　南	5.29	6.27	2.11	0.74	6.81	71.60	7.17	21.23
湖　　北	4.75	5.19	1.46	0.38	3.53	78.48	6.22	15.31
湖　　南	6.76	8.68	2.68	0.31	2.70	65.24	13.62	21.14
广　　东	7.81	9.12	2.93	0.93	6.83	61.83	10.54	27.62
广　　西	3.21	6.87	1.31	0.47	1.91	80.49	5.74	13.77
海　　南	4.36	3.63	1.98	0.29	9.68	77.47	2.59	19.94
重　　庆	10.02	3.59	2.47	0.87	3.49	74.55	5.00	20.45
四　　川	6.65	6.00	2.56	0.63	2.69	74.73	6.74	18.53
贵　　州	5.43	5.68	1.46	0.48	4.93	75.94	6.09	17.97
云　　南	4.24	3.65	0.57	0.13	7.87	76.70	6.84	16.46
西　　藏	19.89	5.62	1.77					
陕　　西	12.06	8.85	1.63	0.34	9.06	42.23	21.09	36.68
甘　　肃	7.99	6.23	2.06	0.69	5.54	63.07	8.16	28.78
青　　海	10.64	2.90	0.38	1.14	12.98	59.77	9.84	30.39
宁　　夏	12.49	8.05	1.66	1.26	6.27	75.70	2.85	21.45
新　　疆	2.01	1.29	0.86	0.24	2.86	70.41	4.28	25.30

4－95　2000年各地区农村居民纯收入

单位:元/人

地　　区	纯收入	一、工资性收入	二、家庭经营纯收入	三、财产性收入	四、转移性收入
全国合计	**2253.42**	**702.30**	**1427.27**	**45.04**	**78.81**
北　京	4604.55	2819.06	1437.63	158.28	189.58
天　津	3622.40	1638.28	1857.36	42.88	83.88
河　北	2478.86	949.25	1417.99	62.66	48.96
山　西	1905.60	726.05	1113.56	19.70	46.29
内蒙古	2038.20	287.63	1690.81	35.18	24.58
辽　宁	2355.59	882.96	1353.39	58.19	61.05
吉　林	2022.50	343.86	1611.20	31.26	36.18
黑龙江	2148.22	337.97	1699.37	60.62	50.26
上　海	5596.38	4309.89	933.74	142.83	209.92
江　苏	3595.09	1663.11	1770.87	48.09	113.02
浙　江	4253.67	2000.51	1917.92	181.01	154.23
安　徽	1934.57	547.83	1298.40	24.70	63.64
福　建	3230.48	1069.01	1844.27	76.97	240.23
江　西	2135.30	744.47	1319.94	18.80	52.09
山　东	2659.20	850.56	1676.90	57.80	73.94
河　南	1985.82	473.68	1427.24	29.15	55.75
湖　北	2268.59	547.69	1617.81	19.55	83.54
湖　南	2197.16	789.74	1329.10	20.74	57.58
广　东	3654.48	1362.16	2002.92	73.67	215.73
广　西	1864.51	483.75	1297.16	7.47	76.13
海　南	2182.26	151.38	1897.73	38.15	95.00
重　庆	1892.45	623.32	1155.63	8.54	104.96
四　川	1903.60	606.93	1194.19	29.96	72.52
贵　州	1374.16	274.90	1029.45	6.97	62.84
云　南	1478.60	263.58	1115.68	47.94	51.40
西　藏	1330.81	227.63	934.48	106.54	62.16
陕　西	1443.86	445.97	901.15	47.03	49.71
甘　肃	1428.67	355.03	1011.78	16.13	45.73
青　海	90.49	312.30	1119.77	24.70	33.72
宁　夏	1724.30	484.02	1121.38	80.77	38.13
新　疆	1618.08	104.58	1451.33	40.43	21.74

4—96 2000年各地区农村居民纯收入构成

单位：%

地区	纯收入	一、工资性收入	二、家庭经营纯收入	三、财产性收入	四、转移性收入
全国合计	**100.00**	**31.16**	**63.34**	**2.00**	**3.50**
北京	100.00	61.22	31.22	3.44	4.12
天津	100.00	45.23	51.27	1.18	2.32
河北	100.00	38.29	57.20	2.53	1.98
山西	100.00	38.10	58.44	1.03	2.43
内蒙古	100.00	14.11	82.96	1.73	1.21
辽宁	100.00	37.48	57.45	2.47	2.59
吉林	100.00	17.00	79.66	1.55	1.79
黑龙江	100.00	15.73	79.11	2.82	2.34
上海	100.00	77.01	16.68	2.55	3.75
江苏	100.00	46.26	49.26	1.34	3.14
浙江	100.00	47.03	45.09	4.26	3.63
安徽	100.00	28.32	67.12	1.28	3.29
福建	100.00	33.09	57.09	2.38	7.44
江西	100.00	34.86	61.82	0.88	2.44
山东	100.00	31.99	63.06	2.17	2.78
河南	100.00	23.85	71.87	1.47	2.81
湖北	100.00	24.14	71.31	0.86	3.68
湖南	100.00	35.94	60.49	0.94	2.62
广东	100.00	37.27	54.81	2.02	5.90
广西	100.00	25.95	69.57	0.40	4.08
海南	100.00	6.94	86.96	1.75	4.35
重庆	100.00	32.94	61.07	0.45	5.55
四川	100.00	31.88	62.73	1.57	3.81
贵州	100.00	20.00	74.91	0.51	4.57
云南	100.00	17.83	75.46	3.24	3.48
西藏	100.00	17.10	70.22	8.01	4.67
陕西	100.00	30.89	62.41	3.26	3.44
甘肃	100.00	24.85	70.82	1.13	3.20
青海	100.00	20.96	75.15	1.66	2.23
宁夏	100.00	29.29	67.87	0.53	2.31
新疆	100.00	6.46	89.69	2.50	1.34

4—97　2000年各地区农村居民总支出

单位:元/人

地　　区	总支出	一、家庭经营费用支出	二、购置生产性固定资产支出	三、税费支出	四、生活消费支出	五、财产性和转移性支出
全国合计	**2652.42**	**654.27**	**63.90**	**95.52**	**1670.13**	**168.60**
北　京	4498.05	634.68	59.89	35.18	3425.71	342.60
天　津	3127.32	797.36	33.75	67.57	1995.61	233.02
河　北	2264.78	627.34	102.46	69.14	1365.23	100.62
山　西	1711.66	353.05	50.01	44.88	1149.01	114.71
内蒙古	3123.29	1009.60	119.66	220.43	1614.91	158.68
辽　宁	3385.45	1005.98	107.66	136.46	1753.54	381.81
吉　林	3016.70	867.26	101.30	201.17	1553.35	293.63
黑龙江	3390.06	1077.80	103.54	315.84	1540.35	352.53
上　海	5577.53	489.57	17.70	53.65	4137.61	878.99
江　苏	3434.26	677.95	28.80	103.32	2337.46	286.72
浙　江	4527.24	737.22	104.72	60.85	3230.88	393.56
安　徽	2045.56	452.22	53.66	93.28	1321.50	124.89
福　建	3412.00	596.71	38.95	46.14	2409.69	320.50
江　西	2447.25	518.56	47.43	80.46	1642.66	158.14
山　东	3036.21	905.62	107.85	134.48	1770.75	117.50
河　南	2119.50	540.20	66.13	97.40	1315.83	99.95
湖　北	2404.65	474.06	27.59	145.32	1555.61	202.08
湖　南	2964.85	642.17	40.54	108.32	1942.94	230.87
广　东	3613.14	753.10	30.57	55.05	2646.02	128.39
广　西	2317.08	662.18	50.87	41.47	1487.96	74.61
海　南	2145.30	530.30	27.19	33.77	1483.90	70.13
重　庆	2165.60	543.49	34.20	58.03	1395.53	134.36
四　川	2431.90	708.92	24.74	96.27	1484.59	117.39
贵　州	1717.52	447.10	45.07	36.09	1096.64	92.62
云　南	2066.36	625.70	50.53	35.47	1270.83	83.84
西　藏	1477.49	227.85	94.20	4.90	1116.59	33.96
陕　西	1917.76	431.55	70.10	68.83	1251.21	96.07
甘　肃	1639.01	402.25	46.40	49.43	1084.00	56.93
青　海	1845.80	348.13	136.40	46.89	1218.23	96.16
宁　夏	2582.63	837.85	118.86	68.04	1417.13	140.73
新　疆	2819.77	1198.23	115.19	177.24	1236.45	92.67

4—98 2000年各地区农村居民总支出构成

单位:%

地　　区	总支出	一、家庭经营费用支出	二、购置生产性固定资产支出	三、税费支出	四、生活消费支出	五、财产性和转移性支出
全国合计	**100.00**	**24.67**	**2.41**	**3.60**	**62.97**	**6.35**
北　　京	100.00	14.11	1.33	0.78	76.16	7.62
天　　津	100.00	25.50	1.08	2.16	63.81	7.45
河　　北	100.00	27.70	4.52	3.05	60.28	4.44
山　　西	100.00	20.63	2.92	2.62	67.13	6.70
内 蒙 古	100.00	32.32	3.83	7.06	51.71	5.08
辽　　宁	100.00	29.71	3.18	4.03	51.80	11.28
吉　　林	100.00	28.75	3.36	6.67	51.49	9.73
黑 龙 江	100.00	31.79	3.05	9.32	45.44	10.40
上　　海	100.00	8.78	0.32	0.96	74.18	15.76
江　　苏	100.00	19.74	0.84	3.01	68.06	8.35
浙　　江	100.00	16.28	2.31	1.34	71.37	8.69
安　　徽	100.00	22.11	2.62	4.56	64.60	6.11
福　　建	100.00	17.49	1.14	1.35	70.62	9.39
江　　西	100.00	21.19	1.94	3.29	67.12	6.46
山　　东	100.00	29.83	3.55	4.43	58.32	3.87
河　　南	100.00	25.49	3.12	4.60	62.08	4.72
湖　　北	100.00	19.71	1.15	6.04	64.69	8.40
湖　　南	100.00	21.66	1.37	3.65	65.53	7.79
广　　东	100.00	20.84	0.85	1.52	73.23	3.55
广　　西	100.00	28.58	2.20	1.79	64.22	3.22
海　　南	100.00	24.72	1.27	1.57	69.17	3.27
重　　庆	100.00	25.10	1.58	2.68	64.44	6.20
四　　川	100.00	29.15	1.02	3.96	61.05	4.83
贵　　州	100.00	26.03	2.62	2.10	63.85	5.39
云　　南	100.00	30.28	2.45	1.72	61.50	4.06
西　　藏	100.00	15.42	6.38	0.33	75.57	2.30
陕　　西	100.00	22.50	3.66	3.59	65.24	5.01
甘　　肃	100.00	24.54	2.83	3.02	66.14	3.47
青　　海	100.00	18.86	7.39	2.54	66.00	5.21
宁　　夏	100.00	32.44	4.60	2.63	54.87	5.45
新　　疆	100.00	42.49	4.09	6.29	43.85	3.29

4—99 2000年各地区农村居民家庭经营费用支出

单位:元/人

地 区	家庭经营费用支出	1.农业支出	#种植业支 出	2.林业支出	3.牧业支出	4.渔业支出	5.工业支出	6.建筑业支 出
全国合计	**654.26**	**315.83**	**312.88**	**4.33**	**234.61**	**16.92**	**21.39**	**5.85**
北 京	634.68	173.41	172.70	31.11	84.45	49.97	39.57	81.79
天 津	797.36	279.36	266.75	4.91	411.74	29.14	2.33	6.04
河 北	627.34	359.71	354.97	2.36	169.70	4.87	29.71	1.32
山 西	353.05	187.67	186.67	1.51	83.32		6.32	8.02
内蒙古	1009.60	503.99	501.94	3.34	457.29		10.18	2.17
辽 宁	1005.98	510.34	506.63	3.85	362.33	39.36	23.59	1.62
吉 林	867.26	612.11	605.98	2.56	212.33	0.68	3.53	3.50
黑龙江	1077.80	826.20	823.02	2.31	203.95	6.76	2.67	6.86
上 海	489.57	227.83	226.81	2.02	133.93	11.13	23.12	9.31
江 苏	677.95	283.14	280.22	5.46	205.68	40.29	58.14	10.83
浙 江	737.22	243.99	238.86	14.68	252.25	25.48	98.50	9.46
安 徽	452.22	256.95	256.45	2.94	140.33	7.15	8.02	5.17
福 建	596.71	237.26	234.93	4.99	211.21	43.26	16.59	18.75
江 西	518.56	219.29	218.42	2.39	220.72	10.28	12.50	3.83
山 东	905.62	474.86	471.75	8.10	310.78	1.68	31.42	9.06
河 南	540.20	287.72	284.74	1.31	175.21	6.14	15.03	6.40
湖 北	474.06	239.30	234.10	2.00	154.27	21.78	16.73	3.52
湖 南	642.17	206.39	203.01	2.08	323.40	13.31	30.02	2.71
广 东	753.10	240.90	238.45	8.98	262.66	135.31	17.31	7.76
广 西	662.18	236.24	233.82	3.14	345.89	11.43	22.40	1.99
海 南	530.30	301.29	300.05	8.19	147.32	37.38	2.37	3.22
重 庆	543.49	154.22	150.91	1.55	303.92	8.69	9.75	4.36
四 川	708.92	204.87	203.17	2.56	427.79	4.66	19.27	2.36
贵 州	447.10	172.40	169.23	3.77	232.64	0.86	6.24	5.28
云 南	625.70	268.09	265.11	4.84	253.83	0.96	34.39	2.23
西 藏	227.85	106.47	106.47	0.35	53.98		2.85	0.05
陕 西	431.55	228.66	225.12	3.44	115.77	1.48	16.39	1.29
甘 肃	402.25	265.23	263.96	2.59	85.14		4.71	8.44
青 海	348.13	169.70	158.76	1.69	124.12	1.38	2.47	2.99
宁 夏	837.85	380.13	377.45	7.89	319.74	19.43	18.55	0.46
新 疆	1198.23	934.15	933.79	7.32	213.52		3.43	2.18

4—99 续表 单位:元/人

	7.交通运输、邮电业支出	8.批发和零售贸易、邮电业支出	9.社会服务业支出	10.文教卫生业支出	11.其他家庭经营支出	第一产业支出	第二产业支出	第三产业支出
全国合计	**26.21**	**14.02**	**3.85**	**1.14**	**10.12**	**571.68**	**27.26**	**55.33**
北京	44.97	99.78	9.39	9.21	11.04	338.94	121.36	174.39
天津	35.07	16.96	2.30	0.31	9.21	725.15	8.37	63.84
河北	33.03	16.41	4.67	0.93	4.61	536.64	31.03	59.66
山西	43.57	7.14	7.31	0.67	7.52	272.50	14.34	66.22
内蒙古	8.88	2.79	2.84	2.07	16.05	964.62	12.35	32.63
辽宁	26.60	18.51	3.08	2.95	13.75	915.88	25.20	64.89
吉林	11.19	0.95	1.45	0.14	18.81	827.67	7.04	32.55
黑龙江	15.13	3.14	1.64	0.81	8.33	1039.23	9.53	29.04
上海	52.26	1.50	9.81	1.24	17.42	374.90	32.43	82.24
江苏	27.19	28.62	7.72	0.91	9.96	534.58	68.97	74.40
浙江	52.06	15.24	14.87	0.58	10.10	536.40	107.96	92.85
安徽	13.50	7.55	3.42	0.62	6.57	407.37	13.19	31.66
福建	27.14	11.51	6.88	1.35	17.78	496.72	35.34	64.66
江西	17.82	10.42	4.34	1.85	15.11	452.69	16.33	49.54
山东	22.87	31.91	4.43	1.42	9.09	795.42	40.48	69.72
河南	20.83	16.89	2.10	1.04	7.54	470.38	21.43	48.39
湖北	17.70	10.94	1.89	0.86	5.04	417.36	20.25	36.44
湖南	31.66	17.92	4.19	0.32	10.17	545.18	32.73	64.26
广东	34.56	23.86	3.37	2.56	15.83	647.85	25.07	80.18
广西	17.46	16.01	1.87	0.70	5.05	596.70	24.39	41.09
海南	17.19	2.04	1.59	0.35	9.37	494.17	5.59	30.54
重庆	36.41	5.51	4.00	0.81	14.25	468.39	14.11	60.98
四川	27.56	9.33	2.83	1.48	6.21	639.89	21.62	47.40
贵州	11.82	6.17	1.86	0.37	5.69	409.67	11.52	25.90
云南	20.68	14.90	1.69	0.57	23.51	527.71	36.62	61.36
西藏	49.28	1.48	0.65		12.75	160.80	2.90	64.15
陕西	45.96	10.09	1.76	1.85	4.86	349.34	17.68	64.52
甘肃	21.23	6.34	1.78	1.76	5.04	352.96	13.15	36.14
青海	30.44	0.49	0.85	0.69	13.30	296.89	5.46	45.77
宁夏	55.39	15.16	2.76	0.02	18.33	727.19	19.01	91.65
新疆	15.62	4.36	3.65		14.01	1154.99	5.60	37.64

4—100 2000年各地区农村居民家庭经营费用支出构成

单位:%

地区	家庭经营费用支出	1.农业支出	#种植业支出	2.林业支出	3.牧业支出	4.渔业支出	5.工业支出	6.建筑业支出
全国	**100.00**	**48.27**	**47.82**	**0.66**	**35.86**	**2.59**	**3.27**	**0.89**
北京	100.00	27.32	27.21	4.90	13.31	7.87	6.23	12.89
天津	100.00	35.04	33.45	0.62	51.64	3.65	0.29	0.76
河北	100.00	57.34	56.58	0.38	27.05	0.78	4.74	0.21
山西	100.00	53.16	52.87	0.43	23.60	0.00	1.79	2.27
内蒙古	100.00	49.92	49.72	0.33	45.29	0.00	1.01	0.21
辽宁	100.00	50.73	50.36	0.38	36.02	3.91	2.34	0.16
吉林	100.00	70.58	69.87	0.29	24.48	0.08	0.41	0.40
黑龙江	100.00	76.66	76.36	0.21	18.92	0.63	0.25	0.64
上海	100.00	46.54	46.33	0.41	27.36	2.27	4.72	1.90
江苏	100.00	41.76	41.33	0.81	30.34	5.94	8.58	1.60
浙江	100.00	33.10	32.40	1.99	34.22	3.46	13.36	1.28
安徽	100.00	56.82	56.71	0.65	31.03	1.58	1.77	1.14
福建	100.00	39.76	39.37	0.84	35.40	7.25	2.78	3.14
江西	100.00	42.29	42.12	0.46	42.56	1.98	2.41	0.74
山东	100.00	52.43	52.09	0.89	34.32	0.19	3.47	1.00
河南	100.00	53.26	52.71	0.24	32.44	1.14	2.78	1.19
湖北	100.00	50.48	49.38	0.42	32.54	4.60	3.53	0.74
湖南	100.00	32.14	31.61	0.32	50.36	2.07	4.67	0.42
广东	100.00	31.99	31.66	1.19	34.88	17.97	2.30	1.03
广西	100.00	35.68	35.31	0.47	52.23	1.73	3.38	0.30
海南	100.00	56.81	56.58	1.54	27.78	7.05	0.45	0.61
重庆	100.00	28.38	27.77	0.29	55.92	1.60	1.79	0.80
四川	100.00	28.90	28.66	0.36	60.34	0.66	2.72	0.33
贵州	100.00	38.56	37.85	0.84	52.03	0.19	1.40	1.18
云南	100.00	42.85	42.37	0.77	40.57	0.15	5.50	0.36
西藏	100.00	46.73	46.73	0.15	23.69	0.00	1.25	0.02
陕西	100.00	52.99	52.17	0.80	26.83	0.34	3.80	0.30
甘肃	100.00	65.94	65.62	0.65	21.16	0.00	1.17	2.10
青海	100.00	48.75	45.60	0.49	35.65	0.40	0.71	0.86
宁夏	100.00	45.37	45.05	0.94	38.16	2.32	2.21	0.06
新疆	100.00	77.96	77.93	0.61	17.82	0.00	0.29	0.18

4—100 续表 单位:%

	7.交通运输、邮电业支出	8.批发和零售贸易、邮电业支出	9.社会服务业支出	10.文教卫生业支出	11.其他家庭经营支出	第一产业支出	第二产业支出	第三产业支出
全国合计	**4.01**	**2.14**	**0.59**	**0.17**	**1.55**	**87.38**	**4.16**	**8.46**
北京	7.08	15.72	1.48	1.45	1.74	53.40	19.12	27.48
天津	4.40	2.13	0.29	0.04	1.15	90.94	1.05	8.01
河北	5.27	2.62	0.75	0.15	0.74	85.54	4.95	9.51
山西	12.34	2.02	2.07	0.19	2.13	77.18	4.06	18.76
内蒙古	0.88	0.28	0.28	0.21	1.59	95.54	1.22	3.23
辽宁	2.64	1.84	0.31	0.29	1.37	91.04	2.51	6.45
吉林	1.29	0.11	0.17	0.02	2.17	95.44	0.81	3.75
黑龙江	1.40	0.29	0.15	0.08	0.77	96.42	0.88	2.69
上海	10.67	0.31	2.00	0.25	3.56	76.58	6.62	16.80
江苏	4.01	4.22	1.14	0.13	1.47	78.85	10.17	10.97
浙江	7.06	2.07	2.02	0.08	1.37	72.76	14.64	12.59
安徽	2.99	1.67	0.76	0.14	1.45	90.08	2.92	7.00
福建	4.55	1.93	1.15	0.23	2.98	83.24	5.92	10.84
江西	3.44	2.01	0.84	0.36	2.91	87.30	3.15	9.55
山东	2.53	3.52	0.49	0.16	1.00	87.83	4.47	7.70
河南	3.86	3.13	0.39	0.19	1.39	87.07	3.97	8.96
湖北	3.73	2.31	0.40	0.18	1.06	88.04	4.27	7.69
湖南	4.93	2.79	0.65	0.05	1.58	84.90	5.10	10.01
广东	4.59	3.17	0.45	0.34	2.10	86.02	3.33	10.65
广西	2.64	2.42	0.28	0.11	0.76	90.11	3.68	6.20
海南	3.24	0.38	0.30	0.07	1.77	93.19	1.05	5.76
重庆	6.70	1.01	0.74	0.15	2.62	86.18	2.60	11.22
四川	3.89	1.32	0.40	0.21	0.88	90.26	3.05	6.69
贵州	2.64	1.38	0.42	0.08	1.27	91.63	2.58	5.79
云南	3.31	2.38	0.27	0.09	3.76	84.34	5.85	9.81
西藏	21.63	0.65	0.29	0.00	5.59	70.57	1.27	28.15
陕西	10.65	2.34	0.41	0.43	1.13	80.95	4.10	14.95
甘肃	5.28	1.58	0.44	0.44	1.25	87.75	3.27	8.99
青海	8.75	0.14	0.24	0.20	3.82	85.28	1.57	13.15
宁夏	6.61	1.81	0.33	0.00	2.19	86.79	2.27	10.94
新疆	1.30	0.36	0.30	0.00	1.17	96.39	0.47	3.14

4—101 2000年各地区农村居民生活消费支出

单位:元/人

地区	生活消费支出	一、食品支出	二、衣着支出	三、居住支出	四、家庭设备用品及服务支出	五、医疗保健支出	六、交通和通讯支出	七、文教娱乐用品及服务支出	八、其他商品及服务支出
全国合计	**1670.13**	**820.52**	**95.95**	**258.34**	**75.45**	**87.57**	**93.13**	**186.71**	**52.46**
北京	3425.71	1304.72	245.93	539.57	235.28	249.00	236.00	484.86	130.34
天津	1995.61	800.02	162.12	282.52	94.95	270.90	87.43	235.22	62.46
河北	1365.23	539.33	104.84	322.04	65.41	78.28	84.55	130.71	40.06
山西	1149.01	558.86	113.37	143.90	48.77	60.35	48.82	135.39	39.55
内蒙古	1614.91	723.36	110.88	249.38	60.96	104.46	93.44	232.58	39.87
辽宁	1753.54	815.70	152.73	243.07	70.50	109.51	112.77	195.38	53.89
吉林	1553.35	705.39	103.22	273.40	63.61	102.65	85.05	171.77	48.25
黑龙江	1540.35	682.82	105.26	304.20	50.85	117.20	84.17	150.67	45.17
上海	4137.61	1822.55	201.24	723.65	225.22	208.92	278.63	559.12	118.29
江苏	2337.46	1017.57	126.66	441.57	114.97	129.52	155.47	268.99	82.72
浙江	3230.88	1406.37	167.40	580.53	145.89	200.06	275.46	327.99	127.18
安徽	1321.50	693.15	71.16	196.85	57.58	58.05	58.44	145.46	40.81
福建	2409.69	1172.35	116.99	350.72	110.24	87.38	206.08	254.30	111.63
江西	1642.66	894.50	84.42	223.94	55.46	63.48	95.60	184.24	41.04
山东	1770.75	781.88	117.51	299.76	114.94	118.69	101.64	207.87	28.45
河南	1315.83	654.13	86.88	206.12	69.41	63.55	56.38	133.08	46.29
湖北	1555.61	827.25	75.19	179.42	69.40	69.67	72.67	209.89	52.11
湖南	1942.94	1053.37	89.78	251.92	78.05	82.23	99.38	222.50	65.72
广东	2646.02	1317.48	104.21	378.86	125.65	100.31	205.52	313.46	100.53
广西	1487.96	824.97	51.58	201.12	62.95	52.38	64.83	186.76	43.37
海南	1483.90	844.29	59.05	180.31	63.59	44.15	61.28	174.39	56.84
重庆	1395.53	747.55	61.96	199.07	66.76	68.87	61.31	154.52	35.48
四川	1484.59	810.82	72.31	212.85	62.63	72.84	54.38	159.55	39.21
贵州	1096.64	687.36	53.03	138.90	38.23	27.68	26.92	97.26	27.25
云南	1270.83	749.22	55.35	177.14	47.53	64.31	31.96	106.14	39.18
西藏	1116.59	885.60	87.06	47.21	39.77	16.07	15.42	11.11	14.36
陕西	1251.21	543.84	82.32	199.92	57.82	91.40	58.49	181.81	35.61
甘肃	1084.00	525.17	60.54	171.12	42.21	70.60	43.76	143.87	26.74
青海	1218.23	705.24	93.35	126.19	44.81	78.20	53.15	79.38	37.92
宁夏	1417.13	691.31	96.70	227.35	62.10	88.53	79.79	144.98	26.38
新疆	1236.45	618.17	114.26	170.89	45.74	73.67	61.04	105.98	46.69

4-102 2000年各地区农村居民生活消费支出构成

单位:%

地区	生活消费支出	一、食品支出	二、衣着支出	三、居住支出	四、家庭设备用品及服务支出	五、医疗保健支出	六、交通和通讯支出	七、文教娱乐用品及服务支出	八、其他商品及服务支出
全国合计	**100.00**	**49.13**	**5.74**	**15.47**	**4.52**	**5.24**	**5.58**	**11.18**	**3.14**
北京	100.00	38.09	7.31	15.75	6.87	7.27	6.89	14.15	3.80
天津	100.00	40.09	8.80	14.16	4.76	13.57	4.38	11.79	3.13
河北	100.00	39.50	7.94	23.59	4.79	5.73	6.19	9.57	2.93
山西	100.00	48.64	10.34	12.52	4.24	5.25	4.25	11.78	3.44
内蒙古	100.00	44.79	7.05	15.44	3.77	6.47	5.79	14.40	2.47
辽宁	100.00	46.52	8.96	13.86	4.02	6.24	6.43	11.14	3.07
吉林	100.00	45.41	8.26	17.60	4.10	6.61	5.48	11.06	3.11
黑龙江	100.00	44.33	7.32	19.75	3.30	7.61	5.46	9.78	2.93
上海	100.00	44.05	5.24	17.49	5.44	5.05	6.73	13.51	2.86
江苏	100.00	43.53	5.31	18.89	4.92	5.54	6.65	11.51	3.54
浙江	100.00	43.53	5.42	17.97	4.52	6.19	8.53	10.15	3.94
安徽	100.00	52.45	5.33	14.90	4.36	4.39	4.42	11.01	3.09
福建	100.00	48.65	5.48	14.55	4.57	3.63	8.55	10.55	4.63
江西	100.00	54.45	4.26	13.63	3.38	3.86	5.82	11.22	2.50
山东	100.00	44.16	6.77	16.93	6.49	6.70	5.74	11.74	1.61
河南	100.00	49.71	6.38	15.66	5.27	4.83	4.28	10.11	3.52
湖北	100.00	53.18	4.73	11.53	4.46	4.48	4.67	13.49	3.35
湖南	100.00	54.21	4.15	12.97	4.02	4.23	5.11	11.45	3.38
广东	100.00	49.79	3.75	14.32	4.75	3.79	7.77	11.85	3.80
广西	100.00	55.44	3.60	13.52	4.23	3.52	4.36	12.55	2.91
海南	100.00	56.90	4.31	12.15	4.29	2.98	4.13	11.75	3.83
重庆	100.00	53.57	4.71	14.26	4.78	4.94	4.39	11.07	2.54
四川	100.00	54.62	5.11	14.34	4.22	4.91	3.66	10.75	2.64
贵州	100.00	62.68	4.54	12.67	3.49	2.52	2.45	8.87	2.49
云南	100.00	58.96	4.46	13.94	3.74	5.06	2.51	8.35	3.08
西藏	100.00	79.31	12.94	4.23	3.56	1.44	1.38	0.99	1.29
陕西	100.00	43.47	6.71	15.98	4.62	7.30	4.68	14.53	2.85
甘肃	100.00	48.45	5.21	15.79	3.89	6.51	4.04	13.27	2.47
青海	100.00	57.89	8.64	10.36	3.68	6.42	4.36	6.52	3.11
宁夏	100.00	48.78	7.79	16.04	4.38	6.25	5.63	10.23	1.86
新疆	100.00	50.00	9.34	13.82	3.70	5.96	4.94	8.57	3.78

4—103 2000年各地区农村居民现金支出

单位:元/人

地区	现金支出	一、生产费用现金支出	1.家庭经营费用支出	2.购买生产性固定资产支出	二、税费支出	三、生活消费现金支出	四、财产性支出	五、转移性支出
全国合计	**2140.37**	**608.40**	**544.49**	**63.91**	**89.81**	**1284.74**	**9.82**	**147.60**
北京	4374.65	689.19	629.31	59.89	34.41	3336.52	35.29	279.23
天津	2940.32	808.72	774.97	33.75	67.54	1833.60	4.78	225.67
河北	1977.44	661.55	559.09	102.46	65.66	1156.25	9.83	84.16
山西	1425.88	369.94	319.93	50.01	43.42	901.59	7.05	103.88
内蒙古	2355.68	833.36	713.70	119.66	219.15	1170.97	10.16	122.04
辽宁	2783.07	931.57	823.90	107.66	136.46	1386.04	5.50	323.51
吉林	2495.37	849.16	747.86	101.30	201.17	1204.51	26.20	214.33
黑龙江	2821.14	1045.40	941.86	103.54	315.51	1187.60	21.77	250.86
上海	5199.98	504.72	487.01	17.70	52.80	3763.47	26.70	852.29
江苏	2970.24	667.19	638.39	28.80	96.99	1922.13	13.17	270.76
浙江	4160.18	815.42	710.70	104.72	57.09	2911.84	16.88	358.95
安徽	1614.69	449.11	395.44	53.66	91.65	954.93	6.69	112.30
福建	3017.52	609.09	570.14	38.95	41.40	2074.58	26.60	265.86
江西	1861.27	459.47	412.04	47.43	75.50	1170.68	10.38	145.23
山东	2574.97	850.75	742.90	107.85	126.60	1482.43	9.38	105.80
河南	1578.10	506.49	440.36	66.13	90.32	889.66	5.15	86.49
湖北	1808.57	420.59	393.00	27.59	138.73	1058.31	10.04	180.90
湖南	2363.32	563.83	523.29	40.54	102.76	1467.92	10.40	218.41
广东	3090.91	740.71	710.13	30.57	29.45	2197.64	4.45	118.67
广西	1809.36	618.20	567.34	50.87	30.31	1087.20	6.44	67.21
海南	1643.59	478.78	451.58	27.19	15.71	1083.21	1.86	64.03
重庆	1516.77	401.63	367.43	34.20	54.13	927.23	6.89	126.88
四川	1709.57	482.52	457.79	24.74	89.69	1021.27	6.64	109.45
贵州	1063.25	317.36	272.28	45.07	31.35	622.51	3.59	88.45
云南	1360.59	451.85	401.32	50.53	22.10	808.34	6.94	71.36
西藏	719.55	228.43	134.23	94.20	4.90	476.59	2.25	7.38
陕西	1599.51	442.82	372.72	70.10	68.02	1007.55	10.97	70.14
甘肃	1226.34	375.40	329.00	46.40	46.50	747.61	4.09	52.74
青海	1327.21	421.59	285.19	136.40	46.85	765.53	7.95	85.29
宁夏	2032.23	813.31	694.45	118.86	65.77	1017.35	14.35	121.45
新疆	2353.45	1215.62	1100.43	115.19	177.22	871.37	7.74	81.51

4—104　2000年各地区农村居民现金支出构成

单位：%

地　　区	现金支出	一、生产费用现金支出	1.家庭经营费用支出	2.购买生产性固定资产支出	二、税费支出	三、生活消费现金支出	四、财产性支出	五、转移性支出
全国合计	**100.00**	**28.42**	**25.44**	**2.99**	**4.20**	**60.02**	**0.46**	**6.90**
北　京	100.00	15.75	14.39	1.37	0.79	76.27	0.81	6.38
天　津	100.00	27.50	26.36	1.15	2.30	62.36	0.16	7.68
河　北	100.00	33.45	28.27	5.18	3.32	58.47	0.50	4.26
山　西	100.00	25.94	22.44	3.51	3.05	63.23	0.49	7.29
内蒙古	100.00	35.38	30.30	5.08	9.30	49.71	0.43	5.18
辽　宁	100.00	33.47	29.60	3.87	4.90	49.80	0.20	11.62
吉　林	100.00	34.03	29.97	4.06	8.06	48.27	1.05	8.59
黑龙江	100.00	37.06	33.39	3.67	11.18	42.10	0.77	8.89
上　海	100.00	9.71	9.37	0.34	1.02	72.37	0.51	16.39
江　苏	100.00	22.46	21.49	0.97	3.27	64.71	0.44	9.12
浙　江	100.00	19.60	17.08	2.52	1.37	69.99	0.41	8.63
安　徽	100.00	27.81	24.49	3.32	5.68	59.14	0.41	6.96
福　建	100.00	20.19	18.89	1.29	1.37	68.75	0.88	8.81
江　西	100.00	24.69	22.14	2.55	4.06	62.90	0.56	7.80
山　东	100.00	33.04	28.85	4.19	4.92	57.57	0.36	4.11
河　南	100.00	32.09	27.90	4.19	5.72	56.38	0.33	5.48
湖　北	100.00	23.26	21.73	1.53	7.67	58.52	0.55	10.00
湖　南	100.00	23.86	22.14	1.72	4.35	62.11	0.44	9.24
广　东	100.00	23.96	22.97	0.99	0.95	71.10	0.14	3.84
广　西	100.00	34.17	31.36	2.81	1.68	60.09	0.36	3.71
海　南	100.00	29.13	27.48	1.65	0.96	65.90	0.11	3.90
重　庆	100.00	26.48	24.22	2.25	3.57	61.13	0.45	8.37
四　川	100.00	28.22	26.78	1.45	5.25	59.74	0.39	6.40
贵　州	100.00	29.85	25.61	4.24	2.95	58.55	0.34	8.32
云　南	100.00	33.21	29.50	3.71	1.62	59.41	0.51	5.24
西　藏	100.00	31.75	18.65	13.09	0.68	66.23	0.31	1.03
陕　西	100.00	27.68	23.30	4.38	4.25	62.99	0.69	4.38
甘　肃	100.00	30.61	26.83	3.78	3.79	60.96	0.33	4.30
青　海	100.00	31.77	21.49	10.28	3.53	57.68	0.60	6.43
宁　夏	100.00	40.02	34.17	5.85	3.24	50.06	0.71	5.98
新　疆	100.00	51.65	46.76	4.89	7.53	37.03	0.33	3.46

4—105 2000年各地区农村居民家庭经营费用现金支出

单位:元/人

地区	家庭经营费用现金支出	1.农业支出	#种植业支出	2.林业支出	3.牧业支出	4.渔业支出	5.工业支出	6.建筑业支出
全国合计	**544.49**	**286.54**	**283.94**	**4.16**	**155.66**	**16.53**	**21.27**	**5.77**
北京	629.31	172.94	172.23	31.11	79.54	49.97	39.57	81.79
天津	774.97	275.83	263.22	4.91	392.88	29.14	2.33	6.04
河北	559.09	336.57	331.83	2.36	124.66	4.87	29.71	1.32
山西	319.93	172.77	171.77	1.50	65.14	0.00	6.32	8.02
内蒙古	713.70	429.84	427.79	3.34	235.55	0.00	10.18	2.16
辽宁	823.90	451.58	447.87	3.85	242.24	39.15	23.59	1.62
吉林	747.86	576.64	570.51	2.56	128.72	0.65	3.53	3.50
黑龙江	941.86	757.93	754.75	2.31	136.37	6.69	2.67	6.86
上海	487.01	227.45	226.43	2.02	131.94	11.06	23.12	9.31
江苏	638.39	264.71	261.87	4.99	187.00	39.76	58.14	9.42
浙江	710.70	241.63	236.50	14.53	228.94	24.88	98.50	9.43
安徽	395.44	245.84	245.34	2.94	94.89	7.12	8.02	5.17
福建	570.14	232.41	230.09	4.97	190.18	43.22	16.59	18.75
江西	412.04	205.48	204.64	2.39	129.54	9.91	12.48	3.83
山东	742.90	422.77	419.67	8.10	201.52	1.68	30.44	8.90
河南	440.36	250.97	248.04	1.24	113.22	6.03	14.79	6.35
湖北	393.00	212.12	211.16	1.90	103.60	18.74	16.73	3.52
湖南	523.29	193.96	190.58	2.05	217.80	12.85	29.74	2.71
广东	710.13	231.14	228.69	8.69	233.41	133.33	17.15	7.50
广西	567.34	232.05	229.63	3.14	255.35	11.36	22.36	1.99
海南	451.58	289.80	288.56	8.18	83.52	36.52	2.37	3.22
重庆	367.43	141.66	138.34	1.55	141.15	8.25	9.75	4.36
四川	457.79	165.51	163.80	2.41	216.62	4.54	19.13	2.36
贵州	272.28	137.13	133.96	3.61	93.75	0.61	6.06	5.28
云南	401.32	201.74	198.77	2.67	106.49	0.79	34.39	2.23
西藏	134.23	44.27	44.27	0.35	28.52	0.00	2.85	0.05
陕西	372.72	209.11	205.57	3.44	76.82	1.48	16.24	1.29
甘肃	329.00	224.47	224.17	2.56	52.74	0.00	4.71	8.44
青海	285.19	134.82	134.45	1.69	96.06	1.38	2.47	2.99
宁夏	694.45	307.72	305.04	7.89	248.89	19.28	18.55	0.46
新疆	1100.43	893.44	893.08	6.66	159.79	0.00	3.43	2.18

4—105 续表　　　　单位:元/人

	7.交通运输、邮电业支出	8.批发和零售贸易、邮电业支出	9.社会服务业支出	10.文教卫生业支出	11.其他家庭经营支出	第一产业支出	第二产业支出	第三产业支出
全国合计	**26.18**	**13.92**	**3.83**	**1.14**	**9.49**	**462.88**	**27.04**	**54.56**
北京	44.97	99.78	9.39	9.21	11.04	333.56	121.36	174.39
天津	35.07	16.96	2.30	0.31	9.21	702.76	8.37	63.84
河北	33.03	16.41	4.62	0.93	4.61	468.45	31.03	59.60
山西	43.56	7.12	7.31	0.67	7.52	239.41	14.34	66.18
内蒙古	8.88	2.79	2.82	2.07	16.05	668.74	12.34	32.62
辽宁	26.60	18.51	3.08	2.95	10.73	736.82	25.20	61.88
吉林	11.19	0.95	1.45	0.14	18.53	708.56	7.04	32.26
黑龙江	15.13	3.14	1.62	0.81	8.33	903.30	9.53	29.03
上海	52.16	1.50	9.81	1.24	17.40	372.47	32.43	82.11
江苏	27.18	28.62	7.72	0.91	9.95	496.45	67.55	74.38
浙江	52.05	15.24	14.85	0.58	10.08	509.98	107.93	92.80
安徽	13.50	7.54	3.42	0.62	6.39	350.78	13.19	31.47
福建	27.13	11.22	6.88	1.35	17.43	470.79	35.34	64.01
江西	17.82	10.40	4.29	1.85	14.05	347.32	16.31	48.41
山东	22.83	31.91	4.43	1.42	8.90	634.07	39.34	69.49
河南	20.72	16.70	2.10	1.04	7.21	371.45	21.14	47.77
湖北	17.64	10.94	1.89	0.86	5.04	336.36	20.25	36.38
湖南	31.66	17.86	4.19	0.32	10.15	426.65	32.44	64.19
广东	34.39	22.86	3.29	2.56	15.82	606.57	24.65	78.92
广西	17.46	16.01	1.87	0.70	5.05	501.90	24.35	41.09
海南	17.19	2.04	1.59	0.35	6.81	418.01	5.59	27.99
重庆	36.41	5.50	4.00	0.81	13.99	292.60	14.11	60.72
四川	27.53	9.22	2.83	1.48	6.16	389.07	21.49	47.23
贵州	11.77	6.16	1.86	0.37	5.69	235.08	11.34	25.85
云南	20.59	14.65	1.49	0.57	15.70	311.69	36.62	53.01
西藏	49.11	1.00	0.62	0.00	7.46	73.14	2.90	58.19
陕西	45.96	10.06	1.76	1.85	4.72	290.84	17.53	64.34
甘肃	21.23	6.30	1.76	1.76	5.02	279.77	13.15	36.08
青海	30.44	0.49	0.85	0.69	13.30	233.96	5.46	45.77
宁夏	55.39	15.16	2.76	0.02	18.33	583.79	19.01	91.65
新疆	15.62	4.36	3.65		11.30	1059.89	5.60	34.93

4—106　2000年各地区农村居民家庭经营费用现金支出构成

单位：%

地　区	家庭经营费用现金支出	1.农业支出	#种植业支　出	2.林业支出	3.牧业支出	4.渔业支出	5.工业支出	6.建筑业支　出
全国合计	**100.00**	**52.63**	**52.15**	**0.76**	**28.59**	**3.04**	**3.91**	**1.06**
北　京	100.00	27.48	27.37	4.94	12.64	7.94	6.29	13.00
天　津	100.00	35.59	33.97	0.63	50.70	3.76	0.30	0.78
河　北	100.00	60.20	59.35	0.42	22.30	0.87	5.31	0.24
山　西	100.00	54.00	53.69	0.47	20.36	0.00	1.98	2.51
内蒙古	100.00	60.23	59.94	0.47	33.00	0.00	1.43	0.30
辽　宁	100.00	54.81	54.36	0.47	29.40	4.75	2.86	0.20
吉　林	100.00	77.11	76.29	0.34	17.21	0.09	0.47	0.47
黑龙江	100.00	80.47	80.13	0.25	14.48	0.71	0.28	0.73
上　海	100.00	46.70	46.49	0.42	27.09	2.27	4.75	1.91
江　苏	100.00	41.47	41.02	0.78	29.29	6.23	9.11	1.47
浙　江	100.00	34.00	33.28	2.04	32.21	3.50	13.86	1.33
安　徽	100.00	62.17	62.04	0.74	23.99	1.80	2.03	1.31
福　建	100.00	40.76	40.36	0.87	33.36	7.58	2.91	3.29
江　西	100.00	49.87	49.67	0.58	31.44	2.40	3.03	0.93
山　东	100.00	56.91	56.49	1.09	27.13	0.23	4.10	1.20
河　南	100.00	56.99	56.33	0.28	25.71	1.37	3.36	1.44
湖　北	100.00	53.98	53.73	0.48	26.36	4.77	4.26	0.90
湖　南	100.00	37.07	36.42	0.39	41.62	2.45	5.68	0.52
广　东	100.00	32.55	32.20	1.22	32.87	18.78	2.42	1.06
广　西	100.00	40.90	40.48	0.55	45.01	2.00	3.94	0.35
海　南	100.00	64.17	63.90	1.81	18.49	8.09	0.52	0.71
重　庆	100.00	38.55	37.65	0.42	38.41	2.24	2.65	1.19
四　川	100.00	36.15	35.78	0.53	47.32	0.99	4.18	0.51
贵　州	100.00	50.36	49.20	1.32	34.43	0.22	2.23	1.94
云　南	100.00	50.27	49.53	0.66	26.53	0.20	8.57	0.56
西　藏	100.00	32.98	32.98	0.26	21.25	0.00	2.12	0.04
陕　西	100.00	56.10	55.15	0.92	20.61	0.40	4.36	0.35
甘　肃	100.00	68.23	68.13	0.78	16.03	0.00	1.43	2.56
青　海	100.00	47.27	47.14	0.59	33.68	0.48	0.87	1.05
宁　夏	100.00	44.31	43.93	1.14	35.84	2.78	2.67	0.07
新　疆	100.00	81.19	81.16	0.61	14.52	0.00	0.31	0.20

4—106 续表 单位:%

	7.交通运输、邮电业支出	8.批发和零售贸易、邮电业支出	9.社会服务业支出	10.文教卫生业支出	11.其他家庭经营支出	第一产业支出	第二产业支出	第三产业支出
全国合计	**4.81**	**2.56**	**0.70**	**0.21**	**1.74**	**85.01**	**4.97**	**10.02**
北京	7.15	15.86	1.49	1.46	1.75	53.00	19.28	27.71
天津	4.52	2.19	0.30	0.04	1.19	90.68	1.08	8.24
河北	5.91	2.94	0.83	0.17	0.82	83.79	5.55	10.66
山西	13.61	2.23	2.28	0.21	2.35	74.83	4.48	20.69
内蒙古	1.24	0.39	0.40	0.29	2.25	93.70	1.73	4.57
辽宁	3.23	2.25	0.37	0.36	1.30	89.43	3.06	7.51
吉林	1.50	0.13	0.19	0.02	2.48	94.75	0.94	4.31
黑龙江	1.61	0.33	0.17	0.09	0.88	95.91	1.01	3.08
上海	10.71	0.31	2.02	0.25	3.57	76.48	6.66	16.86
江苏	4.26	4.48	1.21	0.14	1.56	77.77	10.58	11.65
浙江	7.32	2.14	2.09	0.08	1.42	71.76	15.19	13.06
安徽	3.42	1.91	0.86	0.16	1.62	88.70	3.34	7.96
福建	4.76	1.97	1.21	0.24	3.06	82.57	6.20	11.23
江西	4.33	2.52	1.04	0.45	3.41	84.29	3.96	11.75
山东	3.07	4.30	0.60	0.19	1.20	85.35	5.30	9.35
河南	4.71	3.79	0.48	0.24	1.64	84.35	4.80	10.85
湖北	4.49	2.78	0.48	0.22	1.28	85.59	5.15	9.26
湖南	6.05	3.41	0.80	0.06	1.94	81.53	6.20	12.27
广东	4.84	3.22	0.46	0.36	2.23	85.42	3.47	11.11
广西	3.08	2.82	0.33	0.12	0.89	88.47	4.29	7.24
海南	3.81	0.45	0.35	0.08	1.51	92.56	1.24	6.20
重庆	9.91	1.50	1.09	0.22	3.81	79.63	3.84	16.53
四川	6.01	2.01	0.62	0.32	1.35	84.99	4.69	10.32
贵州	4.32	2.26	0.68	0.14	2.09	86.34	4.17	9.50
云南	5.13	3.65	0.37	0.14	3.91	77.67	9.13	13.21
西藏	36.59	0.74	0.46	0.00	5.56	54.49	2.16	43.35
陕西	12.33	2.70	0.47	0.50	1.27	78.03	4.70	17.26
甘肃	6.45	1.92	0.53	0.54	1.53	85.04	4.00	10.97
青海	10.67	0.17	0.30	0.24	4.66	82.04	1.91	16.05
宁夏	7.98	2.18	0.40	0.00	2.64	84.06	2.74	13.20
新疆	1.42	0.40	0.33	0.00	1.03	96.32	0.51	3.17

4—107 2000年各地区农村居民生活消费现金支出

单位:元/人

地区	生活消费现金支出	一、食品支出	二、衣着支出	三、居住支出	四、家庭设备用品及服务支出	五、医疗保健支出	六、交通和通讯支出	七、文教娱乐用品及服务支出	八、其他商品及服务支出
全国合计	**1284.74**	**464.26**	**95.18**	**231.06**	**74.37**	**87.57**	**93.13**	**186.71**	**52.46**
北京	3336.52	1216.66	245.77	538.62	235.25	249.00	236.00	484.86	130.34
天津	1833.60	650.29	162.12	270.23	94.95	270.90	87.43	235.22	62.46
河北	1156.25	330.95	104.25	322.04	65.41	78.28	84.55	130.71	40.06
山西	901.59	313.60	113.34	141.82	48.72	60.35	48.82	135.39	39.55
内蒙古	1170.97	337.86	110.86	190.95	60.96	104.46	93.44	232.58	39.87
辽宁	1386.04	483.76	152.69	208.21	69.84	109.51	112.77	195.38	53.89
吉林	1204.51	446.31	103.22	183.64	63.61	102.65	85.05	171.77	48.25
黑龙江	1187.60	454.83	105.26	179.45	50.85	117.20	84.17	150.67	45.17
上海	3763.47	1451.21	201.20	720.89	225.22	208.92	278.63	559.12	118.29
江苏	1922.13	635.98	123.30	412.08	114.07	129.52	155.47	268.99	82.72
浙江	2911.84	1098.30	167.39	569.83	145.63	200.06	275.46	327.99	127.18
安徽	954.93	362.25	70.76	161.58	57.57	58.05	58.44	145.46	40.81
福建	2074.58	854.48	116.99	336.94	106.78	87.38	206.08	254.30	111.63
江西	1170.68	466.22	83.39	181.28	55.43	63.48	95.60	184.24	41.04
山东	1482.43	506.71	116.18	288.05	114.83	118.69	101.64	207.87	28.45
河南	889.66	286.52	85.55	161.44	56.84	63.55	56.38	133.08	46.29
湖北	1058.31	358.34	72.21	154.92	68.49	69.67	72.67	209.89	52.11
湖南	1467.92	590.19	89.61	240.26	78.04	82.23	99.38	222.50	65.72
广东	2197.64	908.45	101.76	343.87	123.73	100.31	205.52	313.46	100.53
广西	1087.20	437.01	51.56	188.35	62.95	52.38	64.83	186.76	43.37
海南	1083.21	495.62	59.05	128.29	63.59	44.15	61.28	174.39	56.84
重庆	927.23	299.85	61.96	178.49	66.75	68.87	61.31	154.52	35.48
四川	1021.27	376.13	72.22	184.57	62.38	72.84	54.38	159.55	39.21
贵州	622.51	224.92	53.00	127.24	38.23	27.68	26.92	97.26	27.25
云南	808.34	305.83	55.31	158.09	47.53	64.31	31.96	106.14	39.18
西藏	476.59	256.57	87.05	36.25	39.77	16.07	15.42	11.11	14.36
陕西	1007.55	327.74	81.99	172.69	57.82	91.40	58.49	181.81	35.61
甘肃	747.61	213.82	60.53	146.11	42.18	70.60	43.76	143.87	26.74
青海	765.53	262.68	93.31	116.16	44.74	78.20	53.15	79.38	37.92
宁夏	1017.35	302.72	96.70	216.17	62.10	88.53	79.79	144.98	26.38
新疆	871.37	270.54	110.85	156.86	45.74	73.67	61.04	105.98	46.69

4—108 2000年各地区农村居民生活消费现金支出构成

单位:%

地 区	生活消费现金支出	一、食品支出	二、衣着支出	三、居住支出	四、家庭设备用品及服务支出	五、医疗保健支出	六、交通和通讯支出	七、文教娱乐用品及服务支出	八、其他商品及服务支出
全国合计	**100.00**	**36.14**	**7.41**	**17.98**	**5.79**	**6.82**	**7.25**	**14.53**	**4.08**
北 京	100.00	36.47	7.37	16.14	7.05	7.46	7.07	14.53	3.91
天 津	100.00	35.47	8.84	14.74	5.18	14.77	4.77	12.83	3.41
河 北	100.00	28.62	9.02	27.85	5.66	6.77	7.31	11.30	3.46
山 西	100.00	34.78	12.57	15.73	5.40	6.69	5.41	15.02	4.39
内蒙古	100.00	28.85	9.47	16.31	5.21	8.92	7.98	19.86	3.40
辽 宁	100.00	34.90	11.02	15.02	5.04	7.90	8.14	14.10	3.89
吉 林	100.00	37.05	8.57	15.25	5.28	8.52	7.06	14.26	4.01
黑龙江	100.00	38.30	8.86	15.11	4.28	9.87	7.09	12.69	3.80
上 海	100.00	38.56	5.35	19.15	5.98	5.55	7.40	14.86	3.14
江 苏	100.00	33.09	6.41	21.44	5.93	6.74	8.09	13.99	4.30
浙 江	100.00	37.72	5.75	19.57	5.00	6.87	9.46	11.26	4.37
安 徽	100.00	37.94	7.41	16.92	6.03	6.08	6.12	15.23	4.27
福 建	100.00	41.19	5.64	16.24	5.15	4.21	9.93	12.26	5.38
江 西	100.00	39.82	7.12	15.49	4.74	5.42	8.17	15.74	3.51
山 东	100.00	34.18	7.84	19.43	7.75	8.01	6.86	14.02	1.92
河 南	100.00	32.21	9.62	18.15	6.39	7.14	6.34	14.96	5.20
湖 北	100.00	33.86	6.82	14.64	6.47	6.58	6.87	19.83	4.92
湖 南	100.00	40.21	6.10	16.37	5.32	5.60	6.77	15.16	4.48
广 东	100.00	41.34	4.63	15.65	5.63	4.56	9.35	14.26	4.57
广 西	100.00	40.20	4.74	17.32	5.79	4.82	5.96	17.18	3.99
海 南	100.00	45.75	5.45	11.84	5.87	4.08	5.66	16.10	5.25
重 庆	100.00	32.34	6.68	19.25	7.20	7.43	6.61	16.67	3.83
四 川	100.00	36.83	7.07	18.07	6.11	7.13	5.32	15.62	3.84
贵 州	100.00	36.13	8.51	20.44	6.14	4.45	4.32	15.62	4.38
云 南	100.00	37.83	6.84	19.56	5.88	7.96	3.95	13.13	4.85
西 藏	100.00	53.83	18.26	7.61	8.34	3.37	3.24	2.33	3.01
陕 西	100.00	32.53	8.14	17.14	5.74	9.07	5.81	18.04	3.53
甘 肃	100.00	28.60	8.10	19.54	5.64	9.44	5.85	19.24	3.58
青 海	100.00	34.31	12.19	15.17	5.84	10.22	6.94	10.37	4.95
宁 夏	100.00	29.76	9.50	21.25	6.10	8.70	7.84	14.25	2.59
新 疆	100.00	31.05	12.72	18.00	5.25	8.45	7.01	12.16	5.36

2001年农村住户调查主要情况

5—1 各地区农村居民家庭基本情况

地区	常住人口（人/户）	整、半劳动力（人/户）	整半劳动力占常住人口比重（%）	平均每个劳动力负担人口（人）	每百个常住人口中：在校学生人数（人）	# 7—15岁在校人数（人）
全国合计	**4.15**	**2.73**	**65.83**	**1.52**	**22.23**	**17.08**
北京	3.53	2.31	65.52	1.53	22.46	14.71
天津	3.72	2.48	66.56	1.50	21.78	17.21
河北	4.05	2.72	67.14	1.49	23.32	16.69
山西	4.15	2.67	64.35	1.55	25.65	19.30
内蒙古	4.04	2.74	67.75	1.48	20.39	15.55
辽宁	3.55	2.58	72.75	1.37	17.66	13.62
吉林	3.85	2.65	68.98	1.45	17.63	13.76
黑龙江	3.83	2.74	71.45	1.40	16.17	12.64
上海	3.29	2.48	75.34	1.33	15.24	7.59
江苏	3.73	2.61	70.06	1.43	20.15	15.25
浙江	3.64	2.60	71.56	1.40	17.23	12.22
安徽	4.16	2.75	66.12	1.51	23.00	18.55
福建	4.17	2.68	64.28	1.56	24.03	18.58
江西	4.43	3.01	67.98	1.47	20.80	16.86
山东	3.73	2.54	68.20	1.47	21.62	16.11
河南	4.13	2.62	63.38	1.58	26.50	21.19
湖北	4.09	2.75	67.18	1.49	23.62	19.04
湖南	3.93	2.71	69.07	1.45	20.45	15.66
广东	5.10	3.17	62.12	1.61	25.62	19.17
广西	4.80	3.13	65.30	1.53	22.95	17.17
海南	5.12	3.11	60.82	1.64	27.91	21.40
重庆	3.66	2.56	69.84	1.43	17.61	14.56
四川	3.93	2.69	68.53	1.46	19.25	15.12
贵州	4.47	2.74	61.23	1.63	24.21	18.56
云南	4.49	2.83	63.04	1.59	19.34	15.48
西藏	5.99	2.86	47.75	2.09	17.32	15.10
陕西	4.40	2.62	59.53	1.68	28.68	20.80
甘肃	4.70	2.77	59.08	1.69	26.20	19.39
青海	5.25	3.24	61.69	1.62	18.49	14.71
宁夏	4.71	2.81	59.70	1.68	24.52	19.18
新疆	5.16	2.98	57.87	1.73	27.39	22.85

5－2　各地区农村居民家庭劳动力文化状况

（每百个劳动力中）

单位：%

地　　区	不识字或识字很少	小　　学	初　　中	高　　中	中　　专	大专及大专以上
全国合计	**7.69**	**31.14**	**48.89**	**9.65**	**2.02**	**0.61**
北　京	1.44	10.50	58.74	19.16	6.98	3.17
天　津	1.89	27.27	56.57	10.37	2.90	1.01
河　北	2.56	24.64	57.50	12.85	1.91	0.55
山　西	3.12	24.74	60.17	9.63	2.02	0.32
内蒙古	7.10	30.65	49.37	10.04	2.13	0.71
辽　宁	1.74	26.83	59.38	8.66	2.46	0.92
吉　林	2.92	31.47	54.63	9.00	1.55	0.42
黑龙江	2.26	29.59	57.73	8.18	1.73	0.51
上　海	3.90	23.72	48.25	13.84	7.73	2.55
江　苏	7.19	27.45	51.81	10.95	1.75	0.87
浙　江	6.49	34.59	44.00	11.76	2.51	0.65
安　徽	11.60	27.40	51.56	7.46	1.57	0.41
福　建	6.52	34.16	46.04	10.01	2.63	0.64
江　西	5.86	36.66	46.92	8.91	1.30	0.35
山　东	5.71	24.44	52.68	13.76	2.83	0.59
河　南	6.57	22.47	57.77	10.93	1.86	0.39
湖　北	5.10	31.07	51.42	10.15	1.85	0.41
湖　南	3.14	32.85	49.71	11.85	1.85	0.61
广　东	3.96	31.01	51.61	10.08	2.82	0.52
广　西	5.27	34.19	48.47	9.34	2.52	0.22
海　南	7.32	24.78	51.12	15.09	1.43	0.27
重　庆	6.61	41.62	44.23	5.76	1.37	0.41
四　川	8.57	40.04	44.12	5.76	1.25	0.26
贵　州	20.17	39.84	34.48	3.62	1.58	0.31
云　南	17.28	44.40	32.28	5.00	0.99	0.04
西　藏	42.71	35.68	1.73	0.92	8.76	10.20
陕　西	9.22	26.82	50.95	11.23	1.14	0.64
甘　肃	20.93	27.92	37.85	11.74	1.18	0.38
青　海	32.85	34.14	27.29	4.84	0.62	0.26
宁　夏	17.84	30.05	41.20	9.07	1.54	0.30
新　疆	7.27	45.26	38.45	6.81	1.77	0.43

5—3 各地区农村居民家庭经营土地情况

单位:亩/人

地　　区	耕地面积	#自留地面积	山地面积	园地面积	牧草地面积	养殖水面面积
全国合计	**1.99**	**0.08**	**0.28**	**0.06**	**3.83**	**0.03**
北　京	0.83	0.02	0.03	0.20		0.01
天　津	1.46	0.01		0.03		0.01
河　北	1.81	0.04	0.18	0.06		
山　西	2.37	0.08	0.06	0.17	0.01	
内蒙古	7.22	0.04	0.54	0.02	114.89	
辽　宁	3.14	0.14	0.29	0.05		0.04
吉　林	5.55	0.06	0.22			0.01
黑龙江	9.01	0.14	0.07			0.01
上　海	0.82	0.08				0.02
江　苏	1.22	0.08	0.03	0.02		0.11
浙　江	0.82	0.05	0.44	0.11		0.05
安　徽	1.46	0.03	0.19	0.03		0.02
福　建	0.76	0.06	0.47	0.20	0.01	0.04
江　西	1.34	0.08	0.65	0.04		0.04
山　东	1.46	0.05	0.03	0.08		
河　南	1.54	0.03	0.02	0.03		0.06
湖　北	1.45	0.07	0.38	0.04		0.08
湖　南	1.09	0.09	0.38	0.04	0.04	0.04
广　东	0.75	0.07	0.40	0.10		0.11
广　西	1.26	0.09	0.46	0.09		0.03
海　南	1.05	0.16	0.37	0.14		0.06
重　庆	1.01	0.07	0.23	0.03	0.03	0.04
四　川	1.01	0.09	0.25	0.03		0.02
贵　州	1.08	0.10	0.35	0.01	0.01	
云　南	1.46	0.12	0.54	0.04	0.01	0.01
西　藏	2.28	0.48	0.02		0.05	
陕　西	1.68	0.05	0.34	0.22	0.02	
甘　肃	2.44	0.13	0.71	0.05	0.06	0.03
青　海	2.11	0.14	0.22	0.01	40.08	0.01
宁　夏	4.02	0.18	0.03	0.04	0.06	0.06
新　疆	3.49	0.10	0.01	0.11	0.16	

5－4 各地区农村居民年末拥有生产性固定资产原值

单位:元/户

地　区	生产性固定资产原值	一、农业	#房屋及建筑物	役畜及产品畜	大中型铁木农具	农林牧渔业机械	二、工业
全国合计	**4883.80**	**3544.09**	**1164.42**	**713.89**	**277.71**	**1271.42**	**349.89**
北　京	5253.20	2459.20	1009.47	423.73	90.00	749.67	448.13
天　津	6623.95	4038.56	1530.83	513.67	424.07	1484.08	150.33
河　北	6365.72	4321.84	618.15	475.04	265.47	2819.26	715.16
山　西	3986.91	2230.58	461.17	521.91	167.35	1006.48	141.94
内蒙古	9141.64	8171.77	2317.59	1859.57	738.83	2625.72	159.15
辽　宁	4858.23	3690.36	1385.30	855.58	203.69	1143.89	248.86
吉　林	5863.48	5395.73	1188.73	1655.82	217.38	2223.51	92.56
黑龙江	7059.19	6472.12	1638.87	1146.44	450.14	3035.03	71.88
上　海	2578.05	1750.63	1248.52	34.50	240.30	206.23	93.42
江　苏	4810.23	2842.24	1295.15	137.37	211.73	1143.23	678.97
浙　江	7913.71	3965.44	2475.27	171.43	236.83	995.14	1800.90
安　徽	4563.81	3907.70	1009.68	405.40	310.29	2137.43	190.36
福　建	4540.78	1921.82	984.37	248.81	230.18	319.26	1142.98
江　西	2746.14	2037.16	942.94	573.32	315.94	169.51	125.74
山　东	5384.01	3954.92	871.46	573.42	249.53	2168.06	274.31
河　南	4836.22	4191.19	717.86	476.60	375.13	2528.50	167.09
湖　北	2773.52	2045.94	842.99	559.40	228.92	369.31	189.28
湖　南	3106.38	2067.72	1073.81	335.48	306.46	322.36	300.74
广　东	3861.16	1973.03	705.34	482.07	257.43	474.96	262.49
广　西	2913.65	2113.44	634.71	769.41	185.86	472.56	293.19
海　南	5234.18	4075.83	260.96	1075.56	241.20	1148.10	144.93
重　庆	2253.12	1830.03	1188.16	321.84	183.04	80.88	98.37
四　川	3452.73	2619.80	1655.41	482.27	237.94	168.38	118.06
贵　州	3063.35	2322.01	1192.29	863.42	157.81	77.18	239.32
云　南	4858.03	3452.50	1584.91	1183.61	133.52	390.18	417.40
西　藏	16754.35	14884.28	6138.56	7196.23	258.91	1141.78	55.17
陕　西	3792.28	2225.77	573.75	407.55	162.94	1007.45	281.23
甘　肃	4427.21	3495.60	980.46	948.15	437.31	1000.70	188.87
青　海	7212.58	5734.06	902.59	1804.75	264.87	2548.06	226.43
宁　夏	11069.85	6270.36	1205.18	1308.92	317.46	3385.17	520.44
新　疆	8158.12	7277.85	1776.84	2408.48	564.41	2386.00	94.90

5—4续表　　　　单位:元/户

地　　区	房屋及建筑物	生　产设　备	三、建筑业	四、交　通、运输业	五、批发和零售贸易、餐饮业	六、社　会服务业	七、文　教卫生业	八、其他
全国合计	**116.34**	**216.75**	**27.78**	**630.31**	**134.85**	**49.67**	**16.41**	**129.05**
北　　京	149.73	298.40	65.33	2015.87	167.33	41.33	0.00	56.00
天　　津	83.33	55.33	8.33	1759.83	418.34	181.55	40.00	27.00
河　　北	226.74	482.75	29.07	963.71	183.68	82.09	10.31	59.87
山　　西	54.29	77.55	44.48	1214.62	128.57	82.71	10.33	133.68
内 蒙 古	53.95	94.47	0.00	482.22	92.33	5.34	21.12	153.25
辽　　宁	89.89	155.66	5.29	584.54	177.09	20.90	21.06	110.14
吉　　林	36.56	55.38	0.00	289.56	11.88	4.06	2.34	67.34
黑 龙 江	34.24	36.52	4.02	338.76	56.47	38.21	14.00	63.73
上　　海	8.33	85.08	54.33	438.33	154.67	28.83	0.00	57.83
江　　苏	363.44	297.60	92.79	882.96	133.41	98.43	9.41	72.03
浙　　江	449.37	1275.87	58.83	1390.82	431.87	147.70	51.07	66.37
安　　徽	89.35	89.72	30.81	204.20	95.59	43.98	4.68	85.75
福　　建	434.29	685.67	165.59	619.07	378.40	142.69	73.96	96.28
江　　西	33.63	85.41	8.80	362.46	111.64	23.80	38.82	37.73
山　　东	95.11	169.73	24.81	757.62	185.96	38.47	5.79	142.14
河　　南	55.38	105.57	9.31	300.74	101.34	32.33	15.71	18.51
湖　　北	40.99	127.98	17.92	367.77	94.86	10.76	4.55	42.45
湖　　南	66.75	225.33	13.93	518.14	108.29	40.02	16.11	41.43
广　　东	112.60	128.99	36.46	736.81	197.56	111.41	5.55	537.85
广　　西	63.36	223.57	5.58	377.82	76.77	19.59	8.66	18.60
海　　南	23.26	95.97	1.39	693.57	53.47	1.39	12.50	251.11
重　　庆	41.13	41.85	1.03	198.12	70.17	7.06	8.94	39.40
四　　川	40.59	72.38	8.48	448.01	112.75	14.26	9.20	122.18
贵　　州	112.42	113.84	40.84	291.23	65.99	20.04	10.97	72.95
云　　南	168.03	136.56	5.21	361.01	33.56	52.38	3.04	532.93
西　　藏	3.67	48.38		1711.48	17.92	17.59		67.91
陕　　西	53.28	214.63	49.40	913.32	151.98	60.07	39.32	71.17
甘　　肃	33.35	123.72	22.44	411.22	89.94	32.56	51.09	135.48
青　　海	61.67	164.77	13.33	853.52	67.17	10.83	36.67	270.57
宁　　夏	129.55	364.72	1.67	2199.25	164.25	115.67	1.17	1797.05
新　　疆	20.84	74.06	13.13	582.97	27.10	33.32	1.94	126.92

5—5 各地区农村居民年末拥有主要生产性固定资产数量

地　　区	房屋及建筑物（平方米/户）	汽　车（辆/百户）	大中型拖拉机（台/百户）	小型和手扶拖拉机（台/百户）	机动脱粒机（台/百户）	收割机（台/百户）
全国合计	**19.84**	**1.20**	**1.50**	**17.41**	**9.28**	**1.24**
北　京	6.41	4.67	1.33	15.47	0.27	0.27
天　津	24.75	5.17	3.17	23.33	2.27	0.67
河　北	12.44	2.20	1.95	33.03	6.12	2.05
山　西	7.23	2.60	2.05	16.60	1.05	0.43
内蒙古	40.90	1.19	2.20	37.24	3.25	0.29
辽　宁	24.37	1.69	1.69	10.71	3.49	0.16
吉　林	15.42	0.63	2.19	26.28	7.00	0.06
黑龙江	17.34	0.47	4.58	41.07	7.10	0.85
上　海	15.54	1.08	0.50	2.25	6.37	0.22
江　苏	14.94	1.03	0.48	19.64	26.59	1.46
浙　江	24.13	1.60	0.59	6.35	29.60	0.50
安　徽	15.19	0.35	1.65	32.71	21.89	6.37
福　建	12.22	1.21	0.66	3.46	6.64	0.22
江　西	24.28	0.74	0.41	2.22	19.42	0.62
山　东	14.36	1.44	3.65	25.75	4.54	2.50
河　南	9.12	0.60	3.45	37.60	13.86	4.43
湖　北	19.33	0.67	1.30	8.69	3.03	0.12
湖　南	22.26	0.91	0.03	3.21	3.74	0.11
广　东	13.47	0.96	0.20	8.83	12.16	0.16
广　西	20.24	0.43	0.30	7.70	10.49	0.04
海　南	2.60	0.56	0.97	7.50	11.57	9.17
重　庆	27.09	0.61	0.11	0.33	10.17	
四　川	33.35	1.01	0.48	1.33	9.78	0.53
贵　州	25.06	0.67	0.58	0.85	2.37	
云　南	26.02	0.92	0.40	7.42	4.83	0.04
西　藏	92.84	2.29	1.88	23.54	5.00	1.46
陕　西	14.57	1.55	1.94	14.44	4.15	0.90
甘　肃	23.24	0.44	1.94	23.44	1.61	0.33
青　海	24.67	2.83	0.75	46.33	3.10	0.67
宁　夏	29.44	4.67	0.17	51.83	2.15	0.67
新　疆	24.49	1.55	2.97	23.29	2.71	0.30

5—5 续表

地　　区	农用动力机械（台/百户）	胶轮大车（辆/百户）	水　泵（台/百户）	役　畜（头/百户）	产品畜（头/百户）
全国合计	**13.09**	**14.51**	**19.92**	**39.67**	**54.65**
北　　京	6.40	1.20	1.47	2.00	86.80
天　　津	20.00	12.67	20.28	17.25	24.00
河　　北	30.63	11.68	27.53	24.17	27.45
山　　西	10.90	8.40	5.48	32.13	32.62
内 蒙 古	10.90	39.83	31.31	93.30	286.60
辽　　宁	8.52	31.32	34.23	51.01	31.48
吉　　林	13.00	37.72	32.09	65.50	37.88
黑 龙 江	10.35	10.54	19.89	34.73	58.79
上　　海	5.25	0.00	3.17	0.00	3.83
江　　苏	9.89	25.18	15.21	4.44	23.09
浙　　江	13.28	15.09	23.75	4.07	29.22
安　　徽	17.83	14.27	45.11	21.69	28.24
福　　建	5.69	3.24	8.19	16.24	37.97
江　　西	9.73	13.43	10.48	49.16	23.32
山　　东	31.90	28.45	41.43	26.95	43.19
河　　南	18.85	18.10	39.97	23.36	45.02
湖　　北	6.83	12.67	18.58	40.22	31.78
湖　　南	14.27	4.01	16.53	23.40	26.02
广　　东	9.75	4.96	13.00	37.52	25.18
广　　西	10.39	3.65	11.88	61.77	43.42
海　　南	25.56	4.17	21.67	83.97	62.01
重　　庆	7.08	1.17	6.61	22.92	37.08
四　　川	9.80	1.13	19.48	34.10	47.91
贵　　州	4.55	2.99	3.71	78.49	28.01
云　　南	6.79	6.50	2.52	73.14	58.17
西　　藏	18.33	13.75		256.67	495.42
陕　　西	7.52	21.13	11.94	22.86	35.07
甘　　肃	7.22	12.72	6.00	75.07	56.78
青　　海	1.33	22.67	0.33	108.17	141.50
宁　　夏	4.67	10.50	11.33	62.25	31.83
新　　疆	1.95	50.65	3.42	89.94	312.13

5—6 各地区农村居民家庭年内新建(购)住房情况

地　　区	新建(购)住房面积(平方米/人)	#钢筋混凝土结构面积	#砖木结构面　积	#其　　他	#楼　房面　积	#砖瓦平房面　积	#其　　他	新建(购)住房价值(元/平方米)
全国合计	**0.84**	**0.45**	**0.34**	**0.04**	**0.44**	**0.35**	**0.06**	**263.45**
北　　京	0.99	0.17	0.76	0.06	0.11	0.83	0.06	517.33
天　　津	0.75	0.13	0.64	0.00	0.13	0.64	0.00	438.57
河　　北	1.00	0.37	0.61	0.00	0.12	0.81	0.04	325.18
山　　西	0.48	0.35	0.12	0.01	0.21	0.21	0.06	307.37
内 蒙 古	0.51	0.03	0.47	0.03	0.00	0.46	0.02	193.99
辽　　宁	0.41	0.18	0.21	0.00	0.04	0.33	0.02	374.47
吉　　林	0.48	0.02	0.45	0.01	0.00	0.45	0.03	367.17
黑 龙 江	0.45	0.06	0.35	0.03	0.00	0.40	0.03	333.21
上　　海	0.60	0.39	0.10	0.02	0.37	0.08	0.03	1256.58
江　　苏	0.73	0.26	0.46	0.01	0.53	0.18	0.02	403.78
浙　　江	0.93	0.74	0.18	0.01	0.91	0.02	0.01	433.26
安　　徽	0.96	0.66	0.29	0.01	0.59	0.35	0.02	243.67
福　　建	1.16	0.96	0.17	0.05	1.00	0.07	0.07	304.25
江　　西	1.23	0.98	0.21	0.04	1.13	0.06	0.03	181.93
山　　东	1.27	0.40	0.84	0.00	0.24	0.98	0.03	253.29
河　　南	1.25	0.76	0.48	0.02	0.57	0.65	0.03	224.30
湖　　北	0.73	0.50	0.18	0.01	0.54	0.18	0.01	196.72
湖　　南	1.35	0.76	0.58	0.01	1.13	0.20	0.03	196.77
广　　东	0.96	0.93	0.03	0.00	0.83	0.07	0.06	303.85
广　　西	0.76	0.72	0.06	0.00	0.45	0.27	0.05	184.65
海　　南	0.45	0.30	0.15	0.00	0.20	0.25	0.00	397.05
重　　庆	0.72	0.28	0.44	0.01	0.60	0.10	0.02	219.17
四　　川	0.53	0.34	0.16	0.03	0.40	0.11	0.04	235.57
贵　　州	0.65	0.29	0.33	0.03	0.26	0.35	0.04	161.03
云　　南	0.44	0.25	0.07	0.10	0.22	0.08	0.16	244.10
西　　藏	0.56			0.56	0.32		0.29	134.29
陕　　西	1.00	0.57	0.34	0.06	0.40	0.57	0.03	241.10
甘　　肃	0.65	0.12	0.30	0.18	0.03	0.40	0.19	220.47
青　　海	0.72	0.07	0.27	0.38	0.05	0.19	0.48	171.32
宁　　夏	0.92	0.02	0.72	0.19		0.73	0.19	190.02
新　　疆	0.68	0.04	0.33	0.22	0.04	0.36	0.24	152.75

5—7 各地区农村居民家庭年末住房情况

地　　区	住房面积（平方米/人）	#租用住房面积	#钢筋混凝土结构面积	#砖木结构面积	#其　他	#楼　房面　积	#砖瓦平房面积	#其　他	年末住房价值（元/平方米）
全国合计	**25.73**	**0.08**	**6.94**	**13.82**	**4.94**	**8.84**	**12.09**	**4.72**	**196.12**
北　京	31.26	0.37	4.36	26.67	0.23	2.33	28.54	0.38	519.08
天　津	23.19	0.09	1.52	21.58	0.09	1.14	21.73	0.26	392.49
河　北	24.08	0.01	3.35	19.24	1.51	1.62	20.53	1.91	236.56
山　西	22.27	0.12	3.84	15.16	3.10	1.70	16.09	4.31	203.95
内蒙古	17.00	0.08	0.09	8.69	8.26	0.01	8.57	8.36	145.35
辽　宁	22.61	0.07	1.79	20.34	0.35	0.32	21.55	0.70	267.68
吉　林	17.10	0.04	0.18	12.86	3.63	0.10	13.02	3.93	253.94
黑龙江	18.87	0.09	0.49	11.49	6.90	0.06	11.78	6.94	238.56
上　海	54.70	0.23	30.14	24.20	0.36	48.87	5.47	0.35	351.07
江　苏	34.21	0.10	11.25	22.52	0.44	19.93	13.69	0.59	277.68
浙　江	47.82	0.09	23.44	22.11	2.14	42.75	3.95	1.05	280.53
安　徽	23.17	0.06	8.63	13.08	1.45	8.68	13.09	1.41	174.31
福　建	33.82	0.31	15.02	10.92	7.55	21.41	7.10	4.86	282.94
江　西	28.25	0.16	12.33	12.12	3.80	14.45	10.41	3.39	140.11
山　东	24.60	0.09	3.46	18.84	2.31	1.63	20.45	2.47	194.22
河　南	24.44	0.03	6.51	16.74	1.19	3.91	18.80	1.72	161.22
湖　北	31.19	0.04	11.79	15.93	3.47	13.02	14.48	3.69	125.54
湖　南	32.87	0.07	9.55	21.22	2.11	19.60	11.25	2.02	164.64
广　东	23.39	0.07	14.35	7.28	1.76	13.76	7.42	2.21	277.38
广　西	24.12	0.03	10.44	8.37	5.20	7.45	11.60	5.05	139.94
海　南	19.61	0.00	3.27	15.82	0.41	2.21	16.97	0.49	213.85
重　庆	31.00	0.02	5.71	16.22	9.11	15.33	7.09	8.33	131.64
四　川	27.92	0.17	5.48	12.72	9.71	8.18	9.99	9.76	125.82
贵　州	20.43	0.08	3.15	11.26	6.02	2.41	10.99	7.03	108.13
云　南	22.42	0.08	3.17	3.96	14.91	8.48	2.63	11.24	140.01
西　藏	20.57	0.00	0.00	0.02	20.80	4.66	0.33	9.30	74.16
陕　西	23.76	0.05	6.99	10.28	6.44	5.88	11.79	6.17	174.80
甘　肃	15.89	0.10	0.56	4.53	11.62	0.48	4.81	11.31	143.84
青　海	15.93	0.04	0.24	1.77	13.93	0.16	1.44	14.34	96.67
宁　夏	18.84	0.00	0.54	8.47	9.82	0.50	9.20	9.13	131.07
新　疆	18.04	0.05	0.63	3.89	13.44	0.19	3.98	13.80	130.38

5—8 各地区农村居民家庭主要农、牧产品出售量

单位：公斤/人

地　区	粮食	棉花	油料	麻类	糖料	蔬菜
全国合计	**268.04**	**7.05**	**18.31**	**0.44**	**62.42**	**132.94**
北　京	153.53	0.07	1.06			188.98
天　津	171.91	17.94	4.18	0.27		485.74
河　北	267.08	13.25	14.47	0.17		113.73
山　西	107.40	3.43	5.30	0.03	4.45	147.28
内蒙古	533.31		75.43	0.01	70.02	85.90
辽　宁	546.16	0.18	11.79		27.13	200.54
吉　林	1278.59		7.71	0.90	35.72	150.42
黑龙江	1422.90		11.94	6.01	91.73	200.71
上　海	185.29	0.04	21.87		0.83	155.41
江　苏	305.31	8.95	22.82		0.29	80.68
浙　江	113.84	1.86	6.53		11.30	293.36
安　徽	343.04	8.32	46.59	0.35	5.00	65.96
福　建	74.66	0.00	1.88		38.07	132.31
江　西	288.00	2.34	9.74	0.02	31.52	65.02
山　东	375.90	15.42	28.62	0.08	0.00	265.99
河　南	271.81	9.47	33.30	0.73	3.96	94.98
湖　北	314.93	17.62	46.87	1.19	6.25	119.59
湖　南	134.58	3.26	8.93	0.82	4.04	76.44
广　东	88.96		3.69		61.79	258.36
广　西	84.34		3.14	0.67	666.83	81.28
海　南	80.56	0.01	11.25		243.82	259.95
重　庆	72.58	0.02	3.17	0.17	0.76	64.71
四　川	69.92	0.08	14.63	0.24	16.00	97.92
贵　州	74.92		11.63		6.87	57.14
云　南	92.71		6.08	0.01	269.66	106.80
西　藏	29.59		5.75			12.49
陕　西	131.94	2.64	12.38		9.94	107.54
甘　肃	106.38	14.53	2.21		14.75	95.22
青　海	38.95		53.43		0.00	63.72
宁　夏	323.52		5.12		3.22	203.79
新　疆	267.51	74.21	27.99	0.53	286.17	154.97

5—8 续表1

单位:公斤/人

地　　区	烟叶	水果	茶叶	木材（立方米/人）	猪肉	牛肉	羊肉
全国合计	**2.42**	**48.21**	**0.76**	**0.03**	**30.86**	**2.76**	**2.31**
北　　京	0.08	181.41		0.01	19.69	2.98	5.32
天　　津		13.16			69.51	1.16	2.56
河　　北	0.01	89.63		0.01	18.14	1.99	1.27
山　　西	0.26	101.06		0.01	14.04	1.09	2.24
内 蒙 古	0.19	9.52		0.02	16.06	12.02	23.55
辽　　宁	1.41	63.56		0.01	43.93	4.39	1.33
吉　　林	0.39	1.99		0.02	32.31	10.85	1.12
黑 龙 江	2.04	2.67			38.07	3.54	0.92
上　　海		20.09			17.15	0.00	1.03
江　　苏		6.82	0.15	0.04	36.22	0.52	1.00
浙　　江		69.70	1.60	0.04	23.54	0.14	0.56
安　　徽	0.16	1.80	0.81	0.03	28.25	3.53	1.40
福　　建	6.82	138.07	14.22	0.07	32.91	0.60	0.19
江　　西	1.38	9.73	0.02	0.04	38.55	0.55	0.06
山　　东	1.00	82.53		0.03	36.20	7.56	2.24
河　　南	2.83	31.73		0.03	29.68	3.20	2.07
湖　　北	2.38	55.50	1.11	0.01	29.85	0.63	0.10
湖　　南	4.43	32.55	0.12	0.01	54.98	0.18	0.29
广　　东	2.11	30.83	0.20	0.02	31.87	0.49	0.04
广　　西	0.69	55.28	0.12	0.04	53.09	1.92	0.43
海　　南		115.16		0.14	28.73	4.04	0.65
重　　庆	1.77	20.51	0.19	0.01	37.45	0.93	0.23
四　　川	1.77	23.62	1.53		49.02	0.64	0.65
贵　　州	10.87	4.90	0.05	0.02	30.17	2.23	0.40
云　　南	19.83	25.59	3.06	0.01	33.09	2.15	0.84
西　　藏		1.87		0.26	1.17	4.88	1.49
陕　　西	1.01	208.72	0.04	0.01	18.86	0.19	0.79
甘　　肃	1.07	16.21		0.01	7.79	2.56	2.01
青　　海		9.18		0.02	3.29	7.76	19.10
宁　　夏		13.99			15.13	7.80	8.79
新　　疆	0.62	78.19		0.05	1.59	7.88	13.65

5－8　续表2　　单位:公斤/人

地　区	家禽	蛋类	羊毛	牛羊奶	蚕茧	蜂蜜	水产品
全国合计	**5.03**	**5.96**	**0.23**	**3.65**	**0.80**	**0.05**	**6.53**
北　京	2.16	9.45	0.03	1.81			13.55
天　津	19.66	39.85		9.06			22.90
河　北	8.52	12.34	0.12	5.82		0.08	3.18
山　西	0.40	12.05	0.07	5.83	0.18	0.06	0.01
内蒙古	0.58	2.60	4.85	18.66		0.04	
辽　宁	10.22	15.24	0.05	0.03	2.54	0.22	15.02
吉　林	2.50	4.26	0.10	0.15	0.04	0.49	0.47
黑龙江	10.07	7.15	0.22	14.37	0.01	0.32	0.37
上　海	1.20	0.64					5.79
江　苏	9.60	9.74		1.00	1.70		10.38
浙　江	3.57	4.70		4.26	5.99	0.18	9.22
安　徽	4.08	3.17			1.27	0.01	1.48
福　建	3.14	3.32		0.61		0.02	13.25
江　西	2.06	3.26		0.09	0.36	0.01	5.49
山　东	15.96	11.71	0.01	5.15	1.32		3.25
河　南	3.77	8.39			0.01		2.89
湖　北	1.59	5.88			0.27	0.02	17.65
湖　南	2.97	1.32			0.00	0.01	6.31
广　东	11.62	0.79		0.05	1.13	0.05	41.09
广　西	5.28	0.13			1.81	0.03	3.83
海　南	5.31	1.68				0.01	19.96
重　庆	3.62	1.47			2.42	0.01	4.42
四　川	4.86	5.37		0.01	1.42	0.02	2.26
贵　州	1.89	0.81				0.01	0.07
云　南	1.47	0.48		4.45	0.27	0.01	0.34
西　藏	0.09	0.22	0.32	0.19			
陕　西	1.15	9.43		8.79	0.47	0.01	0.08
甘　肃	0.70	2.96	0.13	1.17		0.01	
青　海	0.14	0.11	3.99	4.74			4.44
宁　夏	4.76	19.36	0.30	76.36			7.44
新　疆	2.15	6.13	0.28	7.71	0.37	0.13	

5—9 各地区农村居民家庭主要食物消费量

单位：公斤/人

地　区	粮食	#小麦	稻谷	玉米	薯类	豆类及制品	大豆
全国合计	**237.98**	**76.81**	**122.89**	**18.67**	**8.44**	**5.65**	**2.46**
北　京	133.54	78.42	36.27	12.32	2.65	10.55	0.33
天　津	207.47	130.82	45.70	27.41	1.23	7.52	5.42
河　北	205.41	153.47	12.55	23.67	3.61	3.58	2.03
山　西	247.59	141.15	8.11	26.34	15.28	5.76	2.29
内蒙古	220.60	93.26	31.68	30.42	13.09	7.60	5.29
辽　宁	227.35	28.49	96.46	66.98	7.81	11.53	7.66
吉　林	209.59	21.80	115.48	49.65	19.86	13.92	8.85
黑龙江	227.03	57.56	94.73	48.46	16.56	14.11	11.82
上　海	230.48	8.45	216.90	0.70	0.47	9.16	0.53
江　苏	266.16	63.52	174.57	14.49	4.23	8.02	3.06
浙　江	232.62	7.55	217.32	0.95	4.03	8.17	1.33
安　徽	257.00	88.25	158.45	3.51	4.11	6.83	2.67
福　建	246.32	7.26	205.65	0.76	23.72	6.47	1.18
江　西	283.21	2.22	257.82	0.39	7.04	4.70	1.91
山　东	235.73	178.67	4.38	38.25	5.72	6.53	2.79
河　南	224.84	189.16	15.92	14.83	3.39	3.14	1.21
湖　北	274.01	29.67	208.07	16.70	11.87	5.75	2.43
湖　南	278.00	1.91	267.45	0.87	2.38	4.08	1.09
广　东	238.52	1.87	216.93	2.03	15.24	4.55	1.10
广　西	226.46	1.54	207.11	11.98	4.41	3.84	1.87
海　南	244.45	0.86	226.51	0.32	15.66	1.01	0.28
重　庆	218.04	18.48	177.97	9.07	8.41	3.83	0.84
四　川	233.00	30.72	174.19	13.24	8.65	3.06	1.24
贵　州	211.54	14.60	148.36	34.45	9.07	5.75	2.96
云　南	229.74	16.19	155.09	42.07	12.67	6.31	1.66
西　藏	286.66	90.59	42.80	0.08	12.06	7.11	3.85
陕　西	212.13	151.00	20.72	21.90	6.76	6.17	2.69
甘　肃	247.17	216.86	3.58	7.89	9.66	1.76	0.15
青　海	257.98	213.53	3.10	0.28	25.33	1.60	0.05
宁　夏	236.54	165.88	50.33	1.26	8.80	0.94	0.11
新　疆	243.16	189.40	16.52	35.15	0.49	0.97	0.03

5—9 续表1 单位:公斤/人

地区	蔬菜	食用油	1. 植物油	2. 动物油	猪肉	牛肉	羊肉
全国合计	**109.30**	**7.03**	**5.51**	**1.52**	**13.35**	**0.55**	**0.60**
北京	108.87	13.96	13.62	0.34	11.86	1.00	1.88
天津	117.61	10.30	9.27	1.03	8.90	0.91	1.03
河北	63.37	6.79	6.23	0.57	6.74	0.38	0.18
山西	74.29	6.04	5.90	0.13	4.15	0.12	0.25
内蒙古	79.56	4.25	2.81	1.44	14.18	0.76	2.09
辽宁	193.29	7.42	5.67	1.74	13.85	0.35	0.22
吉林	119.54	6.01	5.15	0.86	8.68	0.56	0.08
黑龙江	102.96	6.73	6.36	0.37	6.68	0.39	0.08
上海	92.43	8.05	7.83	0.23	17.11	0.41	0.60
江苏	109.77	9.54	8.87	0.66	10.60	0.52	0.29
浙江	86.54	5.61	4.34	1.27	15.33	0.58	0.34
安徽	84.00	7.75	6.27	1.48	10.43	0.32	0.11
福建	119.09	4.83	2.71	2.12	17.68	0.28	0.17
江西	137.05	9.86	8.34	1.52	12.81	0.24	0.05
山东	96.44	7.16	6.70	0.46	7.56	0.26	0.22
河南	149.11	5.10	4.84	0.25	10.03	1.04	0.57
湖北	152.30	9.69	7.70	1.99	17.22	0.27	0.06
湖南	161.47	9.25	3.32	5.93	18.54	0.32	0.11
广东	119.89	6.64	5.44	1.20	21.57	0.31	0.05
广西	116.72	6.12	3.93	2.18	13.58	0.19	0.03
海南	67.70	8.51	5.73	2.78	11.72	0.53	0.88
重庆	158.51	6.61	2.81	3.81	25.04	0.04	0.04
四川	141.98	6.01	3.70	2.31	24.32	0.37	0.08
贵州	131.18	4.64	2.95	1.69	24.80	0.40	0.06
云南	99.08	5.22	1.67	3.54	24.20	0.48	0.16
西藏	26.23	5.79	4.44	1.34	1.94	4.41	4.32
陕西	56.68	6.49	5.86	0.63	6.41	0.09	0.25
甘肃	38.42	5.85	5.31	0.55	9.06	0.24	0.62
青海	40.50	10.24	9.79	0.45	8.83	4.99	6.76
宁夏	82.64	8.05	7.20	0.85	7.16	1.12	1.99
新疆	77.75	8.71	8.63	0.08	1.42	2.40	6.95

5—9续表2

单位:公斤/人

地　　区	家禽	肉禽制品	蛋类	奶及奶制品	水产品	鱼类	食糖
全国合计	**2.87**	**0.68**	**4.72**	**1.20**	**4.12**	**3.42**	**1.43**
北　京	1.81	4.66	10.10	8.29	4.80	3.81	1.32
天　津	0.93	0.62	12.01	1.00	7.30	6.48	1.26
河　北	0.43	0.59	5.23	0.32	1.98	1.78	0.89
山　西	0.21	0.34	5.32	0.90	0.47	0.37	1.12
内蒙古	1.10	0.12	3.48	2.89	1.25	1.16	1.14
辽　宁	1.74	0.65	8.59	0.51	4.38	3.43	0.98
吉　林	1.79	0.39	7.83	0.14	4.27	3.96	0.71
黑龙江	2.06	0.50	6.16	0.49	3.22	3.00	0.87
上　海	7.88	3.96	9.76	2.50	16.59	10.52	2.53
江　苏	4.18	1.04	6.25	0.64	7.72	6.48	1.57
浙　江	5.87	1.41	5.03	1.28	13.56	9.08	2.36
安　徽	3.74	0.55	5.23	0.16	4.02	3.78	1.89
福　建	6.37	1.07	4.23	0.74	12.70	8.19	3.57
江　西	2.48	0.28	3.17	0.15	4.03	3.70	1.28
山　东	2.61	1.75	11.39	0.98	4.52	3.31	1.15
河　南	1.69	0.21	8.96	0.22	1.11	0.91	1.94
湖　北	2.01	0.15	3.95	0.21	6.56	6.28	1.15
湖　南	3.77	0.11	3.64	0.09	4.98	4.70	1.27
广　东	9.27	3.74	2.94	0.11	11.79	10.09	2.25
广　西	6.62	0.43	1.21	0.02	3.31	2.82	1.28
海　南	8.03	0.04	1.40	0.05	12.83	11.97	1.23
重　庆	2.10	0.37	4.63	0.09	1.81	1.63	2.54
四　川	2.68	0.39	3.53	0.75	1.55	1.44	1.68
贵　州	1.16	0.04	1.27	0.03	0.32	0.22	0.92
云　南	2.30	0.13	1.72	0.13	1.19	1.14	1.33
西　藏	0.03	0.02	0.47	30.71	0.02		2.63
陕　西	0.29	0.19	2.13	1.11	0.22	0.18	0.92
甘　肃	0.76	0.05	2.74	0.58	0.20	0.19	0.66
青　海	0.46	0.06	0.76	20.56	0.33	0.17	1.16
宁　夏	2.26	0.05	2.49	0.87	0.63	0.60	1.50
新　疆	1.51	0.04	1.17	2.85	0.33	0.32	0.28

5—9 续表 3

单位:公斤/人

地区	酒类	白酒	糖果	糕点	水果及制品	坚果及制品
全国合计	**7.10**	**3.43**	**0.36**	**0.97**	**20.33**	**0.82**
北京	16.50	5.24	0.56	2.46	37.71	3.83
天津	11.33	3.24	0.26	1.56	30.83	0.95
河北	6.62	2.57	0.26	1.06	14.58	0.73
山西	2.37	1.55	0.27	0.76	18.18	0.67
内蒙古	10.15	6.44	0.35	1.28	17.12	0.28
辽宁	10.46	4.12	0.21	1.56	22.20	0.33
吉林	13.05	6.10	0.23	1.04	24.18	0.43
黑龙江	15.50	6.69	0.20	0.89	23.73	0.56
上海	10.52	2.21	2.14	3.82	41.58	2.94
江苏	7.35	3.66	0.31	1.17	23.43	1.20
浙江	14.17	2.06	0.53	2.02	33.10	2.18
安徽	10.55	3.27	0.28	0.98	18.71	0.46
福建	14.75	2.13	0.51	1.00	15.96	1.10
江西	5.61	1.49	0.30	1.11	28.33	2.39
山东	11.95	5.96	0.58	2.82	31.70	0.95
河南	4.51	1.69	0.23	1.33	17.22	0.54
湖北	7.34	4.15	0.14	0.45	20.50	0.37
湖南	4.61	3.55	0.64	0.86	26.05	0.89
广东	2.92	2.09	0.43	0.74	19.47	0.29
广西	5.14	4.46	0.20	0.36	12.88	0.32
海南	2.78	2.32	0.31	0.38	6.09	0.71
重庆	8.65	5.86	0.57	0.20	11.88	0.44
四川	6.02	4.29	0.33	0.21	10.04	0.83
贵州	6.03	5.53	0.20	0.13	6.18	1.33
云南	5.42	4.68	0.32	0.57	13.48	0.72
西藏	0.83	0.35	1.25	0.91	1.01	0.08
陕西	2.76	1.79	0.17	1.09	19.80	0.74
甘肃	2.65	1.49	0.18	0.22	15.10	0.40
青海	2.31	1.91	0.57	0.14	5.98	0.73
宁夏	1.65	0.90	0.16	0.31	40.95	0.27
新疆	1.21	0.68	0.48	0.18	49.15	0.46

5—10 各地区农村居民家庭主要耐用品年末拥有量

地　　区	大型家具(件/百户)	洗衣机(台/百户)	电风扇(台/百户)	电冰箱(台/百户)	空调机(台/百户)
全国合计	**283.15**	**29.94**	**129.42**	**13.59**	**1.70**
北　　京	232.27	90.67	150.53	89.73	22.80
天　　津	178.83	83.50	140.33	50.17	11.67
河　　北	195.67	63.14	155.05	23.83	2.14
山　　西	260.19	52.90	48.81	10.52	0.43
内 蒙 古	155.78	27.23	9.27	7.09	
辽　　宁	134.97	55.98	49.79	15.87	0.37
吉　　林	120.88	56.19	17.88	6.31	0.06
黑 龙 江	76.47	50.63	14.82	9.24	0.09
上　　海	330.67	70.17	337.83	75.67	15.83
江　　苏	297.32	48.38	219.24	22.44	6.32
浙　　江	401.19	37.96	281.63	46.63	9.44
安　　徽	298.35	16.26	175.81	10.48	0.16
福　　建	202.75	36.15	175.88	21.26	2.14
江　　西	294.57	3.27	146.90	4.73	0.16
山　　东	289.83	17.07	155.55	17.69	0.98
河　　南	261.81	27.02	146.57	7.24	0.76
湖　　北	251.64	17.09	160.73	7.55	0.42
湖　　南	536.14	16.92	176.68	7.68	0.19
广　　东	368.55	26.56	286.72	16.17	3.28
广　　西	153.12	4.37	187.10	2.94	0.04
海　　南	293.89	3.47	105.97	5.69	
重　　庆	425.89	9.56	125.44	6.22	0.17
四　　川	432.28	17.38	130.78	5.38	0.15
贵　　州	400.49	12.72	26.21	2.95	
云　　南	116.04	19.54	9.38	3.38	
西　　藏	466.25	2.71		1.46	
陕　　西	240.90	35.95	74.32	5.45	0.32
甘　　肃	302.67	28.72	18.72	3.83	
青　　海	356.17	17.50	2.33	3.00	0.17
宁　　夏	415.83	40.00	25.83	7.17	
新　　疆	214.00	22.13	15.94	11.29	0.13

5—10 续表 1

地区	吸尘器（台/百户）	微波炉（台/百户）	热水器（台/百户）	自行车（辆/百户）	摩托车（辆/百户）	汽车（辆/百户）
全国合计	**0.47**	**0.85**	**5.80**	**120.83**	**24.71**	**0.45**
北京	4.27	9.73	20.53	216.80	36.00	4.13
天津	3.50	3.33	11.50	200.00	40.17	1.83
河北	0.38	0.40	5.36	188.98	39.26	0.76
山西	0.10	0.00	1.81	126.71	27.00	0.24
内蒙古	0.05	0.00	0.63	79.08	28.45	1.36
辽宁	0.69	0.21	1.43	128.62	25.77	0.05
吉林	0.00	0.00	0.63	97.88	23.25	0.38
黑龙江	0.09	0.09	0.63	91.34	18.08	0.31
上海	8.50	19.67	46.67	212.67	73.17	0.00
江苏	1.85	3.32	12.62	179.82	30.91	0.62
浙江	3.04	2.67	23.44	180.00	35.93	0.52
安徽	0.00	0.26	1.77	132.42	10.45	0.16
福建	0.27	2.20	19.73	91.32	54.18	1.04
江西	0.00	0.24	1.06	120.00	20.41	0.24
山东	0.24	0.57	5.79	180.29	42.83	0.52
河南	0.05	0.10	1.26	155.05	15.83	0.10
湖北	0.00	0.06	1.85	110.36	18.39	0.21
湖南	0.00	0.05	1.43	81.49	12.41	0.19
广东	0.31	1.17	23.59	158.63	59.02	0.94
广西	0.00	0.17	2.86	121.47	21.13	0.04
海南	0.00	0.14	3.19	55.28	55.42	0.14
重庆	0.17	0.22	3.28	18.17	5.17	0.11
四川	0.03	0.30	4.13	49.65	11.53	0.33
贵州	0.00	0.13	0.67	7.19	7.23	0.04
云南	0.25	0.42	5.17	47.92	5.50	0.29
西藏		0.42	0.63	59.79	0.83	0.21
陕西	0.09	0.09	2.48	131.17	16.58	0.23
甘肃	0.00	0.11	3.06	125.89	15.06	0.17
青海	0.00	0.00	0.50	58.00	15.17	0.83
宁夏	0.17	0.50	3.17	166.67	29.17	0.17
新疆	0.13	0.13	1.35	122.26	20.32	0.90

5—10 续表 2

地　　区	电话机（部/百户）	移动电话（部/百户）	寻呼机（台/百户）	彩色电视机（台/百户）	黑白电视机（台/百户）	录放像机（台/百户）
全国合计	**34.11**	**8.06**	**7.07**	**54.41**	**50.74**	**3.33**
北　　京	88.00	29.73	27.87	108.93	14.93	13.60
天　　津	58.50	13.83	13.83	98.50	20.17	9.83
河　　北	42.12	7.48	4.38	71.52	47.02	2.76
山　　西	23.57	2.00	2.24	66.57	39.48	2.29
内 蒙 古	10.73	2.48	1.46	51.41	47.77	1.07
辽　　宁	48.84	8.36	11.27	75.93	34.97	5.19
吉　　林	33.44	4.56	1.63	67.13	41.31	1.94
黑 龙 江	35.04	6.12	5.89	64.73	43.71	2.81
上　　海	122.00	35.33	39.83	105.33	56.33	9.50
江　　苏	56.91	16.32	4.94	59.97	61.53	5.97
浙　　江	72.33	35.44	17.78	93.41	49.37	9.56
安　　徽	35.06	5.87	4.16	47.32	66.87	2.48
福　　建	68.35	20.71	10.88	76.54	39.56	5.60
江　　西	29.06	3.84	3.47	35.92	72.41	2.86
山　　东	58.33	8.71	5.21	56.26	54.57	3.69
河　　南	28.90	3.60	3.33	43.40	60.21	1.24
湖　　北	20.00	3.82	3.06	37.58	67.67	1.91
湖　　南	27.84	4.14	7.81	34.81	65.54	2.30
广　　东	49.30	24.88	27.54	79.45	25.27	5.94
广　　西	13.98	2.12	8.23	34.98	59.44	1.26
海　　南	12.36	5.14	28.75	53.33	10.83	4.86
重　　庆	25.22	4.11	3.44	40.44	62.67	1.94
四　　川	11.90	3.88	6.83	40.35	63.43	2.25
贵　　州	6.56	1.65	1.07	25.89	37.41	1.34
云　　南	12.50	4.58	4.54	43.63	31.54	3.46
西　　藏	2.92	0.21		14.58	3.75	3.13
陕　　西	25.41	2.75	5.36	52.30	47.07	1.44
甘　　肃	22.11	2.00	2.61	54.33	39.44	1.83
青　　海	6.83	0.33	1.17	39.17	41.33	0.67
宁　　夏	24.00	4.33	8.50	71.17	34.50	1.00
新　　疆	18.77	0.97	3.42	36.26	57.03	4.45

5—10 续表 3

地　区	摄像机（台/百户）	影碟机（台/百户）	组合音响（台/百户）	收录机（台/百户）	照相机（台/百户）	家用计算机（台/百户）	中高档乐器（件/百户）
全国合计	**0.22**	**15.02**	**8.67**	**20.74**	**3.23**	**0.76**	**0.26**
北　京	1.73	25.60	27.73	28.53	26.40	10.67	2.00
天　津	1.83	14.00	22.00	20.67	9.00	1.00	0.17
河　北	0.21	14.24	9.95	18.71	3.79	0.36	0.12
山　西	0.10	8.62	5.90	24.24	2.76	0.29	0.38
内蒙古	0.29	4.85	4.22	34.56	3.25	0.10	0.24
辽　宁	0.11	17.14	12.65	21.06	4.71	0.32	0.21
吉　林	0.19	14.44	7.81	25.13	2.56	0.06	0.06
黑龙江	0.31	13.35	10.85	19.64	2.68	0.45	0.36
上　海	0.33	28.67	16.17	34.17	12.83	6.50	
江　苏	0.12	13.44	10.09	19.18	4.32	0.56	0.47
浙　江	0.56	29.48	14.04	27.33	7.48	1.96	0.78
安　徽	0.10	11.94	9.68	19.90	2.23	0.19	
福　建	0.44	34.18	13.46	10.71	3.63	2.91	0.38
江　西	0.12	12.08	5.71	13.63	1.96	0.12	0.12
山　东	0.21	15.57	7.19	18.93	5.02	0.64	0.07
河　南	0.05	6.67	3.43	14.43	1.52	0.07	0.19
湖　北	0.36	13.12	6.39	11.45	1.33	0.45	0.12
湖　南	0.14	12.86	6.73	12.89	1.59	0.38	0.46
广　东	0.70	40.74	26.52	23.75	4.34	4.96	0.47
广　西	0.09	14.46	7.66	13.20	0.82	0.04	0.22
海　南	0.28	11.67	5.14	23.61	1.67	0.42	0.42
重　庆		19.17	8.67	9.39	0.78		0.50
四　川	0.05	16.25	7.40	13.83	1.25	0.13	0.05
贵　州		10.58	4.42	12.59	0.85		
云　南	0.08	16.71	8.54	22.75	3.25	0.63	0.04
西　藏	0.21		0.83	69.38	1.46		
陕　西	0.14	9.19	4.50	22.61	1.80	0.23	0.41
甘　肃	0.22	9.78	4.67	41.56	3.22	0.11	0.17
青　海	0.17	7.17	2.50	48.50	2.67		
宁　夏		11.00	6.17	38.00	3.17	0.33	
新　疆	0.06	5.94	2.19	53.10	3.10		0.26

5—11 各地区农村居民家庭购买主要食品

单位:公斤/人

地 区	粮食	食用植物油	食用动物油	蔬菜	猪肉	牛肉	羊肉
全国合计	**9.26**	**3.08**	**1.02**	**24.91**	**7.81**	**0.38**	**0.26**
北 京	14.21	12.58	0.34	97.45	11.85	1.00	1.88
天 津	13.06	8.89	1.03	53.52	8.58	0.80	0.89
河 北	3.35	4.11	0.56	35.48	5.40	0.38	0.18
山 西	9.74	3.67	0.12	39.28	3.90	0.12	0.19
内蒙古	12.16	1.16	0.29	44.98	2.55	0.28	0.33
辽 宁	25.92	4.43	0.63	31.55	6.20	0.35	0.21
吉 林	27.45	5.04	0.45	39.69	6.04	0.50	0.08
黑龙江	28.15	6.26	0.34	24.09	4.79	0.39	0.08
上 海	3.55	7.83	0.23	21.56	16.96	0.41	0.47
江 苏	8.75	3.51	0.54	16.33	9.26	0.51	0.23
浙 江	3.93	3.36	1.24	25.80	13.65	0.58	0.33
安 徽	4.51	2.84	1.25	15.20	8.15	0.32	0.10
福 建	6.84	2.40	2.10	21.42	16.80	0.28	0.16
江 西	5.28	2.83	1.44	10.01	9.41	0.23	0.02
山 东	10.84	4.78	0.45	42.97	7.51	0.26	0.20
河 南	6.90	2.85	0.25	37.94	5.17	0.54	0.11
湖 北	6.09	1.94	0.74	15.38	5.78	0.26	0.04
湖 南	7.82	0.97	4.95	9.05	11.67	0.32	0.08
广 东	7.43	2.72	1.04	32.37	20.73	0.30	0.05
广 西	2.47	1.16	2.11	6.05	11.13	0.18	0.02
海 南	1.48	0.93	2.78	21.08	10.89	0.47	0.86
重 庆	5.33	2.41	1.12	11.99	8.65	0.04	0.02
四 川	7.14	1.46	1.01	14.17	9.39	0.15	0.04
贵 州	15.25	1.10	1.49	5.86	5.36	0.08	0.01
云 南	8.53	0.97	1.28	15.71	5.82	0.41	0.06
西 藏	9.04	1.23	0.02	6.50	0.38	1.15	0.78
陕 西	10.49	4.58	0.22	28.22	3.30	0.08	0.14
甘 肃	13.73	2.03	0.05	25.15	2.18	0.24	0.23
青 海	19.21	2.42	0.15	20.47	1.20	1.32	1.39
宁 夏	12.27	3.40	0.09	44.70	2.04	1.07	1.16
新 疆	7.13	6.95	0.08	32.35	0.45	1.41	2.84

5－11 续表 1 单位:公斤/人

地　区	家禽	蛋类	鱼类	虾贝蟹类	食糖	糕点	糖果
全国合计	**1.35**	**2.49**	**3.11**	**0.32**	**1.42**	**0.96**	**0.35**
北　京	1.81	9.94	3.82	0.37	1.32	2.46	0.56
天　津	0.81	11.02	6.01	0.62	1.26	1.56	0.26
河　北	0.37	4.48	1.78	0.07	0.89	1.06	0.26
山　西	0.19	3.56	0.38		1.12	0.76	0.27
内蒙古	0.49	0.86	1.16	0.01	1.14	1.28	0.35
辽　宁	0.83	4.11	3.38	0.48	0.98	1.56	0.21
吉　林	1.10	2.22	3.98	0.06	0.71	1.04	0.23
黑龙江	0.96	2.89	2.97	0.04	0.87	0.89	0.20
上　海	5.45	3.69	10.14	3.98	2.53	3.82	2.14
江　苏	2.80	2.76	6.07	0.58	1.57	1.16	0.31
浙　江	4.54	3.18	8.81	3.08	2.36	2.02	0.53
安　徽	1.24	1.74	3.55	0.04	1.89	0.98	0.28
福　建	2.69	2.95	7.70	2.74	3.57	0.99	0.51
江　西	0.96	1.29	3.11	0.03	1.28	1.11	0.30
山　东	2.29	8.78	3.32	0.36	1.15	2.82	0.58
河　南	0.65	3.56	0.86	0.01	1.94	1.33	0.23
湖　北	0.49	1.19	5.52	0.05	1.15	0.45	0.14
湖　南	1.34	1.23	3.90	0.05	1.27	0.86	0.64
广　东	4.51	2.01	8.76	0.44	2.25	0.74	0.43
广　西	2.04	0.71	2.29	0.10	1.28	0.36	0.20
海　南	3.17	1.30	10.15	0.24	1.23	0.38	0.31
重　庆	0.88	1.02	1.41		2.54	0.20	0.57
四　川	0.94	0.98	1.23	0.01	1.68	0.21	0.33
贵　州	0.35	0.50	0.13		0.92	0.13	0.20
云　南	0.62	0.79	0.77	0.01	1.30	0.57	0.32
西　藏	0.00	0.05			1.42	0.29	0.68
陕　西	0.17	1.57	0.18		0.92	1.09	0.17
甘　肃	0.20	1.56	0.19		0.66	0.22	0.18
青　海	0.20	0.28	0.17		1.16	0.14	0.57
宁　夏	0.53	0.71	0.45	0.01	1.50	0.31	0.16
新　疆	0.38	0.36	0.32		0.28	0.18	0.48

5－11 续表2

单位:公斤/人

地　　区	卷烟(盒/人)	酒	#啤酒	茶叶	水果	鲜奶	奶制品
全国合计	**23.28**	**7.53**	**3.62**	**0.46**	**7.78**	**0.27**	**0.23**
北　　京	37.51	16.77	11.17	2.76	21.75	5.98	2.33
天　　津	25.88	11.32	8.07	0.22	15.94	0.47	0.53
河　　北	18.63	6.63	4.04	0.18	7.86	0.08	0.24
山　　西	29.72	2.37	0.80	0.32	6.91	0.66	0.24
内 蒙 古	25.50	10.19	3.67	0.67	5.48	0.35	0.29
辽　　宁	18.97	10.50	6.29	0.56	12.10	0.33	0.17
吉　　林	22.06	13.06	6.93	0.12	13.97	0.02	0.12
黑 龙 江	19.73	15.54	8.77	0.04	11.45	0.21	0.21
上　　海	42.30	18.55	7.22	0.14	12.70	1.44	1.06
江　　苏	22.99	9.36	3.58	0.06	7.90	0.35	0.28
浙　　江	34.53	22.36	12.09	0.09	15.19	0.53	0.76
安　　徽	24.24	10.57	7.19	0.13	5.22	0.01	0.15
福　　建	28.96	15.53	12.58	0.46	9.71	0.49	0.20
江　　西	24.30	5.79	4.05	0.10	6.75	0.01	0.14
山　　东	30.13	12.05	5.86	0.59	13.29	0.50	0.48
河　　南	21.41	4.53	2.78	0.03	5.70	0.04	0.17
湖　　北	27.99	7.35	3.16	0.87	5.07	0.01	0.21
湖　　南	24.30	3.71	1.05	0.07	9.15	0.01	0.08
广　　东	21.29	3.19	0.79	0.45	15.71	0.05	0.05
广　　西	10.66	5.10	0.67	0.02	4.55	0.00	0.02
海　　南	10.45	2.45	0.44	0.11	1.96	0.00	0.04
重　　庆	32.96	8.72	2.76	1.66	5.73	0.03	0.06
四　　川	24.62	6.08	1.71	0.23	5.21	0.04	0.08
贵　　州	24.93	5.77	0.47	0.15	2.76	0.00	0.03
云　　南	24.53	5.08	0.60	0.83	5.01	0.06	0.05
西　　藏	11.89	1.20	0.26	7.17	0.28	1.91	0.69
陕　　西	26.96	2.85	0.95	0.20	4.78	0.53	0.26
甘　　肃	19.33	2.68	1.12	1.13	3.64	0.19	0.34
青　　海	15.64	2.32	0.40	2.15	2.21	0.44	0.21
宁　　夏	15.51	1.65	0.73	0.29	10.22	0.30	0.19
新　　疆	2.89	1.26	0.49	0.33	3.83	0.50	0.05

5—12 各地区农村居民家庭购买衣着

地　区	棉　布 （米/人）	棉布服装 （件/人）	化纤布 （米/人）	化纤布服装 （件/人）	毛料 （米/人）	毛料服装 （件/人）	皮料服装 （件/人）
全国合计	**0.19**	**0.13**	**0.24**	**1.09**	**0.02**	**0.03**	**0.01**
北　京	0.35	0.52	0.32	0.78	0.07	0.08	0.02
天　津	0.36	0.25	0.14	1.52	0.01	0.09	0.02
河　北	0.29	0.08	0.42	1.29	0.01	0.01	0.01
山　西	0.33	0.06	0.36	1.48	0.02	0.01	0.01
内蒙古	0.26	0.06	0.39	1.00	0.01	0.01	0.02
辽　宁	0.29	0.12	0.21	1.30	0.01	0.04	0.01
吉　林	0.21	0.07	0.19	0.99		0.02	
黑龙江	0.19	0.10	0.21	0.93	0.01	0.04	
上　海	0.62	0.38	0.45	0.87	0.15	0.12	0.01
江　苏	0.15	0.31	0.24	1.11	0.02	0.07	0.01
浙　江	0.06	0.27	0.17	1.10	0.02	0.09	0.01
安　徽	0.14	0.17	0.22	0.89	0.02	0.02	
福　建	0.09	0.22	0.09	0.84	0.03	0.05	0.04
江　西	0.04	0.11	0.18	1.23	0.01	0.01	
山　东	0.55	0.18	0.73	0.83	0.04	0.05	0.01
河　南	0.11	0.08	0.20	1.28	0.02	0.01	
湖　北	0.05	0.12	0.06	1.10	0.03	0.03	
湖　南	0.02	0.07	0.10	1.48		0.01	
广　东	0.01	0.11	0.02	0.73		0.02	
广　西	0.05	0.05	0.08	1.26			
海　南	0.01	0.02	0.02	0.55	0.01	0.01	
重　庆	0.15	0.14	0.04	1.01	0.01	0.02	
四　川	0.15	0.06	0.07	1.11	0.01	0.01	
贵　州	0.13	0.07	0.13	0.81	0.02	0.01	
云　南	0.08	0.08	0.07	0.92	0.01	0.01	
西　藏	0.69	0.84	0.11	0.34	0.05	0.09	0.02
陕　西	0.24	0.08	0.38	1.54		0.01	
甘　肃	0.22	0.09	0.40	0.83	0.02	0.03	0.01
青　海	0.52	0.06	0.48	1.30	0.02	0.02	0.02
宁　夏	0.15	0.03	0.34	1.34		0.01	0.01
新　疆	0.47	0.14	0.78	1.12	0.02	0.03	0.01

5－13 各地区农村居民家庭购买主要建筑材料

地　　区	水　泥（公斤/户）	木　材（立方米/户）	钢　材（公斤/户）	水泥预制件（件/户）	玻　璃（平方米/户）	砖　瓦（块/户）	沙　石（立方米/户）
全国合计	**318.70**	**0.41**	**24.40**	**1.65**	**0.32**	**878.29**	**5.11**
北　　京	320.84	1.07	34.69	0.54	0.65	1017.48	22.78
天　　津	60.67	0.14	4.09	1.72	0.13	963.40	1.52
河　　北	333.28	0.19	23.24	0.82	0.44	1503.99	9.92
山　　西	230.98	0.11	19.32	0.60	0.52	882.99	3.11
内 蒙 古	142.80	1.06	6.57	0.47	1.05	692.11	0.99
辽　　宁	321.25	0.12	13.73	0.40	0.19	469.87	1.40
吉　　林	220.41	0.12	5.37	0.35	0.25	835.30	0.90
黑 龙 江	168.60	0.16	13.40	0.26	0.74	775.50	1.08
上　　海	191.96	0.99	20.76	0.39	0.10	709.32	38.42
江　　苏	270.25	0.14	15.55	0.90	0.11	797.80	4.29
浙　　江	394.70	0.13	36.28	2.22	0.45	843.75	3.83
安　　徽	375.46	0.03	27.65	2.37	0.08	831.30	3.34
福　　建	328.08	1.45	50.71	0.82	0.65	611.64	5.20
江　　西	383.52	0.05	48.38	0.16	0.09	1218.03	2.25
山　　东	528.08	0.21	28.96	7.68	0.47	1348.74	17.50
河　　南	287.47	0.03	12.43	1.08	0.12	1182.48	1.31
湖　　北	222.58	0.13	9.18	1.66	0.23	692.20	6.73
湖　　南	371.54	0.08	37.66	2.78	0.29	907.61	4.83
广　　东	493.19	0.04	63.74	0.34	0.10	919.17	3.24
广　　西	680.65	0.04	78.30	1.75	0.24	963.77	3.68
海　　南	273.58	0.18	22.66	0.14	0.07	300.92	1.16
重　　庆	262.60	0.03	11.60	1.05	0.48	540.18	2.77
四　　川	229.29	0.06	10.40	1.04	0.09	591.89	1.07
贵　　州	367.57	0.06	23.93	2.54	0.09	354.64	2.27
云　　南	355.01	1.39	29.83	4.55	0.23	481.05	17.54
西　　藏	18.91	2.40		0.01			
陕　　西	370.17	0.22	21.44	1.46	0.31	1310.55	1.90
甘　　肃	154.22	0.46	5.90	0.44	0.46	624.59	0.66
青　　海	106.45	0.31	2.45	0.14	1.13	427.27	0.18
宁　　夏	249.43	16.80	5.93	0.13	0.80	1223.58	1.47
新　　疆	119.25	0.14	2.98	0.16	0.49	979.07	0.59

5－14 各地区农村居民家庭购买主要生产资料

单位:公斤/人

地区	化肥	饼肥	农药	农用薄膜	生产用燃料	生产用种籽	生产用饲料
全国合计	**554.27**	**9.00**	**10.16**	**4.05**	**84.80**	**31.33**	**370.19**
北京	170.24	11.30	5.09	3.28	34.71	18.30	309.67
天津	318.68	7.78	7.44	9.49	58.81	26.19	1352.29
河北	532.63	4.13	7.45	5.32	72.81	24.72	337.93
山西	385.30	3.33	5.88	3.79	49.24	21.24	223.78
内蒙古	577.60	1.40	3.96	5.78	116.00	42.72	471.93
辽宁	427.41	3.69	8.08	4.71	56.49	43.71	597.01
吉林	641.09	4.91	8.36	5.75	118.55	75.00	344.29
黑龙江	629.62	2.96	11.63	6.66	177.95	81.23	411.31
上海	397.96	3.98	25.14	9.63	61.66	16.86	272.42
江苏	609.38	7.31	13.28	3.38	51.15	23.53	449.57
浙江	406.74	2.18	13.86	1.88	40.48	9.65	479.69
安徽	705.79	10.54	10.07	2.02	46.97	27.21	230.98
福建	512.01	4.51	28.21	2.01	103.88	16.67	418.65
江西	515.09	2.80	16.41	1.08	37.70	12.86	211.87
山东	651.93	22.90	16.02	10.58	69.48	47.88	471.95
河南	672.00	10.29	6.29	2.39	86.78	30.31	320.72
湖北	794.52	8.21	18.93	1.61	39.15	27.85	379.05
湖南	485.92	2.27	12.16	0.75	125.00	12.32	320.92
广东	526.55	25.13	14.25	1.75	45.54	18.66	849.27
广西	705.25	6.59	12.05	1.28	63.54	37.81	446.26
海南	490.95	15.00	15.13	0.14	31.03	33.55	124.20
重庆	405.97	3.67	5.09	0.98	125.68	13.58	145.81
四川	522.22	10.24	4.28	1.39	84.05	16.04	323.15
贵州	371.17	3.10	2.84	0.82	278.86	14.91	160.60
云南	499.23	2.63	7.12	2.83	195.06	62.74	141.04
西藏	109.20	5.20	0.70	0.13	50.24	1.48	11.45
陕西	567.79	8.89	5.83	2.50	57.95	19.11	346.07
甘肃	535.96	6.59	4.61	7.11	49.50	33.39	135.71
青海	238.67	0.29	2.83	0.85	88.68	30.01	150.53
宁夏	814.17	1.93	3.59	2.61	65.86	48.25	937.73
新疆	733.29	70.61	3.72	33.28	69.30	113.29	494.87

5—15 各地区农村居民家庭粮食支出

单位:公斤/人

地　区	粮食支出合计	1. 主食用粮	2. 其他生活用粮	3. 出售粮食
全国合计	**669.75**	**238.62**	**2.36**	**268.04**
北　京	373.58	134.55		153.53
天　津	770.82	213.57		171.91
河　北	603.54	207.09	0.59	267.08
山　西	576.82	241.93	8.92	107.40
内蒙古	1063.72	224.74	1.69	533.31
辽　宁	1099.76	235.78		546.16
吉　林	1728.80	219.50		1278.59
黑龙江	2019.18	232.84	6.48	1422.90
上　海	503.45	231.20		185.29
江　苏	671.89	263.42	6.11	305.31
浙　江	441.81	233.08	1.13	113.84
安　徽	719.90	259.47	0.58	343.04
福　建	436.72	241.95	6.26	74.66
江　西	688.96	281.62	3.75	288.00
山　东	796.71	238.88	0.15	375.90
河　南	636.80	226.18		271.81
湖　北	707.78	270.78	6.14	314.93
湖　南	560.97	274.43	4.79	134.58
广　东	466.19	238.08	2.10	88.96
广　西	445.48	227.41	1.16	84.34
海　南	458.31	244.46	0.30	80.56
重　庆	486.12	216.47	3.17	72.58
四　川	515.55	230.79	4.05	69.92
贵　州	423.28	212.66	2.15	74.92
云　南	519.95	233.13	0.64	92.71
西　藏	394.33	292.40		29.59
陕　西	461.99	214.66	1.25	131.94
甘　肃	447.70	247.50		106.38
青　海	405.43	258.63		38.95
宁　夏	772.72	234.69	2.00	323.52
新　疆	694.92	243.72		267.51

5—15 续表 单位:公斤/人

地　区	4. 种籽用粮	5. 饲料用粮	6. 借出粮食	7. 归还借粮	8. 其他粮食支出
全国合计	**14.37**	**132.32**	**4.99**	**3.34**	**5.72**
北　京	4.86	80.59			0.04
天　津	9.49	373.51	2.31		0.02
河　北	17.18	109.61		0.09	1.91
山　西	12.59	87.90	79.15	34.31	4.63
内蒙古	34.00	263.74	2.81	3.32	0.11
辽　宁	12.48	303.70			1.64
吉　林	22.13	207.92			0.65
黑龙江	49.29	233.41	34.24	39.60	0.42
上　海	3.71	82.05			1.20
江　苏	10.16	82.67	0.01	0.03	4.16
浙　江	2.60	87.35	0.44	0.09	3.28
安　徽	12.76	103.43	0.23	0.08	0.31
福　建	3.59	105.75	0.68	0.07	3.74
江　西	7.25	102.15	0.71	0.29	5.21
山　东	12.15	158.96	5.08	0.22	5.37
河　南	13.09	114.96	2.05	1.05	7.67
湖　北	11.94	98.02	0.91	1.04	4.02
湖　南	5.94	123.67	6.03	6.00	5.53
广　东	3.54	105.83	1.43	0.38	25.86
广　西	3.92	112.11	3.58	1.25	11.72
海　南	11.54	103.24			18.21
重　庆	8.11	182.48	0.03	0.14	3.15
四　川	10.45	187.97	3.55	2.46	6.36
贵　州	12.41	116.77	0.39	0.30	3.68
云　南	19.13	158.86	1.93	0.02	13.53
西　藏	29.83	41.63	0.31	0.54	0.03
陕　西	11.89	88.62	2.19	8.17	3.27
甘　肃	22.10	66.01	0.32	0.74	4.63
青　海	35.80	71.23	0.10		0.73
宁　夏	47.24	159.36			5.91
新　疆	36.79	138.13			8.77

5—16 各地区农村居民总收入

单位:元/人

地区	总收入	一、工资性收入	二、家庭经营收入	三、财产性收入	四、转移性收入
全国合计	**3306.92**	**771.90**	**2325.23**	**46.97**	**162.82**
北京	6027.10	3312.84	2174.03	167.25	372.97
天津	5081.71	1797.67	3040.50	63.93	179.62
河北	3478.42	978.38	2336.95	76.01	87.08
山西	2500.89	789.84	1581.94	22.27	106.84
内蒙古	3404.59	300.11	2994.75	18.33	91.39
辽宁	3912.87	914.60	2779.34	35.65	183.28
吉林	3473.85	328.53	2941.14	70.54	133.64
黑龙江	4059.85	333.35	3486.04	96.89	143.58
上海	6827.29	4491.12	1661.81	157.24	517.12
江苏	4732.22	1819.79	2646.84	52.28	213.31
浙江	5804.06	2225.87	3025.99	173.50	378.70
安徽	2735.83	610.65	1983.38	22.34	119.45
福建	4291.44	1163.20	2642.58	75.14	410.54
江西	2942.17	805.09	2006.22	21.33	109.53
山东	4161.97	965.67	2976.42	33.30	186.58
河南	2916.28	517.63	2276.36	23.59	98.69
湖北	3124.10	582.60	2369.01	12.85	159.63
湖南	3305.64	840.11	2191.20	23.23	251.10
广东	4742.76	1527.17	2828.11	112.61	274.86
广西	2753.79	543.82	2067.92	11.37	130.68
海南	2854.74	199.99	2381.58	41.35	231.82
重庆	2709.49	696.50	1788.01	15.75	209.24
四川	2946.30	651.79	2135.21	37.29	122.01
贵州	1987.53	317.54	1536.53	12.55	120.90
云南	2330.95	283.36	1894.27	59.35	93.96
西藏	1809.13	133.52	1461.50	68.19	145.91
陕西	2131.48	498.02	1483.89	37.91	111.67
甘肃	2080.05	405.99	1565.58	21.00	87.48
青海	2157.65	351.34	1678.15	48.94	79.22
宁夏	2987.70	527.63	2304.83	62.96	92.28
新疆	3129.68	131.87	2935.84	15.31	46.67

5—17 各地区农村居民总收入构成

单位:%

地区	总收入	一、工资性收入	二、家庭经营收入	三、财产性收入	四、转移性收入
全国合计	**100.00**	**23.34**	**70.31**	**1.42**	**4.92**
北京	100.00	54.97	36.07	2.77	6.19
天津	100.00	35.38	59.83	1.26	3.53
河北	100.00	28.13	67.18	2.19	2.50
山西	100.00	31.58	63.26	0.89	4.27
内蒙古	100.00	8.81	87.96	0.54	2.68
辽宁	100.00	23.37	71.03	0.91	4.68
吉林	100.00	9.46	84.67	2.03	3.85
黑龙江	100.00	8.21	85.87	2.39	3.54
上海	100.00	65.78	24.34	2.30	7.57
江苏	100.00	38.46	55.93	1.10	4.51
浙江	100.00	38.35	52.14	2.99	6.52
安徽	100.00	22.32	72.50	0.82	4.37
福建	100.00	27.11	61.58	1.75	9.57
江西	100.00	27.36	68.19	0.72	3.72
山东	100.00	23.20	71.51	0.80	4.48
河南	100.00	17.75	78.06	0.81	3.38
湖北	100.00	18.65	75.83	0.41	5.11
湖南	100.00	25.41	66.29	0.70	7.60
广东	100.00	32.20	59.63	2.37	5.80
广西	100.00	19.75	75.09	0.41	4.75
海南	100.00	7.01	83.43	1.45	8.12
重庆	100.00	25.71	65.99	0.58	7.72
四川	100.00	22.12	72.47	1.27	4.14
贵州	100.00	15.98	77.31	0.63	6.08
云南	100.00	12.16	81.27	2.55	4.03
西藏	100.00	7.38	80.78	3.77	8.07
陕西	100.00	23.36	69.62	1.78	5.24
甘肃	100.00	19.52	75.27	1.01	4.21
青海	100.00	16.28	77.78	2.27	3.67
宁夏	100.00	17.66	77.14	2.11	3.09
新疆	100.00	4.21	93.81	0.49	1.49

5—18 各地区农村居民纯收入

单位:元/人

地　区	纯收入	一、工资性收入	二、家庭经营纯收入	三、财产性收入	四、转移性收入
全国合计	**2366.40**	**771.90**	**1459.63**	**46.97**	**87.90**
北　京	5025.50	3312.84	1304.04	167.25	241.38
天　津	3947.72	1797.67	1973.33	63.93	112.79
河　北	2603.60	978.38	1501.22	76.01	47.99
山　西	1956.05	789.84	1083.90	22.27	60.03
内蒙古	1973.37	300.11	1622.47	18.33	32.46
辽　宁	2557.93	914.60	1551.19	35.65	56.48
吉　林	2182.22	328.53	1731.76	70.54	51.39
黑龙江	2280.28	333.35	1802.69	96.89	47.35
上　海	5870.87	4491.12	966.76	157.24	255.76
江　苏	3784.71	1819.79	1782.82	52.28	129.82
浙　江	4582.34	2225.87	1999.92	173.50	183.06
安　徽	2020.04	610.65	1317.94	22.34	69.11
福　建	3380.72	1163.20	1872.32	75.14	270.07
江　西	2231.60	805.09	1353.20	21.33	51.97
山　东	2804.51	965.67	1705.29	33.30	100.24
河　南	2097.86	517.63	1497.17	23.59	59.46
湖　北	2352.16	582.60	1676.20	12.85	80.51
湖　南	2299.46	840.11	1371.06	23.23	65.06
广　东	3769.79	1527.17	1956.06	112.61	173.95
广　西	1944.33	543.82	1296.90	11.37	92.24
海　南	2226.47	199.99	1780.09	41.35	205.03
重　庆	1971.18	696.50	1136.62	15.75	122.32
四　川	1986.99	651.79	1231.99	37.29	65.92
贵　州	1411.73	317.54	1013.90	12.55	67.73
云　南	1533.74	283.36	1137.63	59.35	53.40
西　藏	1404.01	133.52	1079.20	68.19	123.10
陕　西	1490.80	498.02	882.59	37.91	72.28
甘　肃	1508.61	405.99	1016.02	21.00	65.60
青　海	1557.32	351.34	1115.45	48.94	41.58
宁　夏	1823.05	527.63	1179.86	62.96	52.61
新　疆	1710.44	131.87	1542.05	15.31	21.22

5－19 各地区农村居民纯收入构成

单位:%

地 区	纯收入	一、工资性收入	二、家庭经营纯收入	三、财产性收入	四、转移性收入
全国合计	**100.00**	**32.62**	**61.68**	**1.98**	**3.71**
北 京	100.00	65.92	25.95	3.33	4.80
天 津	100.00	45.54	49.99	1.62	2.85
河 北	100.00	37.58	57.66	2.92	1.84
山 西	100.00	40.38	55.41	1.14	3.07
内蒙古	100.00	15.21	82.22	0.93	1.64
辽 宁	100.00	35.76	60.64	1.39	2.21
吉 林	100.00	15.05	79.36	3.23	2.36
黑龙江	100.00	14.62	79.06	4.25	2.08
上 海	100.00	76.50	16.47	2.68	4.36
江 苏	100.00	48.08	47.11	1.38	3.43
浙 江	100.00	48.57	43.64	3.79	3.99
安 徽	100.00	30.23	65.24	1.11	3.42
福 建	100.00	34.41	55.38	2.22	7.99
江 西	100.00	36.08	60.64	0.96	2.33
山 东	100.00	34.43	60.81	1.19	3.57
河 南	100.00	24.67	71.37	1.12	2.83
湖 北	100.00	24.77	71.26	0.55	3.42
湖 南	100.00	36.54	59.63	1.01	2.83
广 东	100.00	40.51	51.89	2.99	4.61
广 西	100.00	27.97	66.70	0.58	4.74
海 南	100.00	8.98	79.95	1.86	9.21
重 庆	100.00	35.33	57.66	0.80	6.21
四 川	100.00	32.80	62.00	1.88	3.32
贵 州	100.00	22.49	71.82	0.89	4.80
云 南	100.00	18.48	74.17	3.87	3.48
西 藏	100.00	9.51	76.86	4.86	8.77
陕 西	100.00	33.41	59.20	2.54	4.85
甘 肃	100.00	26.91	67.35	1.39	4.35
青 海	100.00	22.56	71.63	3.14	2.67
宁 夏	100.00	28.94	64.72	3.45	2.89
新 疆	100.00	7.71	90.15	0.89	1.24

5－20 各地区农村居民工资性收入

单位:元/人

地　　区	工资性收入	一、在非企业组织中得到的收入	二、在本地企业中得到的收入	三、常住人口外出从业得到的收入	四、其他收入
全国合计	**771.90**	**149.32**	**229.91**	**265.71**	**126.96**
北　京	3312.84	1125.59	1626.35	383.63	177.27
天　津	1797.67	335.55	1026.80	300.06	135.25
河　北	978.38	193.83	334.02	255.54	194.99
山　西	789.84	146.75	330.31	105.71	207.07
内蒙古	300.11	91.07	17.58	105.04	86.42
辽　宁	914.60	286.97	222.71	167.63	237.30
吉　林	328.53	65.80	86.36	77.64	98.73
黑龙江	333.35	126.71	22.87	92.12	91.64
上　海	4491.12	918.88	2935.05	410.65	226.54
江　苏	1819.79	287.89	833.40	527.34	171.15
浙　江	2225.87	456.15	1182.71	268.64	318.37
安　徽	610.65	89.45	93.56	359.18	68.46
福　建	1163.20	272.72	335.56	282.38	272.54
江　西	805.09	110.48	48.56	577.34	68.71
山　东	965.67	241.13	328.76	237.29	158.50
河　南	517.63	84.57	101.47	248.24	83.34
湖　北	582.60	110.27	70.54	321.08	80.72
湖　南	840.11	87.44	175.21	452.00	125.46
广　东	1527.17	211.52	396.18	821.22	98.25
广　西	543.82	73.51	30.77	303.28	136.27
海　南	199.99	71.09	21.53	51.54	55.83
重　庆	696.50	79.47	97.35	387.18	132.51
四　川	651.79	80.45	123.77	348.02	99.54
贵　州	317.54	59.88	41.57	118.05	98.04
云　南	283.36	93.04	57.87	53.51	78.94
西　藏	133.52	94.10	8.91	14.43	16.07
陕　西	498.02	87.57	82.47	195.84	132.14
甘　肃	405.99	103.70	90.04	151.12	61.14
青　海	351.34	64.67	22.50	222.44	41.72
宁　夏	527.63	116.87	76.17	193.56	141.04
新　疆	131.87	63.61	7.70	7.23	53.32

5－21 各地区农村居民工资性收入构成

单位：%

地　　区	工资性收入	一、在非企业组织中得到的收入	二、在本地企业中得到的收入	三、常住人口外出从业得到的收入	四、其他收入
全国合计	**100.00**	**19.34**	**29.78**	**34.42**	**16.45**
北　京	100.00	33.98	49.09	11.58	5.35
天　津	100.00	18.67	57.12	16.69	7.52
河　北	100.00	19.81	34.14	26.12	19.93
山　西	100.00	18.58	41.82	13.38	26.22
内蒙古	100.00	30.35	5.86	35.00	28.80
辽　宁	100.00	31.38	24.35	18.33	25.95
吉　林	100.00	20.03	26.29	23.63	30.05
黑龙江	100.00	38.01	6.86	27.63	27.49
上　海	100.00	20.46	65.35	9.14	5.04
江　苏	100.00	15.82	45.80	28.98	9.41
浙　江	100.00	20.49	53.13	12.07	14.30
安　徽	100.00	14.65	15.32	58.82	11.21
福　建	100.00	23.45	28.85	24.28	23.43
江　西	100.00	13.72	6.03	71.71	8.53
山　东	100.00	24.97	34.04	24.57	16.41
河　南	100.00	16.34	19.60	47.96	16.10
湖　北	100.00	18.93	12.11	55.11	13.86
湖　南	100.00	10.41	20.86	53.80	14.93
广　东	100.00	13.85	25.94	53.77	6.43
广　西	100.00	13.52	5.66	55.77	25.06
海　南	100.00	35.55	10.76	25.77	27.92
重　庆	100.00	11.41	13.98	55.59	19.03
四　川	100.00	12.34	18.99	53.39	15.27
贵　州	100.00	18.86	13.09	37.18	30.87
云　南	100.00	32.83	20.42	18.88	27.86
西　藏	100.00	70.48	6.68	10.81	12.03
陕　西	100.00	17.58	16.56	39.32	26.53
甘　肃	100.00	25.54	22.18	37.22	15.06
青　海	100.00	18.41	6.41	63.31	11.87
宁　夏	100.00	22.15	14.44	36.68	26.73
新　疆	100.00	48.24	5.84	5.48	40.44

5－22　各地区农村居民家庭经营总收入

单位：元/人

地　　区	家庭经营收　　入	1.农　业收　入	#种植业收　入	2.林　业收　入	3.牧　业收　入	4.渔　业收　入	5.工　业收　入	6.建筑业收　入
全国合计	**2325.23**	**1269.07**	**1209.70**	**27.38**	**541.40**	**51.86**	**81.58**	**52.65**
北　京	2174.03	728.36	687.79	63.16	271.64	100.32	159.96	104.59
天　津	3040.50	1308.32	1242.54	2.74	932.39	67.94	61.25	34.41
河　北	2336.95	1311.87	1301.46	8.07	381.09	13.95	126.47	28.02
山　西	1581.94	843.47	830.13	10.44	262.41	0.07	41.19	34.64
内蒙古	2994.75	1635.62	1526.26	8.36	1187.15		29.40	2.87
辽　宁	2779.34	1675.69	1604.10	9.87	678.95	70.89	64.16	26.87
吉　林	2941.14	2334.63	2199.14	6.74	486.83	3.67	14.55	3.75
黑龙江	3486.04	2784.66	2677.50	1.25	516.05	3.29	15.47	13.22
上　海	1661.81	997.76	910.02	1.24	259.26	29.52	77.66	19.51
江　苏	2646.84	1254.63	1216.13	37.86	560.71	147.37	179.97	84.30
浙　江	3025.99	1033.84	1008.38	43.63	476.43	93.77	502.62	160.13
安　徽	1983.38	1195.90	1127.65	25.24	437.22	22.38	40.33	55.09
福　建	2642.58	1078.09	1020.86	64.24	505.49	137.06	124.86	159.25
江　西	2006.22	1136.46	1064.00	28.53	493.02	52.52	46.14	40.81
山　东	2976.42	1751.94	1728.17	41.95	614.67	27.17	121.13	47.41
河　南	2276.36	1404.98	1335.87	27.84	447.76	20.95	70.79	32.11
湖　北	2369.01	1434.75	1376.11	34.80	492.77	104.83	61.60	34.25
湖　南	2191.20	973.59	939.95	15.88	641.15	44.16	91.98	133.52
广　东	2828.11	1197.72	1122.64	36.27	588.16	305.40	66.78	120.25
广　西	2067.92	995.12	927.12	50.38	714.74	42.98	45.64	28.03
海　南	2381.58	1164.53	1135.78	156.30	441.34	200.24	23.96	28.99
重　庆	1788.01	838.42	782.94	13.81	715.89	32.03	24.88	19.59
四　川	2135.21	978.39	887.84	22.87	806.01	16.40	48.38	45.26
贵　州	1536.53	838.47	765.15	20.30	473.15	1.77	32.34	30.99
云　南	1894.27	1099.53	994.02	40.87	516.68	6.17	45.66	10.67
西　藏	1461.50	562.12	469.65	40.21	401.22		40.86	162.18
陕　西	1483.89	888.18	822.80	12.70	290.66	0.59	48.83	26.35
甘　肃	1565.58	979.99	950.98	5.81	248.70	0.00	29.39	67.30
青　海	1678.15	675.36	623.57	7.81	713.25	11.41	31.44	17.81
宁　夏	2304.83	1132.33	1073.36	17.10	691.19	41.11	54.78	6.33
新　疆	2935.84	2058.81	2023.71	28.61	525.71		25.31	9.19

5—22 续表　　　　单位:元/人

地　区	7.交通运输、邮电业收入	8.批发和零售贸易、邮电业收入	9.社会服务业收入	10.文教卫生业收入	10.其他家庭经营收入	第一产业收入	第二产业收入	第三产业收入
全国合计	**95.77**	**95.92**	**35.23**	**8.87**	**65.50**	**1889.71**	**134.23**	**301.29**
北　京	357.62	232.01	63.27	23.83	69.28	1163.48	264.55	746.00
天　津	234.83	207.59	81.24	21.64	88.15	2311.39	95.66	633.45
河　北	166.83	195.82	31.65	17.91	55.26	1714.98	154.49	467.47
山　西	169.09	68.27	28.48	12.79	111.07	1116.40	75.83	389.71
内蒙古	19.34	29.42	9.22	5.44	67.93	2831.13	32.27	131.35
辽　宁	82.38	94.00	20.52	11.12	44.89	2435.40	91.03	252.92
吉　林	32.34	10.77	7.46	1.02	39.38	2831.86	18.30	90.98
黑龙江	52.94	18.55	9.06	10.30	61.26	3305.25	28.69	152.10
上　海	131.16	39.94	29.37	3.27	73.11	1287.77	97.18	276.86
江　苏	125.95	127.86	56.59	5.54	66.08	2000.57	264.27	382.00
浙　江	220.94	254.34	137.81	13.54	88.95	1647.67	662.75	715.58
安　徽	51.35	57.80	31.38	5.57	61.13	1680.75	95.42	207.22
福　建	160.23	172.25	86.50	27.37	127.24	1784.87	284.11	573.59
江　西	52.96	61.24	38.13	12.55	43.85	1710.52	86.96	208.74
山　东	117.09	119.62	38.83	5.58	91.04	2435.73	168.54	372.15
河　南	67.30	79.10	26.69	10.31	88.54	1901.52	102.90	271.94
湖　北	64.19	64.40	21.83	4.88	50.72	2067.14	95.85	206.02
湖　南	90.17	124.61	41.90	5.37	28.86	1674.79	225.50	290.92
广　东	137.74	186.57	76.76	15.87	96.59	2127.55	187.03	513.53
广　西	45.25	99.55	16.29	6.75	23.18	1803.23	73.67	191.02
海　南	77.70	75.49	48.33	1.59	163.09	1962.42	52.95	366.20
重　庆	55.55	32.19	22.91	5.27	27.47	1600.15	44.47	143.39
四　川	77.15	75.56	31.90	8.19	25.09	1823.68	93.64	217.89
贵　州	34.09	57.38	11.33	4.38	32.33	1333.69	63.33	139.51
云　南	55.13	32.00	7.56	2.33	77.69	1663.25	56.33	174.70
西　藏	84.62	14.37	22.13	0.03	133.74	1003.56	203.05	254.90
陕　西	100.15	61.18	14.59	7.07	33.60	1192.13	75.18	216.58
甘　肃	63.02	65.59	25.23	13.60	66.94	1234.49	96.70	234.39
青　海	103.45	36.13	10.32	6.33	64.84	1407.83	49.25	221.07
宁　夏	202.26	104.66	19.62	2.69	32.76	1881.73	61.11	361.99
新　疆	70.76	60.18	26.16	0.29	130.83	2613.13	34.50	288.22

5—23 各地区农村居民家庭经营总收入构成

单位:%

地 区	家庭经营收 入	1.农 业收 入	#种植业收 入	2. 林 业收 入	3. 牧 业收 入	4. 渔 业收 入	5. 工 业收 入	6. 建筑业收 入
全国合计	**100.00**	**54.58**	**52.03**	**1.18**	**23.28**	**2.23**	**3.51**	**2.26**
北 京	100.00	33.50	31.64	2.90	12.49	4.61	7.36	4.81
天 津	100.00	43.03	40.87	0.09	30.67	0.26	2.01	1.13
河 北	100.00	56.14	55.69	0.35	16.31	0.60	5.41	1.20
山 西	100.00	53.32	52.48	0.66	16.59		2.60	2.19
内蒙古	100.00	54.62	50.96	0.28	39.64		0.98	0.10
辽 宁	100.00	60.29	57.71	0.35	24.43	2.55	2.31	0.97
吉 林	100.00	79.38	74.77	0.23	16.55	0.12	0.49	0.13
黑龙江	100.00	79.88	76.81	0.04	14.80	0.09	0.44	0.38
上 海	100.00	60.04	54.76	0.07	15.60	1.78	4.67	1.17
江 苏	100.00	47.40	45.95	1.43	21.18	5.57	6.80	3.18
浙 江	100.00	34.17	33.32	1.44	15.74	3.10	16.61	5.29
安 徽	100.00	60.30	56.86	1.27	22.04	1.13	2.03	2.78
福 建	100.00	40.80	38.63	2.43	19.13	5.19	4.72	6.03
江 西	100.00	56.65	53.03	1.42	24.57	2.62	2.30	2.03
山 东	100.00	58.86	58.06	1.41	20.65	0.91	4.07	1.59
河 南	100.00	61.72	58.68	1.22	19.67	0.92	3.11	1.41
湖 北	100.00	60.56	58.09	1.47	20.80	4.43	2.60	1.45
湖 南	100.00	44.43	42.90	0.72	29.26	2.02	4.20	6.09
广 东	100.00	42.35	39.70	1.28	20.80	10.80	2.36	4.25
广 西	100.00	48.12	44.83	2.44	34.56	2.08	2.21	1.36
海 南	100.00	48.90	47.69	6.56	18.53	8.41	1.01	1.22
重 庆	100.00	46.89	43.79	0.77	40.04	1.79	1.39	1.10
四 川	100.00	45.82	41.58	1.07	37.75	0.77	2.27	2.12
贵 州	100.00	54.57	49.80	1.32	30.79	0.12	2.11	2.02
云 南	100.00	58.04	52.48	2.16	27.28	0.33	2.41	0.56
西 藏	100.00	38.46	32.13	2.75	27.45		2.80	11.10
陕 西	100.00	59.86	55.45	0.86	19.59	0.04	3.29	1.78
甘 肃	100.00	62.60	60.74	0.37	15.89		1.88	4.30
青 海	100.00	40.24	37.16	0.47	42.50	0.68	1.87	1.06
宁 夏	100.00	49.13	46.57	0.74	29.99	1.78	2.38	0.27
新 疆	100.00	70.13	68.93	0.97	17.91		0.86	0.31

5—23 续表 单位:%

地　　区	7.交通运输、邮电业收入	8. 批发和零售贸易、邮电业收入	9. 社会服务业收入	10. 文教卫生业收入	10.其他家庭经营收入	第一产业收入	第二产业收入	第三产业收入
全国合计	**4.12**	**4.13**	**1.51**	**0.38**	**2.82**	**81.27**	**5.77**	**12.96**
北　　京	16.45	10.67	2.91	1.10	3.19	53.52	12.17	34.31
天　　津	7.72	6.83	2.67	0.71	2.90	76.02	3.15	20.83
河　　北	7.14	8.38	1.35	0.77	2.36	73.39	6.61	20.00
山　　西	10.69	4.32	1.80	0.81	7.02	70.57	4.79	24.63
内 蒙 古	0.65	0.98	0.31	0.18	2.27	94.54	1.08	4.39
辽　　宁	2.96	3.38	0.74	0.40	1.62	87.62	3.28	9.10
吉　　林	1.10	0.37	0.25	0.03	1.34	96.28	0.62	3.09
黑 龙 江	1.52	0.53	0.26	0.30	1.76	94.81	0.82	4.36
上　　海	7.89	2.40	1.77	0.20	4.40	77.49	5.85	16.66
江　　苏	4.76	4.83	2.14	0.21	2.50	75.58	9.98	14.43
浙　　江	7.30	8.41	4.55	0.45	2.94	54.45	21.90	23.65
安　　徽	2.59	2.91	1.58	0.28	3.08	84.74	4.81	10.45
福　　建	6.06	6.52	3.27	1.04	4.81	67.54	10.75	21.71
江　　西	2.64	3.05	1.90	0.63	2.19	85.26	4.33	10.40
山　　东	3.93	4.02	1.30	0.19	3.06	81.83	5.66	12.50
河　　南	2.96	3.47	1.17	0.45	3.89	83.53	4.52	11.95
湖　　北	2.71	2.72	0.92	0.21	2.14	87.26	4.05	8.70
湖　　南	4.12	5.69	1.91	0.25	1.32	76.43	10.29	13.28
广　　东	4.87	6.60	2.71	0.56	3.42	75.23	6.61	18.16
广　　西	2.19	4.81	0.79	0.33	1.12	87.20	3.56	9.24
海　　南	3.26	3.17	2.03	0.07	6.85	82.40	2.22	15.38
重　　庆	3.11	1.80	1.28	0.29	1.54	89.49	2.49	8.02
四　　川	3.61	3.54	1.49	0.38	1.17	85.41	4.39	10.20
贵　　州	2.22	3.73	0.74	0.28	2.10	86.80	4.12	9.08
云　　南	2.91	1.69	0.40	0.12	4.10	87.80	2.97	9.22
西　　藏	5.79	0.98	1.51		9.15	68.67	13.89	17.44
陕　　西	6.75	4.12	0.98	0.48	2.26	80.34	5.07	14.60
甘　　肃	4.03	4.19	1.61	0.87	4.28	78.85	6.18	14.97
青　　海	6.16	2.15	0.61	0.38	3.86	83.89	2.93	13.17
宁　　夏	8.78	4.54	0.85	0.12	1.42	81.64	2.65	15.71
新　　疆	2.41	2.05	0.89	0.01	4.46	89.01	1.17	9.82

5－24 各地区农村居民现金收入

单位:元/人

地区	现金收入	一、工资性收入	二、家庭经营现金收入	三、财产性收入	四、转移性收入
全国合计	**2534.70**	**769.77**	**1565.51**	**41.05**	**158.37**
北京	5815.25	3301.16	1991.92	163.84	358.33
天津	4404.58	1797.39	2379.93	49.76	177.49
河北	2788.67	978.25	1653.84	70.04	86.54
山西	1957.30	787.76	1045.69	19.43	104.42
内蒙古	2452.17	297.46	2062.24	5.12	87.35
辽宁	3041.75	914.59	1926.87	24.30	176.00
吉林	2468.22	328.30	1979.65	26.85	133.42
黑龙江	3077.14	333.28	2577.46	26.13	140.27
上海	6417.83	4486.23	1273.50	156.74	501.35
江苏	3879.75	1809.78	1817.18	48.48	204.30
浙江	5325.68	2220.79	2560.64	171.14	373.11
安徽	2064.26	608.16	1322.64	15.49	117.98
福建	3709.35	1162.53	2067.45	75.11	404.26
江西	2161.59	804.57	1230.42	19.43	107.18
山东	3362.19	957.90	2194.53	38.30	171.47
河南	1967.64	512.59	1339.87	19.66	95.51
湖北	2189.22	580.55	1440.57	10.90	157.19
湖南	2550.02	839.79	1438.14	22.82	249.27
广东	3945.53	1525.82	2040.08	112.61	267.01
广西	2076.02	543.79	1390.94	11.37	129.91
海南	2243.11	199.98	1787.03	36.80	219.30
重庆	1752.07	696.45	831.17	15.54	208.91
四川	1983.26	651.65	1176.43	36.99	118.19
贵州	1216.46	317.07	767.39	12.73	119.26
云南	1473.06	282.28	1043.41	59.29	88.07
西藏	1113.63	133.49	825.39	12.48	142.27
陕西	1669.74	497.99	1032.43	32.22	107.08
甘肃	1413.24	404.83	903.90	20.97	83.53
青海	1470.60	351.28	1013.67	34.66	70.99
宁夏	2295.15	526.57	1623.15	59.70	85.74
新疆	2316.72	131.27	2122.60	16.39	46.46

5—25 各地区农村居民现金收入构成

单位:%

地 区	现金收入	一、工资性收入	二、家庭经营现金收入	三、财产性收入	四、转移性收入
全国合计	**100.00**	**30.37**	**61.76**	**1.62**	**6.25**
北 京	100.00	56.77	34.25	2.82	6.16
天 津	100.00	40.81	54.03	1.13	4.03
河 北	100.00	35.08	59.31	2.51	3.10
山 西	100.00	40.25	53.43	0.99	5.33
内蒙古	100.00	12.13	84.10	0.21	3.56
辽 宁	100.00	30.07	63.35	0.80	5.79
吉 林	100.00	13.30	80.21	1.09	5.41
黑龙江	100.00	10.83	83.76	0.85	4.56
上 海	100.00	69.90	19.84	2.44	7.81
江 苏	100.00	46.65	46.84	1.25	5.27
浙 江	100.00	41.70	48.08	3.21	7.01
安 徽	100.00	29.46	64.07	0.75	5.72
福 建	100.00	31.34	55.74	2.02	10.90
江 西	100.00	37.22	56.92	0.90	4.96
山 东	100.00	28.49	65.27	1.14	5.10
河 南	100.00	26.05	68.10	1.00	4.85
湖 北	100.00	26.52	65.80	0.50	7.18
湖 南	100.00	32.93	56.40	0.89	9.78
广 东	100.00	38.67	51.71	2.85	6.77
广 西	100.00	26.19	67.00	0.55	6.26
海 南	100.00	8.92	79.67	1.64	9.78
重 庆	100.00	39.75	47.44	0.89	11.92
四 川	100.00	32.86	59.32	1.87	5.96
贵 州	100.00	26.07	63.08	1.05	9.80
云 南	100.00	19.16	70.83	4.03	5.98
西 藏	100.00	11.99	74.12	1.12	12.78
陕 西	100.00	29.82	61.83	1.93	6.41
甘 肃	100.00	28.65	63.96	1.48	5.91
青 海	100.00	23.89	68.93	2.36	4.83
宁 夏	100.00	22.94	70.72	2.60	3.74
新 疆	100.00	5.67	91.62	0.71	2.01

5—26 各地区农村居民工资性现金收入

单位:元/人

地　区	工资性现金收入	一、在非企业组织中得到的收入	二、在本地企业中得到的收入	三、常住人口外出从业得到的收入	四、其他收入
全国合计	**769.77**	**136.90**	**240.98**	**265.10**	**126.80**
北　京	3301.16	1118.25	1623.30	383.38	176.23
天　津	1797.39	335.53	1026.55	300.06	135.25
河　北	978.25	193.71	334.01	255.53	194.99
山　西	787.76	145.64	329.36	105.71	207.05
内蒙古	297.46	91.03	17.58	104.32	84.53
辽　宁	914.59	286.96	222.71	167.63	237.30
吉　林	328.30	65.78	86.36	77.43	98.73
黑龙江	333.28	126.70	22.87	92.07	91.64
上　海	4486.23	918.76	2930.53	410.40	226.54
江　苏	1809.78	285.54	829.13	524.29	170.83
浙　江	2220.79	454.91	1180.66	267.23	318.00
安　徽	608.16	89.41	92.90	357.70	68.15
福　建	1162.53	272.65	335.44	281.91	272.54
江　西	804.57	110.45	48.40	577.24	68.48
山　东	957.90	240.37	325.55	233.55	158.42
河　南	512.59	84.41	96.77	248.08	83.33
湖　北	580.55	109.04	70.12	320.82	80.57
湖　南	839.79	87.32	175.18	451.83	125.46
广　东	1525.82	211.43	395.94	820.36	98.10
广　西	543.79	73.47	30.77	303.27	136.27
海　南	199.98	71.09	21.53	51.54	55.83
重　庆	696.45	79.45	97.33	387.16	132.51
四　川	651.65	80.44	123.74	348.00	99.47
贵　州	317.07	59.79	41.26	117.99	98.04
云　南	282.28	92.98	57.33	53.44	78.53
西　藏	133.49	94.07	8.91	14.43	16.07
陕　西	497.99	87.55	82.47	195.84	132.14
甘　肃	404.83	103.55	89.90	150.58	60.80
青　海	351.28	64.61	22.50	222.44	41.72
宁　夏	526.57	116.86	76.17	192.50	141.04
新　疆	131.27	63.01	7.70	7.23	53.32

5－27 各地区农村居民工资性现金收入构成

单位:%

地　　区	工资性现金收入	一、在非企业组织中得到的收入	二、在本地企业中得到的收入	三、常住人口外出从业得到的收入	四、其他收入
全国合计	**100.00**	**17.78**	**31.30**	**34.44**	**16.47**
北　京	100.00	33.87	49.17	11.61	5.34
天　津	100.00	18.67	57.11	16.69	7.52
河　北	100.00	19.80	34.14	26.12	19.93
山　西	100.00	18.49	41.81	13.42	26.28
内蒙古	100.00	30.60	5.91	35.07	28.42
辽　宁	100.00	31.38	24.35	18.33	25.95
吉　林	100.00	20.04	26.30	23.59	30.07
黑龙江	100.00	38.02	6.86	27.63	27.50
上　海	100.00	20.48	65.32	9.15	5.05
江　苏	100.00	15.78	45.81	28.97	9.44
浙　江	100.00	20.48	53.16	12.03	14.32
安　徽	100.00	14.70	15.28	58.82	11.21
福　建	100.00	23.45	28.85	24.25	23.44
江　西	100.00	13.73	6.02	71.75	8.51
山　东	100.00	25.09	33.99	24.38	16.54
河　南	100.00	16.47	18.88	48.40	16.26
湖　北	100.00	18.78	12.08	55.26	13.88
湖　南	100.00	10.40	20.86	53.80	14.94
广　东	100.00	13.86	25.95	53.76	6.43
广　西	100.00	13.51	5.66	55.77	25.06
海　南	100.00	35.55	10.76	25.77	27.92
重　庆	100.00	11.41	13.98	55.59	19.03
四　川	100.00	12.34	18.99	53.40	15.26
贵　州	100.00	18.86	13.01	37.21	30.92
云　南	100.00	32.94	20.31	18.93	27.82
西　藏	100.00	70.47	6.68	10.81	12.04
陕　西	100.00	17.58	16.56	39.33	26.53
甘　肃	100.00	25.58	22.21	37.20	15.02
青　海	100.00	18.39	6.41	63.32	11.88
宁　夏	100.00	22.19	14.47	36.56	26.78
新　疆	100.00	48.00	5.87	5.51	40.62

5—28 各地区农村居民家庭经营现金收入

单位:元/人

地　　区	家庭经营现金收入	1. 出售产品收入	#出售农业产品收入	##种植业收入	##牧业收入
全国合计	**1565.51**	**1133.33**	**636.52**	**628.02**	**414.79**
北　　京	1991.92	884.52	529.87	529.29	247.64
天　　津	2379.93	1585.62	702.94	702.46	824.60
河　　北	1653.84	1023.23	668.17	664.51	331.08
山　　西	1045.69	588.30	351.58	343.21	216.13
内 蒙 古	2062.24	1897.48	985.66	972.96	895.78
辽　　宁	1926.87	1558.10	934.68	919.91	550.19
吉　　林	1979.65	1868.64	1457.94	1428.11	394.28
黑 龙 江	2577.46	2407.89	1988.04	1979.95	396.78
上　　海	1273.50	859.43	588.51	586.83	198.71
江　　苏	1817.18	1200.17	571.37	568.62	438.40
浙　　江	2560.64	1262.23	608.18	600.62	434.83
安　　徽	1322.64	1016.77	622.69	617.08	338.92
福　　建	2067.45	1162.74	650.66	640.03	361.31
江　　西	1230.42	934.54	460.70	444.16	406.04
山　　东	2194.53	1663.89	1027.73	1027.73	551.10
河　　南	1339.87	969.98	578.68	575.62	348.47
湖　　北	1440.57	1162.02	732.55	727.67	309.77
湖　　南	1438.14	952.67	343.11	335.00	524.87
广　　东	2040.08	1296.33	531.63	524.88	470.25
广　　西	1390.94	1146.26	443.27	434.87	597.72
海　　南	1787.03	1392.05	678.19	674.18	361.18
重　　庆	831.17	645.81	176.12	160.94	428.59
四　　川	1176.43	877.87	262.49	247.29	568.17
贵　　州	767.39	578.25	247.89	239.53	301.16
云　　南	1043.41	815.74	471.09	458.12	304.78
西　　藏	825.39	450.89	199.55	168.74	124.59
陕　　西	1032.43	719.17	469.10	454.37	232.81
甘　　肃	903.90	552.97	405.70	402.40	137.65
青　　海	1013.67	730.45	307.19	286.46	406.93
宁　　夏	1623.15	1182.57	538.21	528.99	586.48
新　　疆	2122.60	1789.53	1341.21	1338.45	422.35

5—28 续表 1

单位:元/人

地　　区	2. 工业加工费收　　入	3.建 筑 业收　　入	4. 交通运输、邮电业收入	5. 批发和零售贸易、邮电业收入	6. 社会服务业收　　入
全国合计	**66.91**	**52.65**	**95.77**	**95.92**	**35.23**
北　　京	159.26	104.59	357.62	232.01	63.27
天　　津	57.44	34.41	234.83	207.59	81.24
河　　北	123.07	28.02	166.83	195.82	31.65
山　　西	36.39	34.64	169.09	68.27	28.48
内 蒙 古	23.74	2.87	19.34	29.42	9.22
辽　　宁	56.30	26.87	82.38	94.00	20.52
吉　　林	12.38	3.75	32.34	10.77	7.46
黑 龙 江	8.61	13.22	52.94	18.55	9.06
上　　海	35.45	19.51	131.16	39.94	29.37
江　　苏	135.38	84.30	125.95	127.86	56.59
浙　　江	413.63	160.13	220.94	254.34	137.81
安　　徽	31.18	55.09	51.35	57.80	31.38
福　　建	121.10	159.25	160.23	172.25	86.50
江　　西	38.73	40.81	52.96	61.24	38.13
山　　东	104.79	47.41	117.09	119.62	38.83
河　　南	62.81	32.11	67.30	79.10	26.69
湖　　北	35.40	34.25	64.19	64.40	21.83
湖　　南	57.60	133.52	90.17	124.61	41.90
广　　东	57.00	120.25	137.74	186.57	76.76
广　　西	26.15	28.03	45.25	99.55	16.29
海　　南	21.89	28.99	77.70	75.49	48.33
重　　庆	21.81	19.59	55.55	32.19	22.91
四　　川	30.17	45.26	77.15	75.56	31.90
贵　　州	21.86	30.99	34.09	57.38	11.33
云　　南	41.09	10.67	55.13	32.00	7.56
西　　藏	37.73	162.18	84.62	14.37	22.13
陕　　西	45.88	26.35	100.15	61.18	14.59
甘　　肃	26.58	67.30	63.02	65.59	25.23
青　　海	31.40	17.81	103.45	36.13	10.32
宁　　夏	54.65	6.33	202.26	104.66	19.62
新　　疆	24.99	9.19	70.76	60.18	26.16

5—28 续表 2 单位:元/人

地　区	7. 文教卫生业收入	8. 其他家庭经营收入	第一产业收入	第二产业收入	第三产业收入
全国合计	**8.87**	**76.83**	**1133.33**	**119.56**	**312.62**
北　京	23.83	166.84	884.52	263.84	843.56
天　津	21.64	157.16	1585.62	91.85	702.46
河　北	17.91	67.32	1023.23	151.08	479.53
山　西	12.79	107.73	588.30	71.02	386.37
内蒙古	5.44	74.73	1897.48	26.61	138.16
辽　宁	11.12	77.58	1558.10	83.17	285.60
吉　林	1.02	43.27	1868.64	16.14	94.87
黑龙江	10.30	56.89	2407.89	21.83	147.73
上　海	3.27	155.35	859.43	54.96	359.11
江　苏	5.54	81.40	1200.17	219.68	397.33
浙　江	13.54	98.03	1262.23	573.76	724.66
安　徽	5.57	73.50	1016.77	86.27	219.60
福　建	27.37	178.00	1162.74	280.35	624.36
江　西	12.55	51.45	934.54	79.54	216.33
山　东	5.58	97.33	1663.89	152.20	378.44
河　南	10.31	91.57	969.98	94.92	274.97
湖　北	4.88	53.60	1162.02	69.65	208.90
湖　南	5.37	32.30	952.67	191.11	294.36
广　东	15.87	149.55	1296.33	177.25	566.49
广　西	6.75	22.67	1146.26	54.18	190.50
海　南	1.59	140.99	1392.05	50.88	344.10
重　庆	5.27	28.05	645.81	41.40	143.96
四　川	8.19	30.33	877.87	75.43	223.14
贵　州	4.38	29.12	578.25	52.84	136.30
云　南	2.33	78.90	815.74	51.76	175.91
西　藏	0.03	53.43	450.89	199.92	174.59
陕　西	7.07	58.05	719.17	72.23	241.03
甘　肃	13.60	89.61	552.97	93.88	257.05
青　海	6.33	77.77	730.45	49.22	234.00
宁　夏	2.69	50.36	1182.57	60.98	379.59
新　疆	0.29	141.50	1789.53	34.18	298.89

5—29 各地区农村居民家庭经营现金收入构成

单位：%

地区	家庭经营现金收入	1、出售产品收入	#出售农业产品收入	##种植业收入	##牧业收入
全国合计	**100.00**	**72.39**	**40.66**	**40.12**	**26.50**
北京	100.00	44.41	26.60	26.57	12.43
天津	100.00	66.62	29.54	29.52	34.65
河北	100.00	61.87	40.40	40.18	20.02
山西	100.00	56.26	33.62	32.82	20.67
内蒙古	100.00	92.01	47.80	47.18	43.44
辽宁	100.00	80.86	48.51	47.74	28.55
吉林	100.00	94.39	73.65	72.14	19.92
黑龙江	100.00	93.42	77.13	76.82	15.39
上海	100.00	67.49	46.21	46.08	15.60
江苏	100.00	66.05	31.44	31.29	24.13
浙江	100.00	49.29	23.75	23.46	16.98
安徽	100.00	76.87	47.08	46.66	25.62
福建	100.00	56.24	31.47	30.96	17.48
江西	100.00	75.95	37.44	36.10	33.00
山东	100.00	75.82	46.83	46.83	25.11
河南	100.00	72.39	43.19	42.96	26.01
湖北	100.00	80.66	50.85	50.51	21.50
湖南	100.00	66.24	23.86	23.29	36.50
广东	100.00	63.54	26.06	25.73	23.05
广西	100.00	82.41	31.87	31.26	42.97
海南	100.00	77.90	37.95	37.73	20.21
重庆	100.00	77.70	21.19	19.36	51.56
四川	100.00	74.62	22.31	21.02	48.30
贵州	100.00	75.35	32.30	31.21	39.25
云南	100.00	78.18	45.15	43.91	29.21
西藏	100.00	54.63	24.18	20.44	15.10
陕西	100.00	69.66	45.44	44.01	22.55
甘肃	100.00	61.18	44.88	44.52	15.23
青海	100.00	72.06	30.30	28.26	40.14
宁夏	100.00	72.86	33.16	32.59	36.13
新疆	100.00	84.31	63.19	63.06	19.90

5－29 续表 1　　单位：%

地　区	2. 工业加工费收入	3. 建筑业收入	4. 交通运输、邮电业收入	5. 批发和零售贸易、邮电业收入	6. 社会服务业收入
全国合计	**4.27**	**3.36**	**6.12**	**6.13**	**2.25**
北　京	8.00	5.25	17.95	11.65	3.18
天　津	2.41	1.45	9.87	8.72	3.41
河　北	7.44	1.69	10.09	11.84	1.91
山　西	3.48	3.31	16.17	6.53	2.72
内蒙古	1.15	0.14	0.94	1.43	0.45
辽　宁	2.92	1.39	4.28	4.88	1.07
吉　林	0.63	0.19	1.63	0.54	0.38
黑龙江	0.33	0.51	2.05	0.72	0.35
上　海	2.78	1.53	10.30	3.14	2.31
江　苏	7.45	4.64	6.93	7.04	3.11
浙　江	16.15	6.25	8.63	9.93	5.38
安　徽	2.36	4.16	3.88	4.37	2.37
福　建	5.86	7.70	7.75	8.33	4.18
江　西	3.15	3.32	4.30	4.98	3.10
山　东	4.77	2.16	5.34	5.45	1.77
河　南	4.69	2.40	5.02	5.90	1.99
湖　北	2.46	2.38	4.46	4.47	1.52
湖　南	4.00	9.28	6.27	8.66	2.91
广　东	2.79	5.89	6.75	9.15	3.76
广　西	1.88	2.02	3.25	7.16	1.17
海　南	1.23	1.62	4.35	4.22	2.70
重　庆	2.62	2.36	6.68	3.87	2.76
四　川	2.56	3.85	6.56	6.42	2.71
贵　州	2.85	4.04	4.44	7.48	1.48
云　南	3.94	1.02	5.28	3.07	0.72
西　藏	4.57	19.65	10.25	1.74	2.68
陕　西	4.44	2.55	9.70	5.93	1.41
甘　肃	2.94	7.45	6.97	7.26	2.79
青　海	3.10	1.76	10.21	3.56	1.02
宁　夏	3.37	0.39	12.46	6.45	1.21
新　疆	1.18	0.43	3.33	2.84	1.23

5—29 续表 2 单位:%

地　区	7. 文教卫生业收　入	8. 其他家庭经营收入	第一产业收　入	第二产业收　入	第三产业收　入
全国合计	**0.57**	**4.91**	**72.39**	**7.64**	**19.97**
北　京	1.20	8.38	44.41	13.25	42.35
天　津	0.91	6.60	66.62	3.86	29.52
河　北	1.08	4.07	61.87	9.14	28.99
山　西	1.22	10.30	56.26	6.79	36.95
内蒙古	0.26	3.62	92.01	1.29	6.70
辽　宁	0.58	4.03	80.86	4.32	14.82
吉　林	0.05	2.19	94.39	0.82	4.79
黑龙江	0.40	2.21	93.42	0.85	5.73
上　海	0.26	12.20	67.49	4.32	28.20
江　苏	0.30	4.48	66.05	12.09	21.87
浙　江	0.53	3.83	49.29	22.41	28.30
安　徽	0.42	5.56	76.87	6.52	16.60
福　建	1.32	8.61	56.24	13.56	30.20
江　西	1.02	4.18	75.95	6.46	17.58
山　东	0.25	4.44	75.82	6.94	17.24
河　南	0.77	6.83	72.39	7.08	20.52
湖　北	0.34	3.72	80.66	4.84	14.50
湖　南	0.37	2.25	66.24	13.29	20.47
广　东	0.78	7.33	63.54	8.69	27.77
广　西	0.49	1.63	82.41	3.90	13.70
海　南	0.09	7.89	77.90	2.85	19.26
重　庆	0.63	3.37	77.70	4.98	17.32
四　川	0.70	2.58	74.62	6.41	18.97
贵　州	0.57	3.79	75.35	6.89	17.76
云　南	0.22	7.56	78.18	4.96	16.86
西　藏	0.00	6.47	54.63	24.22	21.15
陕　西	0.68	5.62	69.66	7.00	23.35
甘　肃	1.51	9.91	61.18	10.39	28.44
青　海	0.62	7.67	72.06	4.86	23.08
宁　夏	0.17	3.10	72.86	3.76	23.39
新　疆	0.01	6.67	84.31	1.61	14.08

5－30 各地区农村居民总支出

单位:元/人

地 区	总支出	一、家庭经营费用支出	二、购置生产性固定资产支出	三、税 费支 出	四、生活消费支出	五、财产性支 出	六、转移性支 出
全国合计	**2779.96**	**695.97**	**78.13**	**91.24**	**1741.09**	**10.82**	**162.71**
北 京	4762.44	748.15	53.41	22.54	3552.07	27.92	358.36
天 津	3273.78	908.21	64.86	40.19	2050.89	2.50	207.13
河 北	2389.20	657.20	139.97	73.81	1429.81	3.09	85.33
山 西	1834.03	387.47	51.13	46.50	1221.58	4.55	122.79
内蒙古	3109.45	1053.30	175.31	168.04	1554.59	6.99	151.22
辽 宁	3349.60	1018.98	73.59	117.95	1786.28	11.02	341.77
吉 林	3241.84	929.15	174.33	178.61	1661.69	25.75	272.32
黑龙江	3695.66	1259.22	198.73	301.40	1604.53	46.47	285.31
上 海	6352.96	577.93	7.11	64.93	4753.23	22.75	927.02
江 苏	3502.81	677.35	72.85	100.64	2374.66	13.84	263.48
浙 江	4890.33	820.50	114.12	60.48	3479.17	13.05	403.02
安 徽	2188.78	501.19	54.44	91.11	1412.41	5.86	123.76
福 建	3571.40	656.92	22.98	40.68	2503.07	59.79	287.95
江 西	2502.46	523.32	25.80	88.41	1720.01	10.14	134.78
山 东	3326.79	1020.55	101.70	154.38	1904.95	10.52	134.69
河 南	2251.59	599.54	86.92	101.66	1375.60	3.11	84.75
湖 北	2597.86	507.42	42.71	140.17	1649.18	9.72	248.67
湖 南	3030.13	665.53	52.00	101.93	1990.33	7.68	212.66
广 东	3682.98	771.54	31.38	50.06	2703.36	6.09	120.55
广 西	2424.20	694.05	51.19	36.47	1550.62	9.77	82.11
海 南	1983.49	502.49	24.36	30.77	1357.43	5.45	62.98
重 庆	2250.39	552.40	16.89	57.96	1475.16	8.01	139.98
四 川	2494.07	760.10	29.15	84.49	1497.52	4.94	117.87
贵 州	1709.92	442.15	42.09	34.78	1098.39	5.71	86.81
云 南	2178.00	646.89	70.11	37.69	1336.25	7.73	79.33
西 藏	1532.88	189.16	185.86	6.65	1123.71	15.82	11.68
陕 西	2030.46	471.76	70.15	72.06	1331.03	8.82	76.64
甘 肃	1759.16	425.15	55.63	61.55	1127.37	6.61	82.86
青 海	2055.53	416.06	153.20	54.99	1330.45	16.26	84.58
宁 夏	2680.15	911.23	138.80	57.06	1388.79	9.13	175.15
新 疆	2879.17	1170.46	157.18	117.84	1350.23	6.30	77.15

5－31 各地区农村居民总支出构成

单位:%

地　　区	总支出	一、家庭经营费用支出	二、购置生产性固定资产支出	三、税　　费支　　出	四、生活消费支出	五、财产性支　出	六、转移性支　出
全国合计	**100.00**	**25.04**	**2.81**	**3.28**	**62.63**	**0.39**	**5.85**
北　　京	100.00	15.71	1.12	0.47	74.58	0.59	7.52
天　　津	100.00	27.74	1.98	1.23	62.65	0.08	6.33
河　　北	100.00	27.51	5.86	3.09	59.84	0.13	3.57
山　　西	100.00	21.13	2.79	2.54	66.61	0.25	6.70
内 蒙 古	100.00	33.87	5.64	5.40	50.00	0.22	4.86
辽　　宁	100.00	30.42	2.20	3.52	53.33	0.33	10.20
吉　　林	100.00	28.66	5.38	5.51	51.26	0.79	8.40
黑 龙 江	100.00	34.07	5.38	8.16	43.42	1.26	7.72
上　　海	100.00	9.10	0.11	1.02	74.82	0.36	14.59
江　　苏	100.00	19.34	2.08	2.87	67.79	0.40	7.52
浙　　江	100.00	16.78	2.33	1.24	71.14	0.27	8.24
安　　徽	100.00	22.90	2.49	4.16	64.53	0.27	5.65
福　　建	100.00	18.39	0.64	1.14	70.09	1.67	8.06
江　　西	100.00	20.91	1.03	3.53	68.73	0.41	5.39
山　　东	100.00	30.68	3.06	4.64	57.26	0.32	4.05
河　　南	100.00	26.63	3.86	4.52	61.09	0.14	3.76
湖　　北	100.00	19.53	1.64	5.40	63.48	0.37	9.57
湖　　南	100.00	21.96	1.72	3.36	65.68	0.25	7.02
广　　东	100.00	20.95	0.85	1.36	73.40	0.17	3.27
广　　西	100.00	28.63	2.11	1.50	63.96	0.40	3.39
海　　南	100.00	25.33	1.23	1.55	68.44	0.27	3.18
重　　庆	100.00	24.55	0.75	2.58	65.55	0.36	6.22
四　　川	100.00	30.48	1.17	3.39	60.04	0.20	4.73
贵　　州	100.00	25.86	2.46	2.03	64.24	0.33	5.08
云　　南	100.00	29.70	3.22	1.73	61.35	0.35	3.64
西　　藏	100.09	12.34	12.22	0.43	73.31	1.03	0.76
陕　　西	100.00	23.23	3.46	3.55	65.55	0.43	3.77
甘　　肃	100.00	24.17	3.16	3.50	64.09	0.38	4.71
青　　海	100.00	20.24	7.45	2.68	64.73	0.79	4.11
宁　　夏	100.00	34.00	5.18	2.13	51.82	0.34	6.54
新　　疆	100.00	40.65	5.46	4.09	46.90	0.22	2.68

5—32　各地区农村居民家庭经营费用支出

单位:元/人

地　区	家庭经营费用支出	1. 农业支出	#种植业支出	2. 林业支出	3. 牧业支出	4. 渔业支出
全国合计	**695.97**	**325.50**	**321.23**	**4.24**	**264.48**	**18.46**
北　京	748.15	197.82	171.11	14.97	134.31	40.48
天　津	908.21	319.09	298.74	1.43	498.16	23.14
河　北	657.20	357.53	355.06	2.81	200.38	6.88
山　西	387.47	202.63	202.01	1.32	108.04	0.03
内蒙古	1053.30	505.30	503.15	2.66	504.52	0.14
辽　宁	1018.98	518.00	511.19	3.73	393.71	37.67
吉　林	929.15	644.07	639.84	1.57	249.53	1.79
黑龙江	1259.22	914.81	907.11	1.46	295.19	3.47
上　海	577.93	240.14	238.94	4.70	155.79	14.49
江　苏	677.35	296.28	288.40	5.30	249.00	42.31
浙　江	820.50	259.81	251.81	14.97	242.23	37.56
安　徽	501.19	277.53	276.16	3.73	166.81	7.73
福　建	656.92	234.97	232.53	5.63	266.14	35.61
江　西	523.32	230.91	229.06	2.81	223.65	10.25
山　东	1020.55	531.04	520.89	10.83	358.93	7.56
河　南	599.54	315.40	313.48	2.06	194.97	10.06
湖　北	507.42	252.12	251.22	2.43	164.49	34.29
湖　南	665.53	205.95	200.64	1.77	350.02	11.45
广　东	771.54	235.01	232.18	4.31	300.11	131.26
广　西	694.05	248.50	243.99	5.39	367.39	8.38
海　南	502.49	237.27	236.11	5.55	143.21	60.87
重　庆	552.40	155.93	149.70	4.37	328.39	10.31
四　川	760.10	203.65	201.37	2.51	466.84	6.80
贵　州	442.15	160.28	157.97	1.37	241.47	0.35
云　南	646.89	269.05	265.66	6.08	297.58	1.70
西　藏	189.16	121.55	120.32	2.19	30.84	
陕　西	471.76	237.29	226.06	5.96	162.11	0.20
甘　肃	425.15	272.97	271.79	2.46	91.78	0.15
青　海	416.06	188.45	188.13	2.38	147.15	1.71
宁　夏	911.23	378.95	375.89	3.94	405.07	29.28
新　疆	1170.46	837.60	836.50	4.23	215.76	

5—32 续表 1

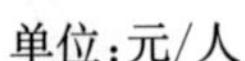
单位:元/人

地　区	5. 工　业 支　出	6. 建筑业 支　出	7. 交通运输、邮电业 支　出	8. 批发和零售贸易、邮电业支出	9. 社　会 服务业 支　出
全国合计	**21.99**	**5.87**	**26.49**	**13.88**	**4.15**
北　京	111.99	64.18	50.62	112.24	12.25
天　津	2.06	9.51	37.14	8.27	2.38
河　北	21.86	3.46	43.37	13.10	4.42
山　西	12.99	8.29	35.00	6.50	4.85
内蒙古	14.00	4.75	7.69	3.07	1.07
辽　宁	13.09	2.05	24.22	15.77	0.80
吉　林	2.62	1.06	14.53	2.63	0.84
黑龙江	1.80	2.64	25.75	2.20	1.29
上　海	47.99	7.14	53.24	3.65	27.71
江　苏	20.51	9.21	26.90	13.55	6.98
浙　江	156.57	8.69	57.61	22.90	14.26
安　徽	7.95	4.64	12.65	9.93	4.03
福　建	17.69	20.40	36.36	6.37	3.66
江　西	10.80	4.22	15.91	7.71	3.68
山　东	34.79	8.52	21.72	32.75	4.99
河　南	19.40	7.77	20.95	14.97	3.37
湖　北	19.04	2.90	16.65	9.32	2.30
湖　南	29.56	3.31	26.47	21.00	5.06
广　东	15.79	9.79	28.76	23.17	6.64
广　西	17.01	0.97	18.81	20.96	2.27
海　南	2.35	7.26	21.60	5.20	1.92
重　庆	4.24	3.65	27.35	4.54	3.24
四　川	19.33	1.95	35.02	12.03	3.00
贵　州	9.41	4.84	8.72	9.66	1.63
云　南	15.79	1.70	27.96	10.09	2.61
西　藏	1.19	0.07	17.32	2.00	1.54
陕　西	16.31	1.63	29.80	10.80	1.35
甘　肃	5.14	7.60	20.54	7.56	3.63
青　海	4.39	7.18	32.69	10.01	5.05
宁　夏	24.58	1.08	44.09	5.97	1.40
新　疆	12.93	4.19	30.63	12.48	5.64

5—32 续表 2 单位:元/人

地　区	8. 文教卫生业支　出	10. 其他家庭经营支出	第一产业支　出	第二产业支　出	第三产业支　出
全国合计	**1.06**	**9.85**	**612.68**	**27.86**	**55.43**
北　京	4.48	4.82	387.57	176.18	184.41
天　津	0.11	6.93	841.82	11.57	54.83
河　北	0.93	2.46	567.59	25.32	64.29
山　西	1.35	6.48	312.02	21.28	54.17
内蒙古	0.85	9.25	1012.62	18.75	21.93
辽　宁	0.67	9.26	953.12	15.14	50.72
吉　林	0.10	10.42	896.95	3.68	28.52
黑龙江	1.33	9.28	1214.94	4.44	39.85
上　海	0.73	22.34	415.12	55.13	107.67
江　苏	0.98	6.33	592.89	29.72	54.74
浙　江	0.32	5.58	554.57	165.26	100.67
安　徽	0.50	5.68	455.80	12.59	32.80
福　建	1.06	29.04	542.35	38.09	76.48
江　西	4.98	8.41	467.61	15.02	40.70
山　东	0.63	8.80	908.37	43.31	68.88
河　南	1.38	9.21	522.49	27.16	49.89
湖　北	0.78	3.11	453.33	21.94	32.15
湖　南	0.15	10.79	569.20	32.87	63.47
广　东	0.28	16.42	670.70	25.57	75.27
广　西	1.21	3.16	629.66	17.98	46.41
海　南	0.08	17.17	446.91	9.60	45.98
重　庆	0.25	10.11	499.01	7.90	45.50
四　川	1.52	7.46	679.80	21.28	59.03
贵　州	0.27	4.14	403.47	14.25	24.43
云　南	0.73	13.60	574.42	17.49	54.98
西　藏		12.47	154.58	1.26	33.33
陕　西	1.15	5.15	405.56	17.94	48.26
甘　肃	4.34	8.97	367.37	12.74	45.04
青　海	0.29	16.76	339.69	11.56	64.81
宁　夏		16.87	817.23	25.66	68.33
新　疆	0.30	46.70	1057.60	17.11	95.75

5—33 各地区农村居民家庭经营费用支出构成

单位:%

地　区	家庭经营费用支出	1. 农业支出	#种植业支出	2. 林业支出	3. 牧业支出	4. 渔业支出
全国合计	**100.00**	**46.78**	**46.16**	**0.61**	**38.00**	**2.65**
北　京	100.00	26.44	22.87	2.00	17.95	5.41
天　津	100.00	35.13	32.89	0.16	54.85	2.55
河　北	100.00	54.40	54.03	0.43	30.49	1.05
山　西	100.00	52.30	52.13	0.34	27.88	0.01
内蒙古	100.00	47.97	47.77	0.25	47.90	0.01
辽　宁	100.00	50.84	50.17	0.37	38.64	3.70
吉　林	100.00	69.32	68.86	0.17	26.86	0.19
黑龙江	100.00	72.65	72.04	0.12	23.44	0.28
上　海	100.00	41.55	41.35	0.81	26.96	2.51
江　苏	100.00	43.74	42.58	0.78	36.76	6.25
浙　江	100.00	31.66	30.69	1.82	29.52	4.58
安　徽	100.00	55.37	55.10	0.74	33.28	1.54
福　建	100.00	35.77	35.40	0.86	40.51	5.42
江　西	100.00	44.12	43.77	0.54	42.74	1.96
山　东	100.00	52.03	51.04	1.06	35.17	0.74
河　南	100.00	52.61	52.29	0.34	32.52	1.68
湖　北	100.00	49.69	49.51	0.48	32.42	6.76
湖　南	100.00	30.95	30.15	0.27	52.59	1.72
广　东	100.00	30.46	30.09	0.56	38.90	17.01
广　西	100.00	35.80	35.15	0.78	52.93	1.21
海　南	100.00	47.22	46.99	1.11	28.50	12.11
重　庆	100.00	28.23	27.10	0.79	59.45	1.87
四　川	100.00	26.79	26.49	0.33	61.42	0.89
贵　州	100.00	36.25	35.73	0.31	54.61	0.08
云　南	100.00	41.59	41.07	0.94	46.00	0.26
西　藏	100.00	64.26	63.61	1.16	16.30	
陕　西	100.00	50.30	47.92	1.26	34.36	0.04
甘　肃	100.00	64.21	63.93	0.58	21.59	0.04
青　海	100.00	45.29	45.22	0.57	35.37	0.41
宁　夏	100.00	41.59	41.25	0.43	44.45	3.21
新　疆	100.00	71.56	71.47	0.36	18.43	

5—33 续表 1

单位：%

地　　区	5. 工　业 支　出	6. 建筑业 支　出	7. 交通运输、邮电业 支　出	8. 批发和零售贸易、邮电业支出	9. 社会服务业 支　出
全国合计	**3.16**	**0.84**	**3.81**	**1.99**	**0.60**
北　京	14.97	8.58	6.77	15.00	1.64
天　津	0.23	1.05	4.09	0.91	0.26
河　北	3.33	0.53	6.60	1.99	0.67
山　西	3.35	2.14	9.03	1.68	1.25
内蒙古	1.33	0.45	0.73	0.29	0.10
辽　宁	1.28	0.20	2.38	1.55	0.08
吉　林	0.28	0.11	1.56	0.28	0.09
黑龙江	0.14	0.21	2.04	0.18	0.10
上　海	8.30	1.24	9.21	0.63	4.79
江　苏	3.03	1.36	3.97	2.00	1.03
浙　江	19.08	1.06	7.02	2.79	1.74
安　徽	1.59	0.93	2.52	1.98	0.80
福　建	2.69	3.11	5.54	0.97	0.56
江　西	2.06	0.81	3.04	1.47	0.70
山　东	3.41	0.83	2.13	3.21	0.49
河　南	3.24	1.30	3.49	2.50	0.56
湖　北	3.75	0.57	3.28	1.84	0.45
湖　南	4.44	0.50	3.98	3.16	0.76
广　东	2.05	1.27	3.73	3.00	0.86
广　西	2.45	0.14	2.71	3.02	0.33
海　南	0.47	1.44	4.30	1.03	0.38
重　庆	0.77	0.66	4.95	0.82	0.59
四　川	2.54	0.26	4.61	1.58	0.39
贵　州	2.13	1.09	1.97	2.19	0.37
云　南	2.44	0.26	4.32	1.56	0.40
西　藏	0.63	0.04	9.16	1.06	0.82
陕　西	3.46	0.34	6.32	2.29	0.29
甘　肃	1.21	1.79	4.83	1.78	0.85
青　海	1.05	1.72	7.86	2.41	1.21
宁　夏	2.70	0.12	4.84	0.66	0.15
新　疆	1.10	0.36	2.62	1.07	0.48

5—33 续表 2 单位：%

地区	8. 文教卫生业支出	10. 其他家庭经营支出	第一产业支出	第二产业支出	第三产业支出
全国合计	**0.15**	**1.42**	**88.04**	**4.00**	**7.96**
北京	0.60	0.64	51.80	23.55	24.65
天津	0.01	0.76	92.69	1.27	6.04
河北	0.14	0.37	86.37	3.85	9.78
山西	0.35	1.67	80.53	5.49	13.98
内蒙古	0.08	0.88	96.14	1.78	2.08
辽宁	0.07	0.91	93.54	1.49	4.98
吉林	0.01	1.12	96.53	0.40	3.07
黑龙江	0.11	0.74	96.48	0.35	3.16
上海	0.13	3.87	71.83	9.54	18.63
江苏	0.15	0.93	87.53	4.39	8.08
浙江	0.04	0.68	67.59	20.14	12.27
安徽	0.10	1.13	90.94	2.51	6.54
福建	0.16	4.42	82.56	5.80	11.64
江西	0.95	1.61	89.35	2.87	7.78
山东	0.06	0.86	89.01	4.24	6.75
河南	0.23	1.54	87.15	4.53	8.32
湖北	0.15	0.61	89.34	4.32	6.34
湖南	0.02	1.62	85.52	4.94	9.54
广东	0.04	2.13	86.93	3.31	9.76
广西	0.17	0.45	90.72	2.59	6.69
海南	0.02	3.42	88.94	1.91	9.15
重庆	0.05	1.83	90.33	1.43	8.24
四川	0.20	0.98	89.43	2.80	7.77
贵州	0.06	0.94	91.25	3.22	5.53
云南	0.11	2.10	88.80	2.70	8.50
西藏	0.00	6.59	81.71	0.67	17.62
陕西	0.24	1.09	85.97	3.80	10.23
甘肃	1.02	2.11	86.41	3.00	10.59
青海	0.07	4.03	81.65	2.78	15.58
宁夏	0.00	1.85	89.68	2.82	7.50
新疆	0.03	3.99	90.36	1.46	8.18

5—34 各地区农村居民生活消费支出

单位:元/人

地区	生活消费支出	一. 食品支出	#主食支出	#副食支出	二. 衣着支出
全国合计	**1741.09**	**830.72**	**246.62**	**365.30**	**98.68**
北京	3552.07	1250.64	204.30	525.36	258.26
天津	2050.89	878.22	245.58	389.61	183.37
河北	1429.81	567.95	214.02	211.53	106.24
山西	1221.58	580.92	272.44	174.98	118.15
内蒙古	1554.59	678.88	259.19	244.93	109.31
辽宁	1786.28	814.28	262.44	368.97	142.06
吉林	1661.69	757.90	271.93	317.88	110.12
黑龙江	1604.53	685.67	262.28	248.02	106.16
上海	4753.23	1914.51	286.83	861.45	226.32
江苏	2374.66	1011.86	275.00	429.20	127.85
浙江	3479.17	1448.52	257.93	663.53	181.93
安徽	1412.41	702.74	232.42	290.57	70.14
福建	2503.07	1190.16	261.78	558.90	124.58
江西	1720.01	885.97	262.40	363.42	91.36
山东	1904.95	802.61	234.67	324.15	121.85
河南	1375.60	668.77	217.26	304.97	89.45
湖北	1649.18	856.25	247.05	402.39	77.28
湖南	1990.33	1053.15	253.47	449.81	93.38
广东	2703.36	1350.11	318.22	748.26	98.60
广西	1550.62	810.95	225.65	368.74	53.39
海南	1357.43	800.25	262.27	435.09	54.20
重庆	1475.16	798.61	205.66	421.23	60.91
四川	1497.52	819.58	215.33	418.11	74.57
贵州	1098.39	659.37	220.84	337.23	50.54
云南	1336.25	768.03	261.45	366.72	54.52
西藏	1123.71	749.83	266.89	193.05	116.00
陕西	1331.03	557.83	218.42	166.79	82.52
甘肃	1127.37	519.78	229.27	168.77	67.47
青海	1330.45	689.54	278.57	281.17	100.90
宁夏	1388.79	651.80	256.55	258.32	97.49
新疆	1350.23	679.92	273.60	273.44	120.34

5—34 续表

单位:元/人

地　　区	三、居　住支　出	四、家庭设备用品及服务支出	五、医疗保健支出	六、交通和通讯支出	七、文教娱乐用品及服务支出	八、其他商品及服务支出
全国合计	**279.06**	**76.98**	**96.61**	**109.98**	**192.64**	**56.42**
北　京	593.88	218.42	274.52	275.46	541.27	139.61
天　津	339.16	74.09	137.11	138.31	230.39	70.23
河　北	329.39	66.59	81.33	98.89	139.22	40.21
山　西	171.52	51.05	59.15	56.67	142.39	41.74
内蒙古	237.76	60.41	113.20	99.57	213.65	41.80
辽　宁	296.88	66.53	100.55	123.80	189.26	52.93
吉　林	283.34	66.21	120.51	100.90	175.62	47.09
黑龙江	304.62	57.05	126.55	112.44	161.56	50.48
上　海	889.54	293.93	264.95	340.19	672.75	151.05
江　苏	439.13	114.17	146.98	176.75	278.43	79.49
浙　江	632.00	155.92	252.03	299.79	366.71	142.27
安　徽	234.22	59.53	68.88	81.02	150.44	45.44
福　建	355.46	121.20	101.64	243.69	261.17	105.16
江　西	262.45	58.78	72.42	113.41	196.03	39.57
山　东	361.36	91.42	114.94	133.12	224.07	55.58
河　南	227.73	66.26	68.10	74.84	132.70	47.75
湖　北	184.53	73.77	87.60	88.13	213.61	68.00
湖　南	268.72	80.76	95.71	102.44	234.40	61.76
广　东	374.59	134.79	118.68	222.80	290.10	113.69
广　西	268.62	62.53	60.95	81.68	174.15	38.35
海　南	142.12	69.64	39.10	44.83	163.15	44.15
重　庆	198.51	67.34	86.05	75.25	157.10	31.39
四　川	193.51	62.37	82.45	63.68	165.46	35.90
贵　州	146.77	45.19	30.86	35.38	98.49	31.80
云　南	209.24	49.76	69.04	41.48	101.10	43.07
西　藏	112.25	66.60	41.37	13.68	11.25	12.73
陕　西	233.83	55.38	86.02	73.32	204.99	37.14
甘　肃	164.58	49.68	75.72	64.07	157.74	28.33
青　海	183.52	54.43	85.62	88.16	91.82	36.45
宁　夏	222.51	60.73	98.21	96.00	132.35	29.69
新　疆	187.85	47.73	86.60	65.13	102.21	60.46

5－35　各地区农村居民生活消费支出构成

单位：%

地　　区	生活消费支出	一. 食品支出	#主食支出	#副食支出	二. 衣着支出
全国合计	**100.00**	**47.71**	**14.16**	**20.98**	**5.67**
北　京	100.00	35.21	5.75	14.79	7.27
天　津	100.00	42.82	11.97	19.00	8.94
河　北	100.00	39.72	14.97	14.79	7.43
山　西	100.00	47.55	22.30	14.32	9.67
内蒙古	100.00	43.67	16.67	15.76	7.03
辽　宁	100.00	45.59	14.69	20.66	7.95
吉　林	100.00	45.61	16.36	19.13	6.63
黑龙江	100.00	42.73	16.35	15.46	6.62
上　海	100.00	40.28	6.03	18.12	4.76
江　苏	100.00	42.61	11.58	18.07	5.38
浙　江	100.00	41.63	7.41	19.07	5.23
安　徽	100.00	49.75	16.46	20.57	4.97
福　建	100.00	47.55	10.46	22.33	4.98
江　西	100.00	51.51	15.26	21.13	5.31
山　东	100.00	42.13	12.32	17.02	6.40
河　南	100.00	48.62	15.79	22.17	6.50
湖　北	100.00	51.92	14.98	24.40	4.69
湖　南	100.00	52.91	12.74	22.60	4.69
广　东	100.00	49.94	11.77	27.68	3.65
广　西	100.00	52.30	14.55	23.78	3.44
海　南	100.00	58.95	19.32	32.05	3.99
重　庆	100.00	54.14	13.94	28.56	4.13
四　川	100.00	54.73	14.38	27.92	4.98
贵　州	100.00	60.03	20.11	30.70	4.60
云　南	100.00	57.48	19.57	27.44	4.08
西　藏	100.00	66.73	23.75	17.18	10.32
陕　西	100.00	41.91	16.41	12.53	6.20
甘　肃	100.00	46.11	20.34	14.97	5.98
青　海	100.00	51.83	20.94	21.13	7.58
宁　夏	100.00	46.93	18.47	18.60	7.02
新　疆	100.00	50.36	20.26	20.25	8.91

5－35 续表 单位：%

地　　区	三、居　住支　出	四、家庭设备用品及服务支出	五、医疗保健支出	六、交通和通讯支出	七、文教娱乐用品及服务支出	八、其他商品及服务支出
全国合计	**16.03**	**4.42**	**5.55**	**6.32**	**11.06**	**3.24**
北　京	16.72	6.15	7.73	7.76	15.24	3.93
天　津	16.54	3.61	6.69	6.74	11.23	3.42
河　北	23.04	4.66	5.69	6.92	9.74	2.81
山　西	14.04	4.18	4.84	4.64	11.66	3.42
内蒙古	15.29	3.89	7.28	6.41	13.74	2.69
辽　宁	16.62	3.72	5.63	6.93	10.60	2.96
吉　林	17.05	3.98	7.25	6.07	10.57	2.83
黑龙江	18.98	3.56	7.89	7.01	10.07	3.15
上　海	18.71	6.18	5.57	7.16	14.15	3.18
江　苏	18.49	4.81	6.19	7.44	11.72	3.35
浙　江	18.17	4.48	7.24	8.62	10.54	4.09
安　徽	16.58	4.21	4.88	5.74	10.65	3.22
福　建	14.20	4.84	4.06	9.74	10.43	4.20
江　西	15.26	3.42	4.21	6.59	11.40	2.30
山　东	18.97	4.80	6.03	6.99	11.76	2.92
河　南	16.56	4.82	4.95	5.44	9.65	3.47
湖　北	11.19	4.47	5.31	5.34	12.95	4.12
湖　南	13.50	4.06	4.81	5.15	11.78	3.10
广　东	13.86	4.99	4.39	8.24	10.73	4.21
广　西	17.32	4.03	3.93	5.27	11.23	2.47
海　南	10.47	5.13	2.88	3.30	12.02	3.25
重　庆	13.46	4.57	5.83	5.10	10.65	2.13
四　川	12.92	4.16	5.51	4.25	11.05	2.40
贵　州	13.36	4.11	2.81	3.22	8.97	2.89
云　南	15.66	3.72	5.17	3.10	7.57	3.22
西　藏	9.99	5.93	3.68	1.22	1.00	1.13
陕　西	17.57	4.16	6.46	5.51	15.40	2.79
甘　肃	14.60	4.41	6.72	5.68	13.99	2.51
青　海	13.79	4.09	6.44	6.63	6.90	2.74
宁　夏	16.02	4.37	7.07	6.91	9.53	2.14
新　疆	13.91	3.53	6.41	4.82	7.57	4.48

5—36 各地区农村居民现金支出

单位:元/人

地区	现金支出	一、生产费用现金支出	1.家庭经营费用现金支出	2.购买生产性固定资产支出	二、税费支出	三、生活消费现金支出	四、财产性支出	五、转移性支出
全国合计	**2284.62**	**662.93**	**584.80**	**78.13**	**86.35**	**1364.08**	**10.80**	**160.46**
北京	4686.29	799.45	746.04	53.41	21.57	3481.04	27.92	356.31
天津	3044.17	958.06	893.20	64.86	40.19	1836.46	2.50	206.96
河北	2100.03	725.58	585.61	139.97	71.82	1214.32	3.09	85.23
山西	1540.20	392.15	341.02	51.13	43.46	979.13	4.55	120.90
内蒙古	2529.21	1023.32	848.01	175.31	168.04	1179.89	6.99	150.98
辽宁	2837.83	917.32	843.73	73.59	117.18	1450.62	11.02	341.69
吉林	2775.31	979.66	805.33	174.33	178.61	1318.99	25.75	272.31
黑龙江	3224.82	1285.09	1086.36	198.73	301.27	1307.38	46.47	284.61
上海	5961.79	581.36	574.25	7.11	64.17	4366.50	22.75	927.02
江苏	3067.06	715.77	642.92	72.85	96.26	1979.17	13.84	262.02
浙江	4544.52	904.87	790.76	114.12	58.92	3165.43	13.05	402.25
安徽	1747.87	486.08	431.64	54.44	90.73	1041.58	5.86	123.62
福建	3226.75	657.44	634.46	22.98	37.36	2185.60	59.79	286.56
江西	1956.99	448.49	422.70	25.80	83.75	1281.62	10.21	132.91
山东	2885.42	952.91	851.21	101.70	149.44	1639.27	10.52	133.28
河南	1732.85	594.48	507.56	86.92	94.72	956.03	3.11	84.50
湖北	1994.45	489.71	446.99	42.71	133.40	1134.77	9.72	226.86
湖南	2424.31	584.64	532.64	52.00	98.11	1522.83	7.68	211.06
广东	3139.07	746.61	715.24	31.38	24.23	2245.15	6.09	116.99
广西	1881.19	636.34	585.15	51.19	26.79	1128.66	9.77	79.63
海南	1500.92	442.95	418.59	24.36	16.52	973.41	5.45	62.59
重庆	1583.16	383.90	367.01	16.89	55.21	996.13	8.01	139.91
四川	1762.92	532.17	503.03	29.15	79.71	1029.93	4.94	116.16
贵州	1096.59	316.99	274.90	42.09	32.68	656.26	5.71	84.94
云南	1420.09	461.68	391.56	70.11	24.92	848.98	7.73	76.79
西藏	907.15	291.12	105.26	185.86	6.65	596.59	1.85	10.93
陕西	1711.71	479.65	409.50	70.15	70.03	1077.66	8.82	75.55
甘肃	1394.71	418.38	362.75	55.63	56.77	830.18	6.61	82.78
青海	1512.66	469.64	316.44	153.20	54.85	898.51	14.20	75.46
宁夏	2167.72	896.21	757.41	138.80	54.84	1036.33	9.13	171.21
新疆	2387.22	1235.55	1078.36	157.18	117.77	950.58	6.30	77.02

5—37 各地区农村居民现金支出构成

单位：%

地区	现金支出	一、生产费用现金支出	1.家庭经营费用现金支出	2.购买生产性固定资产支出	二、税费支出	三、生活消费现金支出	四、财产性支出	五、转移性支出
全国合计	**100.00**	**29.02**	**25.60**	**3.42**	**3.78**	**59.71**	**0.47**	**7.03**
北京	100.00	17.06	15.92	1.14	0.46	74.28	0.60	7.60
天津	100.00	31.47	29.34	2.13	1.32	60.33	0.08	6.80
河北	100.00	34.55	27.89	6.67	3.42	57.82	0.15	4.06
山西	100.00	25.46	22.14	3.32	2.82	63.57	0.30	7.85
内蒙古	100.00	40.46	33.53	6.93	6.64	46.65	0.28	5.97
辽宁	100.00	32.32	29.73	2.59	4.13	51.12	0.39	12.04
吉林	100.00	35.30	29.02	6.28	6.44	47.53	0.93	9.81
黑龙江	100.00	39.85	33.69	6.16	9.34	40.54	1.44	8.83
上海	100.00	9.75	9.63	0.12	1.08	73.24	0.38	15.55
江苏	100.00	23.34	20.96	2.38	3.14	64.53	0.45	8.54
浙江	100.00	19.91	17.40	2.51	1.30	69.65	0.29	8.85
安徽	100.00	27.81	24.70	3.11	5.19	59.59	0.34	7.07
福建	100.00	20.37	19.66	0.71	1.16	67.73	1.85	8.88
江西	100.00	22.92	21.60	1.32	4.28	65.49	0.52	6.79
山东	100.00	33.02	29.50	3.52	5.18	56.81	0.36	4.62
河南	100.00	34.31	29.29	5.02	5.47	55.17	0.18	4.88
湖北	100.00	24.55	22.41	2.14	6.69	56.90	0.49	11.37
湖南	100.00	24.12	21.97	2.14	4.05	62.81	0.32	8.71
广东	100.00	23.78	22.79	1.00	0.77	71.52	0.19	3.73
广西	100.00	33.83	31.11	2.72	1.42	60.00	0.52	4.23
海南	100.00	29.51	27.89	1.62	1.10	64.85	0.36	4.17
重庆	100.00	24.25	23.18	1.07	3.49	62.92	0.51	8.84
四川	100.00	30.19	28.53	1.65	4.52	58.42	0.28	6.59
贵州	100.00	28.91	25.07	3.84	2.98	59.85	0.52	7.75
云南	100.00	32.51	27.57	4.94	1.75	59.78	0.54	5.41
西藏	100.00	32.09	11.60	20.49	0.73	65.77	0.20	1.20
陕西	100.00	28.02	23.92	4.10	4.09	62.96	0.52	4.41
甘肃	100.00	30.00	26.01	3.99	4.07	59.52	0.47	5.94
青海	100.00	31.05	20.92	10.13	3.63	59.40	0.94	4.99
宁夏	100.00	41.34	34.94	6.40	2.53	47.81	0.42	7.90
新疆	100.00	51.76	45.17	6.58	4.93	39.82	0.26	3.23

5－38 各地区农村居民家庭经营费用现金支出

单位:元/人

地　区	家庭经营费用现金支出	1. 农业支出	#种植业支出	2. 林业支出	3. 牧业支出	4. 渔业支出
全国合计	**584.80**	**296.59**	**292.47**	**4.01**	**183.69**	**18.12**
北　京	746.04	197.65	170.94	14.97	132.36	40.48
天　津	893.20	315.87	295.52	1.43	486.37	23.14
河　北	585.61	336.34	333.87	2.81	149.98	6.87
山　西	341.02	187.58	186.96	1.31	76.65	0.03
内蒙古	848.01	438.11	435.96	2.66	366.42	0.14
辽　宁	843.73	470.22	463.43	3.73	267.69	37.39
吉　林	805.33	605.26	601.03	1.57	165.07	1.79
黑龙江	1086.36	836.47	832.67	1.46	201.74	3.45
上　海	574.25	239.70	238.51	4.70	152.55	14.49
江　苏	642.92	283.37	275.71	4.49	229.68	41.60
浙　江	790.76	257.60	249.61	14.95	215.72	36.57
安　徽	431.64	260.94	259.57	3.27	114.48	7.63
福　建	634.46	232.77	230.33	5.63	245.89	35.61
江　西	422.70	217.61	215.76	2.76	136.88	10.03
山　东	851.21	467.01	456.92	10.82	254.45	7.56
河　南	507.56	284.21	282.29	1.86	136.70	10.00
湖　北	446.99	231.60	230.77	2.40	125.56	33.85
湖　南	532.64	196.24	190.95	1.75	227.53	11.21
广　东	715.24	220.17	217.43	4.07	264.91	127.57
广　西	585.15	244.17	239.66	5.39	262.96	8.36
海　南	418.59	222.94	221.78	5.55	81.74	60.71
重　庆	367.01	136.93	130.70	4.06	162.80	9.84
四　川	503.03	163.76	161.54	2.51	250.02	6.52
贵　州	274.90	133.01	130.70	1.35	101.58	0.35
云　南	391.56	197.05	193.66	2.47	120.10	1.37
西　藏	105.26	63.56	62.33	2.19	7.28	
陕　西	409.50	220.67	209.43	5.96	116.61	0.20
甘　肃	362.75	236.54	235.37	2.46	65.86	0.15
青　海	316.44	134.96	134.64	2.38	101.12	1.71
宁　夏	757.41	306.34	303.29	3.94	323.91	29.22
新　疆	1078.36	804.23	803.13	4.23	165.28	

5—38 续表 1　　　　单位:元/人

地　区	5. 工　业 支　出	6. 建 筑 业 支　出	7. 交通运输、 邮 电 业 支　出	8. 批发和零售 贸易、邮电 业 支 出	9. 社　会 服 务 业 支　出
全国合计	**21.91**	**5.82**	**26.42**	**13.74**	**4.14**
北　京	111.99	64.18	50.62	112.24	12.25
天　津	2.06	9.51	37.14	8.27	2.38
河　北	21.86	3.46	43.37	13.10	4.42
山　西	12.99	8.29	35.00	6.50	4.85
内 蒙 古	14.00	4.75	7.69	3.07	1.07
辽　宁	13.09	2.05	24.22	15.77	0.80
吉　林	2.62	1.06	14.50	2.63	0.84
黑 龙 江	1.80	2.64	24.70	2.20	1.29
上　海	47.99	7.14	53.24	3.65	27.71
江　苏	20.38	8.74	26.89	13.55	6.98
浙　江	156.57	8.69	57.61	22.90	14.26
安　徽	7.95	4.63	12.65	9.90	4.02
福　建	17.69	20.40	36.36	6.35	3.66
江　西	10.80	4.22	15.91	7.64	3.68
山　东	34.16	8.52	21.69	32.60	4.98
河　南	19.14	7.60	20.83	14.78	3.37
湖　北	18.92	2.75	16.63	9.32	2.30
湖　南	29.31	3.24	26.47	21.00	5.06
广　东	15.69	9.72	28.75	21.35	6.47
广　西	17.00	0.97	18.81	20.96	2.27
海　南	2.35	7.08	21.60	5.20	1.90
重　庆	4.24	3.65	27.35	4.54	3.24
四　川	19.33	1.95	35.02	12.02	3.00
贵　州	9.41	4.84	8.66	9.66	1.63
云　南	15.79	1.69	27.96	9.20	2.61
西　藏	1.19	0.07	14.97	2.00	1.54
陕　西	16.31	1.63	29.80	10.80	1.35
甘　肃	5.13	7.60	20.54	7.53	3.63
青　海	4.39	7.18	32.69	10.01	5.05
宁　夏	24.58	1.08	44.09	5.97	1.40
新　疆	12.93	4.19	30.63	12.48	5.64

5－38 续表 2　　单位：元/人

地　区	8. 文教卫生业支出	10. 其他家庭经营支出	第一产业支出	第二产业支出	第三产业支出
全国合计	**1.06**	**9.30**	**502.41**	**27.74**	**54.65**
北　京	4.48	4.82	385.46	176.18	184.41
天　津	0.11	6.93	826.81	11.57	54.83
河　北	0.93	2.46	496.01	25.32	64.29
山　西	1.35	6.48	265.57	21.28	54.17
内蒙古	0.85	9.25	807.33	18.75	21.93
辽　宁	0.67	8.09	779.04	15.14	49.55
吉　林	0.10	9.90	773.68	3.68	27.97
黑龙江	1.33	9.28	1043.12	4.44	38.80
上　海	0.73	22.34	411.45	55.13	107.67
江　苏	0.98	6.25	559.15	29.12	54.65
浙　江	0.32	5.56	524.85	165.26	100.65
安　徽	0.50	5.66	386.31	12.58	32.74
福　建	1.06	29.04	519.90	38.09	76.47
江　西	4.98	8.19	367.28	15.02	40.40
山　东	0.63	8.79	739.85	42.68	68.68
河　南	1.38	7.69	432.77	26.74	48.05
湖　北	0.78	2.88	393.41	21.68	31.91
湖　南	0.15	10.69	436.73	32.55	63.36
广　东	0.28	16.25	616.71	25.42	73.11
广　西	1.21	3.05	520.88	17.97	46.30
海　南	0.08	9.42	370.95	9.43	38.21
重　庆	0.25	10.10	313.63	7.90	45.48
四　川	1.52	7.39	422.81	21.28	58.94
贵　州	0.27	4.14	236.29	14.24	24.37
云　南	0.73	12.61	320.99	17.49	53.09
西　藏		12.47	73.02	1.25	30.98
陕　西	1.15	5.01	343.44	17.94	48.12
甘　肃	4.34	8.97	305.02	12.74	45.00
青　海	0.29	16.67	240.17	11.56	64.71
宁　夏		16.87	663.42	25.66	68.33
新　疆	0.30	38.46	973.75	17.11	87.50

5－39 各地区农村居民家庭经营费用现金支出构成

单位：%

地区	家庭经营费用现金支出	1. 农业支出	#种植业支出	2. 林业支出	3. 牧业支出	4. 渔业支出
全国合计	**100.00**	**50.72**	**50.01**	**0.69**	**31.41**	**3.10**
北京	100.00	26.49	22.91	2.01	17.74	5.43
天津	100.00	35.36	33.09	0.16	54.45	2.59
河北	100.00	57.43	57.01	0.48	25.61	1.17
山西	100.00	55.01	54.82	0.39	22.48	0.01
内蒙古	100.00	51.66	51.41	0.31	43.21	0.02
辽宁	100.00	55.73	54.93	0.44	31.73	4.43
吉林	100.00	75.16	74.63	0.19	20.50	0.22
黑龙江	100.00	77.00	76.65	0.13	18.57	0.32
上海	100.00	41.74	41.53	0.82	26.57	2.52
江苏	100.00	44.07	42.88	0.70	35.72	6.47
浙江	100.00	32.58	31.57	1.89	27.28	4.63
安徽	100.00	60.45	60.14	0.76	26.52	1.77
福建	100.00	36.69	36.30	0.89	38.76	5.61
江西	100.00	51.48	51.04	0.65	32.38	2.37
山东	100.00	54.86	53.68	1.27	29.89	0.89
河南	100.00	56.00	55.62	0.37	26.93	1.97
湖北	100.00	51.81	51.63	0.54	28.09	7.57
湖南	100.00	36.84	35.85	0.33	42.72	2.10
广东	100.00	30.78	30.40	0.57	37.04	17.84
广西	100.00	41.73	40.96	0.92	44.94	1.43
海南	100.00	53.26	52.98	1.33	19.53	14.50
重庆	100.00	37.31	35.61	1.11	44.36	2.68
四川	100.00	32.55	32.11	0.50	49.70	1.30
贵州	100.00	48.38	47.55	0.49	36.95	0.13
云南	100.00	50.32	49.46	0.63	30.67	0.35
西藏	100.00	60.38	59.22	2.08	6.92	
陕西	100.00	53.89	51.14	1.46	28.48	0.05
甘肃	100.00	65.21	64.89	0.68	18.15	0.04
青海	100.00	42.65	42.55	0.75	31.96	0.54
宁夏	100.00	40.45	40.04	0.52	42.77	3.86
新疆	100.00	74.58	74.48	0.39	15.33	

5－39 续表 1　　单位：%

地　　区	5. 工　业支　出	6. 建筑业支　出	7. 交通运输、邮电业支　出	8. 批发和零售贸易、邮电业支出	9. 社　会服务业支　出
全国合计	**3.75**	**1.00**	**4.52**	**2.35**	**0.71**
北　京	15.01	8.60	6.79	15.04	1.64
天　津	0.23	1.06	4.16	0.93	0.27
河　北	3.73	0.59	7.41	2.24	0.76
山　西	3.81	2.43	10.26	1.90	1.42
内蒙古	1.65	0.56	0.91	0.36	0.13
辽　宁	1.55	0.24	2.87	1.87	0.09
吉　林	0.33	0.13	1.80	0.33	0.10
黑龙江	0.17	0.24	2.27	0.20	0.12
上　海	8.36	1.24	9.27	0.64	4.83
江　苏	3.17	1.36	4.18	2.11	1.09
浙　江	19.80	1.10	7.29	2.90	1.80
安　徽	1.84	1.07	2.93	2.29	0.93
福　建	2.79	3.22	5.73	1.00	0.58
江　西	2.55	1.00	3.76	1.81	0.87
山　东	4.01	1.00	2.55	3.83	0.59
河　南	3.77	1.50	4.10	2.91	0.66
湖　北	4.23	0.62	3.72	2.08	0.51
湖　南	5.50	0.61	4.97	3.94	0.95
广　东	2.19	1.36	4.02	2.99	0.90
广　西	2.90	0.17	3.22	3.58	0.39
海　南	0.56	1.69	5.16	1.24	0.45
重　庆	1.16	1.00	7.45	1.24	0.88
四　川	3.84	0.39	6.96	2.39	0.60
贵　州	3.42	1.76	3.15	3.52	0.59
云　南	4.03	0.43	7.14	2.35	0.67
西　藏	1.13	0.06	14.23	1.90	1.47
陕　西	3.98	0.40	7.28	2.64	0.33
甘　肃	1.41	2.10	5.66	2.08	1.00
青　海	1.39	2.27	10.33	3.16	1.60
宁　夏	3.25	0.14	5.82	0.79	0.18
新　疆	1.20	0.39	2.84	1.16	0.52

5—39 续表 2 单位：%

地　区	8. 文教卫生业支　出	10. 其他家庭经营支出	第一产业支　出	第二产业支　出	第三产业支　出
全国合计	**0.18**	**1.59**	**85.91**	**4.74**	**9.35**
北　京	0.60	0.65	51.67	23.61	24.72
天　津	0.01	0.78	92.57	1.30	6.14
河　北	0.16	0.42	84.70	4.32	10.98
山　西	0.39	1.90	77.88	6.24	15.88
内蒙古	0.10	1.09	95.20	2.21	2.59
辽　宁	0.08	0.96	92.33	1.79	5.87
吉　林	0.01	1.23	96.07	0.46	3.47
黑龙江	0.12	0.85	96.02	0.41	3.57
上　海	0.13	3.89	71.65	9.60	18.75
江　苏	0.15	0.97	86.97	4.53	8.50
浙　江	0.04	0.70	66.37	20.90	12.73
安　徽	0.12	1.31	89.50	2.92	7.59
福　建	0.17	4.58	81.94	6.00	12.05
江　西	1.18	1.94	86.89	3.55	9.56
山　东	0.07	1.03	86.92	5.01	8.07
河　南	0.27	1.52	85.27	5.27	9.47
湖　北	0.18	0.64	88.01	4.85	7.14
湖　南	0.03	2.01	81.99	6.11	11.90
广　东	0.04	2.27	86.23	3.55	10.22
广　西	0.21	0.52	89.02	3.07	7.91
海　南	0.02	2.25	88.62	2.25	9.13
重　庆	0.07	2.75	85.46	2.15	12.39
四　川	0.30	1.47	84.05	4.23	11.72
贵　州	0.10	1.51	85.95	5.18	8.86
云　南	0.19	3.22	81.98	4.47	13.56
西　藏	0.00	11.85	69.37	1.19	29.44
陕　西	0.28	1.22	83.87	4.38	11.75
甘　肃	1.20	2.47	84.08	3.51	12.41
青　海	0.09	5.27	75.90	3.65	20.45
宁　夏	0.00	2.23	87.59	3.39	9.02
新　疆	0.03	3.57	90.30	1.59	8.11

5－40　各地区农村居民生活消费支出

单位:元/人

地　　区	生活消费支出	一. 食品支出	#主食支出	#副食支出	二. 衣着支出
全国合计	**1364.08**	**484.47**	**48.18**	**227.12**	**97.95**
北　京	3481.04	1182.59	154.24	513.08	258.13
天　津	1836.46	685.81	85.33	360.20	182.67
河　北	1214.32	352.68	36.30	175.46	106.02
山　西	979.13	340.75	74.86	136.39	118.09
内蒙古	1179.89	368.34	95.08	103.66	109.24
辽　宁	1450.62	496.78	100.40	221.22	141.24
吉　林	1318.99	500.35	122.65	210.64	110.12
黑龙江	1307.38	476.07	122.71	179.55	106.16
上　海	4366.50	1538.94	33.45	749.47	226.32
江　苏	1979.17	646.27	37.03	307.13	126.76
浙　江	3165.43	1145.21	46.67	578.15	181.87
安　徽	1041.58	373.07	19.49	176.91	69.68
福　建	2185.60	901.61	71.01	473.37	124.58
江　西	1281.62	485.25	21.76	212.00	90.68
山　东	1639.27	545.23	33.24	274.51	120.29
河　南	956.03	310.14	22.02	145.49	87.77
湖　北	1134.77	382.93	29.74	153.27	75.30
湖　南	1522.83	602.69	26.96	237.43	93.30
广　东	2245.15	936.13	91.52	567.95	95.65
广　西	1128.66	442.27	20.40	216.84	53.30
海　南	973.41	440.54	28.88	315.45	54.20
重　庆	996.13	339.09	18.44	156.13	60.80
四　川	1029.93	384.53	26.37	179.03	74.45
贵　州	656.26	226.71	38.67	94.44	50.34
云　南	848.98	305.44	48.15	129.54	54.51
西　藏	596.59	280.96	109.63	78.23	115.99
陕　西	1077.66	332.90	48.46	118.75	82.29
甘　肃	830.18	232.50	27.72	85.76	67.47
青　海	898.51	263.51	68.96	95.34	100.44
宁　夏	1036.33	306.93	36.94	141.75	97.49
新　疆	950.58	307.73	59.23	157.50	115.52

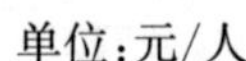

5—40续表 单位:元/人

地区	三、居住支出	四、家庭设备用品及服务支出	五、医疗保健支出	六、交通和通讯支出	七、文教娱乐用品及服务支出	八、其他商品及服务支出
全国合计	**249.84**	**76.17**	**96.61**	**109.97**	**192.64**	**56.42**
北京	593.87	215.58	274.52	275.46	541.27	139.61
天津	317.84	74.09	137.11	138.31	230.39	70.23
河北	329.39	66.59	81.33	98.89	139.22	40.21
山西	169.72	50.62	59.15	56.67	142.39	41.74
内蒙古	173.67	60.41	113.20	99.57	213.65	41.80
辽宁	279.53	66.53	100.55	123.80	189.26	52.93
吉林	198.19	66.21	120.51	100.90	175.62	47.09
黑龙江	217.18	56.94	126.55	112.44	161.56	50.48
上海	878.38	293.93	264.95	340.19	672.75	151.05
江苏	410.57	113.91	146.98	176.75	278.43	79.49
浙江	621.65	155.89	252.03	299.79	366.71	142.27
安徽	193.53	59.52	68.88	81.02	150.44	45.44
福建	329.12	118.63	101.64	243.69	261.17	105.16
江西	225.51	58.74	72.42	113.41	196.03	39.57
山东	354.73	91.31	114.94	133.12	224.07	55.58
河南	172.33	62.41	68.10	74.84	132.70	47.75
湖北	148.03	71.16	87.60	88.13	213.61	68.00
湖南	251.79	80.73	95.71	102.44	234.40	61.76
广东	339.59	128.52	118.68	222.80	290.10	113.69
广西	215.53	62.43	60.95	81.68	174.15	38.35
海南	117.81	69.64	39.10	44.83	163.15	44.15
重庆	179.11	67.34	86.05	75.25	157.10	31.39
四川	161.23	62.23	82.45	63.68	165.46	35.90
贵州	137.51	45.19	30.86	35.38	98.49	31.80
云南	184.57	49.76	69.04	41.48	101.10	43.07
西藏	54.01	66.60	41.37	13.68	11.25	12.73
陕西	205.61	55.38	86.02	73.32	204.99	37.14
甘肃	155.02	49.34	75.72	64.07	157.74	28.33
青海	178.16	54.35	85.62	88.16	91.82	36.45
宁夏	214.92	60.73	98.21	96.00	132.35	29.69
新疆	165.22	47.71	86.60	65.13	102.21	60.46

5－41 各地区农村居民生活消费现金支出构成

单位：%

地区	生活消费现金支出	一. 食品支出	#主食支出	#副食支出	二、衣着支出
全国合计	**100.00**	**35.52**	**3.53**	**16.65**	**7.18**
北京	100.00	33.97	4.43	14.74	7.42
天津	100.00	37.34	4.65	19.61	9.95
河北	100.00	29.04	2.99	14.45	8.73
山西	100.00	34.80	7.65	13.93	12.06
内蒙古	100.00	31.22	8.06	8.79	9.26
辽宁	100.00	34.25	6.92	15.25	9.74
吉林	100.00	37.93	9.30	15.97	8.35
黑龙江	100.00	36.41	9.39	13.73	8.12
上海	100.00	35.24	0.77	17.16	5.18
江苏	100.00	32.65	1.87	15.52	6.40
浙江	100.00	36.18	1.47	18.26	5.75
安徽	100.00	35.82	1.87	16.98	6.69
福建	100.00	41.25	3.25	21.66	5.70
江西	100.00	37.86	1.70	16.54	7.08
山东	100.00	33.26	2.03	16.75	7.34
河南	100.00	32.44	2.30	15.22	9.18
湖北	100.00	33.75	2.62	13.51	6.64
湖南	100.00	39.58	1.77	15.59	6.13
广东	100.00	41.70	4.08	25.30	4.26
广西	100.00	39.19	1.81	19.21	4.72
海南	100.00	45.26	2.97	32.41	5.57
重庆	100.00	34.04	1.85	15.67	6.10
四川	100.00	37.34	2.56	17.38	7.23
贵州	100.00	34.55	5.89	14.39	7.67
云南	100.00	35.98	5.67	15.26	6.42
西藏	100.00	47.09	18.38	13.11	19.44
陕西	100.00	30.89	4.50	11.02	7.64
甘肃	100.00	28.01	3.34	10.33	8.13
青海	100.00	29.33	7.68	10.61	11.18
宁夏	100.00	29.62	3.56	13.68	9.41
新疆	100.00	32.37	6.23	16.57	12.15

5—41 续表

单位:%

地　　区	三、居　住支　出	四、家庭设备用品及服务支出	五、医疗保健支出	六、交通和通讯支出	七、文教娱乐用品及服务支出	八、其他商品及服务支出
全国合计	**18.32**	**5.58**	**7.08**	**8.06**	**14.12**	**4.14**
北　京	17.06	6.19	7.89	7.91	15.55	4.01
天　津	17.31	4.03	7.47	7.53	12.55	3.82
河　北	27.13	5.48	6.70	8.14	11.46	3.31
山　西	17.33	5.17	6.04	5.79	14.54	4.26
内蒙古	14.72	5.12	9.59	8.44	18.11	3.54
辽　宁	19.27	4.59	6.93	8.53	13.05	3.65
吉　林	15.03	5.02	9.14	7.65	13.31	3.57
黑龙江	16.61	4.36	9.68	8.60	12.36	3.86
上　海	20.12	6.73	6.07	7.79	15.41	3.46
江　苏	20.74	5.76	7.43	8.93	14.07	4.02
浙　江	19.64	4.92	7.96	9.47	11.58	4.49
安　徽	18.58	5.71	6.61	7.78	14.44	4.36
福　建	15.06	5.43	4.65	11.15	11.95	4.81
江　西	17.60	4.58	5.65	8.85	15.30	3.09
山　东	21.64	5.57	7.01	8.12	13.67	3.39
河　南	18.03	6.53	7.12	7.83	13.88	4.99
湖　北	13.05	6.27	7.72	7.77	18.82	5.99
湖　南	16.53	5.30	6.29	6.73	15.39	4.06
广　东	15.13	5.72	5.29	9.92	12.92	5.06
广　西	19.10	5.53	5.40	7.24	15.43	3.40
海　南	12.10	7.15	4.02	4.61	16.76	4.54
重　庆	17.98	6.76	8.64	7.55	15.77	3.15
四　川	15.65	6.04	8.01	6.18	16.07	3.49
贵　州	20.95	6.89	4.70	5.39	15.01	4.85
云　南	21.74	5.86	8.13	4.89	11.91	5.07
西　藏	9.05	11.16	6.93	2.29	1.89	2.13
陕　西	19.08	5.14	7.98	6.80	19.02	3.45
甘　肃	18.67	5.94	9.12	7.72	19.00	3.41
青　海	19.83	6.05	9.53	9.81	10.22	4.06
宁　夏	20.74	5.86	9.48	9.26	12.77	2.87
新　疆	17.38	5.02	9.11	6.85	10.75	6.36

附录

农村住户调查主要指标解释

一、农村居民家庭基本情况

1.农村居民家庭人口状况

(1)**家庭常住人口**:家庭常住人口是指全年经常在家或在家居住6个月以上,而且经济和生活与本户连成一体的人口。外出从业人员在外居住时间虽然在6个月以上,但收入主要带回家中,经济与本户连为一体,仍视为家庭常住人口;在家居住,生活和本户连成一体的国家职工、退休人员也为家庭常住人口。但是现役军人、中专及以上(走读生除外)的在校学生、以及常年在外(不包括探亲、看病等)且已有稳定的职业与居住场所的外出从业人员,不应当作家庭常住人口。家庭常住人口主要作为计算农村住户平均每人收入、消费和积累水平及分析家庭人口状况的依据。

(2)**常住人口中整半劳动力**:常住人口中的整劳动力是指男子18周岁到50周岁,女子18周岁到45周岁;半劳动力是指男子16周岁到17周岁,51周岁到60周岁;女子16周岁到17周岁,46周岁到55周岁,同时具有劳动能力的人。虽然在劳动年龄之内,但已丧失劳动能力的人,不应算为劳动力;在劳动年龄以外,但能经常参加劳动,能顶上一个整劳动力或半劳动力的人,应计入劳动力数内。常住人口中的职工,若这些职工为劳动力,就包括在本户的整半劳动力中。

(3)**在校学生人数**:指年内常住人口中所有正在学校就读的学生。不包括利用业余时间学习的夜校、电大、函授学校的学生。

(4)**劳动力文化程度**:是指家庭成员接受国内外教育所取得的最高学历或现有文化水平所相当的学历,分为不识字或识字很少、小学、初中、高中、中专、大专及大专以上六个层次。(不包括正在读书的在校学生)其中:

不识字或识字很少:指不识字或识字不足1500个,不能阅读通俗书报,不能写便条的人。

小学:指接受最高一级教育为小学程度的毕业、肄业及在校学生,也包括未上过小学但识字在1500个以上,能阅读通俗书报、能写便条、达到扫盲标准的人员。

初中:指接受最高一级教育为初中程度的毕业、肄业及在校学生。也包括相当于初中学历的技工学校的毕业、肄业及在校学生。

高中:指接受最高一级教育为高中毕业、肄业或相当于高中文化程度。包括在校的高中生。

中专:是指指接受最高一级教育为中等专业学校毕业、肄业和农业中学毕业、肄业或相当于中专、农中文化程度。包括在校的中专、农中学生。

大专及大专以上:是指接受最高一级教育为大专及大专以上的毕业生、肄业生及在校学生。或相当于大专以上文化程度,包括在校的学生。电视大学、函授大学等形式的大学,凡按照大专院校的教育计划和教育大纲(全科)进行教育的毕业生应包括在内,但只学完单科课程的,则不应计算在内。

2.土地经营情况

(1)**耕地面积**:是指农村住户年末经营的全部耕地面积,包括承包集体生产的耕地面积和家庭自营地面积(自留地、饲料地和零星开荒地),经营耕地面积中,应包括因各种原因休闲和抛荒的耕地面积、改种植为养殖的耕地面积。还包括经营他人的转包耕地面积,但不包括代为他人临时耕种的承包地面积。

(2)**山地面积**:是指农村住户年末经营的全部山地面积,包括承包集体的山地面积和家庭自留山面积。还包括经营他人的转包山地面积,但不包括代为他人临时经营承包的山地面积。

(3)**园地面积**:是指种植以采果、叶、根、茎等为目的的多年生木本或草本作物,覆盖率大于50%,或每亩株数达到合理株数70%的土地,包括专业性果园、果木苗圃等。

(4)**牧草地面积**:是指生长草木植物为主,专门用于放牧、饲养牲畜和收割牧草的土地,包括天然草地、改良草地和人工草地。

(5)**养殖水面面积**:是指农村住户年末经营的

全部水产品养殖的水面面积。包括海水养殖面积(利用滩涂、浅海、港弯，放养各种水产品的人工养殖水面面积)和内陆水面养殖面积(已放养鱼苗、鱼种等水产品苗种并进行人工饲养和管理的池塘、湖泊、水库、河沟及其他养殖水面面积)。统计对象包括集体统一经营和家庭自营养殖水面面积。

3.年末生产性固定资产拥有情况

生产性固定资产:是指农村居民家庭在生产过程中多次使用并保持原有物质形态、单位价值在50元以上、重复使用在两年以上的生产资料。但作为企业形式的经营，其固定资产规定单位价值在200元以上、使用年限在一年以上，如果企业的主要设备虽低于200元，但使用年限在一年以上，也划为固定资产。

(1)**年末生产性固定资产原值**:是以购入该项固定资产的原始价值量反映农村住户拥有的生产规模和能力。各类固定资产的原值，也可按开始占有这项固定资产的重新估计的价值计算。其中：

购置的固定资产按购买时实际支付的费用计价，包括买价、运杂费、安装费用等在内。村(村民小组)将集体的固定资产折价卖给农民，按实际折价的价值计算。

自制自建的固定资产原则上按同类资产的国家牌价计价。如无牌价，应按耗用的原材料和支付的劳动报酬及聘请技术人员工资合理计价。

自繁自养的幼畜成龄转作役畜、产品畜、种畜，按市场同类牲畜的平均价格计价。

国家奖励和外单位赠送的固定资产按购置同类固定资产的价格参照其新旧程度酌情计价。

1)**农业**:指专门用于农业生产及其有关经营活动的固定资产。其中：

房屋及建筑物:指直接用于农业生产的房屋及建筑物，如车库、仓库、沼气室、温室、牲畜用房等。

役畜及产品畜:役畜指以使役为重要用途的大牲畜，包括从事农业生产的耕畜，专门用于工业生产、从事运输的牲畜等，未成年的大牲畜和菜牛不包括在役畜中。产品畜指生产各种畜产品为主要目的的牲畜，如母猪、种公猪等种畜，乳牛、羊等取乳品的牲畜，产毛、鬃等畜产品的牲畜等。

大中型铁木农具:是指大中型铁木制作的农具，如犁、耙、耧、耖、水车、拌桶等铁木农具。

农林牧渔业机械:是指用于农、林、牧、渔业的机械，如大中型和小型拖拉机(包括手扶拖拉机)、机引农具(犁、把等)、机动船、机动插秧机、机动收割机、机动拖拉机、机动扬场机、挖坑机、植树机、饲料粉碎机、机动剪毛机、机动挤奶器、渔用机动船、抽水机、农用泵等。

2)**工业**:是指专门用于工业生产及其有关经营活动的固定资产，主要包括生产用房屋和建筑物、生产设备等。

房屋及建筑物:指用于工业生产用的房屋及建筑物。如厂房、车库、仓库、烟囱、水塔等。

生产设备:是指用于工业生产的生产加工设备、传导设备、动力设备、运输设备的总称。

3)**建筑业**:是指用于建筑业生产的固定资产。主要指建筑机械，如各种搅拌机械、提升机械、吊装卸机械等。

4)**交通运输业**:是指用于客货运输的固定资产。主要指运输机械和工具，如汽车、挂车、胶轮大车以及主要用于生产性运输的拖车等。

5)**批发和零售贸易、餐饮业**:是指用于批发、零售贸易和餐饮业的固定资产。主要包括房屋、建筑物和各种设备。如各种储藏、烹调、制冷、供热。空调设备，商业建筑和各种售卖机器等。

6)**社会服务业**:是指用于为人民日常生活及社会公共服务的固定资产。主要包括服务设施、建筑物和各种设备等。

7)**文教卫生业**:是指用于发展文化、教育、体育、卫生事业的固定资产。其中的文化事业主要包括影剧院、文化馆、美术馆、图书馆、博物馆、宗教寺院等建筑物和电影、电视、艺术、出版、文物等事业所用的各种设备、器具等。教育事业主要包括用于发展普通学校、专业学校、成人教育学校等各类教育事业单位的教育用房和各种教学设备。体育事业包括体育机构从事体育活动的房屋及设备等。卫生事业主要包括医院、卫生防疫站、妇幼保健所等医疗、防治、检疫等卫生事业单位的房屋和各种诊断、医疗设备。

8)**其它固定资产**:指除上述内容以外的其他生产用固定资产。

(2)**主要生产性固定资产数量**

1)**房屋及建筑物**:如用于农业生产的车库、仓库、沼气室、温室、牲畜用房等。用于工业生产的厂房、车库、仓房、烟囱、水塔等。

2)**汽车**:指主要用于农户生产和经营活动服

务的各种类型的汽车。

3)**大中型拖拉机**:指发动机定额功率在14.7千瓦(含14.7千瓦)以上的拖拉机。包括轮式和履带式两种。

4)**小型和手扶拖拉机**:指发动机定额功率小于14.7千瓦的小型四轮拖拉机和手扶式拖拉机。

5)**机动脱粒机**:指专门进行农作物脱粒的固定作业机械,按其清选程度可分为简式、半复式和复式。动力打稻机也应作为机动脱粒机统计。

6)**收割机**:指自身带动力能够完成收割作业的农业机械。包括联合收割机。

7)**农用动力机械**:指除机动脱粒机、收割机等以外的使用电动或柴油的农用动力机械。

8)**胶轮大车**:指农村传统上使用的胶轮大车。

9)**水泵**:指用于农业生产上灌溉和排水用的水泵。如离心泵、深井泵、潜水泵、水轮泵、水锤泵等。喷灌设备中的水泵不计入其中。

10)**役畜**:指以使役为重要用途的大牲畜,包括从事农业生产的耕畜,专门用于工业生产、从事运输的牲畜等,未成年的大牲畜和菜牛不包括在役畜中。

11)**产品畜**:主要指以生产各种畜产品为主要目的的牲畜,如母猪、种公猪等种畜,乳牛、羊等取乳品的牲畜,产毛、鬃等畜产品的牲畜等。

4. 房屋情况

(1)年内新建(购)住房情况

新建房屋:是指全年从无到有"平地起家"的新建筑房屋。包括新址上新建和旧址上新建的房屋。在原来的房屋基础上按原有规模对房屋进行翻修或一般维修的不包括在内。新建房屋仅包括年内建成的新建房屋,未完工的在建房屋不要统计在内。新建(购)住房的类型、结构、占地面积、住房价值等解释同于"年末住房情况"。

新购住房:指当年新购置的商品房屋。

(2)年末住房情况

住房面积:是指农村住户自有或租用的实际住人或可以用来住人的房屋面积。与住房连成一体的起居室或放置灶具的地方、专用厨房,均应包括在内。但不包括专用仓库等生产用房面积。

住房价值:购买房屋按购买价格计算。新建房屋价值,可按实际消耗的建筑材料和人工的报酬计算,有的地方,人工不要报酬,只管吃喝,可将吃喝的费用,当作报酬,计入房价内。原有房屋,按房屋质量和新旧程度,根据当地实际情况进行估价。对原有房屋进行大翻修的,也应考虑在内。

楼房面积:是指二层和二层以上的多层建筑的房屋面积,楼房面积按各层面积总和计算。

砖瓦平房面积:是为了更好地考察农村居民居住质量情况,相对于那些拥有楼房的住户而言所统计的农户居住面积,按实际面积总和计算。其中,砖砌窑洞也包括在内。

其他:指农村居民居住在不包括上述情况下的居住面积,如土坯房、帐篷等居住面积。

(3)住房结构:

住房结构按房屋主要的承重结构(如梁、柱、承重墙等)所用建筑材料来划分。其中:

钢筋混泥土结构:是指房屋的梁、柱、承重墙等主要部分是用钢筋混泥土建造的。

砖(石)木结构:是指房屋的梁、柱、承重墙等主要部分是用砖、石、木料建造的,如木房架、砖、石墙、木柱、砖柱建造的房屋。包括石窑洞。

其他:指不包括上述房屋结构的其他各种结构住房,如帐篷及以土坯建墙的竹木结构的房屋,砖、石作基础的土坯房屋,竹篱笆墙、各种草泥墙的房屋也包括在内。

二、农村居民出售产品、消费食物及年末拥有耐用消费品情况

1. 出售产品:是指农村住户全年出售农、林、牧、渔业产品的数量,包括售给国家的、集体的和在集市上出售的。出售的产品金额都按出售时当年的实际价格计算。

2. 主要食物消费量

粮食:是指农村住户年内消费的小麦、玉米、稻谷、薯类及其他各种杂粮和粮食复制品的消费量折价。其中,粮食复制品:是指利用原粮加工而成的食品,如挂面、年糕等。但不包括用粮食加工成豆油、豆腐、粉条、酒。粮食消费量(包括粮食复制品)一律按加工前的原粮计算消费量。

蔬菜及菜制品:包括鲜菜和干菜及其制品。鲜菜包括绿叶菜类、白菜类、瓜菜类、块根、块茎菜类、花菜类、茄果菜类、葱蒜类、菜用豆类、水生菜类、多年生菜类、食用菌类和山菜类。干菜包括黄花菜、黑木耳、蘑菇、腌干菜、萝卜干、笋干、白木耳等。菜制品包括蔬菜罐头等。

油脂类:是指各种食用油脂,包括植物油和动物油。其中:植物油:包括花生油、芝麻油、菜籽油、豆油、茶油、棉籽油等食用植物油的消费量。

动物油：包括猪油、牛油、羊油等食用动物油的消费量。

肉、禽及其制品：是指家畜、野畜、家禽、野禽等各种肉食品，包括活的、鲜的、冻的以及各类再制品、熟食品等，包括罐头。其中：猪肉、牛肉、羊肉、及肉制品消费量：按鲜肉重量计算。如消费咸肉、腊肉、肉干等，均应折成鲜肉重量计算。用肥肉炼油，不应计算肉的消费量。家禽消费量：按屠宰去毛和内脏重量计算。

蛋类及蛋制品：是指各种禽蛋、禽蛋制品及罐头。

奶和奶制品：是指鲜乳品、奶粉、酸奶以及其他奶制品。包括炼乳、活性乳、可可奶、麦乳精等。

水产品：是指鱼、虾、蟹、贝、藻等各类海水和淡水产品及其制品，包括水产品罐头。

食糖：包括白糖、红糖、冰糖、方糖及糖果等，不包括糖精。

酒和饮料：包括各种白酒、黄酒、啤酒、果酒，以及茶叶以及各种固、液体饮料等食品消费，如：汽水、可乐、各种果汁、咖啡粉、可可粉等。

糖果：包括水果糖、奶糖等各类硬糖、软糖以及巧克力糖、麦芽糖等。

糕点：包括各式蛋糕、饼干、桃酥、面包以及粗、细夹心馅的各种糕点。

水果及水果制品：是指各类干鲜水果及其制品，包括各种水果、果用瓜、干果、蜜饯及水果罐头等。

坚果及果仁制品：是指各类坚果、果仁及其制品的消费量，包括核桃、板栗、开心果等。

3. 年末拥有主要耐用消费品

大型家俱：指各种不同类型的大型家俱，包括大衣柜、书柜、装饰柜等。

洗衣机：指各种规格、型号的自动、半自动、单缸、双缸家用洗衣机。

电风扇：指各种规格、型号的台扇、壁扇、落地扇以及吊扇，不包括排风扇。

电冰箱：指单门、双门、三门电冰箱，包括冰柜。

空调机：指具有空气的加热、冷却、增湿、减湿等功能的家用空气调节器，不包括冷暖风机。

抽油烟机：指家庭炊事用抽油烟机，不包括排风扇。

吸尘器：指家庭除尘用的电动吸尘器，也包括多用途吸尘器，不包括使用电池的微型电刷吸尘器。

微波炉：指各种牌号、型号、尺寸的微波炉。

热水器：指家用热水器，包括电热水器和燃气热水器，不包括太阳能热水器。

自行车：也称单车、脚踏车。指各种牌号、型号、尺寸的男女自行车。包括普通标定车、加重车、轻便车、小轮车（包括折叠式）、赛车以及电动自行车。不包括儿童玩具车、手推车、小三轮车等。

摩托车：包括各种型号的摩托车、轻骑摩托车。

汽 车：指主要用于农村住户生活的各种类型的汽车。

电话机：指各种类型的台式电话机。

移动电话：也称手机，包括模拟和数字移动电话，不包括对讲机。

寻呼机：也称 BB 机。包括字符显示和数字显示的寻呼机。

彩色电视机：也称彩色电视接收机。包括各种牌号、尺寸的彩色电视机。

黑白电视机：也称黑白电视接收机。包括各种牌号、尺寸的黑白电视机。

录放像机：指各种牌号、规格的录放像机，包括单放像机和录放像机。

摄像机：指各种牌号、规格的摄像机。

影碟机：利用各种影碟（光盘），并通过电视放映图像的设备（不包括对媒体计算机）。

组合音响：指收录、扩音、放音等两件和两件以上的多功能组合音响。不包括普通音箱以及自制的音箱。收录机：指各种型号的收录机，一般具有收听、录音、扩音、重放、转录的功能。包括便携式、座式和落地式

照相机：指各种牌号、型号的照像机。包括折合式、双镜头反光式和单镜头反光式。

家用计算机：也称电脑，指家庭购买的各种型号电子计算机。包括台式和便携式。

中高档乐器：指价格在 500 元以上的各种中高档乐器。包括钢琴、手风琴、提琴以及各种电子乐器。

三、农村居民总收入与纯收入

1. 总收入：是指农村住户年内从各种来源得到的全部实际收入（包括现金收入和实物收入）。由工资性收入，家庭经营收入，财产性收入和转移

性收入四部分组成。

(1)**工资性收入**:指受雇于单位或个人,出卖劳动而得到的收入。包括在乡村组织中等非企业组织中劳动得到的收入、在企业劳动得到的收入、常住人口外出务工收入和其他收入。

1)**在非企业组织中劳动得到的收入**:指农村住户成员在当地县、乡、村等非企业组织中劳动得到的报酬收入。包括乡村干部和民办教师的工资、奖金、各种补贴,基本建设用工报酬,乡以上行政、事业单位工作人员的工资、奖金、补贴等收入。

2)**在本地企业中劳动得到的收入**:指农村住户成员在本乡(镇)地域之内的国有企业、集体企业、私营企业、个体企业等各种企业劳动,企业直接发给的工资、奖金和各种补贴收入。

3)**常住人口外出从业得到的收入**:是指外出打工者年内在本乡以外从业得到的现金收入和实物折价收入合计,包括外出从业者的收入中寄回带回的现金及用于在外生活消费的开支。其产业分类详见上述"在本地乡镇企业中劳动得到的收入"。

4)**其他**:指除上述情况外的劳动所得及各种报酬收入。

(2)**家庭经营收入**:主要用来反映以家庭为生产单位的收入水平、生产规模和经济效益情况。它是农村住户从事各项生产的收入,包括种植业收入、林业收入、牧业收入、渔业收入、工业收入、建筑业收入、交通运输业收入、批零和零售贸易、餐饮业、社会服务业、文教卫生业、转让无形资产净收入、租赁收入和其他家庭经营收入。

家庭经营产品的计价:凡是出售部分,按实际出售价格计算;非出售部分(包括自用的和结存的)按出售该产品综合平均价计算。

1)**农业收入**:指包括谷物种植业,豆类和薯类作物种植业,棉、麻等植物性纺织原料种植业,油料、糖料作物种植业,烟草种植业,药材种植业,蔬菜、瓜类作物种植业,饲料作物种植业,茶、桑、果树种植业及野生植物的采集和家庭兼营商品性手工业。

种植业收入:是指农村住户当年从承包地和自营地上收获的粮食、经济作物、蔬菜、茶叶、水果、水生植物(如菱、藕等)等的主产品和副产品的全部收入。但生产用的绿肥和青饲料不作为收入,用来沤肥的副产品以及野生植物的采集和家庭兼营商品性手工业不作为种植业收入。

2)**林业收入**:是指农村住户当年采伐竹木收入、出售树苗和从人工栽培的竹林上不经砍伐而取得的各种林产品收入,如生漆、棕片、五培子、松脂、紫胶、竹笋、油桐籽、油茶籽、乌桕子、核桃、各种林木子实,以及修剪竹木枝叶(荆条、柳条、蒲葵叶)等等;包括野生林木的采集产品收入;但不包括桑叶、茶叶、水果、花卉,它们算在种植业收入中。

3)**畜牧业收入**:是指农村住户当年出售、屠宰的畜禽、小动物和畜禽产品收入。包括家畜(仔畜、架子猪也包括在内)、家禽(包括幼禽)及其他小动物收入;也包括出售鹌鹑、鸽子等收入,按出售和屠宰的产品计算。畜禽的繁殖和增重,不计算收入;活的家畜、家禽及其他小动物的产品(如蛋类、羊毛、蜂蜜、蜂蜡等)收入,按全部产品计算;动物屠宰和死后的畜产品(如猪鬃、羊皮、蚕茧等)收入,按全部产品计算。牧区和半牧区农民出卖大牲畜的收入,应作为畜牧业收入;农户出售肉牛的收入和专门饲养大牲畜出售的收入应作为畜牧业收入,但变卖属于固定资产的役畜的现金收入,不能作为牧业收入,而应计算在出售财物收入中;包括野生动物的狩猎及其产品的采集收入。

4)**渔业收入**:是指农村住户当年捕捞天然水生的和人工养殖的鱼、虾、蟹、贝、藻类等淡水水产品和海水水产品的全部收入。包括养殖观赏鱼类的收入。

5)**工业收入**:是指农村住户的个体企业(有固定场所和生产设备、有专业生产劳动力,年内生产三个月以上)利用手工和机械进行自然资源 开采\农副产品,工业品加工和修理以及从事手工业(手工业指依靠手工劳动,使用简单工具从事的工业性生产活动,包括各种制作、刺绣、编织、雕刻、加工等手工业。)所得全部产品收入,来料加工的产品,按加工费计算收入。自制自用的产品不计收入。

6)**建筑业收入**:是指农村住户成员当年从事房屋或建筑物的新建和维修以及设备安装所得到的劳动报酬,参加国家举办的基本建设工程所得到的收入。

7)**交通运输业、邮电业收入**:是指农村住户成员当年从事对本户以外的单位或个人进行货物运送、旅客运送及从事邮电行业活动的收入。

8)**批零和零售贸易、餐饮业收入**:是指从事批发贸易、零售商业和餐饮业活动的收入。

9)**社会服务业**:是指从事于日常生活及社会公共服务等服务活动的收入。包括从事社会服务业、金融保险业、房地产管理、旅馆、车店、理发、照相、洗染、缝纫、修理、导游等收入。

10)**文教卫生业**:指在文教卫生等单位从事有关活动的收入。如在教育、文化艺术事业、广播电视业从事有关活动的收入;在体育事业单位、体育设施管理单位、体育队、体育训练机构等从事体育活动的收入;在医疗、防治、检疫及其他卫生事业的收入等。

11)**其他家庭经营收入**:除上述各项家庭经营收入以外的收入。

(3)**财产性收入**:包括利息收入、股息收入、租金收入、出售财物收入、转让无形资产净收入、及其他财产性收入。

(4)**转移性收入**:包括在外人口寄回和带回、农村外部亲友赠送、救济金、保险赔偿收入、退休金、土地征用补偿收入和其它转移性收入。转移性净收入则是指扣除了调查补贴和保险费支出后的收入。

2. 纯收入:是农村常住居民家庭总收入中,扣除从事生产和非生产经营费用支出,即扣除家庭经营费用支出、税费支出、生产性固定资产折旧以后剩余的、可直接用于进行农村居民进行生产性、非生产性建设投资、生活消费和积蓄的那一部分收入。它是反映农村居民家庭实际收入水平的综合性的主要指标。农村居民家庭纯收入包括农村居民全年从事生产性和非生产性的经营收入,在外人口寄回、带回和国家财政救济、各种补贴等非经营性收入;既包括货币收入,又包括自产自用的实物收入。但不包括向银行、信用社以及向亲友借款等属于储蓄、借贷性的收入。计算方法为:

纯收入=总收入－家庭经营费用支出－生产性固定资产折旧－税费支出－调查补贴－赠送农村外部亲友的支出。

四、农村居民总支出

总支出:是指农村住户全年用于生产、生活和再分配等方面的全部实际支出。包括家庭经营费用支出、购置生产性固定资产支出、税费支出、生活消费支出、转移性支出和财产性支出。

1. 家庭经营费用支出:是指农村住户经营生产所支出的费用,包括承包集体生产的费用支出和家庭自营生产的费用支出两部分。它对于研究降低生产成本、节约开支、提高经济效益有重要意义。凡是未计算收入的产品,在利用它作为原材料支出时,就不应该计算生产费用支出。库存的化肥、农药也不应该计算生产费用支出。包产户经营集体生产,仍由集体统一开支的费用,如种籽、化肥、农药等,也不应该包括在内。

(1)**农业生产**:指用于农业生产活动费用。如种籽、肥料、农药、小农具购置和修理、油料费、耕畜的饲料、饲草费、机耕费、排灌费、电费等,此外还包括家庭兼营商品性手工业等所支付的有关费用。

种植业生产:是指种植各种农作物所支付的生产费用。如种籽、肥料、农药、小农具购置和修理、油料费、耕畜的饲料、饲草费、机耕费、排灌费、电费等。

(2)**林业生产**:是指经营林业生产而支付的费用。如树种、树苗、肥料、农药、电费及小型工具的购置维修等开支,但不包括林业的基本建设投资。

(3)**牧业生产**:是指经营牧业生产所支付的费用。如购买仔畜(包括架子猪)、幼禽支出;肉用牛、羊的饲料、饲草支出;生猪、家禽等的饲料、燃料、防疫医疗费;电费和小型用具购置、维修等支出。但耕畜的饲料费应列为"种植业生产费用支"。

(4)**渔业生产**:是指养殖水生动物、培养海藻和捕捞生产过程中的开支。包括鱼苗、饵料、电费以及小型渔具和用具的购置、维修及油料费等支出。但不包括添置的固定资产支出。

(5)**工业生产**:是指进行工业生产所支付的生产费用。包括工业生产耗用的原料、燃料、电费及小型工具的购置、维修等开支,还包括来料加工产品所耗用的燃料、电费,但不包括自产自用和来料加工产品所耗用的原材料。

(6)**建筑业生产**:是指为了从事本户以外的房屋或建筑物的新建与维修以及设备安装而耗用的建筑材料、电器设备、燃料、电费以及小型工具的购置、维修等开支。

(7)**交通运输业**:是指为从事对本户以外单位或个人进行货物运送和旅客运送所耗用燃料和小型工具的购置、维修等开支。

(8)**批零和零售贸易、餐饮业**:是指从事批发贸易、零售商业、和餐饮业活动时所购买的生产用具支出、租用铺面支出、帮工工资支出、燃料支出、电费支出及其他费用开支。

(9)**社会服务业**:指用于包括金融保险业、房地产管理、旅馆、车店、理发、照相、洗染、缝纫、修理、导游等日常生活及社会公共服务等服务活动的费用支出。

(10)**文教卫生业**:指在文教卫生等单位从事有关活动的支出。如在教育、文化艺术事业、广播电视业从事有关活动的支出;在体育事业单位、体育设施管理单位、体育队、体育训练机构等从事体育活动的支出;在医疗、防治、检疫及其他卫生事业的支出等。

(11)**其他家庭经营支出**:是指上述各项家庭经营费用支出以外的其他支出,包括各项劳务所支出的费用。

2. 购置生产性固定资产支出:是指农民家庭用于购置生产性固定资产的开支,用来反映当年已实现的扩大再生产能力。固定资产是指单位价值50元以上,使用两年以上的生产资料,如役畜、产品畜、价值50元以上的铁木农具、农、林、牧、渔业生产机械、工业机械等。

3. 税费支出:是指农村住户从事家庭经营生产向国家缴纳的各种税款、提留统筹以及各项集资和费用。

4. 生活消费支出:是指农村住户年内用于物质生活和精神生活方面的实际支出,直接反映农民的生活水平、研究农民消费结构变化的基本指标。生活消费支出包括食品,衣着,居住,家庭设备、用品及服务,医疗保健,交通和通讯,文化教育娱乐用品及服务,其他商品和服务等消费支出。

(1)**食品消费支出**:是指农村居民年内消费各类食品支出。包括主食、副食、其他食品、在外饮食和食品加工费支出。

主食:指各种粮食和粮食复制品的消费量折价。其中粮食复制品:是指利用原粮加工而成的食品,如挂面、年糕等。但不包括用粮食加工成豆油、豆腐、粉条、酒。

副食:包括蔬菜、豆制品、油脂类、食糖、肉、禽及其制品、蛋类、水产品、调味品等。

(2)**衣着消费**:是指农村住户各种穿着用品及加工穿用品的各种材料。包括棉花、丝棉、化纤棉、驼毛、棉布、各种化纤布、绸、缎、呢绒、各类成衣、棉、毛、丝、麻纺织品,背心、汗衫、棉毛衫裤、卫生衫裤、袜子等针织品,毛线、毛线织品、各种鞋、帽等消费品及衣着的加工修理费(是指农村住户为加工或修补服装、鞋帽等衣着所支付的服务费)。但不包括用各种布料做的床上用品,室内装饰品。

(3)**居住消费**:是指农村住户与居住有关的支出,包括农户用于新建房屋和维修房屋用的各种建筑材料;居住劳务支出;用于购买居住用商品房的支出;租赁生活用房所付的租金,但不包括外出住旅店和招待所所支付的住宿费;农户生活用水所支付的费用;用于照明和使用家用电器所支付的电费;以及用于做饭、做菜、烧水和取暖用的燃料等方面的支出。

(4)**家庭设备、用品及服务**:是指农村住户消费的各种耐用消费品、其他家庭用品及用品的加工修理费用。

(5)**医疗保健**:是指农村住户用于医疗和保健的药品、医疗器械和服务费用。包括医药卫生保健用品、医疗保健服务费和医疗卫生设备、用品加工修理费等。

(6)**交通通讯消费**:是指农村住户用于交通和通讯的工具、各种服务费、维修费用支出。

(7)**文教娱乐用品及服务**:是指农村住户用于文化、教育、娱乐方面的支出。包括文化教育娱乐用品支出和文化教育娱乐服务支出。

(8)**其他商品和服务消费**:是指上述各类支出以外的商品和服务支出。

5. 财产性支出:包括农村住户为生活消费贷款、借款所支付的利息及其他支出。

6. 转移性支出:包括寄给和带给在外人口、赠送农村亲友、保险费、缴纳罚款及其他转移性支出。

五、农村居民现金收入与支出

1. 现金收入:是指农村住户年内所有家庭成员的全部现金收入。包括工资性收入、家庭经营现金收入、财产性收入、转移性收入。

(1)**出售产品的现金**:是指农村住户年内出售各种来源的产品的现金收入。包括出售从各级集体经济中得到的、出售家庭经营生产的(包括承包经营生产的和家庭自营生产的产品)以及出售往年结存的各种产品所得到的现金收入。

(2)**批发、零售贸易、餐饮业的现金收入**:是指农村住户年内年经营商业的毛利收入,即在销售商品收入上,扣除购买商品支出的现金收入;农村住户年内经营食品烹制、零售活动所得到的现金收入,按营业额计算;也包括农村住户年内提供劳务为日常生活服务所得到的全部现金收入。

(3)**调查补贴**:是指调查户承担农村住户调查任务由国家财政发给的现金补贴。其他调查补贴现金收入,不包括在内。

(4)**亲友赠送的现金**:是指亲友赠送的现金,本季(年)收到亲友赠送的实物,随即出售时,其所得现金收入应该统计在亲友赠送的现金收入项中。城乡亲友之间互相赠送的现金均应计算。

2.现金支出:是指农村住户年内全部现金支出。包括用于家庭经营费用支出的各项现金,税费支出,生活消费支出,财产性支出和转移性支出。

六、地带划分

1.东部地区:包括北京、天津、河北、辽宁、上海、江苏、浙江、福建、山东、广东、广西、海南12个省(区、市)。

2.中部地区:包括山西、内蒙古、吉林、黑龙江、安徽、江西、河南、湖北、湖南9个省(区、市)。

3.西部地区:包括重庆、四川、贵州、云南、西藏、陕西、甘肃、青海、宁夏、新疆10个省(区、市)。

4.西部12省区:包括内蒙古、广西、重庆、四川、贵州、云南、西藏、陕西、甘肃、青海、宁夏、新疆12个省(区、市)。